吉林省省级人文社科
重点研究基地重大招标项目

研究论丛·五

东北亚

姜维东　主编

▶ **DONGBEIYA**

YANJIU
LUNCONG

东北师范大学出版社　长春

图书在版编目（CIP）数据

东北亚研究论丛. 第 5 辑/姜维东主编. —2 版.
—长春：东北师范大学出版社，2015. 4（2024.8 重印）

ISBN 978 - 7 - 5681 - 0375 - 6

Ⅰ.①东… Ⅱ.①姜… Ⅲ.①东北亚—研究—丛刊 Ⅳ.①K310.07-55

中国版本图书馆 CIP 数据核字(2015)第 030297 号

□责任编辑：魏芳华　□封面设计：张　然
□责任校对：刘　芳　□责任印制：刘兆辉

东北师范大学出版社出版发行
长春净月经济开发区金宝街 118 号（邮政编码：130117）
网址：http：// www.nenup.com
东北师范大学出版社激光照排中心制版
河北省廊坊市永清县晔盛亚胶印有限公司
河北省廊坊市永清县燃气工业园榕花路 3 号（065600）
2015 年 4 月第 2 版　2024 年 8 月第 3 次印刷
幅面尺寸：155 mm×230 mm　16 开本　印张：20.5　字数：310 千

定价：61.50 元

目　　录

吉林省省级人文社科重点研究基地重大招标项目

▶ 当代中国东北热点问题

DONGBEIYA
YANJIU
LUNCONG

东北亚核心——延边朝鲜族自治州
朝鲜族民俗旅游产品设计

李　辉

（长春师范学院历史学院）

摘　要　本文分析了延边朝鲜族自治州朝鲜族民俗旅游产品设计的必要性；探讨了该州应以延吉市为中心点，各个地区都应有当地不同的主推的朝鲜族民俗旅游产品的设计对策，即延吉市应主推朝鲜族民俗旅游节庆产品，图们市应主推朝鲜族民俗旅游饮食产品，珲春市应主推朝鲜族民俗旅游购物产品，龙井市应主推朝鲜族民俗旅游娱乐产品，安图县应主推朝鲜族民俗旅游住宿产品；并从吃、住、行、游、购、娱等旅游六要素出发，提出了延边朝鲜族自治州朝鲜族民俗旅游产品设计方案。

关键词　延边朝鲜族自治州　朝鲜族民俗　旅游产品

延边朝鲜族自治州位于吉林省东部，是我国朝鲜族主要聚居地，是东北亚的核心地带。由于地处联合国开发计划署确定的多国经济技术合作开发区中心地带，延边朝鲜族自治州是我国参与东北亚区域合作的前沿阵地，占据了吉林省对外开放窗口的战略地位。[1]延边朝鲜族自治州旅游资源丰富，民俗风情浓厚。

民俗旅游是一种高层次的文化旅游，理应受到各地政府的充分重视和深度开发，而朝鲜族民俗旅游则是延边朝鲜族自治州乃至吉林省民俗旅游的重中之重，如果开展得好，无疑会促进旅游消费，为延边朝鲜族自治州乃至吉林省带来可观的经济效益和社会效益。

---

[1]　吉林省旅游局导游人员资格考试教材编写组：《吉林导游》，吉林人民出版社，2011年，183页。

本文拟对延边朝鲜族自治州朝鲜族民俗旅游产品设计进行全方位探讨，不当之处，敬请专家、学者批评指正。

一、延边朝鲜族自治州朝鲜族民俗旅游产品设计的必要性

随着延边朝鲜族自治州民俗游、冰雪游、边境游等旅游资源的不断挖掘，每年吸引来自海内外旅游者数百万人次，人数呈逐年上升趋势，旅游业已逐步发展成为延边朝鲜族自治州新的经济增长点。其中的朝鲜族民俗旅游越来越成为众多旅游者需求的热点。大多数旅游者对参观中接触到的朝鲜族饮食文化、歌舞文化、服饰文化、礼仪习俗都怀有浓厚的兴趣，他们希望进一步体验这种民俗文化带给他们的全新感受。但目前延边朝鲜族自治州朝鲜族民俗旅游产品的开发和生产相对落后，基本属于观光型产品，且形式相对单一，不能满足现代旅游者的消费需求。所以，需要在原有朝鲜族民俗旅游产品的基础上，改善并创新出适应现代旅游市场并能吸引新一代旅游者的系列民俗旅游产品。

二、延边朝鲜族自治州朝鲜族民俗旅游产品设计对策

延边朝鲜族自治州居住的朝鲜族比较多，朝鲜民俗风情浓厚，具有民俗特色的旅游景点也较多。笔者走访了延边朝鲜族自治州的主要旅游城市，认为延边朝鲜族自治州朝鲜族民俗旅游产品的设计应以延吉市为中心点，州内其他地区配合推出各自的主打产品，即延吉市应主推朝鲜族民俗旅游节庆产品，图们市应主推朝鲜族民俗旅游饮食产品，珲春市应主推朝鲜族民俗旅游购物产品，龙井市应主推朝鲜族民俗旅游娱乐产品，安图县应主推朝鲜族民俗旅游住宿产品。贯穿好整个延边朝鲜族自治州旅游线路，有效的开发并利用延边朝鲜族自治州具有朝鲜民俗特色的各种旅游资源，进行整体设计，使旅游者能够深切体验到朝鲜族民俗风情。

延吉市是延边朝鲜族自治州的首府，是全州的政治、经济、文化中心，素有"中国朝鲜族第一家园"、"金达莱故乡"、海兰江畔的"不夜城"、东北地区的"小首尔"的美誉，是我国朝鲜族传统文化的集中代表地，久负盛名的伽倻琴艺术、朝鲜族摔跤被国务院批准为国家级非物质文化遗产。目前主要旅游景点有延边朝鲜族自治州

朝鲜族民俗展览馆、延边朝鲜族民俗村、延边国贸农业科技生态园、延边朝鲜族民俗村等。号称"中国乃至世界朝鲜族民族文化的精神堡垒和心灵归属地"的延边中国朝鲜族民俗风情园已于2011年5月开工奠基，有望成为中国最具代表性的朝鲜族民俗文化旅游项目之一。延吉市政府曾提出"加快推进具有民族特色的吉林省东部宜居旅游开放中心城市建设步伐"的战略目标。因此，延吉市应主推朝鲜族民俗旅游节庆产品，通过举办丰富多彩的节庆活动，把延吉市最美好的朝鲜族民俗形象，全面的展现给海内外旅游者，并借此招商引资，加快其旅游中心城市的建设步伐。

龙井市被誉为"中国朝鲜族民俗文化发祥地"，是朝鲜族民俗文化保存最为丰富的城市，素有"歌舞之乡"、"苹果梨之乡"的美誉，更以歌曲"延边人民热爱毛主席"而享誉世界。目前主要旅游景点有大成中学旧址、朝鲜族民俗博物馆、龙井地名起源之井泉、日本间岛总领事馆旧址、龙井万亩果园、天佛指山国家级自然保护区、东方熊乐园等。龙井市政府正在以"中国朝鲜族民俗文化城"作为提升其城市形象的新名片，并且策划把东盛涌镇创建成世界顶级中国朝鲜族民俗生态休闲旅游新城。因此，龙井市应主推朝鲜族民俗旅游娱乐产品，这其中既要包括朝鲜族民俗游戏，又要包括朝鲜族歌舞表演、体育比赛，进而把朝鲜族民俗生态休闲旅游推广开来。

图们市位于图们江下游左岸，是长吉图开发开放先导区的最前沿，是中国朝鲜族的主要聚居地之一，朝鲜族风情浓郁，是久负盛名的"礼仪之乡"，长鼓舞表演艺术被国务院批准为国家级非物质文化遗产。目前主要旅游景点有图们市数字展示馆、图们江广场、中国朝鲜族非物质文化遗产展览馆（是目前中国唯一展示朝鲜族非物质文化遗产的专题展览馆，是中国55个少数民族第一家非物质文化遗产展览馆）、中国朝鲜族百年部落、日光山风景区、图们串街、图们江烧烤第一村、中国图们口岸、中朝国境公路桥、铁路桥等。多年以来，图们烧烤、朝鲜族石锅拌饭都驰名全国。因此，图们市应在此基础上，主推朝鲜族民俗旅游饮食产品，致力打造"中国朝鲜族美食第一城"。

珲春市位于中俄朝三国交界地带，是东北亚地区的中心点，是长吉图开发开放先导区的窗口。珲春市的朝鲜族文化历史悠久，密江乡被授予"中国朝鲜族洞箫艺术之乡"的称号，洞箫表演艺术被国务院批准为国家级非物质文化遗产。"吉林八景"之一的防川国家级风景名胜区拥有吴大澂雕像、中朝圈河口岸及大桥、沙丘公园、莲花湖公园、张鼓峰事件战地展览馆、中俄界碑——土字碑、防川哨所、防川朝鲜族民俗村等众多旅游景观。笔者经调查得知，珲春市许多俄罗斯商品专卖店、韩国商品专卖店的商品是中国制造，既然这样，为何不名正言顺的开发建设朝鲜族民俗特色商业街，开设中国朝鲜族商品专卖店，专门销售质量上乘的朝鲜族特色商品呢？因此，笔者认为，珲春市应主推朝鲜族民俗旅游购物产品，这样，无论是国内的汉族旅游者还是当地入境人数最多的俄罗斯旅游者都将是其巨大的客源市场。

安图县素有长白山第一县之称，多年调查数据表明，乘火车的游客中60－70％经安图县前往享誉世界的旅游胜地——长白山国家级自然保护区，早在1998年安图县政府就将旅游业作为支柱产业来培育，并被国家旅游局确定为"中国旅游强县"之一。安图县的万宝镇红旗村是安图前往长白山旅游途中唯一的纯朝鲜族居住村，号称"中国朝鲜族第一村"，并被国家环保部授予"第一批国家级生态村"称号。每年都有许多前往长白山的旅游团队选择在红旗村住宿，在这里不但能亲自感受朝鲜族民居的特点，还能品尝到朝鲜族特色餐饮，欣赏到朝鲜族各种民俗表演。但由于旅游"旺季"的时候旅游者太多，当地的住宿设施往往供不应求，导致很多客源流失。因此，安图县应在原有住宿设施的基础上，增加朝鲜族民俗旅游住宿产品，不仅在红旗村，在其他不是朝鲜族村落的地方也可以兴建朝鲜族民俗村，仿建朝鲜族民居，并安排朝鲜族服务人员、民间表演团体到此接待海内外旅游者，这样既满足了旅游者对朝鲜族民俗风情求知探疑的需求，又解决了旅游"旺季"长白山人满为患的大难题。

三、延边朝鲜族自治州朝鲜族民俗旅游产品设计方案

旅游的六要素主要有吃、住、行、游、购、娱。旅游者在旅游时对于饮食需求就是饭菜，对于住宿需求就是宾馆的客房，对于行的需求就是旅游交通，对于游的需求就是旅游景点，对于购买的需

求就是旅游商品，对于娱乐的需求就是娱乐设施。① 只要在旅游市场上形成某一需求，就为一种旅游产品的问世奠定了基础。笔者将根据旅游六要素的需求，对延边朝鲜族自治州朝鲜族民俗旅游产品进行系统设计。

1. 延边朝鲜族自治州朝鲜族民俗旅游饮食产品

在朝鲜族的饮食中，具有民俗特色风味的食品很多，其中广为世人称道的有冷面、泡菜、糕饼、狗肉、火烤类食品、生拌类食品、酱类及掺酱食品，等等。笔者根据有关学者对朝鲜族饮食的描述，② 对一些能够适应旅游者口味，符合旅游者需求的特色饮食作了系统的归纳、整理（见表1），这些民俗特色饮食都可以设计并开发成朝鲜族民俗旅游饮食产品。

表1：延边朝鲜族自治州朝鲜族民俗旅游饮食产品设计表

饮食产品种类	饮食产品名称
泡菜	辣白菜、萝卜泡菜、黄豆芽泡菜等
冷面	荞麦面冷面、苞米面冷面、土豆粉冷面等
糕饼	煎烙类：烙饼有江米面烙饼、黄米面烙饼、粘苞米面烙饼、小豆馅粘饼等；煎饼有土豆煎饼、绿豆煎饼等
	蒸类：松饼、蒸糕、窝瓜糕、死面饼、冻土豆饼等
	捶打类：打糕、蒿糕等
	糕汤类：饼汤、苏子汤等
狗肉	红烧狗肉、手撕狗肉、白切狗肉、狗肉火锅等
咸菜	小根蒜、桔梗、小土豆、沙参等
火烤类食品	火烤牛肉、火烤明太鱼、火烤鱿鱼等
铁板类食品	铁板豆腐、铁板明太鱼、铁板牛肉等
石锅类食品	石锅拌饭、石锅酱汤、石锅狗肉汤等

① 赵西平：《旅游市场营销学》，高等教育出版社，2002年，145～146页。

② 延边朝鲜族自治州旅游局：《朝鲜族风俗》，延边人民出版社，2003年，7～34页。

酱类及掺酱食品	酱类有辣椒酱、清国酱、饭酱等；掺酱食品有酱蒸茄子、酱蒸青椒、酱煎沙参、清国酱炖明太鱼、清国酱炖泡菜等
生拌类食品	牛肉脍、狍子肉脍、小鲫鱼脍、墨斗鱼脍等
比较独特的饭	大米地瓜饭、小米土豆饭、五谷饭、米肠饭、紫菜饭、拌饭等
比较独特的汤	大酱汤、海带汤、狗酱汤、狗肉汤、泡菜汤、泥鳅汤等
比较独特的粥	小豆粥、土豆粉粥、鸡肉汤粥等
糖果和掺糖食品	条糖、饴糖、掺面糖、蘸糖果、米花果等
茶、酒	大麦茶、清酒、浊酒（马格力）等

2. 延边朝鲜族自治州朝鲜族民俗旅游住宿产品

延边朝鲜族自治州分布着大小不等的朝鲜族民俗村，除了民俗村外还有档次各异的酒店、旅店，旅游者可以根据自己的需求去选择住宿设施。想要充分体验朝鲜族民俗特色的游客，可以选择民俗村的住宿设施，不但经济实惠，还可以领略到纯正的民俗风情，比如说现场观看朝鲜族歌舞表演，自己尝试制作民俗特色的食品。旅游者还可以选择入住朝鲜族家庭，和热情好客的朝鲜族居民零距离接触。每年旅游"旺季"的时候，延边朝鲜族自治州的旅游住宿设施明显供不应求，而当旅游"淡季"来临的时候，延边朝鲜族自治州的旅游住宿设施又明显供大于求。笔者认为，解决这一问题的最好办法就是，当地政府应该出台一些政策、措施，鼓励朝鲜族家庭在旅游"旺季"的时候协助接待旅游者，这样既能增加一部分家庭的经济收入，又能让旅游者融入到朝鲜族民俗生活当中。

3. 延边朝鲜族自治州朝鲜族民俗旅游旅行（交通）产品

旅游交通指旅游者利用某种手段和途径，实现从一个地点到达另外一个地点的空间转移过程。[1] 从专业角度看，旅游交通包括对外交通和对内交通。对内交通主要指旅游景区、景点内部的交通。而对外交通又可分为两大部分，即区域性交通和进入旅游地交通。区域性交通是指旅游者进入旅游地交通枢纽城镇的交通；而进入旅

---

① 李天元：《旅游学》（第二版），高等教育出版社，2006 年，161 页。

游地交通是指旅游者从旅游地交通枢纽城镇到达旅游景区、景点的交通。① 经过多年的建设和完善，延边朝鲜族自治州的区域性旅游交通非常便利，航空、铁路、公路四通八达，整个旅游区域的可进入性良好，旅游者可以按照自己的需求来选择交通工具。笔者认为，延边朝鲜族自治州政府需要改进的是进入旅游地交通和对内交通状况。笔者在调研过程中发现，从延吉市至龙井市、图们市至珲春市的公路客运车大多非常陈旧还超载；从珲春市到防川景区客运交通车一天只有两个班次，防川景区内部根本没有公共交通车辆；延吉延边国贸农业科技生态园等景区的步行道路不规范，图们日光山风景区内的车行道路狭窄，等等。这些交通滞后问题对当地民俗旅游的开展产生了非常不利的影响。笔者希望延边朝鲜族自治州各级管理部门能够高度重视当地旅游交通问题，在旅游交通枢纽城镇置换新的旅游交通车辆，并严禁超载；加强从旅游交通枢纽城镇到达旅游景区、景点的交通建设，比如增加旅游客运交通车辆、车次；规范景区、景点内部的步行道路、车行道路，并设置景区内部环保车，等等。

4. 延边朝鲜族自治州朝鲜族民俗旅游游览产品

旅游的主要内容是游览，旅游景观是满足这一需求的主体产品，直接决定着旅游产品质量的好坏。② 而笔者认为，民俗旅游游览产品在设计时不但要考虑旅游景观本身，最重要的还应顾及到旅游者的参与性。民族的就是世界的。在旅游目的地中采用的民俗文化要求民族特色鲜明，与旅游者生活贴近，营造欢乐祥和的气氛。③ 正如前文所述，延边朝鲜族自治州拥有许多朝鲜族民俗特色的旅游景区、景点，但大多数景区、景点参与性不强。只有新建成的图们市中国朝鲜族非物质文化遗产展览馆里展出的一些朝鲜族民俗项目，可以让旅游者亲自参与，模仿表演。朝鲜族传统说唱艺术"盘索里"的传承人——71 岁的朝鲜族老人姜信子有空就来到展览馆，与旅游者互动，展示这门快失传的艺术。④ 其他朝鲜族非物质文化遗产的

---

① 明庆中：《旅游地规划》，科学出版社，2003 年，293～294 页。

② 赵西平：《旅游市场营销学》，高等教育出版社，2002 年，148 页。

③ 李红、郝振文：《旅游景区市场营销》，旅游教育出版社，2006 年，133 页。

④ 杜白羽、宗巍：《吉林延边开展朝鲜族文化体验游》[EB/OL].
http：//news. xinhuanet. com/society/2011－08/18/c_121878037. htm，2011 年 8 月18 日。

传承人也会按时表演各种珍贵的技能，吸引旅游者驻足观看。笔者希望延边朝鲜族自治州所有的朝鲜族民俗旅游景区、景点，无论是已有的还是即将建设的，都能像图们市中国朝鲜族非物质文化遗产展览馆一样，设计、开发一些能够让旅游者参与其中并乐在其中的民俗旅游游览产品。

5. 延边朝鲜族自治州朝鲜族民俗旅游购物产品

旅游期间，在旅游地区购买旅游纪念品、土特产品、工艺美术品、生活用品、药材及食品等活动均为旅游购物。这也是旅游产品设计、生产不可缺少的一个重要内容。① 笔者在延边朝鲜族自治州原有旅游购物品的基础上，添加设计了一些能够彰显朝鲜族民俗风情的旅游购物产品（见表2），既可以满足不同需要的旅游者，又可以增加当地的旅游收入，甚至能够达到意想不到的民俗旅游宣传效果。

表2：延边朝鲜族自治州朝鲜族民俗旅游购物产品设计表

购物产品种类	购物产品名称
旅游纪念品	长白石微雕、树皮画、根雕、羽毛画、彩绘雕刻葫芦等
土特产品	苹果梨、木耳、松茸蘑、榛蘑、猴头蘑、元蘑、蜂蜜、越桔、松籽、薇菜、蕨菜、刺嫩芽、蛤士蟆油、各种人参制品、各种鹿制品、珲春天然含硒米、孟岭富硒苹果、"二道泡"牌咸鸭蛋、延边烤烟等
工艺美术品	朝鲜族民俗工艺娃娃、朝鲜族背架、簸箕等柳编、木制、铁制、草编产品等
生活用品	朝鲜族炊具和餐具、家具用品、民族服饰、民族乐器等
药材	熊胆及制品、灵芝、红景天、草苁蓉、黄牛胆、高丽参、红参、鹿茸等
食品	本文表1所列食品

① 赵西平：《旅游市场营销学》，高等教育出版社，2002年，148页。

6. 延边朝鲜族自治州朝鲜族民俗旅游娱乐产品

娱乐是旅游产品的基本构成要素，也是民俗旅游的重要内容之一。旅游娱乐产品只有多样化、趣味化，才能吸引各类旅游者。笔者对朝鲜族的民俗游戏、歌舞表演、体育竞技、人生礼仪、岁时风俗、节庆活动都作了深入调查，这其中很多项目（见表3）都可设计、开发成朝鲜族民俗旅游娱乐产品，让旅游者参与其中，充分享受民俗娱乐产品带给他们的乐趣。

表3：延边朝鲜族自治州朝鲜族民俗旅游娱乐产品设计表

娱乐产品种类	娱乐产品名称
民俗游戏	围棋、将棋、对垒棋、柶戏、八道棋、井字棋、田子棋、花斗、斗鸡、斗牛、数斗笺、石战、打搂、贯钉、农乐游戏、尺子游戏等
歌舞、戏曲表演	农乐舞、长鼓舞、扁鼓舞、圆鼓舞、假面舞、剑舞、刀舞、拍打舞、扇舞、顶水舞、鹤舞、三老人等
器乐表演	洞箫、筚篥、奚琴、牙筝、杖鼓（长鼓）、架鼓、伽倻大金、小金等
体育竞技	摔跤、拔河、跳板、秋千等
人生礼仪	三日致诚、百日宴、周岁生日宴、婚礼、花甲宴、回婚礼等
岁时风俗	岁首节、上元节、寒食节、燃灯节、端午节、七夕、秋夕、重阳节等
节庆活动	朝鲜族民俗文化节、朝鲜族民俗饮食节、朝鲜族民俗农乐节、朝鲜族民俗游戏节、朝鲜族民俗旅游节、苹果梨花节、松茸文化旅游节、金达莱文化旅游节、洞箫文化旅游节、图们江文化旅游节、图们江阿里郎冰雪节等

综上所述，笔者对延边朝鲜族自治州朝鲜族民俗旅游产品进行了完整的系统的设计，以期使延边朝鲜族自治州朝鲜族民俗旅游产品得到系列开发建设，进而带动朝鲜族民俗旅游发展，推动延边朝鲜族自治州乃至吉林省旅游经济发展。

吉林省红色旅游发展的规划布局
与战略措施①

刘海洋　明　镜

（长春师范学院历史学院）

摘　要　红色旅游的深入发展已经使其成为我国旅游行业的重要组成部分，对红色旅游各个方面的讨论，也已成为了旅游研究的一个热点。吉林省地处我国东北地区，是我国近代、特别是抗日战争和解放战争时期众多历史事件的发生地，开发红色旅游具有得天独厚的优势。吉林省红色旅游资源丰富、特点鲜明，但全省的红色旅游的发展水平和发达省份还有一定的差距。文章从吉林省红色旅游资源的禀赋情况入手，在分析了制约红色旅游发展因素的基础上，从全省红色旅游的规划布局与战略措施两个角度，提出了一些促进红色旅游发展的具体措施。

关键词　吉林省　红色旅游　战略布局　战略措施

红色旅游是旅游者在参观革命老区、纪念地、革命遗迹的过程中感知革命精神，缅怀革命烈士，同时接受爱国主义教育和思想政治教育，涉及经济、文化和社会各方面的综合性专项旅游活动。早在上世纪 80 年代，国家就开始对一批革命老区和伟人故居进行修缮与规划，并且开始接待国内外的参观游览。2004 年 12 月，中共中央办公厅、国务院办公厅就联合下发《2004－2010 年全国红色旅游发展纲要》（以下简称《纲要》），这成为新时期指导我国红色旅游事业发展的纲领性文件。2005 年 2 月底，国家发改委，国家旅游局等 13

---

①　本文系吉林省社会科学基金项目成果，项目编号 2011B370。

个部门提出，在全国培育形成 12 个重点红色旅游区，配套完善 30 条红色旅游精品线路，重点打造 100 个红色经典景区，并确定 2005 年为"中国红色旅游年"，全面开创红色旅游发展新局面。在此背景下，全国红色旅游产业迅速发展，旅游综合收入连创新高。目前，红色旅游已经成为我国旅游产业的重要组成部分。

根据国家旅游局红色旅游办公室统计，《纲要》实施 6 年来，红色旅游接待总人数已接近 13 亿人次，年均增长 18％，综合收入接近 4000 亿元。[①] 2011 年 3 月习近平在湖南调研时明确指出：每一个红色旅游景点都是一个常学常新的生动课堂，蕴含着丰富的政治智慧和道德滋养。[②] 可见，红色旅游的经济价值和社会价值已经都得到了明显的体现和广泛的认可。吉林省政府以《纲要》为红色旅游发展的总体思路，充分挖掘本省的红色旅游资源，结合省内一些知名旅行社的渠道优势，积极开展红色旅游项目，产业规模和整体实力有了长足的进步。如何进一步调整全省旅游发展的布局，通过哪些战略措施进一步促进红色旅游产业的发展，已经成为下一阶段吉林省发展红色旅游的重要问题。本文将就这两个问题展开一些讨论。

一、吉林省红色旅游资源禀赋情况

吉林省红色旅游资源比较丰富，具有鲜明的地域特色，红色旅游主要集中在四平、白山、通化、延边、吉林等地区。全省共有抗日战争和解放战争两个历史时期不同类型的遗存 239 处，包括遗址遗迹、建筑、墓葬、碑刻、名人故居等等。在我国十二个"重点红色旅游区"中，属于以松花江、鸭绿江流域和长白山区为重点的"东北红色旅游区"，主题形象是"抗联英雄，林海雪原"。其中"四平－吉林－敦化－延吉－白山－临江－通化－集安"红色旅游线被列为"30 条全国红色旅游精品线"。其中四平战役纪念馆、四平革命烈士陵园、四平烈士纪念塔、白山市郊七道江遗址、临江市"四保临江"烈士陵园、陈云旧居、靖宇县杨靖宇将军殉难地、通化市杨靖宇烈士陵园等景区被列为"中国 100 个红色旅游经典景区"。正在编制的《2011－2015 年全国红色旅游发展规划》要求"进一步完善

---

① 2010 年中国十大旅游新闻，《人民日报（海外版）》，2010 年 12 月 31 日（14）。

② 徐京跃：《习近平到韶山》，《人民日报（海外版）》，2011 年 03 月 24 日（4）。

红色旅游资源保护体系，纵深推进红色旅游与自然生态、历史文化、民族风情等各类旅游资源的整合发展，同时加快红色旅游精品体系与综合配体系建设"。① 因此，吉林省如何抓住国家倡导红色旅游发展的良好机遇，打造具有特色和持续性的红色旅游品牌，对于推动吉林省整体旅游产业的可持续发展和实现旅游强省目标具有重大的理论和现实意义。

吉林省红色旅游资源分布的空间差异性较强，主要分为吉北地区、中部环形区和南部核心区三个板块，其中，中部和南部地区红色旅游资源的数量较多，为吉林省打造具有影响力的红色旅游品牌创造了良好的外部条件。具体而言，由于受区域差异性影响，每个板块间的红色旅游发展程度各不一样。根据国家质量监督检验局2003 年 2 月 14 日颁布的《旅游资源调查、分析与评价》的规范要求，对吉林省的红色旅游资源进行定量评价。鉴于红色旅游的特性，规划对标准进行了适当调整。其中五级旅游资源有 6 处，包括通化靖宇陵园、白山靖宇殉国地、四平战役纪念馆、"四保临江"战役纪念馆、七道江会议遗址、陈云故居；四级旅游资源较多，共有 22 处；三级旅游资源共有 16 处；二级旅游资源有 24 处。②

根据《旅游资源分类、调查与评价》（GB/T18972—2003）国家标准的分类方法，将吉林省的主要红色旅游资源总结为表 1。

表 1 吉林省主要红色旅游资源分类表

主类	亚类	基本类型	代表资源名称	所在地
E 遗址遗迹	EB 社会经济文化活动遗址遗迹	EBA 历史事件发生地	七道江会议遗址	白山市
		EBB 军事遗址与古战场	"四保临江"战役纪念馆	白山市
		EBE 交通遗迹	侵华日军机场遗址群	白城市

---

① 王开忠：《江西等 5 省市开展红色旅游 5 年创收 970 多亿元》，《人民日报》，2009 年 11 月 05 日。

② 吉林省旅游局：《吉林省红色旅游发展规划（000014348/2005－01496）》，2005 年 1 月。

F 建筑与设施	FA 综合人文旅游地	FAE 文化活动场所	长春电影制片厂	长春市
		FAG 社会活动场所	辽吉省委辽北省办公旧址	白城市
		FAI 军事观光地	红石砬子抗日游击根据地	吉林市
	FB 单体活动场馆	FBC 展示演示场馆	四平战役纪念馆	四平市
	FC 景观建筑与附属型建筑	FCB 塔形建筑物	四平市烈士塔	四平市
		FCC 楼阁	头道沟日本领事分馆警察署遗址	延边地区
		FCI 广场	英雄广场	四平市
		FCJ 人工洞穴	龙门乡长仁村道大沟革命洞	延边地区
	FD 居住地与社区	FDC 特色社区	辽源二战高级战俘营旧址	辽源市
		FDD 名人故居与历史纪	陈云故居	白山市
	FE 归葬地	FEA 陵区陵园	通化靖宇陵园	通化市
		FEB 墓（群）	陈翰章将军墓和陈翰章将军纪念碑	延边地区

二、吉林省红色旅游发展的主要制约因素

国内红色旅游的快速发展相应地推动了吉林省红色旅游资源的规划与开发，省内部分红色旅游景点的发展规模和综合服务体系都取得了实质性进展。然而，吉林省红色旅游由于受到时空环境的影响，而在其发展过程中仍存在诸多制约因素，具体表现为：红色旅游资源开发模式单一、市场挖掘不够、与其他资源整合度不高、管

理体制落后以及配套的基础设施陈旧。

第一，红色旅游资源开发模式单一，旅游吸引力不强。首先，展示内容过于简单，缺乏具有当地特色的红色文化内涵。许多红色旅游景点展示内容主要以简单叙述性故事为主，缺少生动具体的议论与评价。其次，展示形式单一，静态参观为主，缺乏动态体验性红色旅游产品。省内除了四平红色旅游系列景区外，大部分红色旅游景区游览形式都以静态橱窗式参观为主，很少开发能使游客主动参与的动态旅游产品。最后，旅游载体单一，全省大多数红色旅游产品都是依托近代历史遗迹而建的烈士陵园和纪念馆。单一的开发模式使吉林省整体的红色旅游资源吸引力不强，难以适应市场的综合需求。

第二，客源市场开发得不够，市场结构不合理。旅游客源市场结构的不合理主要表现在年龄、社会背景和客源市场分布方面。从红色旅游者的年龄上看，年龄段呈现两极化。参与红色旅游活动的游客大部分以在校学生和老年旅游者为主，游客群体消费有限，而购买力较强的中年阶层游客数量则相对不足。从红色旅游者的社会背景上看，大部分游客多来自于政府和事业单位，以组团为主要出行方式，而散客较少，其结果将导致省内许多红色旅游景区（点）淡旺季明显，资源过度浪费，影响了景区可持续发展。另外，客源地也过度集中，由于受区位因素的影响，吉林省红色发展的国内市场多依赖于东北地区，其次是广东、北京等发达省区，其他内陆省区游客相对较少。

第三，红色资源与其他旅游资源整合度不高，联合开发效果不明显。吉林省拥有丰富的自然生态旅游资源和人文历史旅游资源，如长白山自然保护区、延边朝鲜族民俗度假地等。然而，目前当地政府很少把区域内红色旅游资源开发与周边著名自然和人文旅游资源结合，打造具有较强实力的综合类旅游产品。红色旅游产品的营销无论从理念、设计管理，还是到具体的手段、技术、渠道都落后于湖南、河北和江西等红色旅游强省。其结果是单体红色旅游景区居多，联合开发的景区很少，严重阻碍了吉林省"十二五规划"将旅游业向"大旅游"方向发展的进程。

第四，景区管理体制落后，各方利益争夺矛盾突出。截至目前，吉林省部分红色旅游景区仍然未摆脱多个政府部门管理的尴尬局面，即"一个红色旅游景区同时受当地文物局、建设局、文化局以及民政局管理，整体缺乏科学的管理方案和实施计划"。[①] 其结果是，一方面景区内外整体管理水平和综合服务质量将会下降，降低游客的满意度；另一方面景区的人力资本管理费用增加，减少了景区的综合效益，影响到景区未来的维护和修葺。景区落后的管理机制将无法适应吉林省未来旅游产业的转型和发展。

第五，景区内外配套设施陈旧，整体环境差强人意。省内红色旅游景区多集中于山区，特别是南部核心区，这些地区旅游产业起步较晚，经济发展相对落后，交通体系不完善，许多基础设施由于长久得不到维护而存在较大的安全隐患。如临江市"四保临江"烈士陵园由于没有得到定期修缮，致使部分基建设施处于老化状态，极大影响了游客的观赏度和舒适度。这样一来，景区的吸引力就被减弱了。游客参与旅游活动不仅需要体验景区内的自然风光和文化内涵，也需要景区内外的周边环境为其旅游活动带来舒适与便利。从长远看，也会损害了景区对外的宣传形象和美誉度的传播。

三、吉林省红色旅游发展的战略布局

从战略角度分析，吉林省红色旅游发展的战略定位可以概括为"127"工程，即 1 个中心区，即全省重点开发以通化，白山为中心的南部核心区；2 个红色旅游板块—吉北和中部环形区；7 条红色旅游精品线路。

（一）一个中心区——以通化和白山为中心的南部核心区

南部核心区不仅拥有丰富的红色旅游资源，还具有知名度高的生态自然旅游资源。南部核心区经过重点规划和开发后，完全可以打造成在国内具有一定知名度的红色旅游系列景区。具体表现为，首先，通化杨靖宇烈士陵园、白山市红色旅游系列景区（点）已经被列为全国 100 个红色旅游经典景区，具有较好的财政和制度保障。其次，南部核心区许多红色旅游资源的不可替代性，使其成为吉林省爱国主义和思想政治教育的重点培训基地。最后，南部核心区自然旅游资源丰富，其中长白山国家级自然保护区是全国重点旅游景

---

① 赵壮、杨吉生、王文：《吉林省红色旅游发展分析》，《消费导刊》，2009 年第 12 期，15 页。

区单位，基础设施较完善，客源市场较为成熟，可进入性强，与区域内其他红色旅游景区整合度高。

（二）两个板块——吉北和中部环形区红色旅游板块

吉北地区。吉北地区主要以生态湿地旅游资源为主，红色旅游资源数量少，分布较为分散，其发展方向是"红绿结合"，主题形象可以确定为：北部湿地，生态吉林。吉林省应结合松原、白城生态湿地旅游资源数量多，环境优美等特点，积极打造红色旅游与绿色生态旅游、乡村旅游相结合的综合类旅游产品，从而优势互补，提高吉北地区整体旅游产业的核心竞争力。

中部环形区。中部环形区一方面拥有全国知名的红色旅游景区——四平红色旅游景区系列，吉林市东北抗联遗址等，另一方面区域内的自然旅游资源和人文旅游资源也较为丰富，如吉林雾凇、长春电影制片厂。主题形象可以确定为：抗联精神，人文吉林。中部环形区应借助其强大的经济实力，完善的公路交通网络和先进的营销手段，重点加强红色旅游与工业旅游、影视旅游、生态旅游等旅游产品在线路设计、资源共享、品牌营销、互联网建设等方面的整合。同时，充分利用长春政治中心地位的优势，争取省政府相关部门的支持，为红色旅游发展创造良好的外部环境。

（三）七条红色旅游精品线路

线路一：吉林省红色旅游精品体验之旅。主题特色是"抗联遗迹，民族精神"。

四平—吉林（吉林市革命烈士纪念馆、东北抗联长白密营、吉林市金日成读书纪念室、丰满万人坑）—敦化（敦化市烈士陵园）—延吉（延边革命烈士陵园、王隅沟抗日根据地）—白山（七道江会议会址、王德泰将军墓）—临江（四保临江烈士陵园、陈云旧居）—通化集安线。

线路二：北部红色生态湿地之旅。主题特色是"体验红色之旅，感受生态吉林"。

扶余（扶余县烈士陵园）—松原（查干湖自然保护区）—大安（东沟湿地狩猎场）—白城（白城市吉鹤陵苑）—通榆（向海自然保护区）

线路三：解放战争事迹体验之旅。主题特色是"决战吉林，解放东北"。

四平—长春（长春革命烈士陵园、长春前苏联红军烈士纪念塔、东北老航校历史纪念馆）—吉林市—桦甸市（头道沟河会议遗址、魏拯民墓）—磐石市（红石砬子抗日根据地）—辉南（辉南县革命烈士陵园）—梅河口（中共中央东北局梅河口会议会址）—辽源（二战盟军高级战俘营、辽源煤矿死难矿工文物馆）

线路四：革命英豪寻踪之旅。主题特色是"无名烈士，永垂千古"。

四平（四平战役纪念馆、四平革命烈士陵园、四平烈士纪念塔）—辽源—梅河口—通化（白家堡惨案发生地、通化市杨靖宇烈士陵园）—集安（东岔抗日营地遗址）

线路五：将军伟人寻迹之旅。主题特色是"学习抗联精神，探寻伟人事迹"。

通化—白山—靖宇县（曹亚范将军殉难地、老岭阻击战遗迹、抗联马当沟密营地、那尔轰会师纪念地、中共江南特支遗址、抗联战迹地、抗联兔子牙战迹地、杨靖宇将军与金日成会晤地、抗联白浆河革命纪念地、城墙砬子会议遗址、抗日联军诞生地、杨靖宇将军殉难地）—抚松县（张慰华烈士陵园）—临江（四保临江烈士陵园、陈云旧居）—集安

线路六：抗联遗址探访之旅。主题特色是"革命英豪，民族骄傲"。

长春—吉林（吉林市革命烈士纪念馆、东北抗联长白密营、吉林市金日成读书纪念室、丰满万人坑）—蛟河（蛟河市烈士墓）—敦化（寒葱岭伏击战址、陈翰章将军墓）—延吉

线路七：抗日游击事迹之旅。主题特色是"体验延边朝鲜族红色之旅"。

珲春（大荒沟抗日根据地）—汪清（腰营沟抗日根据地、马村抗日营地遗址）—延吉—龙井（"五卅"暴动指挥部遗址、大成中学遗址、龙井市革命烈士纪念碑）—和龙（车厂子抗日根据地）

四、吉林省红色旅游发展的战略措施

吉林省红色旅游可持续发展依赖于两方面，即政府支持和市场推动。政府支持主要体现在红色旅游整体规划、红色景区基础设施

建设、旅游安全、人才培养、法律政策等方面；市场推动则包括线路设计、市场开拓、资源整合、产品营销等。因此，推动吉林省红色旅游发展应遵循以下几方面战略措施。

第一，要加强省内红色旅游景区的基础设施建设。对于吉林省一个中心区和两个红色旅游板块周边的基础设施建设需要采用政府部门的扶持战略。首先是资金方面，资金不足问题长期限制着省内许多红色旅游景区的可持续性发展。以政府引导为主，采用多样化的融资渠道，如东北老工业基地建设资金、民间资本、扶贫基金以及海外资本等方式，解决资金匮乏问题。其次是交通方面，当地政府应以省内现有的省际干道和国道为基础，科学规划部分旅游专线公路或铁路，从而缩短景区间的旅行距离，减少游客在交通工具上的花费时间，增强红色旅游景区的可进入性。此外，还包括其他服务设施，当地政府应重新规划和改造红色景区内外的基础性设施，如医院、银行、水电设施、通信服务、住宿条件等，从而为当地居民和外来游客提供舒适、方便和经济的生活环境和旅游环境。

第二，积极宣传七条红色旅游精品线路。吉林省七条红色精品线路的推广依赖于市场的推动作用。首先，建立吉林省红色旅游网络交流平台。网络内容包含，线路和景区介绍、周边食宿和交通状况、天气预报、新闻快递等方面，为旅游者提供多样化的信息咨询，从而扩大七条红色旅游线路的市场影响力。其次，要发挥旅行社的主导作用。旅行社是联结红色景区与旅游者的枢纽，是宣传七条红色旅游精品线路的主力军，政府相关部门可以对部分旅行社采取激励、鼓励和奖励措施，把发展红色旅游作为考核业绩的主要指标之一。另外，还要利用新闻媒介加大营销力度。除了建立吉林省红色旅游网外，还可以通过省电视台、旅游频道、报纸、旅游杂志等新闻媒介对八条红色旅游线路进行多方位立体式宣传。

第三，科学开发红色旅游资源，实现红色旅游可持续发展。科学开发吉林省内的红色旅游资源，对于实现区域内红色旅游的可持续发展具有重要意义。针对省内已开发的红色旅游资源，应深度挖掘其文化内涵，提高整体服务质量，使其综合服务标准达到国内先进水平；对于未开发的红色旅游资源来说，应选择科学化开发模式，如联动开发模式、社区参与模式等，避免低层次，重复性建设。还可以根据区域间自然和人文特点，加强红色旅游资源间以及红色旅游资源与其他旅游资源类型的整合，打造综合类体验型旅游产品。如吉北地区的"红绿结合"、中部环形区红色旅游与工业旅游、影视旅游和乡村旅游整合、东南部核心区的"红古结合"，即延边红色旅游与朝鲜族民俗旅游结合。还要注意遵循"积极保护，合理开发"原则。由于省内红色旅游资源的独特性，客观要求企业或部门应做到资源的开发与保护相协调，避免急功近利的"先开发，后保护"的错误思想，实现红色旅游景区社会效益和经济效益的统一发展。

第四，培育高素质的红色旅游人才队伍。吉林省许多红色旅游景区是当地政府进行革命传统教育、爱国主义教育和思想政治教育的重要基地，客观要求红色旅游景区相关工作者应具备良好的文化和心理素质。以东北师范大学等院校旅游本科、硕士、博士生梯度式培养的综合优势为基础，培养省内研究红色旅游的学术型人才和管理红色景区的实践型人才，同时积极申请国家和省级红色旅游研究课题，成立相关的红色旅游研究机构，以便更好地服务于省内红色旅游人才培养。还要加大省内旅游职业化教育。吉林省红色旅游导游队伍建设离不开省内旅游职业化教育发展。省内旅游职业院校应综合考虑自身院校特色、培养目标、就业方向等，把红色旅游解说、红色旅游导游技巧等实用性课程加入到旅游专业整体课程体系中。积极建立红色旅游实习基地。在政府引导下，促进高校、旅游培训机构与红色旅游景区在人员深造、培训计划、实地调研等方面的合作，如长白山与香港旅游培训机构合作建立旅游服务培训基地。

第五，创新红色景区管理模式，提高整体管理水平。红色旅游发展涉及发改委、宣传、文化、林业、城市建设以及旅游等诸多职能部门。统筹协调好各部门在红色旅游规划与开发过程中的职能权限，有利于提高红色旅游景区的整体管理水平和工作效率，从而实现景区经济效益的可持续发展。首先，建立吉林省红色旅游协调机制，以便统筹全省红色旅游工作，减少红色景区设施的重复性建设。其次，明确市级以下政府部门与企业在红色旅游景区开发与经营过程中的作用和地位。在政府督导下，企业投资方依据相应的在法律策，科学管理和经营红色旅游景区。再次，引进红色旅游"社区参与"模式。红色旅游"社区参与"模式主要涉及景区管理与经营、环境保护、培训教育以及各参与主体的利益分配等方面，实施红色旅游"社区参与"模式有利于明细景区管理者的职能范围和利益分配，调动全民参与景区建设的工作积极性。

2011年是"中国共产党建党九十周年"和"辛亥革命一百年"的历史节点，全国的红色旅游又迎来了一个新的高潮。如何把红色旅游景区建设好、如何更好的发挥红色旅游的社会效益和经济效益，是促进红色旅游可持续发展的时代课题。希望此文可以对促进吉林省红色旅游的发展尽一些绵薄之力。

参考文献

[1] 中共中央办公厅，国务院办公厅. 2004－2010年全国红色旅游发展纲要 [Z]. 2004，12.

[2] 吉林省旅游局. 吉林省红色旅游发展规划（000014348/2005－01496）[Z]. 2005，1.

[3] 吴必虎，余青. 红色旅游开发管理与营销 [M]. 北京：中国建筑工业出版社，2006.

[4] 周振国，高海生. 红色旅游基本理论研究 [M]. 北京：社会科学文献出版社，2008.

[5] 中国红色旅游网 http://www.crt.com.cn/

建立东北亚地区旅游卫星账户初探①

朱麟奇

（长春师范学院历史学院）

摘　要　准确测度旅游业对某一地区的经济影响一直是件比较困难的事情，旅游卫星账户作为一种新型、权威、有效的衡量工具应运而生，具有不可替代的优越性。旅游卫星账户是当前联合国和世界旅游组织等国际机构所积极推广的一种测度旅游业经济影响的方法体系，其对测度旅游业对国民经济贡献率的重要意义已经为众多国家和地区所接受。本文正是在东北亚地区旅游业飞速发展的趋势下，依据世界旅游组织所赋予旅游卫星账户的精神，在其提供的框架基础上，初步探讨东北亚旅游卫星账户的构建。

关键词　旅游卫星账户　构建　框架体系

20 世纪末以来，旅游活动作为一种愈加普遍的经济社会现象，逐渐引起世界各国和地区的重视，旅游已成为很多国家最重要的创收产业之一，且至少有 30％以上的发展中国家将国际旅游收入作为创汇的主要来源。

东北亚地区的旅游业逐渐成为该地区的新兴支柱产业之一，旅游产业不仅能够提高东北亚地区的整体经济发展水平，而且，在很大程度上决定了该地区商业、餐饮业、娱乐业、银行保险业、交通运输业、租赁业等众多其他生产部门的发展水平。同时旅游产业还在某种程度上决定该地区的社会就业机会的多样化，拓宽社会就业渠道。东北亚地区旅游业在赚取外汇、创造就业、提供投资与商业

① 本文系吉林省社会科学基金项目"长白山文化旅游资源开发研究"（2011B225）的阶段性成果。

机会、增加政府税收、带动相关产业发展、促进文化交流等方面发挥着越来越大的作用。

随着我国旅游业大规模的发展,发展旅游业已经上升为国家战略,国务院从培育新兴支柱产业和转变经济发展方式的战略高度,把旅游业作为国民经济的战略性支柱产业和人民群众更加满意的现代服务业,摆在优先位置,重点培育,突出发展,为旅游业营造了最大的发展环境。[①] 在这种旅游业高速发展的大环境下,东北亚地区旅游业的发展迎来了春天。如何科学地测量旅游经济复杂性,寻找和创建新的手段和测量方法,从而提供具有可比性、可信度和一致性的数据与信息,寻求在国民核算体系中客观全面描述旅游产业对社会经济的影响,是制定和实施东北亚旅游产业发展战略的一项极为重要的基础工作。对于这项基础工作,旅游卫星账户作为一种新型、权威、有效的衡量工具出现,具有不可替代的优越性。

一、旅游卫星账户的概念

旅游卫星账户 (Tourism Satellite Accounts)也可称为旅游附属账户,是遵循《国民账户体系》(SNA93)的基本原则,在国民账户之外设立的一个与其并行的旅游产业独立账户,将所有涉及旅游的部门中由于旅游而引致的产出部分分离出来,单列入这一卫星账户。据此可以核算出旅游业对 GDP 的贡献率、旅游业的总体规模、旅游活动引致的就业数量、与旅游业相关的公共及私人投资额、国际旅游收入对本国平衡国际收支的贡献、旅游业所带来的财政税收等几方面的数据。它是国民经济核算账户的分账户,是一种对旅游业进行测度的新方法。[②]

旅游卫星账户是当前联合国和世界旅游组织等国际机构所积极推广的一种测度旅游业经济影响的方法体系。旅游卫星账户作为一种新型、权威、有效的衡量工具应运而生,成为世界旅游组织和联合国统计委员会推荐的国际标准。

旅游卫星账户的目的是详细分析经济体内与旅游业可能有关的

---

① 石国祥:《推进旅游产业"加速度"发展》,《人民日报》(海外版),2010 年 3 月 13 日 (07)。

② 洪梅、钟永德:《省级旅游卫星账户的构建初探》,《中国商贸》,2010 年 28。

所有商品和服务需求；观察此种商品和服务供给的业务是如何联系的；描述此种供应与其他经济活动是如何相互作用的。可以使东北亚地区旅游统计与国家统计系统的其他方面更加一致，使这些数据具有更强的国际可比性。[①]

二、旅游卫星账户的特点

在传统的旅游统计工具下，大量的统计资料比较分散，需要大量的人力、物力、财力及时间对这些统计资料进行完整全面的汇总统计。而旅游卫星账户能够将这些统计资料有机结合，从而更好地对整个东北亚地区旅游业进行统筹协调，旅游卫星账户的特点如下：

（一）旅游卫星账户科学地统一了旅游相关的概念体系。

旅游卫星账户强调旅游活动的基本概念、分类及理论框架的一致性，在建立旅游卫星账户的同时可以应用不同经济理论和方法建立模型，揭示国民经济的主要经济指标与旅游卫星账户特有指标之间的关系。在旅游卫星账户中，从实用的角度重新定义了一些基本概念，如旅游业、旅游消费、旅游业产出、旅游经济产出、旅游业增加值等。同时，由于旅游卫星账户遵循国际统一的分类和核算标准，因此使得不同国家和地区间的横向比较成为可能。

（二）旅游卫星账户客观地反映了旅游市场经济的一般特征。

旅游卫星账户为经济学家解释复杂的旅游经济现象，分析旅游经济与国家整体经济的相关性提供了科学方法，可以作为政府了解和掌握旅游经济运行情况、进行宏观经济调控和管理的重要手段。

（三）旅游卫星账户从需求和供给两个角度对旅游活动进行全面刻画。

旅游卫星账户可揭示国民经济核算总量指标与旅游卫星账户特有指标之间的关系，旅游卫星账户中所反映的旅游活动与其他经济活动之间具有可比性。[②] 可以促进政府及各部门间的有效沟通与合作，帮助政府及各部门制定更好更有效的发展规划。

（四）旅游卫星账户兼顾了全面统计和特殊统计。

---

① 《2008 年旅游附属账户：建议的方法框架》，联合国经济和社会事务部统计司，卢森堡、马德里、纽约、巴黎，F 辑第 80/Rev. 1 号，2010 年。

② 常莉：《创建中国国家旅游卫星账户的探索和研究》，《西北大学》，2004 年。

旅游卫星账户大大拓展了旅游统计与核算的范围，强调旅游活动的基本概念和分类及理论框架的一致性、统计指标与数据收集的同一性、旅游经济活动与其他行业经济活动的可比性以及国际间、地区间旅游数据的可比性。作为世界旅游组织推行的旅游统计体系的重要组成部分，旅游卫星账户从概念体系出发，结合其分类体系、指标体系，从支出的角度科学而深入地对旅游业进行全方位的统计。除此之外，旅游卫星账户还科学地给出了处理特殊问题的统计原则，进而可以反映出旅游活动的特殊性。

（五）旅游卫星账户是一个发展的动态的账户。

旅游卫星账户是针对实践中一个连续时期编制的，这种连续信息系统可用于分析该时期旅游经济活动的复杂性以及与其他经济活动的相关性，是一个发展的动态的账户，而非静止的。也就是说，旅游卫星账户绝不意味着它可以一劳永逸，而是要随着旅游经济的发展变化不断进行调整和完善。旅游卫星账户是我们进行经济决策、旅游产业发展规划制定时的必要考虑因素。

总之，旅游卫星账户可以描绘出市场经济条件下旅游经济活动的全貌，帮助东北亚地区解释复杂的旅游经济现象，为分析旅游经济与东北亚地区整体经济的相关性提供科学的方法。

三、建立东北亚地区旅游卫星账户对该地区旅游发展的意义

（一）旅游卫星账户有利于发展和完善东北亚地区旅游统计体系。

在旅游卫星账户创建之前，有关旅游的信息是分散的，各类旅游企业和部门所运用的定义有所不同，旅游卫星账户的建立将改变这种现状，其形成的统计结果不仅在范畴上，而且在精确程度上都与国际旅游统计标准相统一。[1]

一方面旅游卫星账户汇集了有关旅游的信息，保证从社会、经济、实物等各个方面来描述旅游现象。同时，因为旅游卫星账户与基础的国民经济核算体系相吻合，所以它就可以将旅游业和国民经

---

[1] 康蓉：《旅游卫星账户与中国旅游经济测度研究》，《西北大学》，2006 年。

济中其他经济活动对经济的影响进行比较①另一方面，旅游卫星账户也是各国的旅游统计体系遵从的一致标准，因此旅游卫星账户就成为进行国际间对比旅游业经济贡献的一种工具。各国旅游卫星账户的表格填制遵从的是旅游卫星账户建议使用的基本框架、旅游业特征产品和活动清单等的有关规定，所以它可以提供有关旅游的国际间可比的宏观经济总量，从而在揭示各国旅游业的规模及其经济重要性的基础上，很容易进行相互对比。②

因此，建立东北亚地区旅游卫星账户可以使东北亚地区规范旅游业信息的产生、描述和数据生成的方法，从而指导完善东北亚地区旅游统计体系。

（二）旅游卫星账户通过数据库的建立，提供有关旅游的宏观经济总量指标，从而能够对东北亚地区旅游业的规模及其经济重要性进行测度。

虽然旅游业对国民经济的重要性得到了广泛的认可，但是仍然没有能够得到有关旅游的宏观经济总量指标，无法对旅游业规模及其经济重要性进行有效测度。东北亚地区旅游业的发展需要更加科学、超常规的开发思路，需要有一个庞大的数据库来支持它。旅游卫星账户可以把关于东北亚地区旅游业的分散信息集中到一个整合的框架中来，把国民统计体系中来自需求方调查的数据和不同的供给方企业调查数据结合起来，形成一个庞大的数据库；并通过这个数据库全面地揭示旅游业的规模及其经济重要性。东北亚旅游卫星账户通过数据库的建立，可以提供其旅游业各个方面的数据，可以将这些数据用于各种经济分析之中，以便对东北亚地区旅游业规模及其经济重要性进行有效测度，对研究该地区旅游在经济中起效的因果机制是十分有益的。同时，使用旅游卫星账户的概念框架还可以对东北亚地区进行其他相关的分析。③

① Tour ism Satellite Account（TSA）Implementation Project，The Tour ism Satellite Account as an on going pro cess：past，present and future development，World Tour ism Organization，2001.

② 康蓉：《旅游卫星账户与中国旅游经济测度研究》，《西北大学》，2006 年。WTO Secretariat，TSA as a strategic project for WTO，Tourism Satellite Account Implementation Project，World Tourism Organization，2001.

③ 张海燕：《旅游统计与旅游卫星账户》，《中国旅游报》，2005 年 12 月 7 日

（三）旅游卫星账户对东北亚地区旅游业发展有重大意义。

旅游业是国民经济的重要组成部分，旅游卫星账户是对旅游业的全息扫描，可以给我们提供一幅东北亚地区旅游业的整体图画。旅游卫星账户的作用不仅仅体现在宏观经济分析上，旅游卫星账户是国民账户体系的卫星账户，其对经济的分析使用与国民账户体系一致的方法，这有利于发展和完善旅游统计体系，也是深入分析旅游经济各种方法的基础。作为国民经济核算体系的成员——旅游卫星账户，建立旅游卫星账户对发展旅游业具有积极的促进作用。[①]旅游卫星账户是一个宏大的信息库和数据库，展示着旅游业各个方面的信息，可进行许多不同的经济分析。因此，建立东北亚地区旅游卫星账户对该地区旅游业的发展有重大意义。

东北亚旅游资源丰富，近几年旅游业发展迅速，因此对东北亚地区旅游业加强统筹规划是十分重要的。旅游卫星账户作为一个旅游统计的国际标准，有利于指导东北亚完善旅游统计体系，其提供的数据是旅游统筹规划的重要参考依据。同时，东北亚地区旅游卫星账户可以揭示该地区旅游经济活动规律，量化旅游产业宏观经济总量，测度旅游业对国民经济贡献率，充分说明旅游业在该地区经济中的重要作用。因此，旅游卫星账户对制定东北亚旅游总体规划，加快把旅游的资源优势转化为经济优势，实现旅游资源向旅游资本的转变有着重要的作用。

发展旅游卫星账户是国家旅游主管部门的一项战略目标。因此，目前东北亚地区建立旅游卫星账户是非常必要的。当然，创建东北亚旅游卫星账户必须结合东北亚的具体情况，依据世界旅游组织所赋予旅游卫星账户的精神，在其提供的框架基础上，经过合理调整，探求东北亚旅游卫星账户体系的科学框架。

---

① 赵丽霞、任佳燕、蒋正鸣：《进入旅游卫星账户（TSA）的新里程》，《旅游学刊》，2001 年。

吉林省省级人文社科重点研究基地重大招标项目

▶ 东北亚国际关系史论

DONGBEIYA
YANJIU
LUNCONG

论英俄尔岱在清初对朝鲜关系中的作用

宋慧娟　玄花

（长春师范学院东北亚研究所）

摘　要　英俄尔岱主要负责清对朝鲜事务，出使朝鲜时，除了执行使命以外，还多方了解朝鲜的政治动态，为两国从兄弟关系转变成宗藩关系做出了贡献。宗藩关系建立以后，英俄尔岱通过不断对朝鲜施加压力，促使其尽快完成所定事项，还通过打击朝鲜的阻挠势力，巩固了业已建立的清鲜宗藩关系。

关键词　清　朝鲜　英俄尔岱　宗藩关系

英俄尔岱（1596—1648），即朝鲜史书中所称的龙骨大，他属于满洲著姓扎库木地方他塔喇氏家族成员。英俄尔岱的祖父岱图库哈理率众归顺努尔哈赤。英俄尔岱青年时期追随努尔哈赤经历了攻开原之战，克沈阳、战辽阳等一系列重大战役。历任牛录额真、游击、参将。天命十一年（1626）九月皇太极即位后，他成为皇太极的心腹。英俄尔岱首要职责就是"专管东事"，所谓"东事"，即朝鲜问题。他在后金与朝鲜的外交活动中发挥了重要作用。英俄尔岱作为"专管东事"的外交重臣，参与和管理对朝外交长达 21 年之久，既是后金对朝外交的鉴证者，也是实践者，深入研究他在两国关系史上的重要作用，有助于我们进一步揭示后金对朝关系的基本政策、内容，以及发展动态。本文试就此略作探讨，求教于方家。

一、兄弟之盟时期英俄尔岱的外交活动

清太宗天聪元年（朝鲜仁祖五年，1627）正月，皇太极进军朝鲜，直捣朝鲜国都。在都城失守、反击无力的情况下，朝鲜与后金签订了"兄弟之盟"。盟约规定：双方"今后同心同意"，朝鲜不计

后金之仇，不得"整理兵马，新建城堡"，① "朝鲜国王李倧应进满洲皇帝礼物"，"以待明国使臣之礼待满洲国使臣"，遣还逃人。盟誓以后，后金撤离时，阿敏将国王李倧之弟李觉（实则李倧认领之弟）作为人质带到后金。但是，同年五月，太宗为了表示对朝鲜的友好，派刘兴祚和英俄尔岱护送李觉回国，同时还赐给朝鲜国王一些贵重礼物。这是两国建交以后后金首次遣使朝鲜，也是英俄尔岱首次参与处理朝鲜事务。

盟约对后金使臣的接待礼仪作出了规定，但是，刘兴祚和英俄尔岱到达朝鲜时，并没有得到上国使臣的礼遇。因此，刘兴祚和英俄尔岱以强硬的态度，迫使朝鲜做到。首先，要求亲呈礼物于阙庭，而不是按朝鲜所言由接待所官员转达。两人称，如果朝鲜不答应这一要求，第二天就要"还持而去"。同时，要求见曾降于后金的朝鲜将领姜弘立和朴兰英，朝鲜方面只好答应。其次，觐见国王时，二人对没有安排引导官表示不满，要第二天再来见朝鲜国王。在译官的极力劝说下，尽管同意进宫，但是英俄尔岱交完汗书后，与刘兴祚唱和道："王之待俺等，已极备尽，而官吏不谨，使俺下马门外，远远行步，若不治其罪，不敢受茶礼。"② 为此，朝鲜国王向两位后金使臣谢罪，才肯行茶礼。在完成这一任务以后，两人与朝鲜交涉贡礼问题。朝鲜坚持称两国礼单应以土产为主，不可定其数目。对此，两位使臣最后决定，朝鲜的贡礼，明年必定其数。③

此次出使，两位使臣很好地完成了任务，第一，通过接见姜弘立和朴兰英，较为充分地了解朝鲜的情况（姜弘立在萨尔浒之战中投降后金，朴兰英是朝鲜与后金往来最为频繁的使者，后金对此二人较为熟知）；第二，达到了使朝鲜以上国的礼仪接待后金的目的，彰显了后金国的地位；第三，柔中有刚的谈判技巧，既表达后金待朝鲜的诚意，又使朝鲜难以回避后金的要求，巧妙地为后金赢得利益。

这一时期，后金遭到明朝的经济封锁而陷入困境，因此希望从朝鲜获得实质性的经济利益，以缓解封锁带来的压力。天聪元年十

---

① 《朝鲜仁祖实录》卷15，仁祖五年三月庚午，181页。
② 《朝鲜仁祖实录》卷16，仁祖五年五月甲午，207页。
③ 《朝鲜仁祖实录》卷16，仁祖五年六月丙申，207页。

二月，英俄尔岱受皇太极之命，以参将身份前往朝鲜商议开市。针对后金的互市贸易要求，朝鲜提出后金刷还被掳人作为交换条件。但是，英俄尔岱不在人口问题上与之争辩，而是进一步提出开市的具体日期和民间贸米之数等问题。谈判结果是，朝鲜依从英俄尔岱的提议，翌年开市，并且同意朝鲜方面提供三千石米，其中"以二千石为赠遗，一千石为商品，于中江交易之"。① 实际上，朝鲜提供这些米是希望第一次中江开市时，后金能无偿刷送 600 名被掳人。但是，皇太极已经将被掳人作为战利品奖给有功之臣，只能答应朝鲜有偿赎回。英俄尔岱此行，不仅解决了后金热切期待的开市问题，还带来大量后金紧缺的药材，以及其他商品。

开市协议达成后，英俄尔岱作为后金的"监市官"，不断奔走于后金与朝鲜之间，就诸多细节，即开市的时间、次数、地点，物品的供应种类，开市期间监市官的日常供给等问题，与朝鲜方面展开无数次交锋。由于双方对交易问题的观念和价值取向存在严重差异，特别是后金急于获得粮食、布匹、药材、牛马等补给来充实军需和生产生活，因而在交易当中强买强卖、巧取豪夺的现象屡有发生，开市进行得并不顺利。但是，在皇太极的威压和谴责声中，一年两次的中江开市基本得以进行，会宁开市时断时续。英俄尔岱尽其所能，积极贯彻执行皇太极的旨意，在互市贸易中为后金争取了较多的利益，甚至他在出使朝鲜京城谈判各种事宜时，也要顺便进行一些贸易活动，以补充国内所需。

总之，英俄尔岱在出使朝鲜时，与其他使者不同之处在于，不是简单地执行使命、递交国书、就事论事、获取成果、捞取一些私人好处后归国交差，而是多方了解朝鲜的政治动态，努力使之向着有利于后金的方向转化。前面我们提到，天聪元年五月英俄尔岱出使朝鲜时要求见姜弘立和朴兰英，天聪二年十二月出使时，再次提出要求见原昌君、朴兰英兄弟及金搢、朴惟健、吴信男、姜弘立之子，同时还向朝鲜透露后金与毛文龙相通之事"果有之"，但他强调："非如与贵国以信相和，彼欲觇我，我欲觇彼，以相通也。"② 英俄尔岱此举无非要告诉朝鲜，后金对待毛文龙与朝鲜性质迥然不

---

① 《安东县志》，民国二十年铅印本。
② 《朝鲜仁祖实录》卷 19，仁祖六年十二月壬辰，309 页。

同，对朝鲜是"以信相和"，对毛文龙是"我欲觇彼"，以此显示出与朝鲜的亲近，同时，也暗含着朝鲜若协助毛文龙，后金会掌握一切情况，后果不堪设想的告诫。英俄尔岱这种高超的外交技巧，对弥缝两国关系起到了很好的作用。

二、宗藩关系下英俄尔岱的外交活动

清太宗崇德元年（朝鲜仁祖十四年，1636），清朝对朝鲜发动第二次战争，将朝鲜仁祖困在南汉山城。翌年正月初二日，英俄尔岱将清太宗的招降书递给洪瑞凤，两国开始讨论议和之事。在此期间，主要由英俄尔岱负责传递国书等具体的交涉事宜，频繁地与朝鲜君臣接触。朝鲜方面认识到英俄尔岱的重要作用，于是"龙、马两胡，亦各赠三千两"，① 对负责两国间交涉的英俄尔岱等人进行贿赂。因此事涉及到朝鲜能否履行清朝提出的议和条件的问题，英俄尔岱自然不敢大意，及时向清太宗汇报了情况。后来清太宗向朝鲜宣谕时，特地提到朝鲜贿赂英俄尔岱等人的事，强调"欲著忠诚，全在小心、正直，恪守典常，匪由通贿。今两国一家，猜疑尽释。此后倘有贪婪之辈，越理私索者，不惟不可与王知之，即当奏闻。若知此等贪劣之人而不与奏闻，亦非理也。"② 警告朝鲜不要企图通过贿赂清朝使臣影响两国既定条款的执行。正月二十八日，朝鲜投降，并接受了清朝提出的约条。正月三十日，朝鲜仁祖在英俄尔岱的引导下，在三田渡受降坛行三拜九叩头礼，清与朝鲜正式确立了宗藩关系。

在第二次战争期间，英俄尔岱负责对朝鲜交涉，中规中矩，在朝鲜行贿等事宜上，赢得了皇太极的信任。清与朝鲜确立宗藩关系以后，继续由英俄尔岱负责朝鲜事务，朝鲜称："龙、马两将，盖皇帝信任之人，而诸臣亦无出其右者矣。"③ 此后的对朝鲜交涉事宜主要是督促朝鲜履行既定的约条内容，英俄尔岱通过不断对朝鲜施加压力，促使其尽快完成所定事项。

英俄尔岱与朝鲜交涉，具有一定的自主决定权。清太宗崇德二年（朝鲜仁祖十五年，1637）九月五日，英俄尔岱和马福塔将世子

① 《朝鲜仁祖实录》仁祖 34 卷，665 页。
② 《清太宗实录》卷 36，459～460 页。
③ 《承政院日记》原本 65 册，脱抄本 4 册。

宾客朴（竹鲁）、朴潢叫到户部，要求朝鲜贡女，但同时也说："吾等所言，亦非必欲举行之意也，事之可否，唯在朝鲜之量处。"① 让朴（竹鲁）等人将英俄尔岱和马福塔的意见传达朝鲜国内。英俄尔岱所提贡女一事并非两国约条规定之事，也没有清太宗的诏谕，似为英俄尔岱等人私下决定，因此，朴（竹鲁）等当即断然拒绝。同年十一月末，英俄尔岱作为敕使到朝鲜时，与朝鲜国王谈约条的履行问题，又对朝鲜馆伴使提朝鲜贡女事，要"须速定夺以报"。② 英俄尔岱以"南朝亦有此事"，③"盖欲见贵国诚信而已"④ 为由，迫使朝鲜答应贡女，并且定人数为 10 人。崇德三年（朝鲜仁祖十六年，1638）二月，朝鲜谢恩使申景禛到户部汇报约条的履行情况时，英俄尔岱问贡女事的进展情况。申景禛称："侍女则教习容仪，随后入来。"⑤ 虽然贡女不是约条的内容，但朝鲜认为"侍女、婚媾、向化、走回四事，乃紧关事也"。⑥ 由于英俄尔岱的特殊身份，朝鲜将贡女一事重视起来。六月十八日，英俄尔岱和马福塔到沈馆见昭显世子，责备朝鲜不履行诺言。昭显世子只好派宾客向朝鲜国王报告，⑦ 朝鲜马上派内官白大珪按规定贡献 10 人。⑧

　　由于英俄尔岱是清朝对朝鲜事务的主要负责人，朝鲜对英俄尔岱十分忌惮，通过朝鲜对英俄尔岱的贿赂和对英俄尔岱贡女要求的回应，可以看出英俄尔岱在对朝外交方面的权威性。

　　由于朝鲜十分看重英俄尔岱在两国事务中的影响力，因此朝鲜想拖延约条中的某些义务时，也想找英俄尔岱周旋。崇德三年（朝鲜仁祖十六年，1638）五月，清朝要求朝鲜助兵五千人攻打明朝时，朝鲜要"以赂物给于龙、马两将……密通，见其酬酢之如何，然后处之。"⑨ 但是，英俄尔岱并没有为朝鲜通融，负责到清朝周旋此事

① 《沈阳状启》崇德二年九月五日，36 页。
② 《朝鲜仁祖实录》卷 35，709 页。
③ 《承政院日记》原本 62 册，脱抄本 3 册
④ 《承政院日记》原本 62 册，脱抄本 3 册
⑤ 《朝鲜仁祖实录》卷 36，10 页。
⑥ 郑泰齐：《朝鲜时代史草》上，507 页。
⑦ 《朝鲜王朝实录》卷 36，23 页。
⑧ 中国第一历史档案馆：《清初内国史院满文档案译编》上，372 页。
⑨ 《承政院日记》原本 64 册，脱抄本 4 册

的申景禛汇报称："此实罔极举措也。彼小无人情，若坚执拒之，则反致乖戾，无益有害，故不能峻折，只陈利害，反复开谕，则彼言，此乃当初约条中事，其可得已乎？非不知多数征之，而如此数少者，亦出于皇帝眷厚之意云矣。"①

英俄尔岱没有因在朝鲜已有的权威而疏于职守，较为稳妥地把握住相关交涉原则，十分恰当地运用其权威维护清朝利益，震慑朝鲜。这在英俄尔岱出使朝鲜过程中较为明显地体现出来。

清太宗崇德二年十一月，英俄尔岱出使朝鲜，朝鲜对其"俱遵依定例敬礼接待"，② 英俄尔岱也在宗藩外交礼仪等方面坚持原则，出色地维护了清朝的宗主国地位。英俄尔岱和朝鲜国王同为清太宗的臣下，不接受朝鲜国王的拜礼，使其行揖礼，③ 给予朝鲜国王应有的尊重。在处理两国问题时，也不直接驳难国王，而对朝鲜大臣则怒声呵斥，迫使朝鲜履行约条。

但是，朝鲜虽然表面上顺应清朝，其实并不尽心履行约条。为了消除这些阻力，清朝于清太宗崇德五年（朝鲜仁祖十八年，1640）十月，将英俄尔岱等人派往朝鲜。在负责这种重大的宗藩外交事务时，英俄尔岱表现出强硬的一面。十月二十四日，英俄尔岱到中江后，直接令沈馆宾客李行远往朝鲜国内打报告称："领议政、吏曹判书、都承旨及朴潢，皆有面议事，须趁今二十四日以来，如不及期者，必有大患云。"④ 朝鲜不敢违抗，按照要求将领议政洪瑞凤、吏曹判书李显英、都承旨申得渊及朴潢派出去。原先，英俄尔岱奉命出使时，并不清楚反对使用清朝年号的主要人物是谁，但是，十一月八日，通过审问洪瑞凤，不但得知反对使用清朝年号的主要人物为金尚宪，还了解到此人现居在庆尚道。⑤ 于是，马上下令"即报朝廷，使之速来。"⑥ 英俄尔岱经手此案不到一个月就将崔鸣吉、金

---

① 《承政院日记》原本 64 册，脱抄本 4 册
② 《清太宗实录》卷 39，520 页。
③ 《承政院日记》原本 62 册，脱抄本 3 册
④ 《朝鲜王朝实录》卷 41，100 页。
⑤ 《朝鲜王朝实录》卷 41，102 页。
⑥ 《朝鲜王朝实录》卷 41，102 页。

尚宪、曹汉英、蔡以恒等反对助兵、入送元孙的人员全部调查出来。①

清太宗崇德七年（朝鲜仁祖二十年，1642），英俄尔岱再次派往朝鲜调查潜通明朝船只的案件。十月十三日英俄尔岱带着昭显世子到凤凰城审问李烓，很快查出牵涉此案的还有李之龙和郑太和，于是逼着昭显世子将"烓所引李之龙及前监司并拿送。"② 十月十九日，又通过审讯高忠元等人，调查出崔鸣吉和林庆业也牵连此事。于是，英俄尔岱"促令绑送辞连人及庆业"。③

英俄尔岱两次负责审理朝鲜大臣，成功地打击朝鲜的"反清"势力，对朝鲜政局产生直接影响，巩固了业已建立的清鲜宗藩关系。

三、英俄尔岱对沈馆的管理

清太宗崇德二年（朝鲜仁祖十五年，1637），朝鲜接受清朝的约条，与之建立宗藩关系。其中，第二条便是：以朝鲜国王"长子，并再令一子及诸为首大臣有子者以子、无子者以弟为质。"④ 于是，同年四月起，昭显世子李澂、凤林大君李淏、三公六卿之子弟及其家属居住沈阳，昭显世子一行所居馆舍俗称沈馆。当时主管沈馆事务的是户部承政英俄尔岱。

世子一行人员庞杂，英俄尔岱首先严格管理沈馆人员，以保证秩序与安全。昭显世子到沈阳的第二天，英俄尔岱对其传达清太宗的旨意："一行员役百人，马十匹外皆令减送。"⑤ 大约两个月之后，英俄尔岱再次要求裁减沈馆人员，沈馆只好将一些下等员役和司书李桧、翊卫徐择履送回朝鲜。⑥ 对此，沈馆陪臣提出异议，与世子一同入沈之人均为侍卫陪从，而第一次调整之后，留下来的"皆是切迫使唤者，势难除送"。⑦ 对此，英俄尔岱申明两点原则：一是由

---

① 《朝鲜王朝实录》卷41，《溪岩日录》八，下584，林基中：《燕行录全集》卷27《沈阳日记抄》，65页。

② 《朝鲜王朝实录》卷43，138页。

③ 《朝鲜王朝实录》卷43，138页。

④ 《清初内国史院满文档案译编》（上），崇德二年正月二十八日，241页。

⑤ 林基中：《燕行录全集》第24册，《昭显沈阳日记一》崇德二年四月十一日，461页。

⑥ 《沈阳状启》崇德二年六月五日，22页。

⑦ 《沈阳状启》崇德二年六月五日，22页。

于入来之人皆非服役者，许多粮料，刍草，接济有弊，二是朝鲜
"才经离乱，必有寻见妻子之心，不可不还送，此乃皇帝曲念之意
也。"① 这两点原则，既是客观实情，又充满对朝鲜的关心，使陪臣
无言以对。

当时，约条规定朝鲜要入送三公六卿的儿子或弟弟，但是并没
有说明是"时任"还是盟约当时任职者。对此，英俄尔岱规定为
"以时任之子"入质。② 朝鲜大臣递代时，质子也跟着交替，但是除
此之外，质子不能轻易回国。因特殊原因需要回国时，首先要获得
英俄尔岱的同意。③ 清太宗崇德三年（朝鲜仁祖十六年，1638），朝
鲜礼曹判书韩汝稷质弟韩汝泌病重，想返回朝鲜国内调养，朝鲜就
令沈馆陪臣请示英俄尔岱。清太宗崇德四年（朝鲜仁祖十七年，
1639），崔鸣吉的质子崔后亮需要参加科举考试，在获得英俄尔岱的
同意之后，与亲族弟替换。④

朝鲜质子入沈之初，英俄尔岱所任职的户部管理沈馆人口和活
动，礼部则负责沈馆人员的饮食。但是，一年以后饮食也由户部负
责管理。崇德三年三月，由户部送银子于沈馆，让昭显世子、大君
及家属以外人员，自己买食。⑤ 清太宗崇德六年（朝鲜仁祖十九年，
1641）三月，户部将田分给沈馆，"使沈馆耕种，任意需用"，⑥ 减
轻了清朝的经济负担。

综观之，英俄尔岱负责沈馆人员的日常管理，一是规定明确，
杜绝了逃避责任等各种弊端。二是又适当变通，为两国关系稳定发
展起到润滑作用。英俄尔岱还以沈馆牵制朝鲜，以贯彻清太宗对朝
鲜的指令，使沈馆成为朝鲜履行约条的重要媒介。

清太宗崇德三年（朝鲜仁祖十六年，1638），清太宗为西征明
朝，征兵于朝鲜，但朝鲜军兵却违误军期。为此，十月二日，英俄
尔岱通知沈馆："今初十日，皇帝率兵西去，大君则留此，世子独为

---

① 《沈阳状启》崇德二年四月十三日，15 页。

② 《沈阳状启》崇德二年四月十三日，15 页。

③ 《承政院日记》原本 64 册，脱抄本 4 册；《沈阳状启》崇德三年八月二十六日，
87 页。

④ 《沈阳状启》崇德四年三月二十日，135 页；《承政院日记》原本 73 册，脱抄本 4 册。

⑤ 《沈阳状启》崇德三年三月七日，53 页。

⑥ 《沈阳状启》崇德六年三月八日，233 页。

随行"。① 但是，由于昭显世子体弱多病，改由大君随行。崇德四年（朝鲜仁祖十七年，1639）二月，朝鲜大君再次随征，崇德六年（朝鲜仁祖十九年，1641），昭显世子、大君一起随征。清朝的这一策略马上起效，朝鲜不久就将军兵及军粮如约送到清朝。

清太宗崇德二年（朝鲜仁祖十五年，1637）四月，昭显世子作为人质到沈阳以来，朝鲜多次上书请求其归国省亲，此事原本由礼部负责，但是，英俄尔岱看到这是增进两国相互理解的一个契机，便暗中为朝鲜如何操作做出指导，但他们立场十分鲜明，他是为清国服务，尽职尽责，在周旋世子归省时，他常将此事与朝鲜不履行军事约条相联系，英俄尔岱面对朝鲜诸多违约之事，提醒道："世子、大君无东还之意，而国王亦不念世子、大君乎?"②

崇德五年（仁祖十八年，1640）正月，朝鲜再次请求昭显世子归国省亲。但是，朝鲜并没有专程派使节上书请求，而是在送贡物时，顺便提及。对此，英俄尔岱认为不合宗藩礼仪，但是他又灵活处理此事，并没有让朝鲜再派使臣过来，而是让沈馆拟文上奏。沈馆马上满足这一要求后，英俄尔岱从中斡旋，不到 5 天时间，清太宗便同意世子归省，并令世子与麟坪大君在凤凰城交替，英俄尔岱的安排令世子"不胜感激"。英俄尔岱带来皇帝的敕谕，敕谕首先说明质押朝鲜之诸王子的理由，"朕原以尔国反复不常，质王二子，尔若恪遵朕命……则朕既见尔之忠诚，疑心自释，王之二子朕必令之往来无间矣。"③ 敕谕指出，这种结果并非出自清太宗本意，皆由于朝鲜诚意不足所致。紧接着敕谕就朝鲜擅修南汉、平壤，蓄积粮草之事进行严厉谴责，并据此推断道："凡别处城池类此修缮者，朕焉得而知之?"④ "若尔之忠诚实著，则不时世子遣归，即诸儿之在此在彼，庸何伤哉?"⑤

这些问题和英俄尔岱此前与世子的交谈并无二致，说明清太宗完全接纳了英俄尔岱的外交方式，将世子回归问题的处理与对朝问题的其他事物相联系，既可进一步迫使朝鲜检讨自身种种"不诚"

---

① 《沈阳状启》崇德三年十月十五日，98 页。
② 《沈阳状启》崇德三年七月十一日，79 页。
③ 《沈馆录》卷 2，庚辰正月初七日，《辽海丛书》2784 页。
④ 《沈馆录》卷 2，庚辰正月初七日，《辽海丛书》2784 页。
⑤ 《沈馆录》卷 2，庚辰正月初七日，《辽海丛书》2784 页。

行为，"毋背天而违朕命"，回归到事大以诚的轨道上来，欲使朝鲜清楚地认识到清与朝鲜的尊卑高下，及在这前提下清国作为宗主国的仁义与度量。

崇德六年十月，英俄尔岱等人为沈馆事务直接向清太宗报告称："昭显世子李澄于我国所生子，年已四岁，伊国王尚未得见。今请暂回本国，祖孙相见，八月复来，伏候谕旨。"① 清太宗允许归国一年，以后仍听其往来。

英俄尔岱对西征问题和省亲问题的处理，刚柔并济，迫使朝鲜履行全部约条的同时，也满足其一些要求，给朝鲜一种心理安慰。由于英俄尔岱对朝鲜及沈馆交涉得当，未出现任何差错，解除了清朝征明时的后顾之忧。

清世祖顺治元年（仁祖二十二年，1644）清朝入关以后，英俄尔岱任户部尚书，仍然负责朝鲜事务。但是，这时候清朝刚刚定鼎中原，户部的工作加重起来，于是，英俄尔岱的主要工作转移到国内，负责"享太庙行礼"、"告祭圜丘"，"圈给旗下地亩"等事宜。顺治元年至二年期间，昭显世子、大君以及沈馆人员陆续回国，"既得中原，势将混一，自此事无可疑。世子既令永还，大君亦许东归云。"② 对朝鲜事务实际上由郑命寿负责。郑命寿作为敕使到朝鲜处理事务，回国后再向英俄尔岱汇报，朝鲜使臣到清朝，也要来见英俄尔岱。这种状况一直持续到清世祖顺治五年（仁祖二十六年，1648）二月，英俄尔岱去世。

---

① 《清太宗实录》卷 63，864 页。
② 《朝鲜王朝实录》卷 46，206 页。

明朝对高丽的政策探微

玄　花

（长春师范学院东北亚研究所）

摘　要　明朝建国后，考虑到北元的威胁，主要对高丽采取怀柔的政策。但是由于高丽在辽东问题上企图与北元势力结成联盟，不得不采取遏制政策。这种遏制政策是通过与高丽暂时断绝关系，加快对辽东的攻势等措施，迫使高丽与明朝合作。

关键词　明朝　高丽　怀柔政策　遏制政策

元朝末期，无力对高丽进行有效地控制，而高丽也逐步采取措施力图脱离元朝的控制。就在这样的形势下，明朝建立，极力要稳固自身华夏大国的正统地位。所以，明要与元朝进行对外争夺，消除元朝对高丽的影响。高丽在与明朝缔结宗藩关系的同时，以自身的利益为准绳，与明进行不断地博弈，以获取最大利益。明朝自身实力的强弱变化，以及复杂的国际形势，都对其贯彻对外政策提出了强有力的挑战。明对朝鲜半岛的对外政策既有对传统理念和制度的继承与发展，也有各方围绕国家利益进行的博弈。明朝对高丽的政策，就是在这种相互作用下不断发展变化的。

一

1368 年正月，明太祖建立明朝，改元洪武，定都南京。元顺帝北走塞外之后，仍称元朝，足以对明朝构成相当大的威胁，于是明初将主要注意力放在北方，北部边防成为国防的重点。[①]　刚刚建立

---

① 万明：《中国融入世界的步履－明与清前期海外政策比较研究》，社会科学文献出版社，2000 年，46～47 页。

的明朝根基未稳，为了消除这些障碍，需要形成有利的国际环境。

洪武四年（恭愍王二十年，1371），明太祖提出了对外政策的总纲领：

> 海外蛮夷之国，有为患于中国者，不可不讨；不为中国患者，不可辄自兴兵。古人有言，地广非久安之计，民劳乃易乱之源。如隋炀帝妄兴师旅，征讨琉球，杀害夷人，焚其宫室，俘虏男女数千人，得其地不足以供给，得其民不足以使令，徒慕虚名，自弊中土，载诸史册，为后世讥。朕以诸蛮夷小国阻山越海，僻在一隅。彼不为中国患者，朕决不伐之。惟西北胡戎，世为中国患，不可不谨备之耳。卿等当记所言，知朕此意。①

在这一总纲领的指引下，明太祖时期确立了对朝鲜半岛关系的基本原则。这一时期明朝对外政策的主要目标是彻底灭亡元朝势力，完成统一。因此，为了形成有利的国际环境，对高丽确立了怀柔与遏制相结合的政策，以防止高丽与蒙古人达成同盟。由于高丽是元朝的藩属国，两国关系特别密切，因此明朝的政策具有强烈的针对性。

明洪武元年（恭愍王十七年，1368）十一月，明朝派出第一个使者偰斯出使高丽，在告知明朝的建立的同时，试探高丽的态度。高丽恭愍王作为质子驻留在元朝的时候，曾与偰斯的哥哥偰逊有过交往，并且偰逊之子偰长寿在高丽政坛上担任要职。② 明太祖打算利用这层关系，与高丽王建立联系。偰斯给高丽国王带去了明太祖的玺书和 40 匹纱罗锻匹，还以个人名义送两只羊。偰斯回国时，高丽王作为答谢馈赠鞍马、衣服，高丽宰枢则赠送人参和药物，以示友好。在偰斯回国之前，明朝派出第二个使者，送还因战乱流落中国的高丽人，急切地要与高丽建立友好关系。

---

① 《明太祖实录》卷 68 洪武四年九月，（台湾）中央研究院历史语言研究所，1962 年，下同，1277～1278 页。

② 桂栖鹏、尚衍斌：《谈明初中朝交往中的两位使者－偰长寿、偰斯》，《民族研究》1995 年第 5 期，66 页。

而此时，高丽恭愍王也在进行加强王权的内政改革，对外力图摆脱元朝干涉。① 恭愍王即位之初，以强硬的手段阻止元朝的干涉，禁止梳辫发、穿胡服；撤销征东行省理问所；收复双城总管府；停用至正年号。对此，元朝奇皇后宣布废恭愍王，立德兴君为高丽国王，并派大军准备讨伐恭愍王。但是恭愍王并没有接受元朝的废立，而是派大兵应战，打败了元军。这次大战之后，两国关系向妥协的方向发展，元朝大大降低对高丽的干涉力度，高丽也重新使用至正年号。就在这时中原格局发生变化，高丽认识到对明关系的重要性，并且明朝对高丽的政策与恭愍王所追求的事大关系相吻合，所以很快接受了与明朝交往的要求。②

洪武二年（恭愍王十八年，1369）八月，明朝派偰斯册封高丽国王，高丽则遣使上交元朝的金印。自此，明朝正式与高丽确立了宗藩关系。

两国建立宗藩关系之后，明朝要祭祀高丽的山川，以便强化宗主国的地位。"今安南、高丽皆臣附，其国内山川，宜与中国一体致祭。"③ 不过，恭愍王对明朝派道士来祭祀山川持排斥的态度，"疑道士行厌胜之术，称疾不出。乃命百僚迎诏"。④ 恭愍王虽然接受明朝的册封，但并不愿意被明朝所控制。

总的来说，交往初期，两国关系比较融洽，高丽每年向明朝派遣贺正旦、贺诞辰诸使。而且明朝对高丽的内政采取不干涉的政策。比如高丽在镇压耽罗叛乱之前，派张子温到明朝征求意见，明朝没有直接干涉，让高丽自行解决。明朝在某些对外政策方面继承了元朝的体制，如将犯人交给高丽收纳、监管，洪武五年（恭愍王二十一，1372），明朝就将明升、陈理及其家属送往高丽监管。明升原为重庆的割据势力，洪武四年（恭愍王二十年，1371）明军攻取四川后归降明朝。陈理是陈友谅之子，投降明朝后，与明升一起住在京师，两人因在闲聊中表示出不满，被流放到高丽。

---

① ［韩］黄雲龍：《高麗 恭愍王代의對元明關係—官制變改를中心으로》，《東國史學》1980 年第 14 辑，5～6 页。

② ［韩］김순자：《고려말 대중국관계의 변화와 신흥유신의 사대론》，《역사와 현실》1995 年第 15 辑，116 页。

③ 《明太祖实录》卷 47 洪武二年十二月，938 页。

④ 《高丽史》卷 42《恭愍王世家五》，国书刊行会，1977 年，下同，633 页。

二

明朝在占领中原地区后，并没有马上平定与高丽接境的辽东地区，仍然有元朝的残余势力存在。元朝辽阳行省的刘益屯驻得利赢城，高家奴屯驻辽阳的老鸦山，哈剌张屯驻沈阳古城，也先不花屯驻开元，纳哈出屯驻金山，这种局势使两国的决策面临更大的变数。

高丽对明朝贡的同时，还与元辽阳行省的官员进行接触。"北元辽阳行省平章刘益、王右丞等欲归附"，"刘平章、王右丞和尚院使遣人来贺诞辰。"① 与辽东割据势力的往来，提升了高丽在这一地区的影响力。高丽利用辽东地区的动荡局势，于洪武二年（恭愍王十八年，1369）出兵攻打元军驻守的东宁府，明朝将这一行动视为侵犯，两国关系更加复杂。

明朝积极地进军辽东地区，企图尽快稳定辽东地区的局势。洪武四年（恭愍王二十年，1371）四月，辽东的主要势力刘益最终归附于明，明朝立即向高丽发出通报，"中书省咨告，前元辽阳行省平章刘益以金复盖海等地归顺"，② 刘益归附后，明朝在得利赢城设置辽东卫指挥使司，明确明朝在辽东的权利。此外，以此为契机，明朝向辽阳以南拓展，在辽阳置定辽都卫指挥使司，管辖辽阳以南地区。③

而此时，元军将领纳哈出切断明丽的使行路线，企图断绝两国联系。洪武五年（恭愍王二十一年，1372），纳哈出劫掠牛家庄，让明朝蒙受了很大损失，据明朝获得的情报，高丽人也参与了此事。不但如此，还发生高丽人刺探明朝情报的事情，这一系列事情引起明太祖的警觉，决定减少朝贡次数，命中书省"教他依著三年一聘之礼，或欲每世一见亦可。"同时加强了对高丽的防备，告诫辽东守将密切注视辽东边情与高丽动静，严防高丽人随意出入辽东。

在明朝刚刚建立，与高丽的关系还处于探索阶段时，明对高丽实行的是怀柔政策。但是，当两国在辽东发生利益冲突时，明朝怀

---

① 《高丽史》卷43《恭愍王世家六》，642页。《高丽史》卷43《恭愍王世家六》，642页。

② ［韩］尹银淑：《나가추의 활동과 14 세기말 동아시아 政势》，《明清史研究》2007年第28辑，17页。

③ 《高丽史》卷44《恭愍王世家七》，657页。

疑高丽与纳哈出共谋而果断采取强硬的措施。明朝拒绝高丽使行经过辽东，禁止陆路朝贡。

就在明朝对高丽的不信任感逐渐加大时，高丽发生了政变。由于恭愍王的内政改革触动李仁任等名门贵族的既得利益，因而，洪武七年（恭愍王二十三年，1374）李仁任等人谋杀恭愍王，立辛禑为王，投靠北元。高丽政局发生变动之时，到高丽选购2000匹马的明朝使者林密和蔡斌正在高丽，李仁任怕使者走漏消息，就指使护送官金义杀了使者，金义完成任务后逃到北元。

高丽与北元的联合，对明朝构成实质威胁，是明朝绝对不能容许的。于是明朝改变怀柔政策，对高丽实行遏制政策。高丽在与北元交往之时，也没有完全断绝与明朝的关系。洪武八年（辛禑元年，1375），高丽遣使到明朝告丧，并请册封，但明朝没有答应。洪武十年（辛禑三年，1377）二月，北元派遣翰林承旨孛剌的赴高丽册封辛禑王。因此，高丽再一次遣使朝贡时，明朝没有接受，不承认辛禑是高丽国王。"高丽世子王禑遣其礼仪判书周谊等贡马六十匹及方物，却不受"。[①] 在国家政治利益问题上，绝对不能妥协，但是平常交流上明朝却留有余地。同年十二月，明朝将失散在明朝境内的350名高丽人送回高丽。对此，高丽立即作出回应，派使者致谢，第二年恢复了"洪武"年号。

三

尽管两国关系出现缓和的迹象，但是，如果高丽不与北元断绝来往，明朝是不会停止遏制政策的。洪武十二年（辛禑五年，1379）八月，辽东都司移咨高丽发出警告，"近闻纳哈出遣人经由哈剌、双城潜往高丽行礼，胡主帝古思台帖木儿亦遣使驰驿前往高丽会议公务。切详本国累尝遣使宾贡我朝，臣禅既施，异谋难畜。纳哈出等虽差人潜往本国，岂意复与交通！可将胡使差人押送，以表忠诚。不然，则奸充自昭，后悔无及"。[②] 不久，辽东都司再次警告高丽，"高丽臣事大明，不宜与纳哈出通好。今闻纳哈出遣文哈剌不花请好，高丽厚礼以慰之，其于臣事大明之意如何？如欲免罪，莫若槛

---

① 《明太祖实录》卷112洪武十年五月，1856页。
② 《高丽史》卷133《辛禑传一》，701页。

送文哈剌不花以效其诚。不然，虽有后患，悔之何及。"① 可是从地缘政治的角度，高丽无法断绝同纳哈出的交往。针对高丽与纳哈出的继续交往，明朝积极进兵鸭绿江中上游并努力招抚当地的女真人，以阻断高丽与纳哈出的交往路径。②

高丽虽然没有按照明朝的要求与北元断绝来往，但是，几乎每年都遣使对明朝贡，而明朝每次都是原封不动的还给高丽。直到洪武十六年（辛禑九年，1383 年），明朝终于松口，要高丽一次性的缴纳过去五年的贡物。

高丽对明朝的主要贡物有金银器、布、马匹等。尽管明朝对马匹的需求量很大，可是为了维护两国关系，明朝只是接受高丽贡献的几十匹马，对金银也没有提出过分的要求。但是，明朝的怀柔政策受挫之后，不得不改变策略，对高丽实行经济制裁，以施加压力。明朝先是提出贡马千匹，第二年要求贡金一百斤、银一万两、良马百匹、细布一万。洪武十三年（辛禑六年，1380 年）甚至规定，"金一百斤、银五千两、布五千匹、马一百以为常贡之例。"③

明朝的遏制政策，使得高丽十分艰难。明朝的用兵警告，更是使高丽人心惶惶。洪武十七年（辛禑十年，1384），高丽派遣使者到明朝。在使者临行前，辛禑王亲自赐酒，说："国家安危，系卿此行。卿其慎之！无为国家羞。"④ 从而可知，明朝的遏制政策取得了成效。

高丽不产金银，对高丽来说贡金银是沉重的负担，于是高丽请求以马来替代金银。明朝同意高丽的请求，规定每银三百两准马一匹，金五十两准马一匹。洪武十八年（辛禑十一年，1385），明朝册封了辛禑王。作为交换，高丽一次性补齐过去被却的贡物，并同意不介入即将到来的明朝与纳哈出的战争。

明朝与高丽达成协议之后，从高丽大量购买马匹，做战争准备。洪武十九年（辛禑十二年，1386），明朝先把一万匹段子、四万匹绵布送到辽东，再通知高丽要做交易，高丽只好分批分次的将马送到

---

① 《高丽史》卷 135《辛禑传三》，715 页。

② 王剑：《纳哈出盘踞辽东时明朝与高丽的关系》，《中国边疆史地研究》2006 年第 4 期，107 页。

③ 《高丽史》卷 134《辛禑传二》，706 页。

④ 《高丽史》卷 135《辛禑传三》，725 页。

辽东。这次明朝定的价格是"宰相的马一匹，价钱段子二匹、绵布四匹，官马并百姓的马一匹，段子一匹、绵布二匹。"① 不久明朝又要三千匹马，每一匹给大绵布八匹、段子二匹。第二年，高丽将一千匹马和上次明朝要求退换的马送到辽东，明朝将马分三等给价钱，"上等给价段二匹、布八匹，中等段一匹、布六匹，下等段一匹、布四匹。"② 由于高丽贡马主要依靠济州岛，所以为明朝提供大量马匹成为高丽的负担，但是高丽基本满足了明朝的要求。

洪武二十年（禑王十三年，1387），明朝派二十万大军攻打纳哈出，迫使纳哈出投降。翌年，明在与北元的战争中取得了决定性的胜利，开始收复元在朝鲜半岛的旧地，准备设置铁岭卫。高丽在得知这一消息后，立即派遣密直提学朴宜中到明朝表明，这一地区本属高丽，希望明朝把这一地区归还。但是，高丽使者到达明朝之前，明朝已经完成了铁岭卫的设置，不愿意更改这一决定，"数州之地如高丽所言似合隶之，以理势言之旧既为元所统，今当属于辽，况今铁岭已置卫自屯兵马守，其民各有统属，高丽之言未足为信。且高丽地壤旧以鸭绿江为界，从古自为声教，然数被中国累朝征伐者，为其自生衅端也。今复以铁岭为辞，是欲生衅矣。远邦小夷固宜不与之较，但其诈伪之情不可不察，礼部宜以朕所言咨其国王，俾各安分毋生衅端。"③ 对于领土问题，高丽也不肯让步。在与明朝的交涉无果之后，高丽决定派兵占领这一地区，以崔莹为八道都统使，昌城府院君曹敏修为左军都统使，东北面都元帅李成桂为右军都统使，进军辽东。可是李成桂认为，这次战争没有胜算，于是中途带兵回京发动政变，明与高丽之间的战争得以化解。

总的来看，明朝对高丽实施的怀柔与遏制相结合的政策，是在复杂的国际形势下制定的战时政策，其理念一直没有脱离建立稳固的华夷秩序的原则，同时，明朝的对外政策又具有灵活性，使得高丽不能完全脱离明朝的影响。

---

① 《高丽史》卷136《辛禑传四》，738页。
② 《高丽史》卷136《辛禑传四》，744页。
③ 《明太祖实录》卷190洪武二十一年五月，2867-2868页。

英俄在甲午战争中的对华外交博弈

陈 建 桑秋杰
（长春师范学院历史学院）

摘 要 中日甲午战争受到欧洲帝国主义的积极干预。英俄是在远东地区中主要的矛盾变化决定了远东国际关系的基本格局，对中日甲午战争的爆发、进程和结局都产生了深刻的影响。英国和俄国在调停中日矛盾过程中所采取的外交政策，体现着各自的国家利益。

关键词 中日甲午战争 英国 俄国 对华政策

爆发于 1894 年的中日甲午战争，不仅是两国在军事上的决斗，而且也是两国在外交上的拼杀。在当时帝国主义支配亚洲的国际环境下，中日之间的斗争在很大程度上受到列强远东政策的支配。当时英俄在欧洲的巴尔干半岛和中亚的阿富汗都存在着矛盾。在东亚地区，英国一直居霸主地位，而维护并扩大其殖民利益是英国远东战略的重要目的。俄国在侵占了中国黑龙江以北和乌苏里江以东的广大地区后，进一步觊觎东北地区，垂涎朝鲜半岛。因此，英俄矛盾成为当时远东国际矛盾中最主要的矛盾，也决定远东国际关系的基本格局。英俄两国出于各自的

殖民利益都不同程度介入中日两国之间的纷争，扮演了十分重要的角色。本文拟就甲午战争爆发前、战争进行过程中以及中日议和期间的英俄两国远东政策作一初步探讨。

一

甲午战争前，当中日由于朝鲜问题引发矛盾并迅速激化时，清政府采用了李鸿章的"以夷制夷"外交策略，试图通过列强的调停，迫使日本通过谈判解决朝鲜问题。当时，欧洲列强中对中日朝鲜问

题纷争影响最大的是英俄两国。所以，李鸿章希望求得英俄的干涉。而当时英国是远东的政治利益、经济利益的最大获取者，是远东的霸主。

为了确保其在远东的殖民利益，英国力图维持远东现存的政治格局。如果中日之间爆发战争，势必打破现存的政治格局，这是英国所不愿意看到的。另外，因为俄国是英国在远东利益的最大挑战者，因此，英国的远东政策以防范俄国为出发点，中国和日本都是它与俄国对弈中的棋子，它希望利用中国和日本来牵制俄国，当然也就不希望中日之间发生冲突。因此，英国愿意调停中日之间的纷争，并作了一定的努力。但是，在调停过程中，它会根据自身利益不断调整其态度。

1894 年 6 月上旬，李鸿章向英国政府提出了调停的请求。英国外交大臣金伯利于 6 月 14 日约见日本驻英公使青木周藏，称："清国欲撤其兵，日本亦应同时撤兵"，并表示"英政府有日本军队长驻朝鲜恐生纠葛之畏。"① 这实际上表达了英国不希望日本破坏朝鲜现状的意思。同时，英国又向日本透露了中国愿意进行谈判的底线。6 月 25 日，英国驻华公使欧格讷会见了日本驻华代理公使小村寿太郎，向他提出："如果日本可能考虑朝鲜独立和防止干扰谈判之基础，王大臣则会考虑这些建议。"日本政府提出"有意考虑中国人之建议"，但又将"整理朝鲜内政"作为撤军的先决条件。② 清政府没有接受这一有损宗主权的方案，而日本的条件得不到满足也拒绝撤军。因此英国这一轮调停没有取得成效。

此时，传来俄国准备进行调停中日纷争的消息。英国害怕俄国插手朝鲜问题会威胁其在远东的地位，为了操纵调停中日纷争的大权，便倡导由五国（英、德、法、美、俄）进行联合调停。清总理衙门表示同意。但日本外务大臣陆奥宗光则提出了苛刻条件，要求朝鲜在政治上与中国享有同等的权利，并要求清政府在 5 日内答复。而其他各国列强对联合调停的倡议则态度冷淡，没有附和者。因此，英国倡导的联合调停计划又告失败。不久，英国又提出中日在朝鲜划分中立区的方案。清政府对英国的这一调停方案表示赞同。7 月

---

① 戚其章：《中日战争》（续编第九册），中华书局，1994 年，238 页。
② 戚其章：《中日战争》（续编第九册），中华书局，1994 年，238 页。

18 日，金伯利通知青木周藏：清政府愿意接受我国的建议，"中日两国共同占领朝鲜，双方撤出汉城和仁川，日本占据汉城以南地区，中国占领以北地区"。① 日本对英国提议中日在朝鲜划分中立区的方案采取拖延的方针。直到 7 月 21 日，陆奥宗光才收到青木周藏 7 月 19 日通过彼得堡线路发出的电报。陆奥宗光回电拒绝了这一计划，英国在朝鲜划分中立区的调停也宣告失败。

可以看到，甲午战争爆发之前，英国为维持其在远东的霸主地位，不希望通过战争来打破远东政治格局，而是想利用清政府和朝鲜的宗藩关系，使清政府和朝鲜成为抵御俄国东进南下的缓冲地带。同时，英国还视日本为牵制俄国的重要力量。日本也摸准了英国的脉搏：只要不触动英国的利益和强调防俄，英国就不会采取强制措施。英国在调停失败后，立即考虑保护自身的殖民利益，对日本采取纵容和妥协的态度，如 7 月 23 日，驻日代理公使巴柴特奉金伯利之命致函陆奥宗光，声称：上海港为英国利益的中心，日本国与清国开战时，事先请帝国政府允诺，不向上海及其通道作战时之运动。这无异纵容日本向中国开战。因此，陆奥宗光当天就答复：日清两国间虽启兵端，帝国政府亦不向上海及其通道为战时之运动。② 在得到如此保证后，英国也就不再提调停之事，日本便敢大打出手了。当天，日军围攻朝鲜王宫，挟持国王李熙，25 日，日本海军在丰岛附近袭击清政府的军舰，引发了甲午战争。

另外，1894 年 7 月 16 日签订的《英日通商航海条约》也是英国对日本一种妥协和让步。因为当时俄国通过修建西伯利亚铁路，加紧了对远东的扩张，而且与法国结成了政治同盟和军事协约。英国为阻止日本接近俄法同盟，并拉拢日本遏制俄国东进南下，因而同意签订英日新约。这一新约的签订固然是英日长期谈判的结果，但无疑对日本发动侵略战争客观上起了纵容和加速的作用。在英日新约签订第二天，日本召开第一次大本营御前会议，正式决定对华开战。这就充分说明了这一条约签订对战争爆发的影响。

李鸿章在请求英国调停的同时，也求俄国干涉中日纷争。俄国于 19 世纪 90 年代初制定了东进南下的远东政策，试图夺取中国东

---

① 戚其章：《甲午战争国际关系史》，人民出版社，1994 年，117 页。
② 戚其章：《中日战争》（续编第九册），中华书局，1994 年，381～382 页。

北领土并在中国或朝鲜寻找不冻港,变朝鲜为自己的保护国。日本占领朝鲜势必打破远东的基本国际格局,损害俄国在远东的利益,因而遭到它的反对。1894 年 6 月 20 日,李鸿章请求俄国驻华公使喀西尼斡旋调停中日纷争。当天,喀西尼致电外交大臣吉尔斯。吉尔斯在奏报沙皇时表示:"我国出面调停,将增加我国在远东之势力,且必须防止英国干预此事的可能。"① 于是,俄国政府同意出面调停中日关系。

6 月 25 日,俄国政府电令驻日公使希特罗渥劝告日本撤兵,表明希望中日两国早日解决争端的愿望。陆奥宗光看准了俄国不愿打破朝鲜现存格局的心理,谎称日本不肯撤兵是欲维持朝鲜独立之地位。他还向俄国保证:日本政府确保朝鲜之和平安宁,无他意图。希特罗渥信以为真,当天致电吉尔斯,认为没有必要强力干涉,考虑到若干其他列强倒很乐于见到我们牵连到远东问题中去。当时,俄国在远东的经济、军事实力较为薄弱,西伯利亚大铁路没有竣工,正处于积蓄力量阶段。

这就使俄国决定对调停中日纷争采取谨慎态度,避免采取强制手段刺激日本,以防日本投入英国的怀抱。同时,俄国也要千方百计笼络李鸿章,避免他抛弃对俄国的幻想而接近英国。因此,俄国也多次向日本发出不痛不痒的照会。而日本一方面打英国牌,牵制俄国;另一方面又委婉而坚决地拒绝了俄国的劝告。在这种情况下,吉尔斯于 7 月 7 日致电喀西尼,表示"我们不便直接干涉朝鲜的改革",② 只能好言劝告日本撤兵,不会采取强硬措施。至此,李鸿章请求俄国干涉也宣告失败。

可见,甲午战争前期,俄国为维护其在东北亚的殖民利益,采取谨慎的"不干涉"策略,试图通过"劝告"日本以极力维持朝鲜现状。并图中日之间爆发战争而两败俱伤之时,就可乘机实现其东进南下的远东政策。

二

1894 年 9 月,清政府在海陆战场上均遭失败。平壤、黄海两大

---

① 中国史学会:《中日战争》(七),上海人民出版社,2000 年,229 页。
② 中国史学会:《中日战争》(七),上海人民出版社,2000 年,245 页。

战役，暴露了清政府的腐败，证明了消极应战方针的严重危害。平壤、黄海战役后，慈禧决心求和，慈禧和李鸿章都有联俄幻想。李鸿章认为："若能发一专使与商，则中俄之交固，必出为讲说。"还说："必能保俄不占东三省。"① 10月12日，喀西尼到天津时，李鸿章与之会面，怂恿俄国出面干预中日战争。但是，俄国从它的远东利益出发，并不想改变它在战争爆发之初在远东特别会议上所作的干涉中日战争是不符合俄国利益的决定，② 采取了观望策略。因此，喀西尼态度冷淡，只是表示，"拟到京后，与英法德意等使商明，电令驻扎东京各使，与日本外部商办。"③ 结果是不了了之。俄国的这一态度，实际上纵容了日本对华的侵略。

清政府请俄国干涉，给英国带来不安，它害怕清政府在走投无路的时候，会完全站到俄国一边，也担心中日战争的延长会影响中英贸易。同时，英国看到清政府在战争中失利，对清政府感到失望，认为清政府软弱无力、腐败无能，已经无力牵制俄国。因此英国制定的方针政策越来越倾向重视日本，拉拢日本，防范俄国。这一态度表现在战争爆发后英国出面调停中日战争的一系列外交活动中。

1894年10月中旬，欧格讷主动诱劝清政府同日本议和，并提出"由各国共保朝鲜，中国赔偿日本军费"作为议和谈判的基础。④ 这明显的是袒护日本。但英国的联合调停计划，由于美德的反对，最后失败。日本消除顾虑后，声称："帝国政府，关于罢战发表公然意向，不能不让诸他日。"⑤ 日本军事准备后，越过鸭绿江，攻入中国本土，攻占安东、九连城和旅顺等城市。但是，英国绝不允许日本触犯其殖民利益，否则，英国则会利用军事力量压制日本。战争爆发前，英国为维护其在长江流域的殖民利益，令巴柴特向日本政府取得一项保证："日清两国间虽启兵端，帝国政府亦不向上海及其通路为战时之运动。"⑥ 但是由于清政府最大的兵工厂江南制造总局就在上海，它昼夜赶制军火，支援前线，"而且这个港口被自由地利用

---

① 王芸生：《六十年来中国与日本》（第二卷），三联书店，1980年，123页。
② 中国史学会：《中日战争》（七），上海人民出版社，2000年，300页。
③ 王芸生：《六十年来中国与日本》（第二卷），三联书店，1980年，128页。
④ 王芸生：《六十年来中国与日本》（第二卷），三联书店，1980年，127页。
⑤ 信夫清三郎：《日本外交史》（上册），商务印刷馆，1980年，163页。
⑥ 戚其章：《中日战争》（续编第九册），中华书局，1994年，382页。

来输送军械给养甚至军队"。① 日本非常懊悔，扬言要进攻上海和附近地区，从而威胁到了英国的殖民利益。1894 年 11 月，英国命令其太平洋舰队司令佛瑞曼托率舰队驶入长江，在吴淞口布置 20 余艘军舰防御日本；如果清政府在战争中惨败，出现混乱局面时，可以捷足先登，乘机占领上海及其附近地区，巩固其在远东的霸主地位。

英国在长江流域集结军事力量，必然引起其在远东最大的竞争对手俄国的高度关注，俄国主要是担心英国趁火打劫，抢占中国领土。吉尔斯表示，如果英国占领舟山群岛，俄国不会漠不关心。日本在军事上的不断胜利，占领中国的领土越来越多，也打破了俄国预想的远东局势平衡。因此，俄国加强了在远东的海陆军务，以震慑日本，同时不断地向清政府表示不希望日本占领朝鲜，积极拉拢清政府，加强向中国渗透，试图继续利用中国来牵制英国。

1895 年 2 月，日本攻占威海卫，北洋海军全军覆灭，清政府败局已定，被迫同日本议和。2 月 17 日日本通过美使田贝向清政府提出议和先决条件，不但要求清政府承认朝鲜独立和赔偿军事，还要求割让土地。2 月 22 日，李鸿章拜访英俄公使，恳请他们出面进行斡旋。此前，俄国已在 1895 年 1 月 20 日的御前会议上决定，在未知日本的议和条件前，暂不能进行干涉。因此，俄国表示："此时倭未说明情节，颇难劝解。"② 但是，俄国为防范日本，增强了在太平洋的舰队，"使俄国在太平洋上的海军力量尽可能较日本为强。"③ 英国公使欧格讷则劝李鸿章"在目前日本可能接受的基础上，立即进行和平谈判"。④

当李鸿章恳求英俄干涉中日议和之时，日本也积极地展开外交活动，争取英俄两国的谅解，阻止干涉的发生。1895 年 2 月 25 日，陆奥宗光向希特罗渥重申日本对朝鲜"独立"的保证，俄国感到满意，因此暂时采取观望态度。对于英国，日本也提出了保证："在开放全中国通商上，日本并不企图取得任何其他国家更为优越的条件"，英国得此保证，十分高兴。⑤ 当时，英俄两国都对日本胃口到

① 赵树好：《英国与甲午战争》，《学海》，1997 年第 1 期。
② 王绍坊：《中国外交史》（第一册），河南人民出版社，1998 年，227 页。
③ 中国史学会：《中日战争》（七），上海人民出版社，2000 年，307 页。
④ 刘培华：《近代中外关系史》（上册），北京大学出版社，1986 年，389 页。
⑤ 王绍坊：《中国外交史》（第一册），河南人民出版社，1998 年，228 页。

底有多大不甚了解，因此都不轻易出手中的牌。这样，李鸿章恳求英俄干涉的计划宣告破产。

总之，甲午战争中期，无论是英国还是俄国介入战争的举动，都牵动着彼此对方的神经，两家是针尖对麦芒。这时，英俄两国都害怕日本借战争不断扩大其在华的势力，损害他们在华的利益。但日本没有直接触动英俄两国的利益，而是小心翼翼地处理与英俄的关系，避免与英俄直接发生冲突。因此，英俄两国是静观其变，隔岸观火。

三

1895 年 3 月上旬，日军相继攻占牛庄、营口和田庄台等地，至此，辽东半岛全部被日本占领。清政府急命李鸿章出发，与日本开始议和谈判。在马关议和期间，为了谋求欧洲列强特别是英俄两国的支持，总理衙门将日方媾和条件与中日谈判详情，向列强驻华公使通报。清政府期待列强给日本施加压力，不至于日本狮子张口，漫无边际地要价。英国得知中日双方议和条件后，深感满意。因为英国可援引最惠国条款，享受到条约规定的一切特权，以获取最大的殖民利益。同时，英国还认为辽东半岛的割让也不会损害它的利益。因为"辽东之割让将威胁俄国的利益，尤其是对于朝鲜的独立"，而"英国利益主要集中在上海及其附近"。[1] 因此，英国对中日之间的谈判采取了不干涉政策。

《马关条约》规定将辽东半岛割让给日本，俄国非常愤怒。因为日本的野蛮要求，直接触及了俄国的神经，威胁到俄国在华利益，俄国绝不允许日本踏进自己的势力范围。1895 年 4 月 11 日，俄国在远东特别会议上，做出了两项重要的决定："以友谊的方式劝告日本放弃满洲南部，假使日本坚持拒绝我们的劝告，我们将保留行动的自由"；"通知欧洲列强及中国，我们方面并无任何侵占意图"。[2] 因此，俄国确定了干涉的政策。4 月 17 日，即签订《马关条约》的当天，俄国正式邀请德法两国共同要求日本放弃对辽东半岛的占领，德法欣然同意。同日，俄国发表声明："日本割占辽东，对中国京城

---

① 中国史学会：《中日战争》（七），上海人民出版社，2000 年，345 页。
② 中国史学会：《中日战争》（七），上海人民出版社，2000 年，318 页。

将是一个经常的威胁，同时，将使朝鲜的独立成为虚影。因此，它将成为东亚和平的永久阻碍"，① 因此，要求日本放弃对辽东半岛的占领。此后，三国军舰出现在中国和日本海面，军事活动频繁。

三国干涉活动来势汹汹，日本极度恐慌。甲午战争中，日本虽取得胜利，但国力已耗到极点，军队急需休整，财政困难，军事上无力与三国抗衡。为了摆脱困境，准备联合英、美、意等国组成反干涉联合阵线，粉碎三国干涉还辽的企图。但是英国不愿看到日本在远东势力的过分膨胀，况且，英国的殖民利益主要集中在长江流域，不愿为了日本的利益与三国产生摩擦，反而乐意俄国与日本展开争斗，以坐收渔翁之利。因此，英国表示："如果现在英国协助日本，就等于是一种干涉"，"英国对日本虽有友谊，而俄德法三国也是英国友邦，因此，英国此时除彼此协商在威信上以自己的断决和责任行动外，别无他法"。② 这样，俄国远东最大的敌人———英国，也放弃对日本的支持。于是，在"对三国即使最终不得不完全的让步，但对于清帝国则一步不让"的方针下，③ 日本放弃对辽东半岛的占领，而向清政府勒索了3千万两白银作为还辽的代价。

"三国干涉还辽"成功后，张之洞、唐景崧为首的一些官僚士绅们幻想依靠列强的干涉，阻止日本割占台湾。张之洞电告驻英公使龚照瑗，提出将台湾押与英国，以换取数千万两的借款。但英国认为："从海军的眼光看，台湾不像科隆那样拥有真正良港"，从发展贸易看，"在日本占领后有增长，也不会具有直接的重要意义"，④台湾"与英无利"，⑤ 所以拒绝参加调停。俄国本来就想怂恿日本向南扩张，故"对此毫无异议"。⑥ 可见，台湾对英俄的意义不大，两国不愿为了台湾而冒与日本单独作战的危险，清政府请列强干涉"割台"的梦想破灭。

---

① 中国史学会：《中日战争》（七），上海人民出版社，2000年，351页。

② 戴逸、杨东梁、华立：《甲午战争与东亚政治》，中国社会科学出版社，1994年，304页。

③ 信夫清三郎：《日本外交史》（上册），商务印刷馆，1980年，274页。

④ 戚其章：《甲午战争国际关系史》，人民出版社，1994年，403页。

⑤ 王绍坊：《中国外交史》，河南人民出版社，1998年，242页。

⑥ 戴逸、杨东梁、华立：《甲午战争与东亚政治》，中国社会科学出版社，1994年，180页。

　　三国干涉还辽，把日本的肥食从口中夺了出来，日本对此恨之入骨，在卧薪尝胆和复仇心理的驱动下，利用从清政府获得的 2.3 亿两白银和国内税收，实施扩军备战计划。经过精心准备，终于在 1904 年 2 月 8 日夜，突然袭击旅顺口俄国舰队，日俄战争爆发。1905 年，俄国惨败，签订了《朴茨茅斯和约》。随后，日本在东亚地区称雄，俄国势力受到沉重打击，从而改变了整个远东的战略格局。

　　综上所述，由于英俄两国在远东拥有巨大的殖民利益，因此它们都积极地参与调停中日纷争，以便实现各自的远东战略。英俄两国在调停中日纷争中的矛盾和妥协，说到底都是为着本国的国家利益。这就是说，在外交斗争中，没有永远的朋友，也没有永远的敌人，只有永恒不变的国家利益。

日本在中印棉业市场的迅速扩张
与英国对日态度的变化
（1914—1921）

王小欧

（长春师范学院历史学院）

摘　要　英国作为老牌资本主义国家，最早完成了工业革命，其棉纺织工业在很长一段时间里傲居世界首位，占有着世界棉业市场大部分的份额。然而，第一次世界大战的到来使英国的优势地位遭到了挑战。当英国忙于争夺欧洲霸权，无暇东顾之时，他的盟友日本正在逐渐吞噬着他在中印棉业市场上的利益。随着日本在中印棉业市场的抢占，英国开始感受到来自日本的威胁，对日态度发生变化。

关键词　日本　中印棉业市场　英国　态度变化

　　1914年6月28日，"萨拉热窝"事件点燃了两大帝国主义对立集团的战争之火。以英、法、俄为首的协约国与以德、奥为首的同盟国厮杀于欧洲大陆，一战就战了4年之久。其间，日本远离欧洲战场，一方面与交战国大做军火生意，成为军需物资的重要供应国；另一方面，积极把本国商品推向世界市场。就贸易利益而言，日本是一战中获利最厚的国家；在各个产业部门中，又首推纺织工业获利最丰。

一、日本对中印棉业市场的抢占

　　1. 棉纱的出口情况与生产新趋向

　　日本棉纱出口始于1890年，由于当时日本纺织业尚处于创业过

后的艰难时期，生产还不能够自给，所以数量微乎其微，仅有 31
包。中日战争后，战争赔款以及国家棉纱出口免税的规定大力推动
了日本纺织业的向前发展。日本纺织业扩大规模，利用积累的资本
积极进行再生产。除自用之外，生产的棉纱不仅有了剩余还有了销
路。自甲午战争后至一战前的这段时间，日本将海外销路从朝鲜推
而至中国，对中国出口大量的棉纱和棉布。1910 年，成功将印度从
中国粗纱市场挤出。自 1902 年起，日本开始在华设立纱厂，进行资
本输出。到 1914 年 3 月，日本在华纱厂的力量仅次于英国屈居第
二：英厂 5 家，共拥有纱锭 193，668 枚，织机 800 台，日厂 2 家，
拥有纱锭 95，872 枚，织机 886 台。当时，日本正在建造中的纱锭
数有 6 万枚，因此同英国的实力相差不是太远。[①] 一战爆发后，由于
兰开夏的棉纱因战事不能东来，日本遂承袭了英国在印度的市场，
将日本纱的市场从中国扩展到印度。1914－1916 年，日本棉纱出口
量每年都在 550，000 包以上，1911 年以前，日本出口印度的棉纱每
年不足 1000 包，1913 年增为 3000 包，到 1917 年已增至
78，000，000包[②]。1913－1914 年，在印度棉纱进口中，英国占 90％，
日本占 2％，1918－1919 年，英国仅占 25％，日本则突增至 74％。1918
年，日本在华棉纺织业又增加纱锭 20 万枚左右，是年，在中国境内共有
141.9 万枚纱锭，其中，日本占 21％，英国只占 17％。[③]

　　需要指出的是，战前日本的棉纱出口主要以 10 支[④]、12 支、16
支、20 支等粗纱为主，与印度在中国市场的竞争也主要在粗纱方面，
因此与以对华出口细纱英国的冲突并不大。但是，一战的爆发让英
国暂且退出了远东棉业市场，远东细纱市场就出现了极大的空缺。
于是，日本纱厂生产开始趋向细支化。1913 年的纱产量中有 80％是
20 支以下的粗纱，中上级细纱只占 20％；到了 1918 年，粗纱的成
分降至 69％，细纱则升至 31％[⑤]。

---

① 杜恂诚：《日本在旧中国的投资》，上海社会科学院出版社，1986 年，183 页。
② 王子建：《日本之棉纺织工业》，社会调查所，1933 年，181 页。
③ 杜恂诚：《日本在旧中国的投资》，上海社会科学院出版社，1986 年，184 页。
④ 纱支：指纱的粗细程度，文中指的是"英制式"，即一磅（454 克）重的棉纱
（或其他成分纱），长度为 840 码（0.9144 码/米）时，纱的细度为一支，用英文字母"S"
表示。
⑤ 严中平：《中国棉纺织史稿》，科学出版社，1955 年，163 页。

2. 棉布出口激增

日本的棉布出口在早年并不发达，甲午战争过后，日本从中国商人手中夺得朝鲜棉布市场，日俄战争过后，日本又与美国比拼于中国粗布市场，胜出后夺取东三省和华北各省的粗布市场。但是，中国的华中和华南一带的棉布市场全在英国的手中，英国在华市场仍拥有绝大的权威。1904－1913 年，在中国的棉布进口中，英国布占进口总额的 50—70%，日本仅占 3—18%①。一战开始后，英国无暇东顾，兰开夏的棉货不能够越过苏伊士运河而东进，日本布陆续夺取了英国布旧有的亚洲市场——中国、印度和南洋群岛。②

与棉纱相比，日本在一战期间的棉布生产和出口都略胜一筹。英国货退出远东地区后，远东地区的棉布需求远大于棉纱需求。为迎合市场，日本的机织业的发展较纺业迅速得多。以 1913 年标准，1919 年日本的纱锭数只增加了 44.5%，而纱厂附设织机数则增加83.3% ③。从 1913 年到 1919 年的 6 年中，日本棉布的出口量增加了 7 倍，日本棉布出口额占生产额的比率由 1913 年的 26% 增长到1918 年的 43%④。就中国来说，1913－1919 年，日本布出口中国的数值从 19，000，000 海关两⑤递增至 85，000，000 海关两，英国布则由 58，000，000 海关两降至 35，000，000 海关两。1913 年，在中国的进口棉布中，英国货占 56%，日本货占 18%；1917 年英国货减至 33%，日本货增至 55%；1919 年，英国货再跌为 26%，日本货则进至 62%⑥。印度市场方面，1913－1914 年，在印度棉布进口总量中，英国布占 97.09%，日本布只占 0.28%；到 1918－1919年，英国份额遂降至 77.27%，而日本份额则增至 21.21%⑦。在南洋市场，一战前，荷属东印度的棉业市场由荷兰和英国共同占领，

---

① 王子建：《日本之棉纺织工业》，社会调查所，1933 年，177 页。
② 主要指东南亚一带的国家和殖民地，包括暹罗（今泰国）、安南（今越南）、菲律宾、马来半岛以及荷属东印度（今印度尼西亚）在内。
③ 根据王子建《日本之棉纺织工业》一书的统计附录第一页计算。
④ 王子建：《日本之棉纺织工业》，社会调查所，1933 年，164 页。
⑤ 又称"关平两"、"关平银"、"关银"，清朝中后期海关所使用的一种记账货币单位，属于虚银两。
⑥ 王子建：《日本之棉纺织工业》，社会调查所，1933 年，177 页。
⑦ 王子建：《日本之棉纺织工业》，社会调查所，1933 年，182 页。

各占 40%，一战期间，荷兰布逐年减少，日本布取而代之。到了 1918 年，荷兰布的进口量只占荷属东印度总进口量的 5% 以下，而日本布的进口量则升至 30%①。至于菲律宾、马来半岛以及暹罗等地，虽在 19 世纪 70 年代就与日本有通商往来，有着很长时间的棉布交易，但是，数量的大幅增加则都是在一战爆发之后。

　　总体来说，在整个一战期间，日本棉货出口大量激增，可以说此时期是日本棉业发展的黄金期，这个阶段日本对远东市场的抢占为一战后日本棉业的继续发展奠定了丰厚的基础。从三十余家日本纺织联合会会员公司的记录来看，他们的股息率，1915 年下半期为 15.5%，1916 年同期为 23.5%，1917 年同期为 41.1%，1918 年同期为 47.7%，1919 年同期已高达 51%②。高利润让日本棉业积累了庞大的资本力量。1914 年加入日本纺织联合会的 42 家公司 157 家工厂的已付资本只有 85，820，424 圆，公积金 36，639，349 圆；到了 1919 年，54 公司 190 家工厂则有已付资本 165，758，695 圆，公积金 139，073，869 圆③。经过一战，日本纺织业获得了强大的资本力量，强大的资本能力无疑将使日本棉业能够不断增强其向外扩张的能力。

二、日本对华经济渗透与政治野心的暴露

　　1. 从对华出口棉纱到在华设立纱厂

　　甲午战争结束后，日本最早被允许在中国设立纱厂。但是，由于日本的棉布生产尚停留在手工业生产阶段，所以，截至一战发生，日本在中国的企业，只"略见端倪，既说不上发达，更谈不到成功"④，所谓的投资，也不过是纱机 111，936 锭，布机 886 台⑤。

　　一战期间，由于中国民族工业的蓬勃发展，中国本土纱厂日增，所生产的粗纱代替了大部分日本纱。为确保在中国的市场，日本生产细支化的同时，开始增加在中国的建厂数量。从 1914 年到 1918

---

① 王子建：《日本之棉纺织工业》，社会调查所，1933 年，190 页。
② 严中平：《中国棉纺织史稿》，科学出版社，1955 年，175 页。
③ 严中平：《中国棉纺织史稿》，科学出版社，1955 年，175 页。
④ 王子建：《日本之棉纺织工业》，社会调查所，1933 年，14 页。
⑤ 严中平：《中国棉纺织史稿》，科学出版社，1955 年，174 页。

年的五年中，除上海纱厂（1908 年建立）和内外棉公司（1911 年在中国境内建立上海第三厂）都有所发展外，还创设了日华纺织公司。上海纱厂于 1916 年着手建立第三工厂，1918 年新厂开工；内外棉公司于 1915 年在上海建立第五厂，1916 年，建立青岛第一厂，1918 年，收买华人经营的裕源纱厂并改为上海第九厂；日华纺织公司成立于 1918 年，由富士纺织日本棉花，伊藤忠商事等公司出资组成，其第一工厂的前身是德美华三国合资的鸿源纺织公司。1918 年，中国修改棉纱进口税则，把原来的单一从价税改为复杂从价税。对于以出口粗纱为主的日本来说极为不利，与其在本国生产纱支出口中国，不如直接在中国设厂。于是日本加快了在中国设厂的步伐。由于一战期间日本纺织机器的生产尚无根基，扩张建厂尚需求助于英国等国，而此时的英美等国正忙于军火生产，所以，1914－18 年，日本在中国新建的纱厂并不多。尽管如此，日本已经开始由单纯出口向资本输出转型，且很多工厂已经在筹划之中，不少华商纱厂也被日人资本打入，甚至受其控制（有的华商纱厂初开办时即有日资渗透，有的华商纱厂因资金困难而抵押于日商）。一战结束后，日本棉业界已经获得非常雄厚的资本力量，足以向外进行侵略了。战后的日本棉布逐渐在中国市场上形成独占的形势，随着丰厚利润的增长，日本的侵略野心也逐渐膨胀。

除设立纺织厂外，日本还在中国设立了控制原料生产和交易的洋行及其他机构。为了在中国就地得到适用的棉花原料，三菱财团于 1916 年以石家庄为中心，在华北各地实施改良棉种的计划，以收购改良棉为条件向农民发放棉花良种。1918 年，东洋拓殖会社也在山东向日籍"和顺泰"棉花商店贷款 20 万元，委托其在胶济路沿线推广优良棉种和收购改良后的棉产品。此外，大仓、住友等日本财阀在东北设立满洲棉花会社，专门从事辽河流域的棉花改良及收购。

2. "二十一条"的提出

一战不仅给日本资本主义经济的发展创造了条件，也为日本提供了扩大侵华的机会。由于两大对立的帝国主义集团厮杀于欧洲大陆，视线暂时远离远东地区。日本帝国主义认为这是它推行"大陆政策"，独占中国的天佑良机。战火初燃，日本就以"承担日英同盟的义务"为借口，打着"保卫东亚和平"的幌子，向德国宣战。由于德国在胶州湾租借地青岛驻有军队，于是，日本于 8 月 27 日封锁胶州湾，并以进攻青岛的名义出兵山东。11月7日，日本占领青岛，获取了胶济铁路全线及其附近的矿产。但当所谓的对德作战结束后，日本拒不退兵，其企图通过对德作战以从德国手里夺取中国胶州湾、控制山东省的野心昭然若揭。1915年1月18日，大隈重信内阁又派日本公使日置益向中华民国大总统袁世凯直接提出二十一条要求，意欲独占中国的权益。"二十一条"要求主要有五个方面：第一个方面是关于山东问题。要求承认日本接管德国在山东所享有的一切权利，并加以扩大；第二个方面是关于南满及内蒙东部问题。日本租借旅顺、大连及南满、安奉两铁路的期限延长为99年，承认日本在东三省南部及内蒙东部的特殊地位；第三个方面是汉冶萍公司问题。规定汉冶萍公司改为中日合办；第四方面是沿海岛屿问题。规定中国沿海港湾、岛屿不得租借或割让与他国；第五个方面是对全国的控制问题。规定中国政府必须聘用日本人为政治、军事、财政等顾问；中国警政及军械厂，由中日合办；允许日本在武昌至九江、南昌间，以及南昌至杭州、潮州间的铁路建造权；日本在福建有投资建筑铁路和开矿的优先权等。这样的要求实质上是要变中国为日本独占的殖民地。经过几个月的交涉，日本以最后通牒的方式，迫使袁世凯于5月9日接受了除第五方面内容以外的全部要求。这一消息传出后，激起了中国全体人民的不满，中国迅速掀起了反袁抗日斗争。"二十一条"是日本帝国主义通过武力威胁强加于中国的单方面条约，严重损害中国主权，完全违背了国际关系的根本准则，所以此约中国人民从来没有给予承认。大隈内阁明目张胆的侵略行动和强硬的对华政策，已经直接危及英、美等国在华的既得权益，英国对他这位盟友的矛盾日益显现并升级。英国开始逐渐意识到日本的胃口并非仅局限于东北和华北，他的目标是整个中国，乃至整个亚洲大陆的政治经济霸权。

3. 西原借款

1916年10月，大隈内阁因"二十一条"交涉等外交问题下台，日本驻朝鲜总督寺内正毅取而代之。与大隈重信对华的强硬政策不同，新上任的寺内内阁认为应该与中国进行经济上的"亲善合作"，使用怀柔手段来达到侵略目的。于是，上台后的寺内立即采用了大藏大臣胜田主计的"菊分根政策"①，试图通过对华进行资本输出、经济渗透来控制北洋政府。由于战争利润令日本的黄金和外汇储备急剧增长，而日本国内的市场又出现相对的投资饱和，日本大量企业和民间资本急需向外发展寻找投资机会。寺内的政策也深得日本财阀的支持。

1917、1918两年间，寺内派亲信西原龟三穿梭于中日两国，西原龟三六次来华，达成日本政府对段祺瑞北洋军阀政府的八笔贷款。分别为1917年1月20日的交通银行借款和1917年9月28日的第二次交通银行借款；1918年4月30日的有线电信借款；1918年6月18日的吉会铁路借款；1918年8月2日的吉黑两省金矿森林借款；1918年9月28日的满蒙四铁路借款；1918年9月28日的山东二铁路借款；1918年9月28日的参战借款，累计金额达1.45亿日元。这一系列数额巨大、条件优惠的贷款史称"西原借款"。这八笔借款均由朝鲜、台湾、兴业三家银行组织以非正式的方式出面进行。除恐敌党反对外，更主要是"避免列强的注意"②。三家银行中，台湾银行为经营台湾、华南而设，朝鲜银行为经营满洲之金融中枢，兴业银行专营长期投资业务，又有发行债券的权利，三者都是特种银行，实际上都是以日本国家财政资金为后盾，在执行着日本当局的要求。

根据当时借贷合同规定，每笔借款都须用途明确，专款专用。但是，由于段祺瑞把经济借款大规模挪用于政治、军事方面，借款合同到期后双方的权利义务关系履行状况均难以理清。尽管借款绝大部分不了了之，日本在金钱上有所损失，但是，通过这些借款，日本不但在经济控制中国，而且把它的势力渗入到中国的内政、财政、军事各个部门。西原借款成为日本为过剩资本谋求出路并利用投资使中国殖民地化的有力手段。因借款失策而加速倒台的寺内正毅下台时曾说："大限内阁向中国要求二十一条，惹中国人全体之怨恨，而日本却无实在利益。本人在任期间，借予中国之款，三倍于

---

① "菊分根"一词，最早由寺内内阁藏相胜田主计提出，他把日本对中国的投资比作菊花分根，将日本资本像把菊花分根一样输入中国，并著有《菊之分根》一书。后来，"菊分根政策"被当作是寺内对华政策的一种形象说法。

② 杜春和等.《北洋军阀史料选辑（下）》，中国社会科学出版社，1981年，201页。

从前之数，实际上扶植日本对于中国之权利，何止十倍于二十一条"①。尽管与大隈重信的强硬政策相比，寺内的经济渗透政策即满足了日本国内财阀对华投资的愿望又不失外观上的体面，但其对华进行经济掠夺的本质并未发生变化，其与英美等国的在华竞争必因此而加剧。

三、英国对日态度的变化

英国是最早打开中国大门的帝国主义国家，直至 1913 年，英国仍控制着中国华中、华南的棉业市场，在中国的棉业市场上还拥有着强大的势力。1904—1913 年，英国布的对华出口额始终占中国进口额的 50—70%，日本布的进口虽有增加，也不过从 3% 增至 18%。一战期间，日本不但在中国棉业市场获得了巨额利润，而且在中国进行了大量的资本投放。"二十一条"的提出以及西原借款等事件均表明日本已经开始由单纯的商品出口向资本投放转型。日本在棉工业等方面的经济扩张，使其在中国势力的不断壮大、逐渐代替英国取得在华贸易的主导权以及展开对英国在华势力范围（即华南和长江流域）的侵蚀，使英国强烈地感受到来自日本的经济威胁，英国开始感到恐慌。一战即将结束的时候，英国的政治家们已经毫不犹豫地认为，日本的目的是追求亚洲大陆的政治经济霸权，如果允许日本继续这样下去，英国在亚洲的商贸、战略地位将承受严重的挑战。1919 年，英国官方更是指出，日本是有着最差个性的德法两国的集合体：德国的军国主义和法国的商贸独占主义②。英国外交事务大臣寇松（Lord Curzon）这样描述日本的民族性：日本是一股力量，是一个拥有高智慧的人种，有强烈的爱国主义精神，坚定的意志，但是在雇佣方面寡廉鲜耻。这种人成群居住在小岛上，那里空间有限，人口相对来说已经太多，——他们是那种必须向外扩张的人种。他们已经这样做了，……他们有不安分的攻击性，精力充足，某种程度上在精神上像德国，寻找各个方向的推动力，为他们的完

---

① 刘彦：《最近三十年中国外交史》，四川人民出版社，1988 年，116 页。

② WILLIAM ROGER LOUIS：British strategy in the Far East 1919－1939 ［M］，London：Oxford Univ. Pr. 1971，17.

美的合法野心寻找到出路①。随着 1921 年 7 月《英日同盟条约》到期之日的临近,英国政治家们围绕是否续约的问题陷入了思考和争论之中。由于俄国的崩溃和德国的战败使其暂时退出远东舞台,英日同盟的一个重要的战略目的也暂时消失,在新的世界秩序下,英日同盟的存续是否还有意义?鉴于美日矛盾在远东地区的凸显以及日本在华的一系列行动,继续英日同盟会不会影响英美关系以及引发中国的反英情绪?虽然失去了最初的意义,英日同盟是否就一无是处?

在正式讨论是否继续英日同盟问题之前,英国认真检验了同盟的各个方面,不仅包括主要的政治、经济问题,也包括呈现出的附属问题。外交部更是检验了中国东部铁路、中国的货币改革、外国对中国的控制、在中国的关税修订等 20 个问题②。在参与研究英日同盟问题的官员中,远东局韦尔斯利(Victor Wellesley)发出的反对之声是最强的。韦尔斯利认为,"同盟会因无法维护中国的完整而臭名远扬。日本显现出的和平渗透政策,不亚于甚至比战前德国的做法更无情,更残忍,更阴险,其根本的目标是成为中国的霸主,政治上、经济上,甚至可能是军事上的",而这将导致"日本与英国公开的冲突"。"如果同盟被由美加入的三国协约所取代,英国在对日本的控制方面将占有更强有力的地位"③。1920 年 9 月,针对日本仍不同意将山东铁路列入国际联合计划中的情况,韦尔斯利指出:"勿需着重强调,只要铁路还掌握在日本人手中,就会显现出对远东和平的真正危险,山东必然会成为第二个满洲,日本对中国重要地区的渗透意味着无穷的灾难会接踵而来"④。韦尔斯利分析认为,日本畏惧英美联合,"她(日本)敏感地意识到,政治孤立是德国失败和俄国崩溃的原因,她最怕的是我们与美国的合作。她意识到她无法对抗太平洋的英美联合","因此,英国有优势","最好记住我们

---

① WILLIAM ROGER LOUIS: British strategy in the Far East 1919－1939 [M], London: Oxford Univ. Pr. 1971, 19.

② F. O. 371/6660, 转引自 British strategy in the Far East 1919－1939, 38.

③ Memorandum by Wellesley, 1June 1920 [F2159/199/23], F. O. 371/5360, 转引自 British strategy in the Far East 1919－1939, 39－40.

④ Memorandum by Wellesley, 1September 1920 [F2200/199/23], F. O. 371/5361, 转引自 British strategy in the Far East 1919－1939, 41.

掌握着王牌，不是大英国而是日本正在对条约的安全重续深感焦虑"①。与韦尔斯利的观点截然不同，1920年4月后担任英国驻东京大使的埃利奥特（Sir Charles Eliot）极力拥护重续英日同盟。他指出，同盟的终结可能会引发日本投靠俄、德。万一发生战争，英国在远东的财产将处于一个"不舒服的位置上"②。埃利奥特认为，外交部夸大了日本工业计划的力度，在日本，只有棉工业可以说是有着良好组织的，其他的商业集团并非是类似德国卡特尔或美国托拉斯的组织。日本政府无意利用商贸方式达到扰乱政治的目的。在1920年12月埃利奥特给寇松的一份秘密电报中，埃利奥特写道："在今后的几年里，如果她（日本）执行她的海陆军计划，并不发生内乱，她将非常强壮，如果我们不让她成为我们的朋友，她会决定与我们敌对。可以预见我们在印度的困难以及在不久的将来我们在亚洲其他财产的困难。我们不能指望美国在那时对我们的同情。我认为我们不能承受日本仇视我们的冒险"③。寇松对此表示认同。早在1920年初，英外交事务大臣寇松就认为英日同盟在某种形式上的重建尤为重要，他认为同盟将给英国一个控制日本的方式。"我们在太平洋的海军地位让我们希望有一个友好的日本，与日本一致的形式的存在也会使日本看守政府其在华的行动变得更为简单，要求日本以有可能比期待中更好的自由、真诚的方式与我们相处，逐渐温和地影响日本的政策"④。

　　1921年5月末，寇松在内阁会议上汇报了关于英日同盟问题的两种不同意见，并坚决表示赞成续约。寇松指出："谁能大胆地预知俄、德不会复兴？""在今后的十年中，我们很有可能面对这些力量在远东的联合，如遇到这种情况，与日结盟将是天然的保障。"通过同盟，英国能够对日本、中国施加压力。从陆海军的观点来看，如

　　①　Memorandum by Wellesley，1September 1920 ［F2200/199/23］，F. O. 371/5361，转引自 British strategy in the Far East 1919—1939，41.

　　②　Eliot to Curzon，No. 296，17 June，1920 ［F1559/199/23］，F. O. 371/5360，转引自 British strategy in the Far East 1919—1939，40.

　　③　Eliot to Curzon，No. 462 Tel. ，Secret，12 December，1920 ［F3205/199/23］，F. O. 371/5361，转引自 British strategy in the Far East 1919—1939，42.

　　④　DBFP：6，No. 789，1920. 3.

果英国与日本结盟，就不需要在远东保持大量战舰①。虽然在此次会议上关于日本优点的议题贯穿始终，但是，也有内阁成员指出了日本危险的一面以及美国对英日同盟的反对态度，这都在很大程度上影响着英国内阁最后的决定。海军部长官李（Lord Lee）指出，美国非常不喜欢英日这种形式的联合，一位美国的海军上将思慕斯（W. S. Sims）曾告诉李，美国强烈反对英日同盟，如果英日同盟继续存在，美国会无限制地造船，不仅针对日本，也会针对英国。温斯顿·丘吉尔（Winston Churchill）也认为，英日同盟会恶化造船问题。美国的海军建设将针对日英两国。如果美国把英国视作对手，事态就糟透了。如果美国以扩军来对抗英日同盟，英国与日本的联合就会危害而非巩固世界和平。但是，主张对美强硬的人也指出，英日同盟的重续会使美国清醒。首相劳合·乔治（Lloyd George）就认为，如果终结同盟，人们会说英国害怕美国，这会在全世界，至少是在远东影响英国的声望。寇松也指出，强大的英日联合将威胁那些叫嚣着扩军备战的美国政客们。在劳合·乔治眼中，美国与日本同样威胁着在中国的利益，因此指出："我们不应让中国由美国带领，那会使美国获取全部的中国贸易"②。在 1921 年 6 月 30 日的内阁会议上，首相劳合·乔治曾提醒其内阁成员们注意："中国正在苏醒，对华一人 1 英镑的贸易总额，相当于对日一人 10 英镑，最后就有可能达到 4，000，000，000 英镑"③。对英国来说，不希望也不允许任何一个国家垄断拥有着庞大人口数的将带来丰厚贸易额的中国市场。

日本在一战期间对中国棉业市场的占领令英国警醒，昔日的小盟友已在经济领域迅速成长起来，照此式发展下去，其对英国的冲击和挑战必定会超越经济层面。因此，英国需要重新审视英日关系，重新思考与日关系的定位。经过激烈的讨论，从自身利益角度出发，英国选择了既与美国在太平洋的安全问题上达得共识，又安抚日本，让日本明白，英国没有舍弃同盟的意图。以华盛顿会议上与美、日、法签订《关于太平洋区域岛屿属地和领地的条约》（《四国条约》）的

---

① CAB：23/25，Cabinet Minutes，Secret，30/5/1921.
② CAB：23—26—56（21）—5，30/6/1921.
③ CAB：23—26—56（21）—5，30/6/1921.

形式解除了与日本的同盟关系。英日同盟的解体有着众多因素，笔者通过对英国内阁文件的解读，认为贸易竞争始终是英国内阁讨论日英同盟的存废问题时所无法避开的话题，而日本在一战期间对中印棉业市场的迅速抢占无疑是促使贸易问题成为必不可少的一个思考点的重要原因之一。

近期朝鲜半岛北南关系对中国
的影响及应对

谭红梅

（吉林省社会科学院高句丽研究中心）

摘 要 自天安号事件至今，异常紧张的朝鲜半岛北南关系暂时告一段落，逐渐由军事博弈转移到外交博弈上来，但朝鲜半岛局势依然紧张，政治与安全困境依然存在。倘若半岛北南双方再次发生冲突就会对中国造成一定影响。本文主要分析去年以来半岛北南紧张关系升级及对中国造成的影响，并提出相应的应对措施。

关键词 朝鲜半岛 北南关系 影响 中国应对

对于中国而言，朝鲜半岛的战略意义使其在处理相关复杂而尖锐的问题时，既力求发挥建设性作用，也要避免让自己陷入进退两难的尴尬境地。[①] 2010 年"天安舰"事件和"延坪岛炮击事件"使得朝鲜半岛紧张局势呈现加剧甚至恶化的趋势，这将中国推向东北亚安全危机的风口浪尖。正如一位学者所说："东亚地区充满了活力，迄今为止该地区经济的迅速增长正将这种活力引导到和平方向。但到某个时候，某些突发性事件，哪怕是相对来说比较小的事件引起政治激情的释放，安全阀就有可能被冲垮。"[②]

一、近期半岛北南关系：冲突与缓和契机并存

2008 年 2 月，主张抛弃"阳光政策"的李明博就任韩国总统，

[①] 黄河、吴雪：《新形势下中国对朝外交政策的调整》，《东北亚论坛》，2011 年第 5 期，54 页。

[②] 布热津斯基，中国国际问题研究所译：《大棋局：美国的首要地位及其地缘战略》，上海人民出版社，2007 年，62 页。

由于政策的转向，导致北南关系由和平向冷战逆转，半岛北南之间波折不断。特别 2010 年"天安号"事件的发生，使半岛北南关系降至冰点；同年 11 月 23 日，延坪岛的硝烟又使半岛战云密布。

"天安"号沉没事件是在半岛北南关系再次恶化的背景下发生的，围绕"天安号"沉没的原因国际上至今虽仍无定论，但事件本身却带来严重后果：即北南敌对关系进一步强化。尽管朝方一再否认自己与天安号的沉没有任何联系，但韩方认定其是这一事件的始作俑者，并迅速采取一系列报复性措施，包括举行大规模军事演习、重启心理战、声明朝再次挑衅时韩将行使自卫权、积极参与防扩散安全倡议（PSI）的海上拦截演习等。除了武力报复，韩国政府可谓几乎用尽了一切可动用的制裁办法，"南北关系事实上回到了制定《南北交流合作法》的 1989 年之前"的冷战状态。

韩国在应对"天安"号事件过程中，与美国在半岛东、西海岸频频展开高水平、高密度的大规模军事演习。这引起了朝鲜的反弹，于 11 月 23 日向延坪岛附近发射海岸炮和榴弹炮炮弹，韩军予以反击。延坪岛炮击事件引发的北南间一系列剑拔弩张的军事行动，把朝鲜半岛甚至整个东北亚地区拉到了战争的边缘。韩国迅速采取包括强化与美日军事协调和外交配合；撤换防长，积极备战，力图把西海五岛打造成坚固的军事要塞；修改"交战守则"，采取"先打后报"的原则，"以全新的思维应对朝鲜的挑衅"等一系列强硬措施。韩国政府还决定在备受关注的延坪岛重启军演，并准备在朝鲜再次反击时给予更大规模的军事打击。朝鲜则以措辞严厉的声明向韩方发出威慑的信号，即要求韩方立即取消计划，并称"将为保卫自己神圣的领海而进行第二、第三次'难以预测的自卫反击'，其反击强度和范围将比上次更强和更大"。在战争边缘的"临界"状态下，放出"狠话"进行报复的朝方最终保持了克制，称韩方的挑衅"不值得每次都加以应对"，使一触即发的危局得以暂时化解。尽管目前"两大"事件已暂时平息，但诸如"打全面战争"、"打核战争"之类的非理智言词交锋仍在继续，[①] 指向性明确的军事演习、实弹射击

---

① 朝鲜对李明博政府的"反朝鲜的对抗活动"发出严厉警告：2011 年 5 月 30 日，朝鲜国防委员会发言人发表声明，宣布切断朝韩军事热线，关闭金刚山联络所，停止南北交流，"将不再接触"韩国李明博政府 。随即朝鲜又表示"将以坚决的惩罚来回应挑衅，以无情的报复来回应战争"。今年 3 月 26 日天安舰事件发生一周年之际，韩国官方称今后朝鲜若挑衅将予以 10 倍力量还击。

训练仍在持续展开，[①] 擦抢走火的可能性依然存在。

历史证明，朝鲜半岛涉及众多国家利益，需要多国努力共同解决，但最重要的是北南双方要有和解的意愿。近期北南关系大幅度缓和可能性不大，但有缓和迹象。朝方现处于经济发展及政权交替阶段，需要内部稳定及和缓的周边环境。加之日本国内核电站出现严重问题，一度成为今年热点，使得国际社会对半岛北南关系关注度有所下降，这为双方冷静思考提供一定的空间。但韩国李明博在国内和党内面临着巨大压力，必须在对朝态度上保持强硬。韩国学者金珍镐指出：在冲突中韩国政府不硬就倒台，届时将有20多万人面临着下岗，为了两年后的大选，李明博今后还要保持强硬。这又使其不得不更加依赖于美韩军事同盟，解决朝鲜半岛问题的途径和空间越来越狭窄。更何况，北南双方间造成的隔阂太深，加上大国出于博弈的干涉，都使半岛局势短期内难以真正缓和，而且美、日、韩等国虽然各有算盘，但在"压朝弃核"这一点上却能形成共识，从而加大对朝遏制和制裁的力度。因而，在可预见的时期内，朝鲜半岛局势将是缓和契机与冲突风险并存。同时，也应看到2012年韩国面临大选，朝鲜也要面对权力顺利交接及经济实现强盛大国之目标等问题，届时北南关系仍将充满变数。目前，北南关系处在了一个新的十字路口：能否改善，不仅取决于朝鲜，关键还要看李明博或者继任者对朝政策能否有大的调整。尽管有分析认为，2012年12月的总统大选让韩国继续挑战朝鲜变得十分困难，但就目前情况看，难以看到李明博政府对朝政策的大动作，即使有灵活性也是有限度的。

二、半岛北南冲突对中国的影响

自天安号事件发生以来，中国在处理朝鲜半岛问题上面临着前所未有的外交压力。这种压力不仅来自于半岛北、南双方，也来自以美国为首的其他亚欧国家。

---

① 对于美韩军演，有专家评论说，从去年"每月一次"，到今年上半年超密集度进行，从韩国周边沿海到三八线附近，都是在挑逗朝鲜的耐性。近日韩国联合参谋本部表示"将从10月27日至11月4日在韩国全境进行护国演习。此次军演将有陆军、海军、空军、海军陆战队、联合部队参加，军演把重点放在预备朝鲜局部挑衅和全面战争。"

其一，半岛北南的冲突尽管并不会整体上影响中朝关系，却给中国带来国际上的压力。值得注意的是，近来每当半岛北南发生冲突，压力最大的貌似不是当事国半岛北方或南方，反而是中国。其实，冷战结束后朝鲜半岛局势形成了这样一个格局：以朝鲜、韩国和美国这三个国家之间相互关系为核心，中国、日本和俄罗斯三国与之相互作用的内部结构。天安号事件后，朝鲜和美、韩处于对抗状态，不断高调重提中朝友谊，把中国拉在身边。美韩日则动辄摆出三国协调的架势应对朝鲜的同时，将责难的矛头纷纷指向中国，认为中国"庇护"朝鲜。延坪岛炮击事件的随后发生，使中国又一次被迫在朝鲜问题上成为西方及其盟国施压的"靶子"。美日韩发表三国联合声明，谴责朝鲜并敦促中国施压朝鲜。甚至连非朝核六方之一的澳大利亚外长陆克文也敦促中国利用影响力阻止朝鲜的"疯狂挑衅行为"。现在一提到朝鲜问题，美日韩就会把目光转向中国，中国也处于国际媒体的质疑中而始终无法摆脱。如果朝鲜始终不懂得自重而中国未表现出要让朝鲜对挑衅付出代价的姿态，最终在东亚将重新出现韩美日对中朝的这种战略性对抗格局。这明显会威胁中国的安全。

其二，中韩关系增添"裂痕"。"天安号"与"延坪岛"炮击事件发生后，中国基于维护半岛和平稳定的立场调解北南冲突，却被韩方理解为"偏袒朝鲜"。在韩方看来，只有中国加入对朝鲜的谴责和制裁，才谈得上"主持正义"。为此，韩国社会特别是媒体对中国"袒护"朝鲜大加责难。认定是中国对朝鲜的"一味袒护"阻挠了联合国安理会通过谴责并进一步制裁朝鲜的决议，导致了即使在不具约束力的安理会主席声明中也未能写入谴责朝鲜的内容。随之，韩国社会谩骂朝鲜"投靠"中国、怀疑中国欲控制朝鲜、担心中国阻挠朝鲜半岛统一的噪音不时响起。尽管两国有着紧密的经济联系，但使得中韩之间心存芥蒂，中韩关系被认为是倒退了若干年。

其三，"天安舰事件"和"延坪岛炮击"也给中美关系罩上了一层的阴影。中美间近期发生了一系列摩擦与冲突，在两国的社会民意层面上，对立的情绪持续发酵。中国因美国试图在美日韩三边军事合作计划中增强针对中国的意图而对美怀有深深的疑虑；美国试图派航空母舰到黄海进行军事演习与中国发生龃龉。美国副国务卿斯坦伯格 2010 年 7 月 27 日在尼克松和平与自由研究中心举行的一个论坛上所说："美韩在中国附近海域进行的军演使中国感到受辱。尽管军演并非针对中国，但却是中国支持朝鲜、不愿谴责其侵略行为的直接后果。"显然，半岛北南倘若发生直接的冲突，不仅是中国与美国，还有俄罗斯与日本都将不可避免地卷入这场冲突之中。

其四，进一步造成中国与亚洲各国外交上的裂痕。在亚洲地区，中国被认为是正在崛起的超级大国，而这也意味着中国政府需要在国际秩序、全球价值、和平以及共同繁荣方面需承担更多的国际责任。与此同时，随着中国实力的增强，该地区对中国的疑虑和不安也在增加。鉴于中国在天安舰事件与延坪岛炮击事件上的态度，国际上一些看法认为，正在崛起的中国为实现本国的利益，会对国际社会的普遍价值彻底"视而不见"，是"不成熟的超级大国"。这种论调在亚欧市场上仍有一定市场。可见，中国在朝鲜半岛问题上的态度存在相当的风险。

三、中国的应对策略

中国应立足于把维持半岛现有格局稳定作为一个阶段性目标，而把长远目标定位于与半岛统一国家形成良好的安全关系。

首先，应回归到战略和哲学层面上思考中朝关系，以适应当前国际关系的变化。在现代国际政治中，追求国家利益，中朝并无二致。可以说，中国的对朝政策"并未真正做到根据中国的国家利益和事务本身的是非曲直来制定和推行其政策，实施'独立自主'的外交"。[①] "朝鲜经济实力孱弱，国际处境孤立，却始终利用中朝唇齿相依的战略关系，在经济政治方面谋取中国的援助和支持，外交方面则独立行事，不顾中国感受，谋取自身利益最大化。中朝之间缺乏外交协调，屡陷中国于国际外交压力的困境之中。"[②] 因而，中国要摆脱固有的"同志意识"，传统的中朝友谊并不意味着中国对朝鲜事事迁就，也不应期望朝鲜的回报和感激，而是审时度势，使中朝关系向正常国家关系方向发展。当出现涉及朝鲜的危机情况时，

---

① 刘金质、潘京初、潘荣英、李锡遇：《中国与朝鲜半岛国家关系文件资料汇编(1991—2006)》，世界知识出版社，2006 年，28 页。

② 黄凤志、吕平：《中国东北亚地缘政治安全探析》，《现代国际关系》，2011 年第 6 期，41 页。

中国应摆脱选择现有措施而应摸索新路，以从自身利益考虑出发，摆脱朝鲜半岛问题中充当的尴尬角色。同时，中国要巩固与朝鲜稳定的双边关系，对愈加紧密的美韩、美日同盟形成一定程度的战略制衡，要尽自己最大力量解决朝鲜最担心的国家安全问题，在国际舞台上支持朝鲜提出的正当诉求。当然，也应明确告知朝鲜，中国支持什么，同时反对什么，倘若劝说得不到尊重，则应摆正姿态，拿出坚定的立场，并采取明确的措施。只有这样，才会发挥出应有的影响力。

其次，巩固和发展中韩关系。自中韩建交以来，"中国对朝鲜半岛始终坚持积极、稳妥、均衡、连贯的'双友好'政策，有效地维护了本国利益，并在半岛事务中处于一种特殊有利的地位，成为朝鲜南北双方及相关大国在处理半岛问题上借重和依靠的力量"。① 然而，随着中国的和平崛起（和平发展），韩国对中国解决朝鲜半岛问题的影响力提升相当敏感。正如首尔大学一位教授所言"中国再次崛起，韩国在外交领域肯定会更加不舒服。韩国只有靠近美国，而且我们发现这对中国很奏效"。② 这就要求中国在朝鲜半岛问题上，冷静观察，把握尺度，沉着应对，以避免引起过度的疑惧。中国对朝鲜半岛政策的核心是维持半岛的和平与稳定。在这点上，中国和韩国的利益完全是一致的。朝鲜半岛的和平与稳定，不仅对韩国的和平与经济发展，而且对中国的经济发展也是非常重要的。但每当发生北南冲突时，中韩外交关系都会受到考验和挑战。总体而言，只要朝鲜半岛停战机制没有改变成为和平机制，北南之间发生矛盾和冲突就会经常出现。当前，中国和韩国迫切需要互相信任，在此基础上要共同探讨如何保障朝鲜半岛的和平，并积极推进朝鲜半岛和平机制的建设。

再次，夯实中美战略合作关系。"中美关系最稳定的十年，是中国崛起最快的十年，中国参与国际事务最广泛的十年……一个强大、自信、国际化的中国，是中美关系保持长期稳定的重要前提之

---

① 杨军、王秋彬：《中国与朝鲜半岛关系史论》，社会科学文献出版社，2006 年，279 页。

② 董向荣、李永春、王晓玲：《韩国专家看中国－以中韩关系为中心》，《现代国际关系》，2011 年第 5 期，61 页。

一"。① 随着彼此经济相互依赖程度的加深，美国对于全球事务的解决也难以离开中国的支持。正如一位学者所称，"遏制中国经济发展，只能让美国的经济状况恶化；遏制中国影响力，只能让美国承担更大的国际责任"。② 鉴于中美在朝鲜半岛的安全利益互动越来越受人关注。中国应将中美关系定位于建设世界和平的基石，避免与美国间发生大的冲突，走出历史上"大国的政治悲剧"；立足于中美两国在朝鲜半岛合作共赢的基础要远远大于分歧矛盾的方面，积极开发中美之间的战略对话，在共同厉害问题上谋求战略性合作。在切实维护国家核心利益的同时，加强与美国在重大国际问题上的互动和协调，实现利益共享，责任分担；并积极改善中国在美国民众眼中的形象。在美国无暇顾及以及不触及美国重大利益的领域和地域，中国可以进一步扩大影响力，包括经济和文化的影响力甚至军事的影响力。当然，中国也须加强应对战争的准备，提升军队打赢局部战争的能力。

最后，要增强国力和增强在亚洲的影响力。半岛北南之间的冲突与国家之间核心利益有着不可分割的联系。当今世界，在维护和发展国家利益面前，必须拥有一个强大的综合国力作为后盾。面临着复杂的国际局势，唯有增强国家的实力才是应对的关键所在，才是稳固中国经济安全发展之所在。一个国力强盛的中国，是中华民族坦然面对世界风雨的可靠保障。换言之，以实力求和平。在重大战略利益上，中国要坚守原则，不能妥协退让。应该看到，随着中国经济的不断发展，中国的经济辐射力将越来越大，与周边国家的关系也会越来越密切。中国要做一个负责任的大国，要秉承一种开放、健康、包容的心态，维护周边和平，消除周边对中国和平发展的疑虑，让周边国家人民真真切切感受到中国和平合作的诚意，享受到中国经济发展的果实。因而，中国应及时调整在朝鲜半岛问题上的政策，发挥各种形式的对话机制作用，将朝鲜半岛危机控制在可控范围内，并在此基础上寻求与相关各方合作，维护中国在朝鲜半岛的利益，争取得道多助，从而不断增强在亚洲的影响力。

---

① 牛新春：《中美关系的八大迷思》，《现代国际关系》，2011 年第 5 期，7 页。
② 牛新春：《中美关系的八大迷思》，《现代国际关系》，2011 年第 5 期，7 页。

吉林省省级人文社科重点研究基地重大招标项目

▶ 高句丽、渤海历史新探

DONGBEIYA

YANJIU
LUNCONG

《三国史记》第一卷笺证

姜维公　谭　贺

（长春师范学院历史学院　辽宁财贸学院中文系）

摘　要　本文是笔者《三国史记笺证》的第一部分，利用了目录、天文历法学、历史地理、训诂等学科的研究成果，希望将《三国史记》纪事内容做一个完整的解剖。由于行政事务繁琐，时作时辍，这里呈现给大家的，仍然是一个未定稿。但笔者希望通过这个未定稿，向关心此事的朋友和读者征求意见，以确定今后做哪些方面的改进。

关键词　三国史记　新罗　笺证

进《三国史记》表

臣富轼言：○按：《高丽史》卷98《金富轼传》：仁宗二十三年，上所撰《新罗高句丽百济三国史》。王遣内侍崔甫就第奖谕，赐花酒。其年，相当于南宋高宗绍兴十五年，公元1145年。

古之列国亦各置史官以记事，故孟子曰："晋之乘、楚之梼杌、鲁之春秋，一也。"○按：《孟子》卷8《离娄章句下》：孟子曰："王者之迹熄，而诗亡，诗亡然后春秋作。晋之乘，楚之梼杌，鲁之春秋，一也。其事则齐桓、晋文，其文则史。孔子曰：'其义则丘窃取之矣。'"惟此海东三国，历年长久，宜其事实，著在方策。乃命老臣，俾之编集。自顾缺尔，不知所为。中谢。○按：唐代官员受职以后，入朝谢恩，称中谢。自唐以后，臣僚上奏章，文中惯例，率有"诚惶诚恐"及"诚欢诚喜"、"顿首稽首"等套语叫做中谢、中贺。

伏惟圣上陛下性唐尧之文思，○《宋书·礼志一》载李迁《上表请修孔庙表》：陛下体唐尧文思之美，访宣尼善诱之勤。体夏禹之勤俭，○《唐会要》载唐玄宗开元十二年群臣请封东岳之表云：卑宫室，菲饮食，夏禹之恭俭也；道稽古，德日新，帝尧之文思也。宵旰余闲，博览前古。以谓今之学士大夫，其于五经诸子之书、秦汉历代之史，或有淹通而详说之者；至于吾邦之事，却茫然不知其始末，甚可叹也。况惟新罗氏、高句丽氏、百济氏开基鼎峙，能以礼通于中国，故范晔《汉书》、宋祁《唐书》，皆有列传。○按：今习称范晔《后汉书》、欧阳修、宋祁《新唐书》。而详内略外，不以具载。○详内略外，本是著史特色。又其古记，文字芜拙，事迹阙亡。是以君后之善恶，臣子之忠邪，邦业之安危，人民之理乱，皆不得发露，以垂劝戒。宜得三长之才，○"三长"出《旧唐书·刘子玄传》，盖谓史才、史学、史识也。下文之"长才"即同此意。克成一家之史，○语出《史记·太史公自序》，见下。贻之万世，炳若日星。

如臣者，本匪长才，又无奥识，泊自迟暮，日益昏蒙。○按：金富轼高丽毅宗五年去世，享年七十七岁，则进表时七十一岁，诚可谓"迟暮"矣。读书虽勤，掩卷即忘；操笔无力，临纸难下。○此即白居易《与元九书》中"临纸复罢者数四"之意。臣之学术，蹇浅如此，而前言往事，幽昧如彼。是故疲精竭力，仅得成编。讫无可观，只自愧耳。伏望圣上陛下，谅狂简之裁，赦妄作之罪。虽不足藏之名山，○语出《史记·太史公自序》：（《史记》）凡百三十篇，五十二万六千五百字，为太史公书。序略，以拾遗补蓺，成一家之言，厥协六经异传，整齐百家杂语，藏之名山，副在京师，俟后世圣人君子。庶无使墁之酱瓿。○语出《汉书·扬雄传》：扬雄以病免，复召为大夫。家素贫，嗜酒，人希至其门。时有好事者载酒肴从游学，而钜鹿侯芭常从雄居，受其太玄、法言焉。刘歆亦尝观之，谓雄曰："空自苦！今学者有禄利，然尚不能明易，又如玄何？吾恐后人用覆酱瓿也。"区区妄意，天日照临。

东文粹○据朝鲜各种目录书记载，《东文粹》是李朝成三问所编，成三问遇难后，由金宗直补编而成。共十卷（一说二卷）。卷一及东文选○《朝鲜知识手册》：《东文选》，朝鲜历代优秀诗文选集。选录区间上自新罗，下至李朝肃宗年间止，共154卷，45册。分正编、续编和目录三部分，正编130卷，李朝成宗命徐居正等编，1478年（成宗9年）成书，收入新罗、高丽和李朝初期的诗文。续编21卷，中宗年间申用溉编，肃宗年间宋相琦等改编，内容接正编，下限至肃宗时。选文仿中国《昭明文选》编成，是朝鲜古代优秀作品汇编。卷四十四载

三国史记卷1

新罗本纪　第一　　始祖赫居世居西干　　南解次次雄　　儒理尼师今　　脱解尼师今　　婆娑尼师今　　祇摩尼师今　　逸圣

尼师今

始祖、姓朴氏，讳赫居世。○《三国遗事·王历》："新罗第一赫居世。姓朴，卵生，年十三，甲子即位，理六十年。妹娥伊英、娥英。国号徐那伐，又徐伐。或斯罗，或鸡林之说，至脱解王时，始置鸡林之号。"前汉孝宣帝五凤元年甲子，○我国素以甲子为忌，盖取殷商甲子年灭亡以为殷鉴。○《论语·檀弓》有"子卯不乐"之语，其解释是："纣以甲子死，桀以乙卯亡，王者谓之疾日。不以举乐为吉事，所以自戒惧。"○《三国志》卷12《魏书·崔琰传》：太祖征并州，留琰傅文帝于邺。世子仍出田猎，变易服乘，志在驱逐。琰书谏曰："盖闻盘于游田，书之所戒，鲁隐观鱼，春秋讥之，此周、孔之格言，二经之明义。殷鉴夏后，诗称不远，子卯不乐，礼以为忌，此又近者之得失，不可不深察也。袁族富强，公子宽放，盘游滋侈，义声不闻，哲人君子，俄有色斯之志，熊黑壮士，堕于吞噬之用，固所以拥徒百万，跨有河朔，无所容足也。今邦国殄瘁，惠康未洽，士女企踵，所思者德。况公亲御戎马，上下劳惨，世子宜遵大路，慎以行正，思经国之高略，内鉴近戒，外扬远节，深惟储副，以身为宝。而猥袭虞旅之贱服，忽驰骛而陵险，志雉兔之小娱，忘社稷之为重，斯诚有识所以恻心也。唯世子燔翳捐襜，以塞众望，不令老臣获罪于天。"世子报曰："昨奉嘉命，惠示雅数，欲使燔翳捐襜，翳已坏矣，襜亦去焉。后有此比，蒙复诲诸。"○《北史》卷10《周武帝本纪》：天和元年四月甲午，诏曰："甲子、乙卯，礼云不乐。苌弘表昆吾之稔，杜蒉有扬觯之文。自世道丧乱，礼仪紊毁，此典茫然，已坠于地。宜依是日，省事停乐。庶知为君之难，为臣不易，贻之后昆，殷鉴斯在。"有司以子卯不乐，请择他日。帝曰："岁在戊寅，□□□□□□□始，此为难得，至今遇之，乌可失之。且殷周二代□□□□□□□所之，以为大吉，同域之诚，又甲于五行为木，木加于子，□□□良日虽欲勿用，其能舍诸。"故自起军，逮乎入相登极，咸用甲子焉。四月丙辰○原注：一曰正月十五日。即位，号居西干。○《三国遗事》译"居西干"为"居瑟邯"，此译音之偶异耳。时年十三，国号徐那伐。○《三国遗事》卷1新罗始祖赫居世王条："年至十三岁，以五凤元年甲子，男立为王，仍以女为后，国号徐罗伐，又徐伐（今俗训京字云。徐伐，以此故也）或云斯罗，又斯卢。初王生于鸡井，故或云鸡林国。以其鸡龙现瑞也。一说：脱解王时得金阏智，而鸡鸣于林中，乃改国号为鸡林，后世遂定新罗之号。"先是，朝鲜遗民○按：据文意，金氏盖以为辰韩系由卫氏朝鲜遗民演化而来。分居山谷之间，为六村：○《三国遗事》卷1新罗始祖赫居世王条："辰韩之地，古有六村。"一曰阏川杨山村；○《三国遗事》卷1新罗始祖赫居世王条："一曰阏川杨山村，南今昙岩寺，长曰谒平。初降于瓢岩峰，是为及梁部李氏祖。"小字注云:"弩礼王九年置,名及梁部,本朝太祖天福五年庚子,改名中兴部。波替、东山、彼上、东村属焉。"○按:《三国遗事》所谓"天福五年",乃后晋高祖年号。相当于王建廿三年,查《高丽史》是年记载:"二十三年春三月,改州府郡县号。"○又同书卷57《地理志二》:"东京留守官。庆州本新罗古都,始祖赫居世王开国建都,国号徐那伐,或称斯罗,或称斯卢,后称新罗脱解王九年,始林有鸡怪,更名鸡林,因以为国号。基临王十年,复号新罗。太祖十八年,敬顺王金傅来降,国除为庆州。二十三年,升为大都督府,改其州六部名。梁部为中兴部,沙梁为南山部,本彼为通仙部,习北为临川部,汉祇为加德部,牟梁为长福部。"一曰突山高墟村;○《三国遗事》卷1新罗始祖赫居世王条:"二曰突山高墟村,长曰苏伐都利,初降于兄山,是为沙梁(或作涿)部郑氏祖,今曰南山部。仇良伐、麻等乌、道北、回德等南村属焉。"小字注云:"称今曰者,太祖所置下,下例知。"三曰嘴山珍支村;○原注:或云干珍村。○《三国遗事》卷1新罗始祖赫居世王条:"四曰嘴珍支村,长曰智伯虎,初降于花山,是为本彼部崔氏祖,今曰通仙部。柴巴等东南村属焉。致远乃本彼部人也。今皇龙寺南,味吞寺南有古墟,云是崔侯古宅也,殆明矣。"○按:《三国史记》所载六部次序之第三第四适与《三国遗事》所载六部次序之第三第四颠倒。四曰茂山大树村;○《三国遗事》卷1新罗始祖赫居世王条:"三曰茂山大树村,长曰俱(或作仇)礼马,初降于伊山(或作皆比山),是为渐梁部,又牟梁部孙氏之祖,今云长福部。朴谷村等西村属焉。"五曰金山加利村;○《三国遗事》卷1新罗始祖赫居世王条:"五曰金山加利村,长曰祇沱(或作只他),初降于明活山,是为汉歧部,又作韩歧部,裴氏祖,今云加德部。上下西知、乃儿等东村属焉。"小字注云:"(金山加利村)今金刚山柏栗寺之北山也。"六曰明活山高耶村。○《三国遗事》卷1新罗始祖赫居世王条:"六曰明活山高耶村,长曰虎珍,初降于金刚山,是为习比部薛氏祖,今临川部。勿伊村、仍仇珍村、阙谷(或作葛谷)等东北村属焉。"是为辰韩六部。○《三国遗事》卷1新罗始祖赫居世王条:按上文,此六部之祖,似皆从天而降。弩礼王九年,始改六部名,又赐六姓,今俗中兴部为母,长福部为父,临川部为子,加德部为女,其实未详。高墟村长苏伐公望杨山麓,萝井旁林间○按:此处为赫居世诞处,初无名。《三国史记》称之为"始林",《新罗祀典》称之为"奈乙"。有马跪而嘶,则往观之。忽不见马,只有大卵。剖之,有婴儿出焉。则收养之。○《三国遗事》卷1新罗始祖赫居世王条:"前汉地节元年壬子(古本云建武元年,又云建元三年等,皆误)三月朔,六部祖各率子弟,俱会于阏川岸上,议曰:'我辈上无君主临理蒸民,民皆放逸,自从所欲,盍觅有德人,为之君主,立邦设都乎?'于是乘高南望,杨山下萝井傍,异气如电光垂地,有一白马跪拜之状,寻检之,有一紫卵(一云青大卵），马见人长嘶上天。剖其卵，得童男，形仪端美，惊异之，浴于东泉（东泉寺，在词脑野北）。"及年十余岁，岐嶷然夙成。六部人以其生神异，推尊之。至是，立为君焉。辰人谓瓠为朴，以初大卵如瓠，故以朴为姓。居西干，辰言王。〇原注：或云贵人之称。〇《三国史记》卷12史论："朴氏、昔氏，皆自卵生，金氏从天入金柜而降，或云乘金车，此尤诡怪，不可信。然世俗相传为之实事。政和中，我朝遣尚书李资福入宋朝贡，臣富轼以文翰之任辅行，诣佑神馆，见一堂设女仙像，馆伴学士王黼曰：'此贵国之神，公等知之乎。'遂言曰：'古有帝室之女，不夫而孕，为人所疑，乃泛海抵辰韩，生子，为海东始主。帝女为地仙，长在仙桃山。此其象也。'臣又见大宋国信使王襄祭东神对母文，有'娠贤肇邦'之句，乃知东神则仙桃山神圣者也。然而不知其子王于何时，今但原厥初。"〇《三国遗事》卷1新罗始祖赫居世王条："身生光彩，鸟兽率舞，天地振动，日月清明，因名赫居世王（盖乡言也。或作弗矩内王。言光明治世。说者云：是西述圣母之所诞也。故中华人赞仙桃圣母，有娠贤肇邦之语是也。乃至鸡龙现瑞产阏英，又焉知非西述圣母之所现耶）位号曰居瑟邯（或作居西干。初开口之时，自称云阏智居西干，一起因其言称之，自后为王者之尊称）……（六部人）营宫室于南山西麓（今昌林寺），奉养二圣儿。男以卵生，卵如瓠，乡人以瓠为朴，故因姓朴。"〇又同书卷5《仙桃圣母随喜佛事》条云："神母本中国帝室之女，名娑苏，早得神仙之术，归止海东，久而不还。父皇寄书系足云，随鸢所止为家，苏书放鸢，飞到此山而止，遂来宅为地仙，故名西鸢山神母。久据兹山，镇佑邦国，灵异甚多。有国已来，常为三祀之一。秩在群望之上。第五十四景明王好使鹰，尝登此放鹰而失之，祷于神母曰：'若得鹰，当封爵。'俄而鹰飞来止机上，因封爵大王焉。其始到辰韩也，生圣子为东国始君，盖赫居、阏英二圣之所自也，故称鸡龙、鸡林、白马等，鸡属西也，尝使诸天仙织罗绯，染作朝衣，赠其夫，国人因此始神神验。"〇《东国舆地胜览》从之，云："圣母祠，在西岳仙桃山。圣母，本中国帝室之女，名娑苏，早得神仙之术，来止海东，久而不还，遂为神。世传赫居世乃圣母之所诞也，故中国人赞有仙桃圣母'娠贤肇邦'之语。"〇朝鲜一带有许多帝王出自中朝宗室或宗女的传说。《高丽史·高丽世系》记载王氏之先，出自唐肃宗。《高丽史》引闵渍《编年纲目》又谓王氏之先出自唐宣宗。至于说高句丽建国时间出自《通典》，檀君纪事出自《魏书》，皆东人虚托之言。清野译《朝鲜传说》（儿童书局1980年初版，1931年再版）有《三个仙人》的传说，是叙述济州岛先祖由来的："很早很早，人还没有到济州岛去住的时候。现在济州城约四五里的地方，有三个仙人从地里涌出来：他最初出现的名叫良乙那；第二个叫高乙那；最后一个叫夫乙那。这三个仙人常在山里打猎的，吃的是鸟兽肉，穿的是毛皮。一天，他们到山里去捕鱼，忽见在水波上漂来一封信。'是什么东西呀？'良乙那说，蹲身捞起折开，跳出一个着紫衣红带的童子，拿着一封石作的信。良乙那把信敲破一看，有三个极美的女子出来，都穿着绿色的衣服。三个仙人茫然立着，一个拿石信的童子，向他们说：'我是中国的使者。我们的皇帝仅生三位皇女，希望你们辟国建设伟大的事业，永远生传子孙，故将这三位许配你们，以作内助。'童子说了，不知去向。他们于是携着皇女归家，顺次结婚。从此，他们便做了济州岛民的先祖，岛民为尊崇先祖起，在涌出来的地方建立五主'三姓穴'的石碑，以为纪念。现岛民姓高良的很多，姓夫的也不少。"此类传说皆自相造作，也无史实意味。至于高丽李子渊一族，自称先世为新罗大官，奉使入唐，被皇帝赐以宗姓。此事亦属乌有，然足以说明朝鲜自古以来挟"中国"以自重的风气。

　　○按：汉魏时，天子有纪年之号，诸侯王、列侯亦有之，其事《金石文字记》论之颇详，兹录于下。跋鲁孝王石刻云："鲁孝王刻石今在孔子庙中，五凤二年者，汉宣帝有天下之年也。鲁卅四年者，鲁孝王有国之年也。上书天子大一统之年而下书诸侯王自有其国之年，此汉人之例也。三代之时，侯国之为史者，则但书本国之年而不书天子之年……汉时诸侯王得自称元年。汉书诸侯王表：楚王戊二十一年，孝景三年。楚王延寿三十二年。地节元年之类是也。淮南子天文训曰淮南元年冬者，淮南王安始立之年也，注者不解乃曰：淮南王作书之元年，又曰：淮南王僭号，此殆未读史记汉书者矣。又考汉时不独王也，即列侯于其国中亦得自称元年，史记高祖功臣侯者年表：高祖六年，平阳懿侯曹参元年。孝惠六年，靖侯窋元年。孝文后四年，简侯奇元年。绛侯世家：上言侯建德十三年，下言元鼎五年是也。吕氏考古图：周阳侯黸腹铭曰：周阳侯家铜三习黸，腹容五斗，重十八斤六两，侯治国五年五月，国铸第四。吕大临曰：侯治国五年者，自以侯受侯嗣位之年数也。文选魏都赋刘良注：文昌殿前有钟，其铭曰惟魏四年岁次丙申，龙次大炎，五月丙寅，作蕤宾钟。魏四年者，曹操为魏公之四年，汉献帝之建安二十一年是也"。据此，海东三国之纪年，亦此类也。或以为海东三国之自称年，为其僭号之始，亦独立之表徵，非也。金富轼显然也是这样认为的。但他不认同海东三国的改元立号，这也体现在本书中。在现实生活中，金富轼也尝借"改元立号"事兴一文字狱，其事具见《高丽史·尹彦颐传》，兹不赘议。可以反映的是，金氏"事大以礼"的态度是明确的。

　　四年，夏，四月，辛丑朔，日有食之。○《汉书》卷8《宣帝纪》五凤四年云："夏，四月，辛丑晦，日有蚀之。诏曰'皇天见异，以戒朕躬。是朕之不逮，吏之不称也。'以前使使者，问民所疾苦；复遣丞相御史掾二十四人，循行天下，举冤狱，察言观色擅为苛禁深刻不改者。"《资治通鉴》卷27宣帝五凤四年四月条与此同。此次日食，汉诛故宰相杨恽。○《资治通鉴》卷27宣帝五凤四年四月条云："夏，四月，辛丑朔，日有食之。……会有日食之变，驺马猥佐成止书告：'恽骄奢，不悔过，日食之咎，此人所致。'………廷尉当恽大逆无道，要斩；妻子徙酒泉郡；（兄子杨）谭坐免为庶人，诸在位与恽厚善者，未央卫尉韦玄成及孙会宗等，皆免官。"○按：我国古代有所谓分星说，即将天上星宿与人间政治联系起来，故天象恒与政治挂钩。汉代，凡有日食、星孛诸事，都作为王朝政治好坏的征兆予以说明。但在《三国史记》中的出现的日食、星孛诸事，都是随机出现的，不过是为了补充前期史事阙略而故意填充的，与新罗政治无涉，以其时新罗的文化，也不可能有如此精确的天文记录。

五年，春正月，龙见于阏英井，右胁诞生女儿。老妪见而异之，收养之，以井名名之。及长，有德容。始祖闻之，纳以为妃。有贤行，能内辅。时人谓之二圣。○《三国遗事》卷1新罗始祖赫居世王条："时人争贺曰：'今天子已降，宜觅有德女君配之。是日，沙梁里阏英井（一作娥利英井）边有鸡龙现，而左胁诞生童女（一云：龙现死，而剖其腹得之），姿容殊丽，然而唇似鸡嘴，将浴于月城北川，其嘴拨落，因名其川曰拨川……女以所出井名名之。"○按：朝鲜古传说，多与水有关，盖其地多川谷，蒙昧之际，其宗教意识必与水多有关联也。○《高丽史》卷56《地理志一》开城县条："（开城）城外有大井。世传懿祖娶龙女，初到开城山麓，以银盂掘地，水随涌，因以为井"。○《朝鲜史略》卷1引权近言：罗祖、阏英之生，皆怪而不常，岂非海隅之地有生之众淳朴无知，间有一为诡说者，举皆信而神之以传后世。○按：龙出于井，此事习见于旧籍，如魏明帝改元青龙，即因青龙见于摩陂井。高贵乡公时亦有黄龙见于井，遂作潜龙之诗。至于井生儿，亦渊源有自。○《后汉书》卷85《北沃沮传》："又说海中有女国，无男人。或传其国有神井，窥之辄生子。"则东北亚自古有此种井生子之传说矣。内地亦有此种传说。如《全上古三代秦汉三国六朝文·全汉文》辑《蜀王本纪》："后有一女子名利，从江源井中出，为杜宇妻。"○"二圣"，在我国史书中屡见之，盖古代称皇帝为圣人，故"二圣"之说有二解，一谓两代皇帝；一谓皇后威权稍盛，与皇帝为"二圣"。后者例有（1）北魏时之皇太后与皇帝，不举例。（2）隋文帝与独孤后，见《隋书》卷36《独孤后传》、《北史》卷14《独孤后传》。（3）唐高宗与武后。见《旧唐书》卷5《高宗纪下》、《旧唐书》卷6《则天皇后纪》、《新唐书》卷4《则天皇后纪》、《新唐书》卷76《武后传》。以始祖夫妇并称"二圣"，以契丹始祖传说与新罗最为相类。如《辽史》卷37《地理志一·上京道》永州条："永州，永昌军，观察。承天皇太后所建。太祖于此置南楼。乾亨三年，置州于皇子韩八墓侧。东潢河，南土河，二水合流，故号永州。冬月牙帐多驻此，谓之冬捺钵。有木叶山，上建契丹始祖庙，奇首可汗在南庙，可敦在北庙，绘塑二圣并八子神像。相传有神人乘白马，自马盂山浮土河而东，有天女驾青牛车由平地松林泛潢河而下。至木叶山，二水合流，相遇为配偶，生子。其后族属渐盛，分为八部。每行军及春秋时祭，必用白马青牛，示不忘本云。"

八年，倭人行兵，欲犯边，闻始祖有神德，乃还。○此种纪事内容，屡见于三国前史。言之有据，验史无征。我国史籍，于东亚为最古，诸国考稽本国史事，莫不取诸。东亚诸国之前史，复以《三国志》为早，而以《三国志》所载日本列岛与朝鲜半岛史事为准，则《三国史记》此类诸说率出捏造，即金富轼《进三国史记表》中所谓之"妄作"也。

九年，春，三月，有星孛于王良。○《汉书》卷 8《宣帝纪》黄龙元年条："三月，有星孛于王良、阁道，入紫宫。"○《汉书》卷 26《天文志》云："黄龙元年三月，客星居王梁东北可九尺，长丈余，西指，出阁道间，至紫宫。其十二月，宫车晏驾。"○《资治通鉴》卷 27 汉宣帝黄龙元年（前 49）作"三月，有星孛于王良，入紫微□。"（章注：甲十五行本□作"宫"；乙十一行本同；孔本同）

十四年，夏，四月，有星孛于参。○《汉书》卷 9《元帝纪上》初元五年："夏，四月，有星孛于参。诏曰：'朕之不逮，序位不明。众僚久旷，未得其人。元元失望，上感皇天。阴阳为变，咎流万民。朕其惧之。乃者，关东连遭灾害，饥寒疾疫，天不终命。诗不云乎？凡民有丧，葡匐救之。其令大官勿日杀，所具各减半。乘舆秣马，无乏正事而已。罢角抵、上林宫馆希御幸者、齐三服官、北假田官、盐铁官、常平仓；博士弟子勿置员，以广学者；赐宗室子有属籍者马一匹至二驷；三老、孝者，帛人五匹；弟者、力田三匹；鳏寡孤独二匹；吏民五十户牛酒；省刑罚七十余事；除光禄大夫以下至郎中保父母同产之令；令从官给事宫司马者，得为大父母、父母通籍。'"○《汉书》卷 26《天文志》云："五年四月，彗星出西北，赤黄色，长八尺所，后数日长丈余，东北指，在参分。后二岁余，西羌反。"○《资治通鉴》卷 28 汉元帝初元五年（前 4 年）同。

十七年，王巡抚六部。妃阏英从焉。劝督农桑，以尽地利。○《三国史记》从一开始就把新罗打造成一个纯粹的农业国家，这不符合其时朝鲜半岛南部的发展状况。朝鲜半岛南部温度适中，物产丰富，兼于渔盐之利，所以最初以自然经济（渔猎、采集）为主。中原王朝历代青睐东北从事农业的政权，称之为"君子国"，这实际上是农业文化对农业文化的赞赏。这个"君子国"，一开始是"箕氏朝鲜"的，后来转移到高句丽，高句丽灭亡后，始转移到新罗。在海东三国中，百济汉化程度最高，高句丽次之，新罗最次，很难想象新罗其时已经成为一个纯粹的农业国家。

十九年，卞韩以国来降。○事同八年"倭人犯边"条。

二十一年，筑京城，号曰金城。○《三国史记》卷 34《地理志一》："初赫居世二十一年，筑宫城，号金城。"○《三国遗事·王历》作："甲申，筑金城。"甲申者，赫居世二十一年也。○《新增东国舆地胜览》庆州古迹条记载：金城：在府东四里。始祖赫居世时所筑，土城，周二千四百七尺。○《朝鲜志》卷上庆州条："新罗古都，始祖赫居世开国建都"。是岁，高句丽始祖东明立。○体例文字，照应《高句丽本纪》而已。

二十四年，夏，六月，壬申晦，日有食之。○《汉书》卷9《元帝纪上》建昭五年："夏，六月，壬申晦，日有蚀之。"○《汉书》27下之下《五行志》云："建昭五年六月壬申晦，日有食之，不尽如钩，因入。"○《资治通鉴》卷29汉元帝建昭五年（前34）同。○张培瑜、韩延本《八世纪前中国计时日食观测和地球转速变化》（《天文学报》第36卷第3期）谓，中国史书中的这项记录，是对建昭四年十月丁丑（前35年11月1日）合朔（历作九月晦）的误记，日期错后十个月。○韩钢"《三国史记》日食记录考正"谓："经软件模拟，该日全球无日食，且除今俄罗斯堪察加半岛以东地区外，东亚该年无日食发生。如按张培瑜、韩延本的研究，将日食提前十月，则以长安定为观测点，可见带食而入，食分达0.718，是比较明显的日偏食。即便如此，朝鲜半岛和我国东北并不在建昭四年十月丁丑日食的观测范围之内，很明显，《三国史记》转录了《汉书》的记载。"○按：《三国史记》所载海东三国早期史事，日期一般精确到"月份"，唯日食等天象精确到"时日"，且绝大多数与中史所载时日吻合，则其史料依据可推想而知。盖早期史料零落不全，不得已取日食天象以拼凑成文耳。

二十六年，春，正月，营宫室于金城。

三十年，夏，四月，乙亥晦，日有食之。○《汉书》卷9《成帝纪》河平元年云："夏，四月，乙亥晦，日有蚀之。既。诏曰：'朕获保宗庙，战战栗栗，未能奉称。传曰：男教不修，阳事不得，则日为之蚀。天著厥异，辜在朕躬。公卿大夫，其勉悉心，以辅不逮。百寮各修其职，惇任仁人，退远残贼，陈朕过失，无有所讳。大赦天下。'"○《汉书》27下之下《五行志》云："河平元年四月己亥晦，日有食之，不尽如钩，在东井六度。刘向对曰：'四月交于五月，有同孝惠，日同孝昭。东井，京师地，且既，其占恐害继嗣。'日盫食时，从西南起。"○《资治通鉴》卷30成帝河平元年云："夏，四月，己亥晦，日有食之。诏公卿百僚陈过失，无有所讳；大赦天下。光禄大夫刘身对曰：'四月交于五月，月同孝惠，日同孝昭，其占恐害继嗣。'是时许皇后专宠，后宫希得进见，中外皆忧上无继嗣，故杜钦、谷永及向所对皆及之。上于是减省椒房、掖庭用度，服御、舆驾所发诸官署及所造作，遗赐外家、群臣妾，皆如竟宁以前故事。"乐浪人将兵来侵。见边人夜户不扃，露积披野，相谓曰："此方民不相盗，可谓有道之国。吾侪潜师而袭之，无异于盗，得不愧乎？"乃引还。○按：乐浪为汉武帝灭卫氏朝鲜后所建四郡之一，其后真番、临屯撤销，玄菟郡西移，唯乐浪作为汉王朝在朝鲜半岛的地方行政设置，辖境非唯不减，反有所增加，且一直维持到西晋末年。乐浪郡境内有少数民族，以秽貊人居多。《逸周书》中所载"良夷"，虽有注释家谓即"乐浪夷"，但从汉代文献来看，乐浪境内皆秽貊之属，并无"良夷"族存在。新罗始祖赫居世三十年，即汉成帝河平元年，公元前28年，此时距汉武帝建四郡（公元前108年）已有近百年历史，如谓此"乐浪人"为汉乐浪郡人，则与史文所表现的"单一族性"所不符；如谓独立于乐浪郡外的乐浪夷，又与事实不符。且此条与八年之倭人兴兵，五十三年之沃沮来贡，皆属于同一类型的"圣德感召"传说，在历史上毫无踪迹可觅。据《三国遗事》的解释，说"乐浪"、"带方"皆汉郡名，后叛立，以郡为国名，而先后为新罗所臣服。其言之谬，不言而喻。

　　三十二年，秋八月，乙卯晦，日有食之。○《汉书》卷10成帝河平三年："秋八月乙卯晦，日有蚀之。"○《汉书》27下之下《五行志》："（河平）三年八月乙卯晦，日有食之，在房。"○《资治通鉴》卷30成帝河平三年云："秋，八月，乙卯晦，日有食之。"

　　三十八年，春，二月，遣瓠公聘于马韩。马韩王让于瓠公曰："辰、卞二韩，为我属国，比年不输职贡，事大之礼，其若是乎？"对曰："我国自二圣肇兴，人事修，天时和，仓庾充实，人民敬让。自辰韩遗民，以至卞韩、乐浪、倭人，无不畏怀。而吾王谦虚，遣下臣修聘，可谓过于礼矣。而大王赫怒，劫之以兵，是何意耶？"王愤欲杀之，左右谏止，乃许归。前此，中国之人，苦秦乱，东来者众，多处马韩东，与辰韩杂居。至是，浸盛，故马韩忌之，有责焉。○《三国志》卷30《魏志·辰韩传》："辰韩在马韩之东，其耆老传世，自言古之亡人避秦役来适韩国，马韩割其东界地与之。有城栅。其言语不与马韩同，名国为邦，弓为弧，贼为寇，行酒为行觞，相呼皆为徒，有似秦人，非但燕、齐名物也。名乐浪人为阿残，东方人名我为阿，谓乐浪人本其残余人。今有名之为秦韩者"。○《后汉书》卷85《韩传》："辰韩，耆老自言秦之亡人，避苦役，适韩国，马韩割地东界与之。其名国为邦，弓为弧，贼为寇，行酒为行觞，相呼为徒，有似秦语，故或名之为秦韩"。○按：以上皆中史据韩人讲述而记录者，而《三国史记》略不一顾，而专意于创作新罗始祖种种仁德服人之记录。而《三国史记》所载此种传说，例难征史实，且多出于建国时期，颇疑皆向隅虚造也。以此马韩相责之言而论，秦人避乱自在秦时，而此时已是西汉之晚季，以为新罗得秦人而盛，是何逻辑。且秦人避役之后，复多有中国人东迁，皆不一言，其附古之心可见。如《三国地》卷30《魏志·秽传》："陈胜等起，天下叛秦，燕、齐、赵民避地朝鲜数万口"。《后汉书》卷85《秽传》："汉初大乱，燕、齐、赵人往避地者数万口"。此等东迁移民，虽距新罗建国之时颇久远，而是书皆一无举证，而举更久远之避役秦人，其著史态度及修撰原则可想而知。

○又按：据《三国志》记载，曹魏时期朝鲜半岛南部尚未统一，形成马韩、辰韩、卞韩并立，大小有七十余国。而《三国史记》记载此时朝鲜半岛南部已近于统一，谬矣。瓠公者，未详其族姓。本倭人，初以瓠系腰，渡海而来，故称瓠公。○《三国遗事》记载瓠公事有二，一是脱解王智夺瓠公宅地事，一为瓠公在林中发现金阏智事。其事皆东方卵生传说之变异，而其人则以智者面目传世。文见脱解王与阏智条下。兹录于下：《三国遗事》卷一《纪异一》"脱解王"条：脱解齿叱今（原注：一作吐解尼师今），南解王时（原注：古本云：壬寅年至者，谬矣。近则后于弩礼即位之初，无争让之事，前则在于赫居世之世，故知壬寅也），驾洛国海中，有船来泊。其国首露王，与臣民鼓噪而迎，将欲留之，而舡乃飞走，至于鸡林东下西知村阿珍浦（今有上西知，下西知村名）。时浦边有一妪，名阿珍义先，乃赫居王之海尺之母，望之谓曰："此海中元无石岩，何因鹊集而鸣。"挐舡寻之，鹊集一舡上，舡中有一柜子，长二十尺，广十三尺，曳其船，置于一树林下，而未知凶乎吉乎，向天而誓尔，俄而乃开见，有端正男子，并七宝奴婢满载其中。供给七日，乃言曰："我本龙城国人（亦云正明国，或云琓夏国，琓夏或作花厦国，龙城在倭东北一千里），我国尝有二十八龙王，从人胎而生，自五岁六岁，继登王位，教万民修正性命，而有八品姓骨，然无拣择，皆登大位。时我父王含达婆，聘积女国王女为妃，久无子胤，祷祀求息，七年后，产一大卵，于是大王会问群臣，人而生卵，古今未有，殆非吉祥，乃造柜置我，并七宝奴婢载于舡中，浮海而视曰：任到有缘之地，立国成家，便有赤龙，护舡而至此矣。"言讫，其童子曳杖率二奴，登吐含山上，作石冢，留七日望城中可居之地。见峰如三日月，势可久之地，乃下寻之，即瓠公宅也。乃设诡计，潜埋砺炭于其侧，诘朝至门云："此是吾祖代家屋。"瓠公云否，争讼不决，乃告于官，官曰："以何验是汝家。"童曰："我本冶匠，乍出邻乡，而人取居之，请掘地检看。"从之，果得砺炭，乃取而居焉。时南解王，知脱解是智人，以长公主妻之，是为阿尼夫人。○《三国遗事》卷1《纪异》"乐浪国"条：前汉时，始置乐浪郡。应邵曰：古朝鲜国也。新唐书注云：平壤城，古汉之乐浪郡也。国史云：赫居世三十年，乐浪人来投。又第三弩礼王四年，高丽第三无恤王，伐乐浪灭之，其国人与带方（北带方）投于罗。又无恤王二十七年，光虎帝遣使伐乐浪，取其地为郡县，萨水已南属汉（据上诸文，乐浪即平壤城，宜矣。或云乐浪中头山下，靺鞨之界，萨水今大同江也。未详孰是。）。又百济温祚之言曰：东有乐浪，北有靺鞨，则殆古汉时乐浪郡之属县之地也，新罗人亦以称乐浪故，今本朝亦因之，而称乐浪郡夫人，又太祖降女于金傅，亦曰：乐浪公主。○《三国遗事》卷1《纪异》"北带方"：北带方，本竹覃城。新罗弩礼王四年，带方人与乐浪人投于罗。（原注：此皆前汉所置二郡名，其后僭称国今来降。）

三十九年，马韩王薨。或说上曰："西韩王前辱我使，今当其丧，征之，其国不足平也。"上曰："幸人之灾，不仁也。"○《春秋左传集解》第五《僖公上》十四年条："冬，秦饥，使乞籴于晋，晋人弗与。庆郑曰：'背施无亲，幸灾不仁，贪爱不祥，怒邻不义。四德皆失，何以守国？'虢射曰：'皮之不存，毛将安傅？'庆郑曰：'弃信背邻，患孰恤之？无信患作，失援必毙，是则然矣。'虢射曰：'无损于怨而厚于寇，不如勿与。'庆郑曰：'背施幸灾，民所弃也。近犹雠之，况怨敌乎。'弗听，退曰：'君其悔是哉！'"此"幸灾不仁"之出典。不从。乃遣使吊慰。○按：《三国史记》中多有此种援引经典而演化成海东三国诸王名言之事例。

四十年，百济始祖温祚立。○体例文字，照应《百济本纪》而已。

四十三年，春，二月，乙酉晦，日有食之。○《汉书》卷10《成帝纪》成帝永始二年二月："乙酉晦，日有蚀之。诏曰：'乃者龙见于东莱，日有蚀之。天著变异，以显朕邮。朕甚惧焉。公卿申敕百寮，深思天诫，有可省减使便安百姓者，条奏。所振贷贫民，勿收。'又曰：'关东比岁不登，吏民以义收食贫民、入谷物以助县官振贷贫民，已赐直，其百万以上，加赐爵右更，欲为吏补三百石，其吏也迁二等。三十万以上，赐爵五大夫，吏亦迁二等，民补郎。十万以上，家无出租赋三岁。万钱以上，一年。'"○《汉书》27下之下《五行志》："永始二年二月乙酉晦，日有食之。谷永以京房《易占》对曰：'今年博日食，赋敛不得度，民悉怨之所致也。'"○《资治通鉴》卷31成帝永始二年二月云："乙酉晦，日有食之"又载谷永言云："元年，九月，黑龙见；其晦，日有食之。今年二月，乙未夜，（据胡注，已当作癸，乃承《谷永传》之误）星陨，乙酉，日有食之。六月之间，大异四发，二二而同月，三代之末，春秋之乱，未尝有之。臣闻三代所以陨社稷，丧宗庙者，皆由妇人与群恶沉湎于酒；秦所以二世、十六年而亡者，养生泰奢，奉终泰厚也。二者，陛下兼而有之，臣请略陈其效。"

五十三年，东沃沮使者来，献良马二十四："寡君闻南韩有圣人出，故遣臣来享。"○"十"字，孙文范校勘本（以下称孙校本）谓："李本作'百'"。校语不确，李丙焘本亦作"十"，唯李丙焘氏言："新（铸字）本作'百'，未知孰是"，盖李氏所见本有所谓"新本"者，系铸字本，作"二百匹"，李氏未知何者正确，故作此标识也。○东沃沮，即《三国志》中之北沃沮，在今朝鲜咸镜北道及我国延边地区。从王氏高丽中期仍对咸镜北道地区茫无所知的情况，及中间尚有乐浪郡阻隔的现实情况来看，这则纪事内容也同样出于虚构，用于彰显赫居世之圣德。

五十四年，春，二月，己酉，星孛于河鼓。○"二月"当作"三月"，说详下。○《汉书》卷11《汉哀帝纪》建平三年："三月己酉，丞相（平）当薨，有星孛于河鼓"。○《资治通鉴》卷34哀帝建平三年云："三月，己酉，（平）当薨。有星孛于河鼓"。

五十六年，春，正月，辛丑朔，日有食之。○《汉书》卷11《哀帝纪》云："元寿元年春正月辛丑朔，日有蚀之，诏曰：'朕获保宗庙，不明不敏，宿夜忧劳，未皇宁息。惟阴阳不调，元元不赡，未睹厥咎。娄敕公卿，庶几有望。至今有司执法，未得其中，或上暴虐，假势获名，温良宽柔，陷于亡灭。是故残贼弥长，和睦日衰，百姓悉怨，磨民错躬。乃正月朔，日有蚀之，厥咎不远，在余一人。公卿大夫各悉心勉帅百寮，敦任仁人，黜远残贼，期于安民。陈朕之过失，无有所讳。其与将军、列侯、中二千石举贤良方正能直言者各一人。大赦天下。'"○《汉书》27下之下《五行志》云："哀帝元寿元年正月辛丑朔，日有食之，不尽如钩，在营室十度，与惠帝七年同月日。"○《资治通鉴》卷35哀帝元寿元年云："春，正月，辛丑朔，……是日，日有食之。上诏公卿大夫悉心陈过失；又令举贤良方正能直言者各一人。大赦天下。"○按：正月初一，旧称为三始（岁、月、日之始），故此次日食对汉廷影响颇大，哀帝征召孔光问日食事，拜为光禄大夫，位次丞相。复招王莽、王仁还朝。丞相王嘉以为日食是哀帝宠幸董贤之故，云："窃见陛下约俭正身，欲与天下更始，然嘉瑞未应，而日食、地震。案《春秋》灾异，以指象为言语。日食，明阳为阴所临，坤以法地，为土，为母，以安静为德；震，不阴之效也。占象甚明，……愿陛下加致表诚，思承始初，事稽诸古，以厌下心，则黎庶群生无不说喜，上帝百神收还威怒，祯祥福禄，何嫌不报！"鲍宣也持此见，且其时董贤也以日食为由攻击政敌并取得胜利。

五十九年，秋，九月，戊申晦，日有食之。○《汉书》卷12《平帝纪》元始二年云："九月戊申晦，日有蚀之，赦天下徒。"○《汉书》27下之下《五行志》云："二年九月戊申晦，日有食之，既。"○《资治通鉴》卷35平帝元始二年云："秋，九月，戊申晦，日有食之，赦天下徒。"

六十年，秋，九月，二龙见于金城井中，暴雷雨，震城南门。○在中史中，帝王之薨，每与天变相应，《三国史记》作此，其为王与王后弃世之兆欤？

六十一年，春，三月，居西干升遐，葬蛇陵，在昙岩寺北。○《三国遗事》卷1新罗始祖赫居世王条："治国六十一年，王升于天。七日后，遗体散落于地，后亦云亡。国人欲合而葬之，有大蛇逐禁，各葬五体为五陵，亦名蛇陵。昙岩寺北陵是也。太子南解王继位。"○《高丽史》卷57《地理志二》东京条下："有赫居世王陵"。○《新增东国舆地胜览》庆州古迹条记载："昙岩寺：旧址在蛇陵南。"○按：此则纪事足证有关新罗前期历史的形成在佛教传入海东之后，即以《三国史记》所载，佛教初传海东，已在公元370年，居西干辛日，佛教尚未东传，寺院庙宇更无从说起，何得标识其墓在昙岩寺北也。予进而疑居西干事迹，乃新罗庆州僧人所记，时间在昙岩寺建成之后。

又由《三国遗事》、《新增东国舆地胜览》之相关记载，可判断出昙岩寺为王氏高丽时寺院，李氏朝鲜时已废圮，则此事出于高丽时代寺乘所载传说可知。且《三国遗事》所叙新罗六部事，及新罗中后期帝陵（如称文武王陵在感恩寺东海中即是），率以寺院作为方位参照物，则知此种纪事必为王氏高丽时代之僧人所为。

　　附录：后世附会之说，多见于朝鲜私家谱牒，率无实据。如李氏朝鲜时的《鸡林府院君谥文忠李公墓志铭》（李齐贤）中说："公讳齐贤，字仲思，父姓李氏。新罗始祖赫居世，有佐命大臣一李谒平。其后苏判居明，生兵部令金现。"其所谓李谒平，即《三国遗事》卷1新罗始祖赫居世王条："一曰阏川杨山村，南今昙岩寺，长曰谒平。初降于瓢岩峰，是为及梁部李氏祖。"

　　南解次次雄〇原注：次次雄，或云慈允。金大问云：方言谓巫也。世人以巫事鬼神，尚祭祀，故畏敬之，遂称尊长者为慈允。〇金大问，《三国史记》卷46有传，所著颇多，留存到金富轼时的著作有《高僧传》、《花郎世纪》、《乐本》、《汉山记》等。上述纪事不知出于何书。**赫居世嫡子也。**〇按：以其时朝鲜半岛民族的智识，恐未必有"嫡"、"庶"之别，此当后人附会之说。**身长大，性沈厚，多智略。母阏英夫人。妃云帝夫人。**〇原注：一云阿娄夫人。〇《三国遗事》卷1《纪异·南解王》：一作云梯。今迎日县西，有云梯山圣母，祈旱有应。**继父即位，称元。**〇按：称元，即下文之"称元年"也，时无年号，以王在位时间纪年。

　　论曰："人君即位，逾年称元。其法，详于《春秋》，此先王不刊之典也。伊训曰：'成汤即没，太甲元年。'〇此见《尚书·商书·伊训篇》。《正义》曰：'成汤既没，其岁，即太甲元年。'〇此《正义》文字见诸孔颖达疏内。然孟子曰：'汤崩，太丁未立，外丙二年，仲壬四年。'〇此见《孟子·万章》。则疑若尚书之脱简，而正义之误说也。或曰：古者，人君即位，或逾月称元年，或逾年而称元年。逾月而称元年者，成汤既没，太甲元年是也。孟子云太丁未立者，谓太丁未立而死也，外丙二年，仲壬四年者，皆谓太丁之子、太甲二兄，或生二年，或生四年而死，太甲所以得继汤耳。史记便谓此仲壬、外丙为二君，误也。〇《四书章句》之《孟子集注》卷9引程子说："古人谓岁为年。汤崩时，外丙方二岁，仲壬方四岁，惟太甲差长，故立之也。"由前则以先君终年即位称元非是，由后则可谓得商人之礼者也。"

　　元年，秋，七月，乐浪兵至，围金城数重。王谓左右曰："二圣弃国，孤以国人推戴，谬居于位，危惧若涉川水。今邻国来侵，是孤之不德也。为之若何？"左右对曰："贼幸我有丧，妄以兵来，天必不佑。不足畏也。"贼俄而退归。○此即赫居世本纪种种神德纪事之类。

三年，春，正月，立始祖庙。○亦见本书《祭祀志》，视纪加详，有"四时祭以，以亲妹阿老主祭"诸语，当出《新罗祀典》。冬，十月，丙辰朔，日有食之。○《汉书》卷99上《王莽传》云："（居摄元年）冬十月丙辰朔，日有食之。"○《资治通鉴》卷36王莽居摄元年云："冬，十月，丙辰朔，日有食之。"○韩钢《〈三国史记〉日食记录考正》谓经过软件模拟，当日并无日食发生。其言："如果把'冬十月丙辰朔'改为'秋七月丙辰晦'（9月11日），即提前60天，则可得到一次长安食分达0.925的大食分日偏食。七月丙辰日食，东亚全部可见，庆州食分亦达0.863，且为带食而入，日落时太阳亮度明显降低，观测难度较长安更小。"

五年，春，正月，王闻脱解之贤，以长女妻之。○《三国遗事》卷一《纪异一》"脱解王"条：脱解齿叱今（原注：一作吐解尼师今），南解王时（原注：古本云：壬寅年至者，谬矣。近则后于弩礼即位之初，无争让之事，前则在于赫居世之世，故知壬寅非也），驾洛国海中，有船来泊。其国首露王，与臣民鼓噪而迎，将欲留之，而舡乃飞走，至于鸡林东下西知村阿珍浦（今有上西知，下西知村名）。时浦边有一妪，名阿珍义先，乃赫居王之海尺之母，望之谓曰："此海中元无石岩，何因鹊集而鸣。"拏舡寻之，鹊集一舡上，舡中有一柜子，长二十尺，广十三尺，曳其船，置于一树林下，而未知凶乎吉乎，向天而誓尔，俄而乃开见，有端正男子，并七宝奴婢满载其中。供给七日，乃言曰："我本龙城国人（亦云正明国，或云琓夏国，琓夏或作花厦国，龙城在倭东北一千里），我国尝有二十八龙王，从人胎而生，自五岁六岁，继登王位，教万民修正性命，而有八品姓骨，然无拣择，皆登大位。时我父王含达婆，聘积女国王女为妃，久无子胤，祷祀求息，七年后，产一大卵，于是大王会问群臣，人而生卵，古今未有，殆非吉祥，乃造柜置我，并七宝奴婢载于舡中，浮海而视曰，任到有缘之地，立国成家，便有赤龙，护舡而至此矣。"言讫，其童子曳杖率二奴，登吐含山上，作石冢，留七日望城中可居之地。见峰如三日月，势可久之地，乃下寻之，即瓠公宅也。乃设诡计，潜埋砺炭于其侧，诘朝至门云："此是吾祖代家屋。"瓠公云否，争讼不决，乃告于官，官曰："以何验是汝家。"童曰："我本冶匠，乍出邻乡，而人取居之，请掘地检看。"从之，果得砺炭，乃取而居焉。时南解王，知脱解是智人，以长公主妻之，是为阿尼夫人。○《三国遗事》卷1《纪异·金阙智脱解王》条：永平三年庚申（一云：中元六年，误矣。中元尽二年而已），八月四日，瓠公夜行月城西里，见大光明于始林中（一作鸠林），有紫云从天垂地，云中有黄金柜，挂于树枝，光自柜出，亦有白鸡鸣于树下。以状闻于王，驾幸其林，开柜有童男，卧而即起，如赫居世之故事，故因其言，以阏智名之。阏智即乡言小儿之称也。抱载还阙，鸟兽相随，喜跃跄跄。王择吉日，册位太子。后让于婆娑，不即王位。因金柜而出，乃姓金氏，阏智生热汉，汉生阿都，都生首留，留生郁部，部生俱道（一作仇刀），道生未邹，邹即王位，新罗金氏自阏智始。

七年，秋，七月，以脱解为大辅，委以军国政事。○《三国史记》卷38《职官志》：新罗官号，因时沿革，不同其方言，唐夷相杂。其曰侍中、郎中等者，皆唐官名，其义若可考。曰伊伐餐、伊餐等者，皆夷言，不知所以言之之意。当初之施设，必也职有常守，位有定员，所以辨其尊卑，待其人才之大小。世久文记缺落，不可得核考而周详。观其第二南解王，以国事委任大臣，谓之大辅。第三儒理王设位十七等。自是之后，其名目繁多。今采其可考者，以著于篇。大辅，南解王七年，以脱解为之。

八年，春夏，旱。○《资治通鉴》卷37王莽始建国三年严尤谏疏中说："今天下遭阳九（古代术数家说法：四千六百一十七岁为一元，初入元一百零六岁中，旱灾之岁有九，称为阳九；次三百七十四岁中，水灾之岁有九，称为阴九；再次四百八十岁中，旱灾之岁又有九，亦称阳九。）之厄，比年饥馑"，或即《三国史记》所本。

十一年，倭人遣兵船百余艘，掠海边民户。发六部劲兵以御之。乐浪谓内虚，来攻金城甚急。夜有流星，坠于贼营。众惧而退，屯于阏川之上，○《新增东国舆地胜览》庆州府"山川"条：东川，一云北川，一云阏川，在府东五里。出楸岭，入堀渊。造石堆二十而去。六部兵一千人○以当时新罗六部实力而言，甲兵之数恐未必有千人之众，更何况六部劲兵已经东御倭兵。追之。自吐含山○《三国史记·祭祀志》中祀条：东岳吐含山，大城郡。○《新增东国舆地胜览》庆州府"山川"条：吐含山，在府东三十里。新罗称东岳，为中祀。东至阏川，见石堆，知贼众，乃止。○此纪事性质同元年条。

十三年，秋，七月，戊子晦，日有食之。○《汉书》卷99中《王莽传》王莽天凤三年七月云："戊子晦，日有食之。大赦天下。复令公卿大夫诸侯二千石举四行各一人。大司马陈茂以日食免，武建伯严尤为大司马。"○《资治通鉴》卷38王莽天凤三年七月云："戊子晦，日有食之。大赦天下。"

十五年，京城旱。秋七月，蝗，民饥，发仓廪救之。○旱、蝗相继，符合规律。然"京城旱"似有脱简。

十六年，春，二月，北溟人耕田，得濊王印，献之。○按："北溟"之地不详，《三国史记·高句丽本纪》中亦有北溟人怪由，系太武神王北征夫余时收得。推知方位，知此"北溟"非在新罗境内，而是受传统的长人国传说影响演衍而来（说详高句丽纪怪由条下）。或者即新罗景德王时之溟州（即高句丽时之何瑟罗州，今江陵），因处于新罗都城之北，故称北溟。《三国史记·杂志》引贾耽《古今郡国志》（当即贾氏所撰之《古今郡国县道四夷述》）："今新罗北界溟州，盖濊之古国。"此当金富轼所指之地。○《三国遗事》卷1《纪异·马韩》："《三国史》云：溟州，古秽国，野人耕田，得秽王印献之。"按：《三国遗事》的纪事是根据《三国史记·新罗纪》、《三国史记·地理志》总结来的，而非原文如此。

十九年，大疫，人多死。冬，十月，无水。○按："水"当作"冰"。盖夏无水，冬无冰，始为灾异。

二十年，秋，太白入太微。○《汉书》99下《王莽传》地皇四年云："秋，太白星流入太微，烛地如月光"。○晋司马彪《后汉书志》卷10《天文上》云："（地皇）四年秋，太白在太微中，烛地如月光。太白为兵，太微为天廷。太白赢而北入太微，是大兵将入于天子之廷也。是时莽遣二公之兵至昆阳，已为光武所破。莽又拜九人为将军，皆以虎为号。九虎将军至华阴，皆为汉将邓晔、李松所破。进攻京师，仓将军韩臣至长门。十月戊申，汉兵自宣平城门入。二日己酉，城中少年朱弟、张鱼等数千人起兵攻莽，烧作室门，斧敬法阖。商人杜吴杀莽渐台之上，校尉公宾就斩莽首。大兵蹈籍宫廷之中。仍以更始入长安，赤眉贼立刘盆子为天子，皆以大兵入宫廷，是其应也。"○按：《资治通鉴》无相关记载。

二十一年，秋，九月，蝗。王薨，葬蛇陵园内。○关于蛇陵之纪事，系出于王氏高丽时期僧人之纪事。则当时是否有蛇陵之说已成疑问，据《独断》记载，内地帝王园寝制度始于秦代，至于秦前，率遵行"不墓祭"之习惯。至于陵园之设，非国势已臻鼎盛、文化有相当进步不能实行。高句丽将军坟之建，正值高句丽鼎盛时期，仍有墓上建筑。则当时新罗安能有陵园之设。

儒理尼师今立，南解太子也。○按：所谓"太子"者，亦后人附会之辞也，观下文王位之未定可知。且新罗小国之王，以中原王朝之例而言，嗣子只可称为"世子"，而不应称为"太子"。更何况此时只以"尼师今"之号治国，六部各置属官，仍属部落联盟时代，皮之不存，毛将安附。母云帝夫人，妃曰知葛文王之女也。○原注：或云妃姓朴，许娄王之女。初，南解薨，儒理尼师今立，以大辅脱解素有德望，推让其位。脱解曰："神器大宝，非庸人所堪。吾闻圣人多齿，试以饼噬之。"儒理齿理多，乃与左右奉立之，号尼师今。○尼师今《三国遗事》作"尼叱今"或"齿叱今"。○《朝鲜知识手册》谓："尼师有继承之意，意即嗣王或后继王"。古传如此。金大问则云：尼师今方言也，谓齿理，昔南解将死，谓男儒理、婿脱解曰："吾死后，汝朴、昔二姓，以年长而嗣位焉。"其后，金姓亦兴，三姓以齿长相嗣，故称尼师今。○按：自"古传如此"以下，皆原书注文，后人不察，混入正文中。本文以"齿多者多智"解"尼师今"，注文以"年长者"解"尼师今"，正符合注释原意。然察脱解与儒理之年纪大小，则颇多可疑之处，是以有"圣人多齿"传说之创造。

二年，春二月，亲祀始祖庙，大赦。○按："大赦天下"之举，乃是我国封建王朝施其"仁政"的惯用策略。然此种策略，皆是在法网森严，囹圄常满的情况下，为庆祝嗣君即位，或为因应日食、灾荒等而做出的，以此来收揽人心民意。中原王朝周边的部族或政权，基本处在政简法酷的时代，是无法"天下大赦"的，观《周礼》、《左传》虽有赦免之文，但皆无"大赦"之事，新罗其时不过弹丸之土，蕞尔小国，焉有此等普及境内的"大赦"耶？

五年，冬十一月，王巡行国内，见一老妪饥冻将死，曰："予以眇身居上，不能养民，使老幼至于此极，是予之罪也。"解衣以覆之，推食以食之。○语出《汉书·韩信传》中韩信之言："汉王授我上将军印，数万之众，解衣衣我，推食食我。"○按：此等语言，非其时儒理王所能道及，必史家操衍耳。仍命有司，在处存问，鳏寡孤独老病不能自活者，给养之。于是，邻国百姓闻而来者众矣。是年，民俗欢康，始制兜率歌，此歌乐之始也。○《三国史记》卷32《杂志·乐》：会乐及辛热乐，儒理王时作也。○按：本纪所载儒理作乐，一曰兜率，一曰会苏，而《乐志》则言儒理王制会乐及辛热，岂会乐即会苏曲，辛热即兜率歌耶？

九年，春，改六部之名，仍赐姓。杨山部为梁部，姓李；高墟部为沙梁部，姓崔；大树部为渐梁部，○原注：一云牟梁。姓孙；于珍部为本彼部，姓郑；加利部为汉祇部，姓裴；明活部为习比部，姓薛。○从《三国志》及其他史料所朝鲜半岛民众得姓情况来看，此时断难有赐姓之事。不过因《三国遗事》所载，敷衍成文，姑系于此而已。○从《三国史记·祭祀志》中新罗二十二代王创奈乙神宫，二十三代王法兴王定六部服色的情况来看，大约在我国南北朝时始有分别六部之举。又设官，有十七等：一伊伐餐，二伊尺餐，三迎餐，四波珍餐，五大阿餐，六阿餐，七一吉餐，八沙餐，九级伐餐，十大奈麻，十一奈麻，十二大舍，十三小舍，十四吉士，十五大鸟，十六小鸟，十七造位。○《三国史记·职官志》：儒理王九年置十七等，一曰伊伐餐（原注：或云伊罚干，或云于伐餐，或云角干，或云角粲，或云舒发翰，或云舒弗邯。）；二曰伊尺餐（原注：或云伊餐。）；三曰迎餐（原注：或云迎判或云苏判。）；四曰小珍餐（原注：或云海干，或云破弥干。）；五曰大阿餐；从此至伊伐餐，唯真骨受之，他宗则否。六曰阿餐（原注：或云阿尺干，或云阿粲。）；自重阿餐至四重阿餐。七曰一吉餐（原注：或云乙吉干。）；八曰沙餐（原注：或云萨餐，或云沙咄干。）；九曰级伐餐（原注：或云级餐，或云及伐干。）；十曰大奈麻（原注：或云大奈末。）；自重奈麻至九重奈麻。十一曰奈麻（原注：或云奈末。）；自重奈麻至七重奈麻。十二曰大舍（原注：或云韩舍。）；十三曰舍知（原注：或云小舍。）；十四曰吉士（原注：或云稽知，或云吉次。）；十五曰大乌（原注：或云大乌知。）；十六曰小乌（原注：或云小乌知。）；十七曰造位（原注：或云先沮知。）。○按：从《三国史记·职官》所记诸官多异名及此种异名长期在新罗存在来看，儒理王造十七官位之说恐出虚传。王既定六部，中分为二，使王女二人，各率部内女子，分朋造党，自秋七月既望，每日早集大部之庭，绩麻，乙夜而罢，至八月十五日，考其功之多少，负者置酒食，以谢胜者，于是歌舞百戏皆作，谓之嘉徘。○此种风俗，即后来花郎道之始源。是时，负家一女子起舞，叹曰：会苏会苏，其音哀雅，后人因其声而作歌，名会苏曲。○参见儒理五年条。

十一年，京都地裂，泉涌。

十三年，秋八月，乐浪犯北边，攻陷朵山城。○此恐即《三国史记·祭祀志》的"北兄山城"，在大城郡。○《新增东国舆地胜览》庆州府"山川"条："兄山：在安康县东二十一里。新罗称北兄山，为中祀。"

十四年，高句丽王无恤袭乐浪灭之。○注见本书高句丽纪。其国人五千来投，分居六部。

十七年，秋九月，华丽、○华丽，汉乐浪郡属县，治所在今朝鲜咸镜南道永兴附近。不耐○不耐，汉乐浪郡属县，在今朝鲜江原道安边郡。安边（E127N39）位于江源道东北海岸，辖7面253里，经济以农业为主，渔业为辅。二县人，连谋率骑兵犯北境，貊国渠帅以兵要曲河○不详。西败之，王喜，与貊国结好。○此貊国非谓同书《高句丽纪》中的梁貊，乃是朝鲜东海岸之貊。如依《三国史记》之记载，大抵在新罗朔州一带。○《三国史记·地理志》："朔州，贾耽《古今郡国志》云：'句丽之东南，濊之西，古貊地，盖今新罗北朔州。'善德王六年，唐贞观十一年，为牛首州，置军主。唐咸亨四年，置首若州。景德王改为朔州，今春州。"○《三国遗事》卷1《纪异·马韩》：春州，古牛首州，古貊国，又或云：今朔州，是貊国，或平壤城为貊国。○《朝鲜史略》卷1注：濊貊本朝鲜之地，南与辰韩，北与高句丽、沃沮接，东穷大海，西至乐浪。汉武帝元朔五年，濊君南闾叛降于汉，以其地为沧海郡。濊即今江陵府，貊即今春川府。○又：关于此貊国，解者多矣，猜想、附会莫不有之。兹依次记录原始记载，供学者参考。○《山海经·海内西经》："貊国在汉水东北。地近于燕，灭之。孟乌在貊国东北，其鸟文赤、黄、青，东乡。"《史记》卷55《留侯世家》有"仓海君"，《史记正义》曰：汉书武帝纪云

"元朔元年，东夷秽君南闾等降，为仓海郡，今貊秽国"，得之。太史公修史时已降为郡，自书之。括地志云："秽貊在高丽南，新罗北，东至大海西。"○《史记》卷112《主父偃传》中有"略濊州"一语，《史记索隐》谓："濊州，地名，即古濊貊国也。"○《史记正义》解《史记》卷115《朝鲜传》"真番、临屯"时引《括地志》："朝鲜、高骊、貊、东沃沮五国之地，国东西千三百里，南北二千里，在京师东，东至大海四百里，北至营州界九百二十里，南至新罗国六百里，北至靺鞨国千四百里。"○《汉书》卷6《武帝纪》："东夷薉君南闾等口二十八万人降，为苍海郡。"《汉书颜注》：服虔曰："秽貊在辰韩之北，高句丽沃沮之南，东穷于大海。"晋灼曰："薉，古秽字。"师古曰："南闾者，薉君之名。"○《汉书》卷24下《食货志》："彭吴穿秽貊、朝鲜，置沧海郡。"○《三国志》卷4《魏书·三少帝纪》："正始七年春二月，幽州刺史毌丘俭讨高句骊，夏五月，讨濊貊，皆破之。韩那奚等数十国各率种落降。"○《三国志》卷4《魏书·三少帝纪》："景元二年夏五月朔，日有食之。秋七月，乐浪外夷韩、濊貊各率其属来朝贡。"○《后汉书》卷85《东夷·高句丽传》："高句骊，在辽东之东千里，南与朝鲜、濊貊，东与沃沮，北与夫余接。"○《后汉书》卷85《东夷·东沃沮传》："东沃沮在高句骊盖马大山之东，东滨大海；北与挹娄、夫余，南与濊貊接。"○《后汉书》卷85《东夷·濊传》："至昭帝始元五年，罢临屯、真番，以并乐浪、玄菟。玄菟复徙居句骊。自单单大领巳东，沃沮、濊貊悉属乐浪。"○《后汉书》卷85《东夷·韩传》："韩有三种：一曰马韩，二曰辰韩，三曰弁辰。马韩在西，有五十四国，其北与乐浪，南与倭接。辰韩在东，十有二国，其北与濊貊接。弁辰在辰韩之南，亦十有二国，其南亦与倭接。"○按：此岭东濊貊，汉武帝立四郡时皆已纳入汉地。

十九年，秋八月，貊帅猎得禽兽，献之。

＊补＊二十一年，秋，东夷韩国诣乐浪郡内附。○《后汉书》卷1下《光武帝纪》："建武二十年秋，东夷韩国人率众诣乐浪郡内附。"○《后汉书注》："东夷有辰韩、卞韩、马韩，谓之三韩国。"○中史此等纪事，《三国史记》率略而不书，其倾向性可知。

三十一年，春二月，星孛于紫宫。○误，当作闰二月。○《后汉书》卷1下《光武帝纪》光武三十年云："二月，东巡狩。甲子，幸鲁，进幸济南。闰月癸丑，车驾还宫，有星孛于紫宫。"○《资治通鉴》卷44光武三十年云："二月……闰月，癸丑，还宫，有星孛于紫宫。"○《后汉书志》卷10《天文志上》云："三十年闰月甲午，水在东井二十度，生白气，东南指，炎长五尺，为彗，东北行，至紫宫西藩止，五月甲子不见，凡见三十一日。水常以夏至放于东井，闰月在四月，尚未当见而见，是赢而进也。东井为水衡，水出之为大水。是岁一月主明年，郡国大水，坏城郭，伤禾稼，杀人民。白气为丧，有炎作彗，彗所以除秽。紫宫，天子之宫，彗加其藩，除宫之象，后三年，光武帝崩。"○

按：《后汉书·光武纪》、《资治通鉴》均作闰二月，而司马彪以为闰四月，陈垣《二十史朔闰表》从之。

三十三年，夏四月，龙见金城井，有顷，暴雨自西北来。五月，大风拔木。

三十四年，秋九月，王不豫，谓臣寮曰："脱解身联国戚，位处辅臣，屡著功名，朕之二子，其才不及远矣。吾死之后，俾即大位，以无忘我遗训。"冬十月，王薨，葬蛇陵园内。

脱解尼师今，○原注一云吐解。时年六十二，○脱解时年六十二，南解次次雄在位二十一年，儒理王在位三十四年，而脱解在南解七年即为大辅，推考其时，脱解不过十五岁少年而已。如以赫居世三九年为脱解一岁时计，则脱解即位时已是七十五岁之老翁。姓昔，妃阿孝夫人。脱解，本多婆那国○不详，佛经中多见"婆那"、"婆那国"之号，当系佛教传说衍变者。所生也，其国在倭国东北一千里，初其国王娶女国王女为妻，有娠七年，乃生大卵。王曰："人而生卵不祥，宜弃之。"其女不忍，以帛裹卵并宝物，置于椟中，浮于海，任其所往。初至金官国海边，金官人怪之，不取。又至辰韩阿珍浦口。是始祖赫居世在位三十九年也。时海边老母，以绳引系海岸，开椟见之，有一小儿在焉。其母收养之，及壮，身长九尺，风神秀朗，智识过人。或曰："此儿不知姓氏，初椟来时，有一鹊飞鸣而随之，宜省鹊字，以昔为氏。又解韫椟而出，宜名脱解。"○《三国遗事》卷2《驾洛国记》：忽有琓夏国含达王之夫人妊娠，弥月生卵，卵化为人，名曰脱解。从海而来，身长三尺，头圆一尺．悦焉诣阙，语于王云："我欲夺王之位，故来耳。"王答曰："天命我俾即于位，将令安中国而绥下民，不敢违天之命，以与之位，又不敢以吾国吾民，付嘱于汝。"解云："若尔可争其术。"王曰："可也。"俄顷之间，解化为鹰，王化为鹫，又解化为雀，王化为鹯，于此际也，寸阴未移，解还本身，王亦复然．解乃伏膺曰："仆也适于角术之场，鹰之于鹫，雀之于鹯，获免焉，此盖圣人恶杀之仁而然乎，仆之与王，争位良难。"便拜辞而出，到麟郊外渡头，将中朝来泊之水道而行。王窃恐滞留谋乱，急发舟师五百而追之。解奔入鸡林地界，舟师尽还。○《朝鲜史略》卷1注：俗以瓠为朴，所剖卵似瓠，故姓之。○脱解传说，实为东亚传说之一大杂烩，揉合了东北亚固有的卵生传说，辅以佛教弃婴传说、内地扶桑国传说而成。予有专文论述，兹略。脱解始以渔钓为业，供养其母，未尝有懈色。母谓曰："汝非常人，骨相殊异，宜从学以立功名。"于是专精学问，兼知地理。望杨山下瓠公宅，以为吉地，设诡计，以取而居之。其地后为月城。○同书同卷载，此城为婆娑尼师今二十二年所建，在《三国史记》中多次出现。至南解王五年，闻其贤，以其女妻之。○《三国史记》一谓以长女妻之。至七年，登庸为大辅，委以政事。儒理将死曰："先王顾命曰：'吾死后，无论子婿，以年长且贤者继位。'是以寡人先立，今也宜传其位焉。"

二年，春正月，拜匏公为大辅。二月，亲祀始祖庙。

三年，春三月，王登吐含山，有玄云如盖，浮王头上，良久而散。夏五月，与倭国结好交聘。

[四年，]六月[丁卯]，有星孛于天船。○按：六月上有脱文，至少当脱"四年"二字。星孛天船事在六月丁卯，亦补入。○《后汉书》卷2《明帝纪》永平三年（106）云："六月丁卯，有星孛于天船北。"李贤注云："天船，星名。《续汉志》云：'天船为水，孛出之为大水。是岁，伊、洛水溢到津城门。'伏侯《古今注》曰：'孛长三尺所，见三十五日乃去。'"○《后汉书志》卷11《天文中》云："（明帝永平）三年六月丁卯，孛星出天船北，长二尺所，稍北行至亢南，见三十五日去。天船为水，孛出之为大水。是岁伊雒水溢，至津城门，坏伊桥；郡七县三十二皆大水。"○《资治通鉴》卷44永平三年六月条下亦云："六月，丁卯，有星孛于天船北。"胡注云："《晋天文》：大陵八星在胃北，又北九星曰天船，一曰舟星，所以济不通也。天汉西南行，络大陵、天船、卷舌而行。"按《三国史记》年表，永平三年为脱解四年，故补之如上。

五年，秋八月，马韩将孟召以覆岩城降。○覆岩城，不详。

七年，冬十月，百济王拓地，至娘子谷城，○即百济上党县，有娘臂城、娘子谷城之称。《三国史记》卷37《地理志四》熊川州下有西原，原注：一云臂城，一云娘子谷。○《新增东国舆地胜览》卷15清州牧"建置沿革"条："本百济上党县：一云娘臂城，一云娘子谷，新罗神文王五年，初置西原小京。景德王升西原京。高丽太祖二十三年，改今名。"○按：《三国史记》把西原京和西原分开介绍。遣使请会，王不行。

八年，秋八月，百济遣兵，攻蛙山城。○《三国史记·地理志》"有名未详地方"内有"蛙山城"。○《新增东国舆地胜览》称蛙山在报恩县内，报恩县即新罗三年山郡，在尚州界西四十四里。○从《三国史记》的相关记载来看，蛙山城为新罗与百济的拉锯地带。冬十月，又攻狗壤城。○《三国史记·地理志》"有名未详地方"内有"狗壤城"。王遣骑二千，击走之。十二月，地震，无雪。

九年，春三月，王夜闻金城西始林树间有鸡鸣声，迟明，遣瓠公视之，有金色小椟挂树枝，白鸡鸣于其下。瓠公还告，王使人取椟开之，有小男儿在其中，姿容奇伟。上喜，谓左右曰："此非天遗我以令胤乎！"乃收养之，及长聪明多智略，乃名阏智，以其出于金椟，姓金氏，○新罗王室金氏得姓之由，诸说不一。《三国史记》此处谓出金椟，《三国遗事》谓出金柜。《三国史记·金庾信传》则谓"罗人自谓少昊金天氏之后，故姓金。○《朝鲜史略》卷1金阏智条：权近曰：奸人见王以神异得国，故亦神异其子，行诈而盗国，如黄歇、吕不韦之尤者也。改始林名鸡林，因以为国号。○此传说也，至少在文武王时已经成为信史，故唐于新罗境内立鸡林大都督府，以金法敏为大都督。

十年，百济攻取蛙山城，留二百人居守，寻取之。

十一年，春正月，以朴氏贵戚，分理国内州郡，号为州主、郡主。○按：以其时新罗境土，置郡尚有夸诞，遑论置州。此条即为史家追述之语，至于时间，则姑置于此之意。二月，以顺贞为伊伐餐，委以政事。

十四年，百济来侵。

十七年，倭人侵木出岛，○《三国史记·地理志》"有名未详地方"内有"木出岛"。王遣角干羽乌御之，不克，羽乌死之。○卷2《伐休尼师今纪》载伐休系"脱解王子伊邹角干之子"，则脱解时代已设"角干"一职。然据同书同卷《祗摩尼师今纪》所载，角干似为婆娑尼师今时所设，初名酒多，后改角干。此种自相矛盾的纪事，在《三国史记》中时常遇到。

十八年，秋八月，百济寇边，遣兵拒之。

十九年，大旱，民饥，发仓赈给。冬十月，百济攻西鄙蛙山城，拔之。

二十年，秋九月，遣兵伐百济，复取蛙山城，自百济来居者二百余人，尽杀之。

二十一年，秋八月，阿餐吉门与加耶兵战于黄山津口，○据《三国史记·地理志》记载，黄山河为新罗四渎中的"南渎"，在歃良州。○《新增东国舆地胜览》卷22梁山县（即新罗歃良州）"山川"条："黄山江，在郡西十八里。新罗为四渎之一，载中祀。高丽以务安之龙津，光阳之蟾津及此江，称为背流三大水。"○《新增东国舆地胜览》卷32金海都护府"山川"条谓伽倻疆域为："东以黄山江，西南以海，西北以智异山，东北以伽倻山为界。"获一千余级，以吉门为波珍餐，赏功也。

二十三年，春二月，彗星见东方，又见北方，二十日乃灭。○按：脱解二十三年，本书拟为汉章帝元初四年，检《后汉书·章帝本纪》该年该月无彗星事。《资治通鉴》亦无。然《后汉书志·五行六》言："章帝建初五年二月庚辰朔，日有蚀之，在东壁八度。"《注》引潜潭巴曰："庚辰蚀，彗星东至,有寇兵。"此日食事,《后汉书·章帝纪》、《资治通鉴》均载之。《三国史记》早期纪事中之天象日食,率取资于中史,这里的彗星事,有两种可能。一种是金富轼等人故作狡狯之笔,取《后汉书志》中潜潭巴之语,将理论中的彗星事说成实事,并将建初五年二月改易成建初四年二月;一种是金富轼等仍取《后汉书志》中潜潭巴之语落实之,落实为二十四年事,后人误析为二十三年事。

二十四年,夏四月,京都大风,金城东门自坏。秋八月,王薨,葬城北壤井丘。

婆娑尼师今立,儒理王第二子也。○原注:或云儒理弟奈老之子也。妃金氏,史省夫人,许娄葛文王之女也。○此处颇失体例,也应存在疏漏。理由有四。(1)新罗前期诸王纪介绍诸王出身时,均先介绍其母,次及其妃,婆娑尼师今纪违背此例。(2)儒理尼师今之妻,即应为婆娑尼师今之母。因儒理尼师今有娶日知葛文王及许娄王之女之异闻,故取舍为难。如儒理娶日知葛文王之女,则婆娑娶许娄之女并无抵触;如儒理娶许娄女为妃,虽说新罗金氏以内外姊妹为妻,但似乎没有儿子娶娶亲姨母为妻的事例,更何况祇摩纪中也有许娄欲许少女为婆娑子祇摩妃之事,岂有姐妹三人分为祖、父、子三代为妻之理。(3)祇摩纪谓其为婆娑王嫡子,母史省夫人。与婆娑纪相符。但儒理纪称许娄王姓朴,而婆娑纪中的许娄王姓金,也是自相矛盾。(4)婆娑、逸圣同为儒理之子,但有嫡庶之别,或因二人传记之歧异而导致儒理妻室之混乱耶?初脱解薨,臣僚欲立儒理太子逸圣,或谓逸圣虽嫡嗣,而威明不及婆娑,遂立之。婆娑节俭省用而爱民,国人嘉之。

二年,春二月,亲祀始祖庙。三月,巡抚州郡,发仓赈给,虑狱囚,非二罪悉原之。○二罪,即犯两罪名,理应重惩者。

三年,春正月,下令曰:"今仓廪空匮,戎器顽钝,傥有水旱之灾、边鄙之警,其何以御之。宜令有司劝农桑,练兵革,以备不虞。"

五年,春二月,以明宣为伊餐,允良为波珍餐。夏五月,古陀郡主献青牛,○《三国史记·地理志》:古昌郡,本古陀郡,景德王改名,今安东府。南新县麦连歧。○《三国史记·地理志》"有名未详地方"内有"南新县"。○《三国史记》新罗纪中多次出现"南新县"地名,事件则多以禾苗嘉兆及地方异闻为主,当为庆州辖地。大有年,行者不赍粮。

六年,春正月,百济犯边。二月,以吉元为阿餐。夏四月,客星入紫微。○《后汉书》卷3《章帝纪》:元和二年四月乙巳,客星入紫宫。

○《资治通鉴》无。

八年，秋七月，下令曰："朕以不德，有此国家，西邻百济，南接加耶，德不能绥，威不足畏，宜缮葺城垒，以待侵轶。"是月，筑加召、○《三国史记》卷34《地理志》康州居昌郡条下：咸阴县，本加召县，景德王改名，今复故。○《新增东国舆地胜览》卷31居昌郡"属县"条：加祚县：在县东十五里。本新罗加召县。因方言相近，变召为祚。景德王改咸阴，来属。高丽初，复旧名。马头二城。○《三国史记·地理志》"有名未详地方"中有"马头栅"。

十一年，秋七月，分遣使十人，廉察州、郡主不勤公事、致田野多荒者，贬黜之。

十四年，春正月，拜允良为伊餐，启其为波珍餐。二月，巡幸古所夫里郡，○古所夫里郡，《三国史记·地理志》未载，不详。可能有两种解释。(1)《三国史记》有"所夫里郡"，乃是百济后期都城，唐高宗显庆五年始被唐、罗攻陷，此时实非新罗所能染指。可能是《三国史记》编纂者以百济后期都城为"新"所夫里，而以新罗婆娑尼师今所巡幸者为"古"所夫里。(2)《三国史记·地理志》另有古良夫里县，与所夫里都在《三国史记·地理志》熊川州下，这里的"古所夫里郡"实际上是"古良夫里郡"之讹，盖后来《三国史记》重刻时校书者因百济所夫里郡而致误。亲问高年，赐谷。冬十月，京都地震。

十五年，春二月，加耶贼围马头城。遣阿餐吉元将骑一千击走之。秋八月，阅兵于阏川。

十七年，秋七月，暴风自南拔金城南大树。九月，加耶人袭南鄙，遣加城主长世拒之，○疑有脱漏，所谓"加城"，或当为"加召城"之讹。为贼所杀。王怒，率勇士五千出战，败之，虏获甚多。

十八年，春正月，举兵欲伐加耶，其国主遣使请罪，乃止。○按：以文意推之，"请罪"当作"谢罪"。

十九年，夏四月，京都旱。

二十一年，秋七月，雨雹，飞鸟死。冬十月，京都地震，倒民屋，有死者。

二十二年，春二月，筑城名月城。秋七月，王移居月城。

二十三年，秋八月，音汁伐国○《三国史记》卷34《地理志》"义昌郡"条下：音汁火县，婆娑王时，取音汁伐国置县，今合属安康县。○亦见《新增东国舆地胜览》"庆州府"。与悉直谷国○按，《三国史记》多次提到"悉直国"，只有此处称为"悉直谷国"。○《三国史记》卷35《地理志二》"三陟郡"条：三陟郡，本悉直国，婆娑王世来降，智证王六年，梁天监四年为州，以异斯夫为军主，景德王改名，今因之。○《新增东国舆地胜览》卷44"三陟都护府建置沿革"条：本悉直国，新罗婆娑王时来降。智证六年，置悉直州军主。景德王改今名为郡。高丽成宗改陟州团练使。显宗降为县令。辛祸时升知郡事。本朝太祖二年，以穆祖外乡，升为府。太宗十三年，例改为都护府。争疆，诣王请决。王难之，谓金官国○按，《三国史记》中提到金官国时，或称加倻，或称金官，其实一也。○《三国史记》卷34《地理志二》：金海小京，古金官国（原注：一云伽落国。一云伽耶国。），自始祖首露王至十世仇亥王以梁中大通四年，新罗法兴王十九年率百姓来降，以其地为金官郡。文武王二十年，永隆元年，为小京，景德王改名金海京，今金州。○《朝鲜史略》卷1注：驾洛国同，即金海府，始祖金首露立，汉建武十九年。○《新增东国舆地胜览》卷32金海都护府"建置沿革"条：本驾洛国，或称伽倻，后改金官国。自始祖金首露王至仇亥王，凡十世，四百九十一年。仇亥降于新罗法兴王，王待以客礼，以其国为邑，号金官郡。文武王置金官小京。景德王改今名，仍为小京。高丽太祖降为府，后又降为临海县。未几，升为郡。成宗改金州安东都护府。显宗降为防御使。元宗以防御使金晅平密城之乱，又拒三别抄有功，升为金宁都护府，擢晅为都护以镇之。忠烈王三年，以杀按廉使刘颙，降为县。后升金州牧。忠宣王二年，汰诸牧，复为金海府。本朝因之。○《新增东国舆地胜览》卷32金海都护府"山川"条：龟旨峰，后汉光武建武十八年三月，驾洛九干：我刀、汝刀、彼刀、五刀、留水、留天、神天、五天、神鬼等褉饮于水滨，望见旨峰有异气，就视之，有紫绳系金合而下，开视，有金色六卵，圆如日轮，奉置我刀之家。翌日，九人咸会，又开视，六卵剖壳为六童子，年可十五，容貌甚伟。众皆拜贺。童子日就岐嶷，历十余日，身长九尺。众遂奉一人为主，即首露王也。生于金合，因姓金氏，国号伽倻，新罗儒理王十八年也。余一人各归为五伽倻主。东以黄山江，西南以海，西北以智异山，东北以伽倻山为界。○首露王在位一百五十八年薨，次居登，次麻品，次居叱弥，次伊尸品，次坐知，次吹希，次铚知，次钳和在，次仇亥，相继为王。有国凡四百九十一年。○五伽倻，高灵为大伽倻，固城为小伽倻，星州为碧珍伽倻，咸安为阿那伽倻，咸昌为古宁伽倻。首露王○《新增东国舆地胜览》引崔致远《释利贞传》云：伽倻山神正见母主，乃为天神夷毗诃之所感，生大伽倻王恼窒朱日、金官国王恼窒青裔二人，则恼窒朱日为伊珍阿豉王之别称，青裔为首露王之别称。然与驾洛国古记六卵之说，俱荒诞不可信。又《释顺应传》：大伽倻国月光太子乃正见之十世孙，父曰异脑王，求婚于新罗，迎夷粲比枝辈之女而生太子。则异脑王乃恼窒朱日之八世孙也。然亦不可考。年老，多智识，召问之。首露立议，以所争之地属音汁伐国。于是王命六部会飨首露王。五部皆以伊餐为主，唯汉祇部以位卑者主之。首露怒，命奴耽下里杀汉祇部主保齐而归。奴逃依音汁主陀邹干家。王使人索其奴，陀邹不送，王怒，以兵伐音汁伐国，其主与众自降。悉直、押督○亦作押梁。○《新增东国舆地胜览》卷27庆山县"建置沿革"条：本押梁小国（一云押督），新罗祇味王取之，置郡。景德王改称獐山。高丽初，改章山。○按：《三国史记》时作"押督"，时作"押梁"（如以金庾信为押梁州都督，复云押督州都督金庾信），殊违史例，盖书成众手，主编未能统一文字耳。二国王来降。冬十月，桃李华。

二十五年，春正月，众星陨如雨，不至地。秋七月，悉直叛，发兵讨平之，徙其余众于南鄙。

二十六年，春正月，百济遣使请和。二月，京都雪三尺。

二十七年，春正月，幸押督，赈贫穷。三月，至自押督。秋八月，命马头城主伐加耶。

二十九年，夏五月，大水，民饥，发使十道，开仓赈给。遣兵伐比只国、○《三国史记·地理志》"有名未详地方"有比只国。多伐国、○《三国史记·地理志》"有名未详地方"有多伐国草八国，○《三国史记》卷34《地理志一》江阳郡八溪县条云：八溪县，本草八兮县，景德王改名，今草溪县。并之。

三十年，秋七月，蝗害谷。王遍祭山川，以祈禳之。蝗灭。有年。

三十二年，夏四月，城门自毁。自五月至七月，不雨。

三十三年，冬十月，王薨，葬蛇陵园内。

祇摩尼师今立，○原注：或云祇味。○《三国遗事》或作祇麻。婆娑王嫡子。母史省夫人。妃金氏，爱礼夫人，葛文王摩帝之女也。初婆娑王猎于榆餐之泽，太子从焉。猎后，过韩歧部，伊餐许娄飨之，酒酣，许娄之妻，携少女子出舞；摩帝伊餐之妻，亦引出其女，太子见而悦之。许娄不悦。王谓许娄曰："此地名大庖，公于此置盛馔美酿以宴衍之，宜位酒多，在伊餐之上。以摩帝之女，配太子焉。酒多，后名角干。

二年，春二月，亲祀始祖庙，拜昌永为伊餐，以参政事；玉权为波珍餐；申权为一吉餐；顺宣为级餐。三月，百济遣使来聘。

三年，春三月，雨雹。夏四月，大水。虑囚，除死罪悉原之。

四年，春二月，加耶寇南边。秋七月，亲征加耶。帅步骑度黄山河，加耶人伏兵林薄以待之，王不觉，直前，伏发，围数重。王挥军奋击，决围而退。

五年，秋八月，遣将侵加耶。王帅精兵一万以继之。加耶婴城固守，会久雨，乃还。

九年，春二月，大星坠月城西，声如雷。三月，京都大疫。

十年，春正月，以翌宗为伊餐，昕连为波珍餐，林权为阿餐。二月，筑大甑山城。夏四月，倭人侵东边。

十一年，夏四月，大风东来，折木飞瓦，至夕而止。都人讹言倭兵大来，争遁山谷。王命伊餐翌宗等谕止之。秋七月，飞蝗害谷。年饥。多盗。

十二年，春三月，与倭国讲和。夏四月，阴霜。五月，金城东民屋陷为池，芙蕖生。

十三年，秋九月庚申晦，日有食之。○《资治通鉴》无。祢摩尼师今十三年，相当于汉质帝本初元年。然是年九月癸丑朔，十月癸未朔，晦日非"庚申"。

十四年，春正月，靺鞨大入北境，杀掠吏民。秋七月，又袭大岭栅，○朝鲜半岛多山，每有"大岭"之名，今已难究其实。然从下文之"泥河"来判断，必在泥河之北。○《三国遗事》卷1亦记其事。过于泥河。○泥河，王移书百济请救。百济遣五将军助之，贼闻而退。

十六年，秋七月甲戌朔，日有食之。

十七年，秋八月，长星竟天。冬十月，国东地震。十一月，雷。

十八年，秋，伊餐昌永卒。以波珍餐玉权为伊餐，以参政事。

二十年，夏五月，大雨，漂没民户。

二十一年，春二月，宫南门灾。

二十三年，春、夏旱。秋八月，王薨，无子。

逸圣尼师今立，儒理王之长子。○原注：或云日知葛文王之子。妃朴氏，支所礼王之女。

元年，九月，大赦。

二年，春正月，亲祀始祖庙。

三年，春正月，拜雄宣为伊餐，兼知内外兵马事；近宗为一吉餐。

四年，春二月，靺鞨入塞，烧长岭五栅。○长岭镇、长岭城俱见《三国史记·地理志》"有名未详地方"中。

五年，春二月，置政事堂于金城。秋七月，大阅阏川西。冬十月，北巡，亲祀太白山。○《三国史记·祭祀志》新罗中祀"五岳"中北岳为太伯山，在奈已郡。○基临尼师今三年时，曾望祭太白山。○《新增东国舆地胜览》奉化县"山川条"：太白山，在县北七十三里。高丽崔诜《礼安龙寿寺记》：天下之名山，三韩为多。三韩之胜，东南为良。东南之巨者，太白称为首焉。○上书三陟都护府"山川"条：太白山，在府西一百二十里。新罗时为北岳，载中祀，又见庆尚道安东府及奉化县。○《朝鲜知识手册》：太白山，太白山脉南端，江原道（南）三陟郡与庆尚北道奉化郡交界处的大山。海拔1561米，主要由花岗岩构成。山顶为百石坪高原，四周是深谷。南麓为洛东江干流的发源地，北麓为三陟五十川支流的发源地。

六年，秋七月，陨霜杀菽。八月，靺鞨袭长岭，虏掠民口。冬十月，又来，雷甚乃退。

七年，春二月，立栅长岭，以防靺鞨。

八年，秋九月辛亥晦，日有食之。○《后汉书》卷3《顺帝纪》永和六年九月："辛亥晦，日有食之。"○《后汉书志》第18《五行六》："永和六年九月辛亥晦，日有蚀之，在尾十一度。尾主后宫，继嗣之宫也。以为继嗣不兴之象。"○《资治通鉴》卷52顺帝永和六年九月条同。○韩钢"《三国史记》日食记录考正"谓："此次日食确有发生，我国大部地区可见带食而入，但位于朝鲜半岛东部的新罗并不在观测范围之内。"

九年，秋七月，召群公议征靺鞨，伊飡雄宣上言不可，乃止。

十年，春二月，修葺宫室。夏六月乙丑，荧惑犯镇星。○《后汉书》卷6《顺帝纪》："汉安二年六月乙丑，荧惑犯镇星。"○《后汉书志》第11《天文中》："汉安二年，正月己亥，太白昼见。五月丁亥，辰星犯舆鬼。六月乙丑，荧惑光芒犯镇星。七月甲申，太白昼见。辰星犯舆鬼为大丧。荧惑犯镇星为大人忌。明年八月，孝顺帝崩，孝冲明年正月又崩。"○《资治通鉴》无。冬十一月，雷。

十一年，春二月，下令，农者政本，食惟民天，诸州郡修完堤防，广辟田野。又下令，禁民间用金银珠玉。○朝鲜半岛直至李氏朝鲜时，仍无货币，通常以谷、布为标准，施行以物易物之贸易。此种所谓"禁民间用金银珠玉"，盖非为贸易考虑，而是抑制民间滥用奢侈品也。

十二年，春、夏旱。南地最甚，民饥，移其粟赈给之。

十三年，冬十月，押督叛，发兵讨平之，徙其余众于南地。○《三国史记·地理志》：獐山郡，祗味王时，伐取押梁（原注：一作督）。小国，置郡。○按：纪与志冲突。

十四年，秋七月，命臣寮各举智勇堪为将帅者。

十五年，封朴阿道为葛文王。○原注：新罗追封王，皆称葛文王，其义未详。○朴阿道之纪事，似从朴堤上传记中得来。《三国史记》卷45《朴堤上传》：朴堤上，始祖赫居世之后，婆娑尼师今五世孙，祖阿道葛文王，父勿品波珍餐。○"道"字似常用于新罗早期人名。如同书卷2《味邹尼师今纪》：金阏智，出于鸡林，脱解王得之，养于宫中，后拜为大辅。阏智生势汉，势汉生阿道，阿道生首留，首留生郁甫，郁甫生仇道，仇道则味邹之考也。○详绎原文，疑"葛文王"初为新罗尊号，类似"年长者"或"耆老"之意。"王"字不过取其音，初无"王位"之意。

十六年，春正月，以得训为沙餐，宣忠为奈麻。秋八月，有星孛于天市。○《后汉书志》第12《天文下》：恒帝建和三年八月乙丑，彗星芒长五尺，见天市中，东南指，色黄白，九月戊辰不见。冬十一月，雷，京都大疫。

十七年，自夏四月不雨，至秋七月，乃雨。

十八年，春二月，伊餐雄宣卒，以大宣为伊餐，兼知内外兵马事。三月，雨雹。

二十年，冬十月，宫门灾。彗慧慧星见东方，又见东北方。○不见于《后汉书·桓帝纪》、《后汉书志》及《资治通鉴》。

二十一年，春二月，王薨。

《三国史记》新罗本纪第一卷点评：

在新罗赫居世本纪中，有如下几种史源学方面特点：

1. 涉及天象、日食者能精确到月日，其他最多只能精确到月，最多的纪事则只是精确到年份而已。

2. 多处史料透露出所采海东古记出于晚期寺乘僧传。

3. 第一卷内有许多于史难征，于理难通的仁德服远事例。

高句丽始祖朱蒙研究

刘　炬

（吉林省社会科学院高句丽研究室）

　　摘　要　本文以《三国史记·高句丽东明圣王本纪》所载朱蒙传说为中心，结合其他版本的高句丽始祖纪事，深入探讨了高句丽始祖朱蒙的事迹，讨论了《三国史记》中的高句丽始祖朱蒙与《三国志·高句丽传》中的"高句丽侯驺"之间的关系，并对朱蒙的历史功绩做出评价。
　　关键词　高句丽　百济　始祖传说　三国史记

　　朱蒙被认为是高句丽第一代王，高句丽王国的缔造者。有关他的纪事，主要载于各史中之神话传说，且存在诸多版本。深入研究朱蒙，对于我们了解高句丽早期史，澄清一些历史问题，恢复历史本来面目，均有重要意义。

一、《三国史记·高句丽本纪》中的朱蒙

　　为了使人们对朱蒙其人有一个较为全面、清晰的了解，本文拟对各史中的朱蒙纪事分别加以记述，最后再加以分析和评价。而各史中对朱蒙有全面记述者，当属《三国史记·高句丽本纪·始祖东明圣王》，故本文对朱蒙的记述和分析也以此为开端。

　　据《三国史记·高句丽本纪·始祖东明圣王》所载内容可知：朱蒙，姓高氏，讳朱蒙，高句丽政权之始祖。公元前37年建高句丽国而称王，公元前19年去世，时年40岁。死后葬于龙山，号东明圣王。

　　朱蒙本是夫余王子，父为金蛙，母柳花。一日，夫余王金蛙出行至太白山之南优渤水，见一女子，自称："我是河伯之女柳花。与诸姐妹出游遇一男子，他自称是天帝之子解慕漱，在他的诱惑下，

我与他私奔，并来到熊心山鸭渌水边居住下来。却不料他始乱终弃，一去不返，而父母又因为我无媒而私自从人，便把我赶到这里居住。"金蛙感到很奇异，便将她带回，幽闭于房中。有一日，忽有一束阳光射向柳花，柳花移身欲躲开光线，不料这束光线却追着她照射。继而怀孕，生一大卵，有五升之重。金蛙得知此事，便令人将卵丢弃于猪圈，猪却不肯吃。于是又丢之于路上，牛马又避开它而行。又弃之于荒野，众鸟却用羽翼覆盖它加以保护。金蛙更加奇怪，便想剖开它，却无论如何剖不开。最后只好将它还给柳花。于是柳花便将它包裹起来，放在温暖之处。不久，有一男孩破壳而出。这个男孩出生之日，便显得聪明健壮，异于常人。他长到七岁，便显现出超人的才能，他能自制弓矢，且百发百中。因为夫余语中善射音"朱蒙"，故名之为朱蒙。

金蛙有七个儿子，常与朱蒙一起游戏，他们的技能皆不及朱蒙。长子带素对朱蒙十分嫉妒，便对金蛙讲："朱蒙非人所生，为人勇悍。如不尽早想办法除掉他，恐有后患，请早些除掉他。"金蛙并未听从他的建议，而是让朱蒙去养马。

朱蒙在养马期间，十分注意马的品质优劣，他挑选了一些品种优良的马，少给它草料，使它变瘦，而让劣马多食而肥壮。后来金蛙率人到荒野去打猎，金蛙自骑肥壮之马，而将弱马令朱蒙骑，并只给朱蒙小箭，但朱蒙还是猎获很多野兽。不料，此事竟引起夫余君臣的妒忌，于是诸王子与大臣们又欲杀之。幸而此事为柳花所知，于是，她对朱蒙说："人们要害你，以你的才干，到哪里不出人头地呢！又何必在这里受辱？不如离开此地干一番大事业。"

朱蒙听了母亲之言，便与三位朋友乌伊、摩离、陕父一同逃离夫余。三人来到淹淲水边却发现无桥可渡，又怕后有追兵赶来，于是朱蒙对水高喊："我是天帝之子，河伯外孙。今日要逃走，却有追兵将至，我该怎么办？"语音刚落，便见有无数鱼鳖出现，自动连成一座桥，朱蒙等从桥上渡过。朱蒙等行至毛屯谷，又遇三人。皆有名而无姓，愿追随朱蒙。朱蒙大喜，赐三人姓，并对众人讲："我正欲创业开国，而遇此三贤，这难道是上天的恩赐？"于是根据他们的能力，安排了职位，随后大家一道来到卒本川。见这里山河险固，土壤肥美。便打算在此地建都。但仓促之间，无暇修建宫室，只是结庐而居。遂开国，号高句丽，因而以高为姓。这一年，朱蒙二十二岁，正是汉元帝建昭二年（前37）。附近人闻知此事，纷纷来投。故高句丽日渐壮大。

卒本川地连靺鞨部落，朱蒙恐其来侵扰，便主动出兵攻打他们。靺鞨人因而很惧怕朱蒙，不敢来侵扰。

朱蒙在卒本定居下来后，发现经常有菜叶从沸流水上游顺流漂过，料定那里必有人居住。于是，率人前往那里打猎，顺便去寻找这些人。结果发现上游确实有人居住，他们属沸流国，便去求见。沸流国王松让会见了他们，并对朱蒙讲："寡人僻在海隅，未尝见过您，今日与您相见，真是幸事。但不知你来有何打算？"

朱蒙答道："我是天帝之子，定都于下游之卒本川。"

沸流国王讲："我在此地累世为王，现在你又来到此地，此地狭小，不足以容二主，您开国时间短，可以为我的附庸吗？"

朱蒙闻言大怒。于是与之比试武艺和射技，松让不是对手。于是在第二年，松让便向朱蒙投降，朱蒙以其地为多勿都，封松让为多勿王。在高句丽语中"多勿"为恢复旧土之意，故以"多勿"名其国。

朱蒙在位三年七月，高句丽修筑宫室，王国实力日渐壮大。六年，朱蒙命乌伊、扶芬奴伐太白山东南的荇人国，取其地为城邑。十年冬，朱蒙又命将出兵伐北沃沮，灭之，以其地为城邑。十四年，朱蒙母柳花死于夫余，受到夫余礼遇。双方关系有所改善。

朱蒙在位十九年四月，朱蒙留在夫余的儿子类利从夫余逃归高句丽，被朱蒙立为太子。是年九月，朱蒙去世，时年四十，葬于龙山，谥号为东明圣王。

以上即《三国史记·高句丽本纪·始祖东明圣王》的大致内容，其中多有神异难信之处，尤其是其建国之前的部分，显然出自神话传说，更难称信史。对此，学界的主流观点是对建国以后的内容基本视为信史。对此前的内容进行"科学化"处理后得出这样结论：朱蒙是夫余的庶出王子，因勇武过人而受到嫡出王子的嫉妒，最终被逼出夫余，逃到卒本川，并于公元前37年在该地开国称王。也就是说，除了传说中怪力乱神绝不可能是事实的内容，其余便全被当作史实接受了。

然而，对神话仅做如此简单的"科学"处理真的科学吗？笔者以为，要真正了解朱蒙，还必须了解其他版本的朱蒙传说，同时还要了解《汉书·王莽传》中的高句丽侯驺应为何人？

二、其他版本的朱蒙传说

提起其他版本的朱蒙传说，我们就不能不提到夫余的东明建国传说。东明建国传说最早见于王充的《论衡·吉验篇》，其内容如下："北夷槁离国王侍婢有娠，王欲杀之，婢对曰：'有气大如鸡子，从天而下，我故有娠。'后产子，捐于猪溷中，猪以口气嘘之，不死；复徙马栏中，欲使马借杀之，马复以口气嘘之，不死。王疑以为天子，令其母收取奴畜之。名东明，令牧牛马。东明善射，王恐夺其国也，欲杀之。东明走，南至掩（淲）水，以弓击水，鱼鳖为浮桥。东明得渡，鱼鳖解散，追兵不得渡，因都王夫余。故北夷有夫余国焉。"

其后，这一传说又被《后汉书·东夷·夫余传》收入，因而进入正史。其文曰："初，北夷索离国王出行，其侍儿于后姓身，王还，欲杀之。侍儿曰：'前见天上有气，大如鸡子，来降我，因以有身。'王囚之，后遂生男。王令置于豕牢，豕以口气嘘之，不死。复徙于马兰，马亦如之。王以为神，乃听母收养，名曰东明。东明长而善射，王忌其猛，复欲杀之。东明奔走，南至掩淲水，以弓击水，鱼鳖皆聚浮水上，东明乘之得渡，因至夫余而王之焉。"

从这两条史料来看，除了一些人名、地名略有出入之外，其他内容则与朱蒙建国传说如出一辙，且东明与朱蒙音亦相近，故目前学界多以为朱蒙传说是借用了东明传说并加以丰富而成。

朱蒙建国传说最早见于《好太王碑文》，其文曰："惟昔始祖，邹牟王之创基也。出自北夫余，天帝之子。母河伯女郎。剖卵降世，生而有圣德。□□□□□。命驾巡幸南下。路由夫余奄利大水，王临津言曰：'我是皇天之子，母河伯女郎，邹牟王。为我连葭浮龟。'应声即为连葭浮龟。然后造渡，于沸流谷忽本西，城山上而建都焉。"

朱蒙传说见于中国史籍最早者当属《魏书·高句丽传》。其文曰："高句丽者，出于夫余，自言先祖朱蒙。朱蒙母河伯女，为夫余王闭于室中，为日所照，引身避之，日影又逐，既而有孕，生一卵，大如五升。夫余王弃之与犬，犬不食；弃之与豕，豕又不食；弃之于路，牛马避之；后弃之野，众鸟以毛茹之。夫余王割剖之，不能破，遂还其母。其母以物裹之，置于暖处，有一男破壳而出。及其长也，字之曰朱蒙，其俗言'朱蒙'者，善射也。夫余人以朱蒙非人所生，将有异志，请除之，王不听，命之养马。朱蒙每私试，知有善恶，骏者减食令瘦，驽者善养令肥。夫余王以肥者自乘，以瘦者给朱蒙。后狩于田，以朱蒙善射，限之一矢。朱蒙虽矢少，殪兽甚多。夫余之臣又谋杀之，朱蒙母阴知，告朱蒙曰：'国将害汝，以汝才略，宜远适四方。'朱蒙乃与乌引、乌违等二人弃夫余，东南走。中道遇一大水，欲济无梁，夫余人追之甚急。朱蒙告水曰：'我是日子，河伯外孙，今日逃走，追兵垂及，如何得济？'于是鱼鳖并浮，为之成桥，朱蒙得渡，鱼鳖乃解，追骑不得渡。朱蒙遂至普述水，遇见三人，其一人著麻衣，一人著纳衣，一人著水藻衣，与朱蒙至纥升骨城，遂居焉，号曰高句丽，因以为氏焉。"

其后，《梁书》、《周书》、《北史》、《隋书》之《高句丽传》均载此传说，内容亦大致不出于《魏书》之内容。略有不同与众者，是《梁书·高句丽传》，将朱蒙记为东明，并以之为高句丽而非夫余开国之主。

从这些不同版本传说的内容来看，它们大体与《三国史记》和《好太王碑文》的内容相近，只是比后者丰富一些，比前者简略一些。而考虑到他们产生的时间，我们可以做出这样的推论：早在东晋之前，高句丽人便将夫余人的建国传说移植为本民族的建国传说并使之成为官方认可的"历史"。而此后这一传说又传入中原，并进入正史。至于这一传说中有多少历史元素，则是尚待今后深入探讨的问题。

值得关注的是，《三国史记·百济本纪·始祖温祚王》所载的两个温祚建国传说中都提到了朱蒙，其相关内容如下："百济始祖温祚王，其父邹牟，或云朱蒙，自北夫余逃难，至卒本扶余。扶余王无子，只有三女子，见朱蒙，知非常人，以第二女妻之。未几，扶余王薨，朱蒙嗣位，生二子，长曰沸流，次曰温祚或云，朱蒙至卒本，娶越郡女，生二子。及朱蒙在北扶余所生子来为太子，沸流、温祚恐为太子所不容，遂与乌干、马黎等十臣南行，百姓从之者多"云云。

一云："始祖沸流王，其父优台，北扶余王解扶娄庶孙，母召西奴，卒本人延陀勃之女，始归于优台，生子二人，长曰沸流，次曰温祚。优台死，寡居于卒本，后朱蒙不容于扶余，以前汉建昭春二月，南奔至卒本，立都，号高句丽。娶召西奴为妃，其于开基创业，颇有内助，故朱蒙宠接之诚厚，待沸流等如已子，及朱蒙在扶余所生礼氏子孺留来，立之为太子，以至嗣位焉。于是沸流谓弟温祚曰：'始大王避扶余之难，逃归至此，我母氏倾家财助邦业，其勤劳多矣。及大王厌世，国家属于孺留，吾等徒在此郁郁如疣赘，不如奉母氏南游卜地，别立国都。'遂与弟率党类，渡浿、带二水，至弥邹忽以居之。"

以上两条史料与其他史料中的朱蒙显然有着本质的不同。在这里，他已走下神坛，成为普通的凡人。在第一个传说中他根本没有建国之事，而在第二个传说中朱蒙虽有建国之事，却是靠着贤妻之助而成事，而其最后所为，颇有些无情无义之嫌。很显然，这两个传说与其他传说不属同一版本。

需要指出的是，百济的建国传说肯定是虚构的，因为从《三国志》、《后汉书》之《三韩传》可知，直到三国时期，三韩地区尚处于部落状态，且更重要的是，当地的统治者马韩控制外来人口的方法是"辰王常用马韩人作之，世世相继，君王不得自立为王"。因此百济不可能在西汉末期便已建国，其既未建国，则建国传说自然是不成立的①。那么，这里就不能不提出一个问题，即百济为何将世仇高句丽的祖先奉为自己的祖先。笔者以为，唯一合理的解释就是朱蒙确是一位伟大人物，故而才被秽貊各族奉为共同祖先。但由于高句丽后来成为百济不共戴天之敌，在百济版的朱蒙传说中，朱蒙的神化形象也逐渐淡化褪色，这也使朱蒙这一形象进一步复杂化。

三、关于"高句丽侯驺"

除了上述传说中关于朱蒙的史料外，我们还不应忽略《汉书》卷99《王莽传》中的一段关于"高句丽侯驺"的史料：

"（始建国四年）先是，莽发高句骊兵，当伐胡，不欲行，郡强迫之，皆亡出塞，因犯法为寇。辽西大尹田谭追击之，为所杀。州

---

① 《三国志》卷30《魏书·东夷·韩传》。关于此一问题，拙作《海东大外交》有较详尽论述，请参阅。

郡归咎于高句骊侯驺。严尤奏言：'貉人犯法，不从驺起，正有它心，宜令州郡且尉安之。今猥被以大罪，恐其遂畔，夫馀之属必有和者。匈奴未克，夫馀、秽貉复起，此大忧也。'莽不尉安，秽貉遂反，诏尤击之。尤诱高句骊侯驺至而斩焉，传首长安。莽大说，下书曰：'乃者，命遣猛将，共行天罚，诛灭虏知，分为十二部，或断其右臂，或斩其左腋，或溃其胸腹，或抽其两胁。今年刑在东方，诛貉之部先纵焉。捕斩虏驺，平定东域，虏知殄灭，在于漏刻。此乃天地群神、社稷、宗庙佑助之福，公卿、大夫、士民同心将率虓虎之力也。予甚嘉之。其更名高句骊为下句骊，布告天下，令咸知焉。'于是貉人愈犯边，东北与西南夷皆乱云。"

上引史料中的"高句丽侯驺"不能不让人联想到高句丽王。但若据《三国史记》，则高句丽的二十八代王中却并无"驺"其人。且始建国四年（12）正是高句丽琉璃明王在位期间，当时亦不存在一个名"驺"的高句丽王。那么驺究竟是何人？这实在是一个谜。而《三国史记·高句丽本纪·琉璃明王》纪此事时，则将高句丽侯驺改为"大将延丕"。然不知其有何依据。对此，后人亦各有论述。

如耿铁华先生在其《中国高句丽史》中便论及此事："此高句丽侯驺，只能是高句丽将领，而不可能是高句丽王"，并认为"严尤诱斩的驺，很可能是高句丽古驺加，莽军以古驺加官职误作人名。"[1]

王绵厚先生则认为："'高句丽侯驺'其人应为《三国史记》中最早归附朱蒙的富尔江流域的古'沸流国'部之首领多勿侯，史籍中亦称'哥勿侯'。"[2]

然而，也有人认为，这个"高句丽侯驺"，其实就是朱蒙。

首先，是顾铭学先生认为："句丽侯驺，就是始祖邹牟，虽然邹牟早在三十年前就已死去，其子琉璃明王也已统治了三十一年，但中原人士对这些情节可能并不知晓，认为在位统治高句丽的仍是邹牟王。"[3]

刘子敏先生则认为："王莽所杀的'高句丽侯驺'是国王朱蒙，

① 耿铁华：《中国高句丽史》，吉林人民出版社2002年版，144页。
② 王绵厚：《〈汉书·王莽传〉中"高句丽侯驺"其人及其"沸流部"》，《东北史地》，2000年第5期。
③ 顾铭学：《魏志·高句丽传考释下》，《吉林省社会科学院学术研究丛刊》，1981年第2期。

显然是历史的真实，我们没有理由对此进行怀疑。"并认为当时之朱蒙"只是交了权，并没有退位，亦即国王的头衔还是由朱蒙挂着。"①

刘炬、季天水也认为：王莽所杀者即朱蒙。并进而否定了高句丽早期王系。"朱蒙、类利、无恤根本就是毗邻但却处于不同部落的三位杰出首领，后人只是为了建立高句丽一脉相承的统一王系将他们人为炮制成祖孙父子关系。"朱蒙只是因为"有大功于秽貊民族"，才被高句丽及其他秽貊系政权奉为始祖的。②

事实上，包括本人在内的上述观点均是作者按个人的逻辑分析史料的结果。近期之内尚难成定论，"高句丽侯驺"身份究竟如何，尚待今后深入探讨，但《汉书·王莽传》的这条史料无疑使得朱蒙身世更加迷雾重重。

四、对朱蒙的评价

由前述可知，有关朱蒙的身世，其实还很模糊，故对他的生平与业绩，实难做出准确评价。这里仅对其做一个简略的分析。

首先，虽然朱蒙这一形象有诸多不确定性，但有一点是可以肯定的，即其人肯定是有一个历史原型的，无论是东明、朱蒙还是邹牟，也无论是夫余始祖、高句丽始祖抑或百济始祖，他们都源自这一原型。

其次，这一历史人物肯定是有大功于整个秽貊民族的杰出人物。这可以由以下两点来证明。

其一、是夫余、高句丽、百济均以"朱蒙"为始祖。如果朱蒙不是有功于整个秽貊民族而受到该族系的景仰，这一现象绝不会发生。尤其是百济，它与高句丽可谓宿敌，如果不是对朱蒙无限景仰，是绝不会奉之为始祖的。

其二、《三国史记》中对于朱蒙在高句丽的崇高地位也有所反映。如《三国史记·高句丽本纪》载：大武神王三年"三月，立东明王庙"，新大王三年"秋九月，王如卒本祀始祖庙。"故国川王二年"秋九月，王如卒本祀始祖庙"，东川王二年"春二月，王如卒本祀始祖庙"。此外，中川王十三年、故国原王二年、安臧王三年、平

---

① 刘子敏：《朱蒙之死新探》，《北方文物》，2002年第4期。
② 刘炬、季天水：《"高句丽侯驺"考辨》，《社会科学战线》，2007年第4期。

原王二年、荣留王三年，高句丽王也都至卒本祀始祖庙。但在这里，我们必须提出的问题是，为何琉璃明王不为其父立庙？大武神王为何不将始祖庙立于王都国内城附近？其实，这里的所谓"始祖"或许有其他含义。因为《三国志·高句丽传》明确记载："涓奴部本国主，今虽不为王，适统大人得称古雏加，亦得立宗庙，祠灵星、社稷。"这段史料告诉了我们三点，第一，从"涓奴部本国主"这一点来看，直到三国时代，高句丽人仍将涓奴部祖先视为自己的始祖。第二，该人物在高句丽享有崇高地位。第三，涓奴部也可以立宗庙，而宗庙自然要供奉包括其始祖在内的祖先。如果我们将这两条史料相联系，就可以做这样的推测，《三国史记》中所载高句丽诸王所记之始祖是否就是涓奴部之始祖，进而可推测上引诸条史料中之始祖，尤其是在故国原王之前，他是否只是指高句丽民族之始祖，而非高氏之始祖？而此人是否就是朱蒙之原型？对此种种疑惑，至今尚难以做定论性解答，但无论如何，朱蒙在高句丽历史上享有至尊地位都是毋庸质疑的。而其若无大功于当时，则断不能尊崇于后世。

总之，朱蒙肯定是秽貊族系的一位杰出的人物，无论是其开基建国缔造了高句丽政权，还是他立有其他功勋，总之，他是以杰出才能和泽被后世的不朽功勋而受到整个秽貊族系的万代景仰，并被高句丽人奉为王国之始祖。

流入高句丽的汉人群体研究

祝立业

（吉林省社会科学院《东北史地》杂志社）

摘　要　高句丽王国建于汉末，亡于唐初，700余年间，有大量的汉人群体因为各种原因流入高句丽。总体上看，东汉末年—西晋、五胡十六国、南北朝、隋末是汉人群体流入高句丽最集中的4个时期；而战争掳掠、失意避难、避乱来投、战争被停是汉人流入高句丽的4个主要原因。高句丽对于流入汉人群体的安置也有着自身的特色。

关键词　高句丽　汉人群体　流亡　安置

汉人、汉族这个称谓都源于西汉王朝的强盛，就汉王朝内部而言，以炎黄后裔为代表的华夏族显然是汉族的前身，因而也是汉族的主体和核心。但就汉王朝之外的地区，包括直接管辖之外的地区，一般把汉王朝直辖区域内的各类族群，在习惯上都统称为汉人。从这个意义上，汉人的称谓就广度上是要超过汉族的，本文所指的汉人族群事实上是指以汉人为主体的原汉王朝直属地区的人民，若从当时族群细分的角度看，显然还包括了其他民族在内，而不仅限于汉族的主体华夏族。

西汉末年，高句丽政权兴起于现今的桓仁、集安一带，在实现了对周边部落的征服后，高句丽的扩张主要集中在向西和向南两个方向上，其中，向西主要就是蚕食以辽东城为中心的辽东地区，向南就是侵入以平壤为中心的朝鲜半岛北部地区。在两晋南北朝时期，高句丽向西成功地占领了辽东地区，向南占领了平壤，并以迁都的方式完成了统治重心的迁移。高句丽对辽东及辽东至平壤沿途地区的占领，以及这种占领所伴随的人口掳掠，一方面使得这一地区大量的汉人族群成为高句丽王国的臣属；另一方面也使得意欲效仿箕子东迁的后来避乱者，选择高句丽作为避乱地。因为辽东至平壤沿途正是古代避乱者所必经的孔道。

历史上，民族间的融合很大程度上是通过民族流动实现的，而这种流动又往往具有双向性。汉末唐初这个时段，正是我国历史由统一走向分裂又复归于统一的阶段，其中，三国两晋南北朝时期，是我国历史上政权更迭最频繁，战乱最频仍，民族流动最剧烈的时段，高句丽恰恰是在这一时期逐渐强大的，这也决定了高句丽同汉人的接触是伴随其始终的。高句丽同中原王朝间的接触除了官方层面的外交（主要是封贡往来）、战争外，还存在着个体间的流动，既有高句丽人群体向中原的流动，也存在着汉人群体向高句丽的流动，本文重点讨论后者。

一、流入高句丽的汉人群体的分期考察

就现存的史料来说，700余年间，汉人群体向高句丽的流动主要集中在东汉末年－西晋、五胡十六国、南北朝、隋末4个时期。

1. 东汉末年——西晋时期

东汉末年，群雄割据，烽烟四起。其间，于王朝腹地，渐成三国鼎立之势；于王朝边疆，则小政权林立，这其中既包括传统的民族藩属政权，也包括新兴的割据势力。对高句丽而言，此一时期最直接的对手是汉末割据于辽东的公孙氏政权，两者最直接的争斗来源于对辽东地区的争夺。公孙氏政权和高句丽同时因为地处曹魏后方，有牵制魏军南征西讨的作用，而成为蜀、吴争相拉拢的对象。基于同样的因素，魏陷于与蜀、吴的争斗时，对公孙氏政权和高句丽则进行拉拢、安抚，接受其表面臣服，并在两者的斗争中，扮演制衡、仲裁的角色。而一旦与蜀、吴的缠斗趋于平缓，魏则致力于肃清后方，消灭公孙氏和高句丽政权。在这种全局制衡和局部制衡的历史背景下，按照远交近攻的原则，各方势力同高句丽有着频繁的接触。

从东汉末年开始，高句丽开始频繁寇扰辽东，《三国史记·太祖大王本纪》载："五十三年（105）春正月，……王遣将入汉辽东，夺掠六县。太守耿夔出兵拒之，王军大败"。"六十六年（118）夏六月，王与貊袭汉玄菟，攻华丽城"。《三国志·东夷·高句丽传》载

"句丽王宫数寇辽东，更属玄菟。辽东太守蔡风、玄菟太守姚光以宫为二郡害，兴师伐之。宫诈降请和，二郡不进。宫密遣军攻玄菟，焚烧候城，入辽隧，杀吏民。后宫复犯辽东，蔡风轻将吏士追讨之，军败没"。"宫死，子伯固立。顺、桓之间，复犯辽东，寇新安、居乡，又攻西安平，于道上杀带方令，略得乐浪太守妻子"。

东汉末年，高句丽对辽东地区的侵扰，更多的是对于人口和财富的掠夺，尚无占领该地的实力。及公孙氏政权"雄张海东"，一度令高句丽破国，致使高句丽暂时停止了对辽东地区的侵扰。曹魏击灭公孙氏政权后，高句丽东川王"遣将袭破辽东西安平"①，并因此遭受了魏将毌丘俭的毁灭性讨伐。此后很长一段时间，高句丽再无力向辽东用兵，积极藩附曹魏，出于自保的目的，有意加强了同东吴间先已有之的往来。

西晋完成了短暂的统一后，很快陷入内部的纷争，高句丽乘中原战乱，重新侵扰辽东，根据《三国史记·美川王本纪》的记载，美川王三年（302）"秋九月，王率兵三万侵玄菟郡，虏获八千人，移之平壤"。"十二年（311）秋八月，遣将袭取辽东西安平"。"十四年（313）冬十月，侵乐浪郡，虏获男女二千余人。十六年（315）春二月，攻破玄菟城，杀获甚众"。

由此可见，仅晋末，即有上万人被掳掠到高句丽，而这些人多数应为汉人，因为无论是玄菟郡还是乐浪郡地区，自战国以来一直聚集着大量的汉人。

2. 五胡十六国时期

"五胡十六国"是指自西晋末年到北魏统一北方期间，曾在中国北部境内建立政权的五个北方民族及其所建立的政权。其中与高句丽发生直接关系的是西晋设于东北的地方机构以及"前燕"、"后燕"、"北燕"三个政权。根据史料记载，这一时期流入高句丽的汉人群体主要有以下几个：

《晋书》卷6《帝纪第六》载："（晋）太兴二年（319）十二月乙亥，大赦，诏百官各上封事，并省众役。鲜卑慕容廆袭辽东，东夷校尉、平州刺史崔毖奔高句骊"。对此，《晋书》卷108《慕容廆传》对此有详尽记载，《资治通鉴》卷95"咸康三年正月乙未条"也有类

① 《三国史记·东川王本纪》。

似记载。

《资治通鉴》卷 96 "咸康四年五条"后赵建武四年（338）载："燕王皝分兵讨诸叛城，皆下之。拓境至凡城。崔焘、常霸奔邺，封抽、宋晃、游泓奔高句丽。皝赏鞠彭、慕舆根等而治诸叛者，诛灭甚众；功曹刘翔为之申理，多所全活。"

《晋书》卷 113《苻坚传》载："北燕建熙十一年（370）诸州郡牧守及六夷渠帅尽降于坚。郭庆穷追余烬，慕容评奔于高句丽，庆追至辽海，句丽缚评送之。"

《晋书》卷 125《冯跋传》载："跋弟丕，先是因乱投于高句丽，跋迎致之，至龙城，以为左仆射、常山公。"、"弟（冯）弘杀跋子翼自立，后为魏所伐，东奔高句丽。居二年，高句丽杀之。"

《魏书》卷 4 载："辛未，平东将军娥清、安西将军古弼，率精骑一万讨冯文通，平州刺史元婴又率辽西将军会之。文通迫急，求救于高丽，高丽使其大将葛蔓卢以步骑二万人迎文通。……五月乙卯，冯文通奔高丽。戊午，诏散骑常侍封拨使高丽，征送文通。……。高丽不送文通，遣使奉表，称当与文通俱奉王化。帝以高丽违诏，议将击之，纳乐平王丕计而止。"

《魏书》卷 97《冯跋传》载："太延二年，高丽遣将葛卢等率众迎之，入和龙城，脱其弊褐，取文通精仗以赋其众。文通乃拥其城内士女入于高丽。……高丽乃处之于平郭，寻徙北丰。文通素侮高丽，政刑赏罚，犹如其国。高丽乃夺其侍人，质任王仁。文通忿怨之，谋将南奔。世祖又征文通于高丽，高丽乃杀之于北丰，子孙同时死者十余人。"

这个时期，另一个很重要的一个材料是 1949 年在朝鲜黄海南道安岳郡发现的安岳三号墓，安岳三号墓也称冬寿墓，冬寿本为前燕慕容皝时期的司马，慕容皝发兵攻打慕容仁失败后，冬寿投降慕容仁。其后，慕容皝积聚力量，再次攻打慕容仁，并最终取得胜利，这迫使冬寿于公元 366 年逃往高句丽，22 年后，最终死于高句丽，享年 69 岁。

此外还有德兴里壁画墓，德兴里壁画墓亦名幽州刺史墓，该墓位于朝鲜大安市德行里舞鹤山南麓丘陵上，这里分布着大量两汉、魏晋时期的墓葬。幽州刺史墓墓志题记上的一系列官职，大部分都是晋朝所设，而非来自高句丽，如奋威将军、建威将军、左将军、龙骧将军、使持节东夷校尉、幽州刺史、太守、内史、县令、别驾、参军、典军等都可以在《晋书》、《宋书》中找到。墓中也出现了几处高句丽的官爵，如小大兄、中里都督，这可能是墓主人流亡到高句丽时所任官职。关于墓主人究竟是何人，由于缺乏资料，目前尚不好确定，但其生前担任过中原王朝属下的幽州刺史一职，后来因某种原因由中原流亡到高句丽的事实则可基本推定。

3. 南北朝时期

经过累世争夺，到在南北朝时期，高句丽已占有辽东地区。原乐浪郡、玄菟郡的大部分地区，亦已被其并吞。北魏王朝崛起后，高句丽被迫放弃了西进的战略，转而向南拓展势力与百济、新罗争雄于朝鲜半岛，为躲避北魏切近的威胁，同时也为了更好的贯彻南进战略，高句丽于公元427年，将都城迁到了位于朝鲜半岛的平壤地区。高句丽的国势也于此时达到全盛，原辽东地区、乐浪郡、玄菟郡地区、平壤周围地区的大量汉人聚居区，都被纳入高句丽王国的版图，所在地区的汉人群体也部分或完全的接受高句丽政权的统辖。

面对南北朝的对峙局面，高句丽采取了同时臣属的策略，即同时向南北朝称臣纳贡，同时接受南北朝的册封。结托南朝实现了制衡北朝讨伐的作用，臣附北朝则有利于在朝鲜半岛与新罗、百济展开争斗。地缘的接近以及政权的相对独立，使高句丽又成为北朝战争难民及各种失意政治势力的避难场所。南北朝时期汉人群体流入高句丽的史料，主要有以下几条：

《魏书》卷32《封轨传》载："轨，字广度。太和中，拜著作佐郎，稍迁尚书仪曹郎中，兼员外散骑常侍。衔命高丽，高丽王云恃其偏远，称疾不亲受诏。轨正色诘之，喻以大义，云乃北面受诏。先是，契丹虏掠边民六十余口，又为高丽拥掠东归。轨具闻其状，移书征之，云悉资给遣还。"

《魏书》卷77《高崇传》载"高崇，字积善，渤海蓨人。四世祖抚，晋永嘉中与兄顾避难奔于高丽。父潜，显祖初归国，赐爵开阳男，居辽东，诏以沮渠牧犍女赐潜为妻，封武威公主。拜驸马都尉，加宁远将军，卒。"

《魏书》卷83《高肇传》载："高肇，字首文，文昭皇太后之兄也，自云本渤海脩人，五世祖顾，晋永嘉中避乱入高丽。父扬，字法修。高祖初，与弟乘信及其乡人韩内、冀富等入国，拜厉威将军、河间子，乘信明威将军，俱待以客礼，赐奴婢牛马采帛。"

《北史》卷94《高丽传》载："（北齐）天保三年（552），文宣至营州，使博陵崔柳使于高丽，求魏末流人。敕柳曰：'若不从者，以便宜从事。'及至，不见许。柳张目叱之，拳击成坠于床下，成左右雀息不敢动，乃谢服，柳以五千户反命。""五千户"的数量说明，在此之前，汉人为躲避战乱而流入高句丽的情况并不鲜见。

此期间一个很重要的材料是，1977年11月23日，凌北公社新荒地大队社员在辽宁省朝阳市北两公里处新荒地狼山南坡上发现出土的《韩暨墓志》①。墓志中涉及到了韩暨的父亲韩详："属群飞海水，天下乱离，戎狄窥疆。孝昌失驭，高丽为寇，被拥辽东。虽卉服为夷，大相引接，钦名仰德，礼异恒品。未履平壤之郊，递拜太奢之职。非其好也。出自本心，辞之以疾，竟无屈矣。执节无变，斯之谓乎。华夏人安，宗祧更立，率领同类五百余户归朝奉国。诚节可嘉，爵以酬功，授龙城县令"

墓志中的"孝昌"为北魏年号。"孝昌失驭"很可能指的是北魏孝昌年间（525－527）间发生的"六镇之乱"。由此也不难推测，此一时期还有更多的汉人群体，因躲避北朝的各种战乱而有奔向高句丽的举动。

4. 隋末时期

公元612－614年，隋炀帝连续三征高句丽，不仅三军败绩，无功而返，反而因此加剧了社会矛盾，导致了隋王朝的崩溃。在三征高句丽期间，尤其是第一次期间，大量士兵及后勤人员陷于辽东，为高句丽所俘。唐太宗贞观十五年，职方郎中陈大德出使高句丽，将沿途见闻写成《奉使高丽记》（全篇内容已散轶。部分内容散见于《新唐书》、《册府元龟》等史籍）其中，就记述了其在奉使期间所见所闻隋代亡人的经历。《新唐书》卷220《东夷传》载："帝诏广州司马长孙师临瘗隋士战骸，毁高丽所立京观。建武惧，乃筑长城千里，东北首扶馀，西南属之海。久之，遣太子桓权入朝献方物，帝厚赐赉，诏使者陈大德持节答劳，且观釁。大德入其国，厚饷官守，悉得其纤曲。见华人流客者，为道亲戚存亡，人人垂涕，故所至士女

---

① 朱子方、孙国平：《隋〈韩暨墓志〉跋》，《北方文物》1986年第1期。

夹道观。"对此，《册府元龟》卷 657《奉使部》记为："唐陈大德为职方郎中。贞观十五年，大德使于高丽，初入其境，欲窥其国俗，每至城邑辄以绫绮遗其官守，莫不悦。大德因谓之曰：'吾性好山水，所不能忘，在此何处有林泉胜地？吾欲时往游践。'其国人信之，遇有好山水之处辄引大德观之，遂得在道屈曲。而行往往见中国人自云：'家在某郡，隋大业末因平壤败，遂没於此。高丽妻以游女，子孙盈室，与高丽错居，殆将半矣。'因谓亲戚存不，大德绐之曰：'汝之亲属悉无恙'莫不垂涕而去，更相告示。数日之后，大德在涂，隋人望之而哭者遍於田野。大德未至平壤，五十里士女夹道而观者如堵，以属于其都。及与其王相见，乃盛陈兵甲，盖惧中国而自强也。"由此可窥炀帝东征致使大量士兵陷没于高句丽情况之一斑。

二、流入高句丽的汉人群体的分类考察

上文列举了不同历史时期汉人群体流入高句丽的史料，综合起来看，汉人群体流入高句丽大致有以下几种情况：

1. 战争掳掠

高句丽王国之建立之初，便积极向外扩张，吞并了众多的周边部族。到了东汉末年，高句丽乘中原大乱，开始觊觎辽东地区的土地和人口。当时的高句丽尚无力占领这一地区，因而在汉末至西晋时期，史书中大量使用的用语是"寇扰"、"侵逼"，这反映了当时高句丽在辽东地区旋进旋出的客观事实。随着中央王朝的衰落及地方管理机构的式微，这种"寇扰"和"侵逼"的程度日渐加剧，辽东地区、玄菟郡、乐浪郡被掳掠到高句丽的汉人数量也日益增多，这可以从上文提到的高句丽美川王时代的情况反映出来。从史料记载的情况看，这些被掳掠的汉人大都被迁到了高句丽的腹心地带，但他们是聚族而居，还是散处在高句丽人中间，这一时期的史料缺乏记载。

2. 失意避难

五胡十六国期间，北方政权林立，战乱纷繁，伴随着众多势力的暴起暴灭，许多失意者选择相对独立、稳定的高句丽作为自己的避难地。上文史料中提到的晋东夷校尉、平州刺史崔毖，前燕将军

封抽、宋晃、游泓，前燕太傅慕容评，北燕王冯文通，前燕司马冬寿（佟寿），幽州刺史墓的主人，都属于在各种斗争中失败后，避难高句丽的类型，他们大都有着显赫的地位，其投奔高句丽时多半带着大量的随从、部曲。尽管上述提到的人物投奔高句丽后结局各异，但他们带去的大量部曲随从，无疑是留在了高句丽，这也成为这个时期流入高句丽的汉人群体的主源，至少从现有史料上看是如此。

3. 避乱来投

中原地区的流人，很早就有避乱朝鲜半岛的传统。如周初的箕子东迁建立的"箕子朝鲜"，汉初卫满亡命建立的卫氏朝鲜，其主体都是汉族的前身—华夏族族群。此外，朝鲜半岛三韩之一的马韩，据史料记载，其主体也是为逃避苦役的秦人。古人进入朝鲜半岛，不外两种方式：凭船渡海和取道辽东，其中取道辽东是最常见的方式，这是由古代生产力水平决定的。可以说，辽东至朝鲜半岛沿途自古以来就有着汉人族群生活的印记，汉人族群的增减跟中原战乱的频次和烈度密切相关，汉四郡的设立也促进了汉人族群在辽东地区的稳定分布。

在人丁既是财富的古代，限制人口流出是常规，拒绝人口流入则比较罕见，况且古代也没有严格的国家界限和国籍管理，这也决定了汉人群体可以涌向四边，而少数民族亦可归化内地。应该说，自高句丽建立之日起，就像许多边陲政权一样，不断会有有汉人群体因各种大乱而避难于其地。如《三国史记·山上王本纪》就载有"十九年（197）中国大乱，汉人避乱来投者甚多，是汉献帝建安二年也"；《三国史记·故国川王本纪》载有"二十一年（217）秋八月，汉平州人夏瑶以百姓一千余家来投，王纳之，安置栅城"。

从历史记载情况看，南北朝时期，到高句丽避乱的人群较为集中，如上文史料中提到的北魏人高崇的先祖高抚，[①] 韩暨墓志中提到的其父韩详等，都是这一时期避乱高句丽的汉人群体的代表。此外，从齐使崔柳赴高句丽"索魏末流人"，得以"以五千户返命"的记载看，仅北魏末年，就有大量人口流入高句丽，汉人无疑占最大的比重。

---

① 有些学者认为高崇、高肇皆高句丽人，传记中所谓自中原逃到东夷不过虚应故事，与中原门阀攀附而已。

4. 战败被俘

高句丽立国700余年，与各时期的周边政权及中央王朝发生了大量的战争。总体态势为，中央王朝衰落，高句丽就乘乱侵削边地、拓展疆域；中央王朝强盛则思谋用兵辽东，力求一统。和战争相伴随的是双方士兵的死亡和被俘，因此，战俘也是历代流入高句丽汉人群体的一个组成部分。其中，数量最庞大的战俘来自隋炀帝第一次东征的失利，史载，大业八年（612）隋炀帝集百万之众伐高句丽，最后归者仅几千人。除去因各种原因导致的死亡后，相当数量的士兵和丁夫以战俘的形式留在了高句丽。上文史料中提到的"大德在途，隋人望之而哭者遍于田野。大德未至平壤，五十里士女夹道而观者如堵，以属于其都"，反映了大量隋朝士兵陷落异乡的事实。以此例上推前代，则终高句丽始终，因战争而没入高句丽的汉人群体，数量极其可观。

三、高句丽政权对流入汉人群体的安置

事实上，古代任何一个政权都面临着一个人口涌入、涌出的问题，与之伴随的则是如何安置外来人口，如何限制本地人口外迁的问题。在汉末—唐初700余年的乱世中，大量汉族群体因各种原因进入到高句丽境内，高句丽人是如何安置他们的呢？我们只能从一鳞半爪的史料中去分析。

上文提到的以下史料有助于我们分析这个问题：1. 高句丽（故国川王）"二十一年（217）秋八月，汉平州人夏瑶以百姓一千余家来投，王纳之，安置栅城"。① 2. 高句丽美川王三年（302）"秋九月，王率兵三万侵玄菟郡，虏获八千人，移之平壤"② 3. "文通乃拥其城内士女入于高丽。……高丽乃处之于平郭，寻徙北丰。文通素侮高丽，政刑赏罚，犹如其国。高丽乃夺其侍人，质任王仁。文通忿怨之，谋将南奔。世祖又征文通于高丽，高丽乃杀之于北丰，子孙同时死者十余人。"③ 4. "属群飞海水，天下乱离，戎狄窥疆。孝昌失驭，高丽为寇，被拥辽东。虽卉服为夷，大相引接，钦名仰

---

① 《三国史记·故国川王本纪》
② 《三国史记·美川王本纪》。
③ 《魏书》卷97《冯跋传》。

德，礼异恒品。未履平壤之郊，递拜太奢之职。非其好也。出自本心，辞之以疾，竟无屈矣。执节无变，斯之谓乎。华夏人安，宗祧更立，率领同类五百余户归朝奉国。"[①] 5. "唐陈大德为职方郎中。贞观十五年，大德使于高丽，初入其境，欲窥其国俗，……而行往往见中国人自云：'家在某郡，隋大业末因平壤败，遂没於此。高丽妻以游女，子孙盈室，与高丽错居，殆将半矣'"大德在涂，隋人望之而哭者遍於田野。大德未至平壤，五十里士女夹道而观者如堵，以属于其都"。[②]

从史料1的情况看，"栅城"是高句丽的东陲重镇，一般认为在今天吉林省珲春市境内，来投的汉人群体被整体性安排在这座城池之内，大概是基于两种考虑，一是此处统治力量强盛，二是此地远离传统的汉人聚居区，不易生变。

史料2"虏获八千人，移之平壤"中的"平壤"，并非今朝鲜半岛上的平壤，而应在今吉林省集安市附近，因为公元3年—公元427年，高句丽一直以集安地区为都，此一时期见诸文献的都城名称有"国内城"、"尉那岩城"、"丸都城"，还曾出现一些离宫性质的城池"平壤城"、"平壤东黄城"等，这些城池都在今集安市周围。此外，美川王时期的高句丽尚未向朝鲜半岛扩张，更未占领朝鲜半岛上的平壤，故此判断史料2中的"平壤"在今集安市周围，这表明，当时高句丽对于掳掠而来的汉人群体，优先安置在统治力量最强的京畿地带。

从史料1、3对夏瑶、冯文通及其部众的安置看，高句丽对于来投集团没有分而治之，而是许其于一处，聚族而居。史料4提到的"华夏人安，宗祧更立，率领同类五百余户归朝奉国"也证明，进入到高句丽的汉人群体可能是聚族而居，或者至少是相邻不远，可互通消息。

史料5对于高句丽对汉人群体的安置，记载最为详尽，其中"妻以游女"、"与高丽错居"两点信息尤其值得重视。联系到高句丽有"其俗作婚姻，言语已定，女家作小屋于大屋后，名婿屋，婿暮至女家户外，自名跪拜，乞得就女宿，如是者再三，女父母乃听使

---

① 朱子方、孙国平：《隋〈韩暨墓志〉跋》，《北方文物》1986年第1期。
② 《册府元龟》卷657《奉使部》。

就小屋中宿，傍顿钱帛，至生子已长大，乃将妇归家。其俗淫。"①
的传统，此处出现的"游女"，可理解为是那些曾招婿而未生子、或
因子未长大而未就夫家、或者夫婿已死的女人。给汉人流人安排配
偶，表明了高句丽希望他们长期留居的意愿。"与高丽错居"既可以
理解为汉人民户与高句丽人民户混居同一村落，也可理解为汉人聚
居村落与高句丽聚居村落交错分布。仅就史料 4 的内容看，似乎混
居同一村落的可能性大，但联系到史料 3、史料 4 反映的内容，则村
落间的交错分布也极有可能。因为各史料所反映的是不同时期的历
史情况，目前尚难对此下准确的结论。

四、结语

历史上，汉民族和周边少数民族，一直进行着双向流动。就这
种流动的历史作用看，汉人群体涌入少数民族地区对当地发展的影
响似乎更为显著，这大概跟汉人是当时的先进文化汉文化的直接创
造者和承载者有关。因而，研究流入少数民族地区的汉人群体的情
况，对研究当时时代的民族融合、社会发展具有积极意义。高句丽
建于汉末，盛于南北朝，亡于唐初，历 700 余年，贯穿这一千年乱
世的始终，对研究乱世时期的汉人外流现象具有样本意义。事实上，
正是汉人群体的大量涌入，才在直接意义上促进了高句丽政权在组
织模式、统治方式、宗教信仰、文化取向上的汉化进程。

---

① 《三国志》卷 30《高句丽传》。

《宋书·高句骊传》史源学研究[①]

郑春颖

（长春师范学院东北亚研究所）

摘　要　《宋书·高句骊传》与《宋书》诸帝本纪史料详略有异，史事"互见"，互为补充。注重史料之间的联系，保持史事的连贯性、完整性。史料偶见疏漏，记事亦有讹误。其史料来源有直接和间接两条途径。直接指奏疏、诏令等第一手资料，间接指前人编修的各种版本的《宋书》。

关键词　宋书　高句骊传　史源学

一、刘宋国史编撰情况

　　刘宋国史编修始于宋文帝元嘉十六年（439），何承天首领其事，草创纪传，并编修了《天文志》和《律历志》。此后，山谦之、裴松之、苏宝生等人陆续参与编修，但他们任职的时间比较短。宋孝武帝大明六年（462），徐爰领著作郎，参照前人旧稿，编成《宋书》，《隋书·经籍志》记为六十五卷。齐武帝永明五年（487），沈约奉命撰《宋书》，他在何承天、徐爰等人旧作基础上补充修订，永明六年二月完成纪传七十卷，最终定稿完成在齐明帝称帝（494）后至梁武帝即位（502）时。与沈约同时或稍后，南齐孙严著《宋书》六十五卷，王智深著《宋纪》三十卷，梁代裴子野著《宋略》二十卷，王琰著《宋春秋》二十卷，鲍衡卿著《宋春秋》二十卷。上述各家著作都已亡佚，唯有沈约《宋书》比较完整的保存下来。[②]

---

　　① 本文系"教育部人文社会科学研究青年基金项目（11YJC780006）、国家社会科学青年基金项目（11CKG005）、吉林省社科规划项目（2008Blsx10）"阶段性成果。

　　② 沈约：《宋书》，中华书局，2000年，1～5页。

　　笔者细检前人钩沉之作，王仁俊《玉函山房辑佚书补编》收录王智深《宋书》一条，又《宋纪》采得十二条。① 唐燮军《魏晋南北朝史探微》辑录裴子野《宋略》佚文一百三十九条。② 其他各家"宋史"，多为散见类书古注的残篇零段，如徐爰《宋书》，《太平御览》偶有记录。这些佚文中没有高句丽历史相关记载。与"史志"所载各家所撰"宋史"的篇卷数相比较，现存佚文数量较少，因此很难判断作为沈约《宋书》主要依据的何、徐等人的著作，其中是否包含高句丽有关内容？

二、《宋书·高句骊传》内容辨析

　　《宋书·高句骊传》自晋安帝义熙九年（413）写起，终于刘宋后废帝元徽年间（473－477），记载了高句丽六十余年的历史。③ 主要内容为高句丽王高链与刘宋之间的交往，包括册封、朝贡诸事和特写的冯弘事件。通过与《宋书·本纪》、《晋书》、《通典》、《册封元龟》、《资治通鉴》等相关史料比照（参见附表），可见《宋书·高句骊传》在史料择选及编排方面具有如下几处优点与不足。

　　1. 史料详略分置，史事"互见"，互为补充。

　　"高祖践阼"、"少帝景平二年"、"大明七年"三条，《宋书·高句骊传》记录诏书内容细节，《宋书·武帝本纪》、《少帝本纪》、《孝武本纪》记具体时间和事情梗概。④

　　"链每岁遣使"条，《宋书·高句骊传》一笔带过，《宋书·文帝纪》详载元嘉十三年、十五年、十六年、十八年、二十年、二十八年，高丽国多次遣使献方物。⑤ "太宗泰始、后废帝元徽"条，《宋书·高句骊传》简写为二帝在位时高丽贡献不绝。《宋书·明帝本纪》、《后废帝本纪》、《顺帝本纪》详载泰始三年、六年，泰豫元年，元徽三年，升明二年高丽国都曾遣使献方物。⑥

　　① 王仁俊：《玉函山房辑佚书补编》，《续修四库全书》编撰委员会编：《续修四库全书》，上海古籍出版社 1996 年，275 页，284～285 页。
　　② 唐燮军：《魏晋南北朝史探微》，华东师范大学博士论文，2008 年，119～183 页。
　　③ 沈约：《宋书》，中华书局，2000 年，1593～1594 页。
　　④ 沈约：《宋书》，中华书局，2000 年，第 37，44，88 页。
　　⑤ 沈约：《宋书》，中华书局，2000 年，57～60，62，68 页。
　　⑥ 沈约：《宋书》，中华书局，2000 年，第 108，111，120，124，132 页。

"世祖孝建二年"条,《宋书·高句骊传》记录出使之因,《宋书·孝武帝本纪》盖言进献方物。①

2. 注重史料之间的联系,保持史事的连贯性、完整性。

《宋书·高句骊传》记事不是始于宋高祖刘裕登基,而是前承自晋安帝义熙九年。该年高链被东晋王朝册封为"使持节、都督营州诸军事、征东将军、高句骊王、乐浪公。"这些封号,入宋之后,保留如故,并不断得以加封。先是,永初元年进封为"征东大将军",永初三年又"加琏散骑常侍,增督平州诸军事。"宋世祖大明七年,再次赐封"车骑大将军、开府仪同三司"。高句丽所授封号变化,体现了刘宋王朝与高句丽在政治、军事两方面联系的日益密切,东晋的册封是此种密切关系的开端,《宋书·高句骊传》所载方式有利于厘清事件发展的脉络。

具体而言,高链被赐各种封号中,"使持节"是魏晋南北朝时,掌地方军政的官通常授予的称号,"使持节"给以诛杀中级以下官吏之权。次一等的称"持节",可杀无官职的人。② 再次称假节,可杀犯军令的人。"散骑常侍",汉称散骑,为皇帝侍从,又有中常侍,职责相同。东汉省去散骑,改以宦官任中常侍。魏文帝时并散骑与中常侍为一官,称散骑常侍,以士人任职。入则规谏过失,备皇帝顾问,出则骑马散从。魏、晋散骑常侍与侍中共平尚书奏事,多是显职。③ "开府仪同三司"是魏晋南北朝时期的一种高级官位,"开府"指开设府第,设置官吏。"仪同三司"是说仪仗同于太尉、司空、司徒三司。④ 三个官号(位),一个比一个尊贵。

南朝将军序列,大致上按照骠骑、车骑、四征、八镇、八安、四平的顺序排列。高链的三个将军职,从征东将军,至征东大将军,再至车骑大将军,步步高升。这些将军号虽不是指挥军队的实际职务,却表明身份地位的不断提高。

营州,为古十二州之一。五胡十六国时期为段部所置,治所是

---

① 沈约:《宋书》,中华书局,2000年,79页。
② 邱树森:《中国历代职官大辞典》,江西教育出版社,2000年,410页。
③ 俞鹿年:《中国官制大辞典》,黑龙江人民出版社,1992年,196页;邱树森:《中国历代职官大辞典》,江西教育出版社,2000年,618页。
④ 俞鹿年:《中国官制大辞典》,黑龙江人民出版社,1992年,170页;邱树森:《中国历代职官大辞典》,江西教育出版社,2000年,69页。

位于今河北迁西县东旧城的令支县。之后，该地为鲜卑所有，前燕省营州，后燕复置，慕容熙将营州衙署迁至位于今河北省秦皇岛市东北的宿军县，北燕又省。北魏太平真君五年复置，治所为位于今辽宁省朝阳市的和龙城。① 平州，原属幽州，东汉末年，公孙度自称平州牧。魏平定辽东后，设立平州，置东夷校尉，治所在襄平县，不久并入幽州。西晋泰始十年，武帝又至平州，永嘉后郡治迁至昌黎郡。太兴二年（319）十二月慕容廆攻破平州。太兴四年二月，东晋承认鲜卑据有平州，封慕容廆为持节，都督幽平二州东夷诸军事，平州牧，辽东郡公。此后，平州一直处于慕容鲜卑的控制之下。北魏时期一度被废，但在天赐四年，又重置，治所肥如县。②

　　无论营州，还是平州，从曹魏到北魏都未被高句丽统治过，也不曾真正的隶属于东晋和刘宋王朝。东晋与刘宋王朝册封高琏为都督营州（平州）诸军事与上述其他各个官位封号一样，不过是一种虚封，一种外交策略。此举一方面表明自己才是国家的最高统治者，五胡十六国政权皆非正统，另一方面想通过"以夷制夷"之策，将他人（鲜卑、北魏）领地遥许与他人（高句丽）的办法，让高句丽收复营州、平州，或是牵制北方其他各股势力。

　　3. 史料偶见疏漏，记事亦有讹误。

　　《宋书·少帝纪》载："景平元年（423）三月，高丽国遣使朝贡。"《宋书·孝武帝纪》载："（元嘉）三十年（453年）十一月丙寅，高丽国遣使献方物。"《宋书·孝武帝纪》："（大明）二年（458）冬十月乙未，高丽国遣使献方物。五年秋七月丁卯，高丽国遣使献方物。"③《册府元龟·外臣部·朝贡一》："大明六年，高丽国遣使献方物，"④ 此五条《宋书·高句骊传》没有提及。

　　《宋书·高句骊传》记"跋死，子弘立。"然《晋书·冯跋载记》

---

① 《中国历史大辞典·历史地理卷》编撰委员会：《中国历史大辞典·历史地理卷》，上海辞书出版社，1997年，803页；戴均良：《中国古今地名大词典》，上海辞书出版社，2005年，2654页。

② 《中国历史大辞典·历史地理卷》编撰委员会：《中国历史大辞典·历史地理卷》，上海辞书出版社，1997年，196页；戴均良：《中国古今地名大词典》，上海辞书出版社，2005年，764页。

③ 沈约：《宋书》，中华书局，2000年，第44，76，81页。

④ 王钦若：《册封元龟》，中华书局，1989年，3833页。

记："弟弘杀跋子翼自立，后为魏所伐，东奔高句丽。居二年，高句丽杀之。"①《魏书·冯跋传》记："文通，跋之少弟也，本名犯显祖庙讳。"②《魏书·世祖本纪》记："是岁，冯跋死，弟文通僭立。"③《十六国春秋·北燕录·冯弘》亦有相似记载。④ 据此，冯弘，字文通，是冯跋的季弟，而非其子。

《宋书·高句骊传》记："（元嘉）十五年，复为索房所攻，弘败走，奔高骊北丰城，表求迎接。"然《十六国春秋·北燕录三·冯弘》记太兴六年（元嘉十三年，436 年）"六年，四月，魏又遣侍郎建兴公虞弼、东平公鹅青来伐，攻克白狼。复遣使求迎于高丽，高丽将葛居庐、孟光率众数万，随阳伊来迎，……高丽军既入城，取武库甲以给其众，城内美女皆为高丽军人所掠。五月乙卯，弘率龙城万户东徙，焚烧宫殿，火一旬不绝。令妇人被甲居中，阳伊等勒精兵于外，葛居庐，孟光率骑后殿，方轨而进，前后八十馀里。魏追至辽水，不击而还。"⑤《资治通鉴·宋纪·太祖上》亦载"（元嘉十三年）夏，四月，魏娥清、古弼攻燕白狼城，克之。高丽遣其将葛卢孟光将众数万随阳伊至和龙迎燕王。高丽屯于临川。燕尚书令郭生因民之惮迁，开城门纳魏兵；魏人疑之，不入。生遂勒兵攻燕王，王引高丽兵入自东门，与生战于阙下，生中流矢死。葛卢孟光入城，命军士脱弊褐，取燕武库精仗以给之，大掠城中。五月乙卯，燕王帅龙城见户东徙，焚宫殿，火一旬不灭；令妇人被甲居中，阳伊等勒精兵居外，葛卢孟光帅骑殿后，方轨而进，前后八十馀里。古弼部将高苟子帅骑欲追之，弼醉，拔刀止之，故燕王得逃去。"⑥据此，该事件发生的时间可能在元嘉十三年，王白驹、赵次兴出使高句丽，冯弘被杀的时间在元嘉十五年。

《宋书·高句骊传》记："大明三年，又献肃慎氏楛矢石砮。"然《宋书·孝武帝纪》载："三年十一月己巳，高丽国遣使献方物；肃慎国重译献楛矢、石砮；西域献舞马。"《宋书·符瑞志下》载为：

① 房玄龄等：《晋书》，中华书局，2000 年，2106 页。
② 魏收：《魏书》，中华书局，2000 年，1439 页。
③ 魏收：《魏书》，中华书局，2000 年，53 页。
④ 汤球：《十六国春秋辑补》，《二十五别史》，齐鲁书社，1998 年，677 页。
⑤ 汤球：《十六国春秋辑补》，《二十五别史》，齐鲁书社，1998 年，678 页。
⑥ 司马光：资治通鉴，中华书局，2007 年，1482～1483 页。

"孝武帝大明三年十一月己巳，肃慎氏献楛矢石砮，高丽国译而至。"①《册府元龟·外臣部·朝贡一》亦载："大明三年，高丽国遣使献方物，肃慎国重译献楛矢、石砮。"② 据此"大明三年"条有将高丽所献方物与肃慎混淆之嫌。

《宋书·高句骊传》记："东夷高句骊国，今治汉之辽东郡。"此条有的学者指出：所谓"今"指的是《宋书》编撰的时间，即南齐永明五年至六年之间（487—488）。但是，高句丽早在公元427年，长寿王已经将都城迁至平壤，"治汉之辽东郡"的说法错误。③ "治"有多解，除指王都或地方官署所在地之外，还释为管理、惩处、较量及与"乱"相对的政治清明安定。④ 若依第一种解释"治汉之辽东郡"的记载有误，但若将"治"释为"管理"，尚可说通。

三、编辑体例与史源初探

十二家正史《高句丽传》中《宋书·高句骊传》编辑体例最为俭省，只有时政关系一项，其他各家则多由风俗概述、世系、传说等各项中的几项共同构成。从表面分析似乎此种编辑体例与其书为断代史的性质相吻合，这可能是其中的原因之一，但此点绝不是根本因素。十二家正史《高句丽传》中，除《南史》与《北史》稍具通史性质外，其他各家亦都是断代史。

从《宋书·高句骊传》内容分析，"册封、朝贡诸事"史料应源自史官实录及诏令，此部分内容记载详密，多无讹误，应出自第一手资料。"冯弘事件"相关资料应出自于参与人的奏疏，或知情者的表述。此部分冯弘与冯跋的亲属关系，事件发生时间两处记载均有错误，不禁令人有下面两种猜想：第一种，奏疏与表述本身存在人物身份与时间辨识的错误。毕竟，刘宋王朝偏安于江南一隅，与世居东北的高句丽相距甚远。双方往来，无论陆路，还是水路时受人祸与天灾的阻隔，信息并不十分灵通，间接资料的传输难免存在疏

① 沈约：《宋书》，中华书局，2000年，83，581页。
② 王钦若：《册封元龟》，中华书局，1989年，3833页。
③ 刘子敏、苗威著：《中国正史〈高句丽传〉详注及研究》，香港亚洲出版社，2006年，58～59页。
④ 《辞源》修订组：《辞源》，商务印书馆，1997年，956页。

漏。第二种，奏疏与表述本身不存在人物身份与时间辨识的错误。沈约编修《宋书》时，并未亲观参与人的奏疏，也未找人核实，仅是依据何承天、徐爰等人旧作编修此部分。两种可能中，笔者倾向于后一种。若此种假设成立，这也就意味着《宋书·高句骊传》的史料来源有直接和间接两条途径。直接指奏疏、诏令等第一手资料，间接指前人编修的各种版本的《宋书》。

附表：《宋书·高句骊传》与《晋书》《册府元龟》等相关史料对比

《宋书·高句骊传》	相关史料
东夷高句骊国，今治汉之辽东郡。	
高句骊王高琏，晋安帝义熙九年，遣长史高翼奉表献赭白马。以琏为使持节、都督营州诸军事、征东将军、高句骊王、乐浪公。	《晋书·安帝纪》载："义熙九年是岁，高句丽、倭国及西南夷铜头大师并献方物。" 《通典·边防二·高句丽》："东晋安帝义熙中，遣长史高翼献赭白马，以琏为营州诸军事、高丽王、乐浪郡公。" 《册府元龟·外臣部·封册一》："（晋安帝）义熙九年，高丽国王高琏（注：一作高连）遣长史高翼奉表献赭白马，以琏为高丽王、乐浪郡公"。
高祖践阼，诏曰："使持节、都督营州诸军事、征东将军、高句骊王、乐浪公琏；使持节、督百济诸军事、镇东将军、百济王映，并执义海外，远修贡职。惟新告始，宜荷国休，琏可征东大将军，映可镇东大将军。持节、都督、王、公如故。"	《宋书·武帝纪下》："永初元年（420）秋七月甲辰，征东将军、高句骊王高琏，进号征东大将军，镇东将军百济王扶余映，进号镇东大将军。"
三年，加琏散骑常侍，增督平州诸军事。	

少帝景平二年，琏遣长史马娄等诣阙献方物，遣使慰劳之。曰："皇帝问使持节、散骑常侍、都督营平二州诸军事、征东大将军、高句骊王、乐浪公，篡戎东服，庸绩继轨，厥惠既彰，款诚亦著，逾辽越海，纳贡本朝。朕以不德，忝承鸿绪，永怀先踪，思覃遗泽。今遣谒者朱邵伯、副谒者王邵子等，宣旨慰劳。其茂康惠政，永隆厥功，式昭往命，称朕意焉。"	《宋书·少帝纪》载："景平二年（公元424年）正月，高丽国遣使贡献。"又载有"景平元年（423）……三月……是月，高丽国遣使朝贡。" 《册府元龟·外臣部·朝贡一》："景平二年，高丽国遣使贡献。"
先是，鲜卑慕容宝治中山，为索虏所破，东走黄龙。	《晋书》卷10晋安帝隆安元年五月条："慕容宝将慕容详僭即皇帝位于中山，宝奔黄龙。"
义熙初，宝弟熙为其下冯跋所杀，跋自立为主，自号燕王，以其治黄龙城，故谓之黄龙国。跋死，子弘立，屡为索虏所攻，不能下。	《晋书·冯跋载记》："遂与万泥等二十二人结谋。跋与二弟乘车，使妇人御，潜入龙城，匿于北部司马孙护之室。遂杀熙，立高云为主。……群臣固请，乃许之，于是以太元二十年乃僭称天王于昌黎，而不徙旧号，即国曰燕，赦其境内，建元曰太平。……弟弘杀跋子翼自立，后为魏所伐，东奔高句丽。居二年，高句丽杀之。"（卷125） 《魏书·冯跋传》："后慕容熙僭号，以跋为殿中左监，稍迁卫中郎将。后坐事逃亡。既而熙政残虐，民不堪命，跋乃与从兄万泥等二十三人结谋，跋与二弟乘车，使妇人御，潜入龙城，匿于孙护之室以诛熙。乃立夕阳公高云为主，以跋为侍中、征北大将军、开府仪同三司，封武邑公，事皆决跋兄弟。太宗初，云为左右所杀，跋乃自立为燕王，置百官，号年太平，于晨永兴元年也。跋抚纳契丹等诸落，颇来附之。……文通，跋之少弟也，本名犯显祖庙讳。……文通乃拥其城内士女入于高丽。"

太祖世，每岁遣使献方物。	
元嘉十二年，赐加除授。	《南史·宋文帝纪》："十二年春正月癸酉，封冯弘为燕王。" 《册府元龟·外臣部·册封一》："十二正月，封黄龙国主冯弘为燕王。"
十五年，复为索虏所攻，弘败走奔高骊北丰城，表求迎接。太祖遣使王白驹、赵次兴迎之，并令高骊料理资遣；琏不欲使弘南，乃遣将孙漱、高仇等袭杀之。白驹等率所领七千余人掩讨漱等，生禽漱，杀高仇等二人。琏以白驹等专杀，遣使执送之，上以远国，不欲违其意白驹等下狱，见原。	《资治通鉴·宋纪·太祖上》："（元嘉十三年）夏，四月，魏娥清、古弼攻燕白狼城，克之。高丽遣其将葛卢孟光将众数万随阳伊至和龙迎燕王。高丽屯于临川。燕尚书令郭生因民之惮迁，开城门纳魏兵；魏人疑之，不入。生遂勒兵攻燕王，王引高丽兵入自东门，与生战于阙下，生中流矢死。葛卢孟光入城，命军士脱弊褐，取燕武库精仗以给之，大掠城中。五月乙卯，燕王帅龙城见户东徙，焚宫殿，火一旬不灭；令妇人被甲居中，阳伊等勒精兵居外，葛卢孟光帅骑殿后，方轨而进，前后八十馀里。古弼部将高苟子帅骑欲追之，弼醉，拔刀止之，故燕王得逃去。" 《十六国春秋·北燕录三·冯弘》：太兴六年（元嘉十三年，436年）"六年，四月，魏又遣侍郎建兴公虞弼、东平公鹅青来伐，攻克白狼。复遣使求迎于高丽，高丽将葛居庐、孟光率众数万，虽阳伊来迎，……高丽军既入城，取武库甲以给其众，城内美女皆为高丽军人所掠。五月乙卯，弘率龙城万户东徙，焚烧宫殿，火一旬不绝。令妇人被甲居中，阳伊等勒精兵于外，葛居庐，孟光率骑后殿，方轨而进，前后八十馀里。魏追至辽水，不击而还。"

琏每岁遣使。	《宋书·文帝纪》载："（元嘉）十三年（436年，魏太延二年）六月，高丽国、武都王遣使献方物。" 《宋书·文帝纪》载："十五年（438年）是岁，武都王、河南国、高丽国、倭国、扶南国、林邑国并遣使献方物。十六年（439年）是岁，武都王、河南王、林邑国、高丽国并遣使献方物。十八年（441年）是岁，肃特国、高丽国、苏靡黎国、林邑国并遣使献方物。二十年（443年）是岁，河西国、高丽国、百济国、倭国并遣使献方物。二十八年（451年）冬十月癸亥，高丽国遣使献方物。"
十六年，太祖欲北讨，诏琏送马，琏献马八百匹。	《宋书·文帝纪》载有高丽国遣使献方物事，未提马匹。 《通典·边防二·高句丽》："宋元嘉中，又献马八百匹"。
世祖孝建二年，琏遣长史董腾奉表慰国哀再周，并献方物。	《宋书·孝武帝纪》："孝建二年十一月辛亥，高丽国遣使献方物。" 《册府元龟·外臣部·朝贡一》："孝武帝孝建二年，高丽国遣使献方物。"
大明三年，又献肃慎氏楛矢石砮。	《宋书·孝武帝纪》载："三年十一月己巳，高丽国遣使献方物；肃慎国重译献楛矢、石砮；西域献舞马。" 《宋书·符瑞志下》："孝武帝大明三年十一月己巳，肃慎氏献楛矢石砮，高丽国译而至。" 《册府元龟·外臣部·朝贡一》："大明三年，高丽国遣使献方物，肃慎国重译献楛矢、石砮。"

七年（463），诏曰："使持节、散骑常侍、督平营二州诸军事、征东大将军、高句骊王、乐浪公琏，世事忠义，作藩海外，诚系本朝，志剪残险，通译沙表，克宣王猷。宜加褒进，以旌纯节。可车骑大将军、开府仪同三司，持节、常侍、都督、王、公如故。"	《宋书·孝武帝纪》载有"七年六月戊申，芮芮国、高丽国遣使献方物。七月乙亥，征东大将军高丽王高琏进号车骑大将军、开府仪同三司。" 《册府元龟·外臣部·封册一》："七年六月，高丽王高琏进号车骑大将军、开府仪同三司。"
太宗泰始、后废帝元徽中，贡献不绝。	《宋书·明帝纪》载："泰始三年（467）十一月乙卯，高丽国、百济国遣使献方物。六年（470年，魏皇兴四年）十一月己巳，高丽国遣使献方物。" 《宋书·后废帝》载："泰豫元年（472）十一月己亥，芮芮国、高丽国遣使献方物。元徽三年（475年，魏延兴五年）冬十月丙戌，高丽国遣使献方物。" 《宋书·顺帝纪》载："升明二年（478）十二月戊子，高丽国遣使献方物。"

长寿王评传

李　爽

（吉林省高句丽研究中心）

　　摘　要　长寿王在高句丽历史上是一位颇有建树的国王，其在文治、武功、外交上都取得了成功，对高句丽王国的发展影响深远。

　　关键词　长寿王　改革　迁都　朝贡　战争

　　长寿王，名巨连（一作琏），是广开土王（好太王）的元子，高句丽第 20 代王。他是高句丽历史上一位颇有建树的国王，把高句丽推向盛世。

一、长寿王所处的社会背景

　　长寿王执政时，中国历史正进入到南北朝时期。南朝是从公元420 年东晋大将刘裕代晋建立宋朝开始，然后经历齐、梁、陈几个王朝的更替，最终被隋灭亡。北朝则是从公元 439 年北魏统一北方为开端，经东魏和西魏，之后又演变为北齐和北周，公元 581 年隋灭北周为结点。历史上将这一时期称为南北朝。南北朝时期南北分裂，处于对峙状态，战乱频仍，这种形势为高句丽进一步发展提供了契机。同时长寿王又感受到高句丽面临形势的复杂和严峻，相邻的北魏政权，经济基础和军事力量是很强大的。南朝的刘宋政权，这个政权对其虽构不成威胁，但也不能忽视；而在朝鲜半岛上的新罗、百济与高句丽的战争也从未间断。这种复杂的局势迫使长寿王必须选择合适的国策来应对。

　　而此时的高句丽在已故的广开土王潜心经营下，既摆脱了周边各族的军事威胁，又拥有辽阔疆土，国富民殷。高句丽实力的增强，俨然以北方大国的姿态与中原王朝周旋。通过朝贡的方式，获得册封与认可。高句丽政权处于一个相对稳定的发展时期。面对这样稳定的社会环境，高句丽又将如何发展？这也需要长寿王做出英明决策。

综上可知，长寿王面对南北朝对峙的社会大背景，将采取怎样的对策来应对中原，以谋求高句丽的生存空间；而高句丽自身发展的相对比较稳定，又将如何继续发展，以增强、壮大高句丽。历史的重任落在长寿王的肩上，而长寿王也倾毕生心血交上了一份堪称完美的历史答卷。

二、生平业绩

长寿王，公元 409 年被立为太子，413 年即位，491 年逝世。其在位 78 年，享年 98 岁，因为他是一位高寿的国王，故死后被谥为"长寿王"。其人仪表堂堂，志向远大。史家赞之"体貌魁杰、志气豪迈"。对其一生的评价，史书更是竭力赞美"享年愈长，国富民强"。下面具体阐述其一生的作为。

（一）文治方面，长寿王的主要业绩有三：

其一、政治制度的改革

美川王即位后，高句丽逐渐进入到君主集权时代，其各项行政体制也随之发生了相应的变化。长寿王即位后，为巩固王权，加强了君主集权制，并对高句丽政治制度进行改革，官位体系中出现兄系和使者系，使高句丽官位体系走向成熟，进入到一元化阶段。虽然史书对长寿王的政治制度改革未有明载，但我们可以从其对高句丽后期官位体系的记载中来加以佐证。

《魏书》载："其官有谒奢、太奢、大兄、小兄之号。"

《隋书》卷 81《高丽传》："官有太大兄，次大兄，次小兄，次对卢，次意侯奢，次乌拙，次太大使者，次大使者，次小使者，次褥奢，次翳属，次仙人，凡十二等。"

《高丽记》："其国建官有九等。其一曰吐捽，比一品，旧名大对卢，……次曰太大兄，比正二品，一名莫何罗支。次郁折，比从二品，华言主簿。次大夫使者，比正三品，亦名谒奢。次皂衣头大兄，比从三品，一名中里皂衣头大兄，东夷相传所谓皂衣先人者也。以前五官，掌机密、谋政事，征发兵丁，选授官爵。次大使者，比正四品，一名大奢。次大兄加，比正五品，一名缬支，次拨位使者，比从五品，一名儒奢。次上位使者，比正六品，一名契达奢使者，一名乙耆。次小兄，比正七品，一名失支。次诸兄，比从七品，一名翳属，一名伊绍，一名河绍还。次过节，比正八品。次不节，比从八品。次先人，比正九品，一名失元，一名庶人。"

从上引史料中可以了解到高句丽后期官位体系的大致情况，使者系官位和兄系官位已经出现并开始系列化了。《魏书》所记载的四种官位，这条史料最初应得自李敖出使高句丽之见闻，而此事发生于公元 435 年，亦即长寿王 23 年。也就是说至晚在这一时期，高句丽已经有了这四种官位。而这四种官位已经足以证明当时的兄系官位和使者系官位已经系列化，且从《魏书》仅提这四个官位来看，也足见其在官位体系中的重要性，而兄系官位和使者官位系列化并成为官位体系的主轴则正是后期官位体系的主要特征。因此，这条史料可以证明在长寿王时期，《高丽记》所载的官位体制已基本确立。

官制改革是一件关系到国家兴衰的重大问题，它既需要一定的社会政治条件为基础，同时也需要有一个恰当的契机。周隋期间，恰值王权与贵族权此消彼长，各阶层利益需要重新洗牌之际，此时确有改革官制的需要。但是，当时也正是各大贵族忙于争权夺势之时，此时改革官制的时机尚不成熟。而相比之下，自美川王之后，王权得到不断加强，到了长寿王时期，高句丽君主集权体制已达到巅峰状态，迁都平壤后高句丽的五部体制已彻底都畿化，统治阶级内各阶层利益重组已是迫在眉睫。在这种情况下，长寿王开始实施官制改革，建立起一整套统一的、规范化的官僚体制，这不仅是可能的，甚至可以说是必然的。[1] 因此，我们有理由认为以兄系官位和使者系官位为主轴的这套官位体系很可能是在美川王之后逐渐形成，在长寿王时代完全确立下来。

其二、经济建设

长寿王即位后，稳定社会，发展生产，非常重视经济的发展。尤其遇有水旱灾害，长寿王更为关注。公元 414 年，高句丽大雪五尺，419 年，又发生洪水围困之灾。长寿王多次派人存问，开仓赈

---

① 刘炬、付百臣等：《高句丽政治制度研究》，香港亚洲出版社，2008 年，188 页。

济，赢得了百姓的拥戴。同时，百姓从事生产的积极性提高，连续取得农业的丰收。公元 424 年，长寿王为庆贺农业的丰收，在宫殿大宴群臣。经济的发展，为长寿王的迁都奠定了坚实的物质基础。

其三、迁都平壤

长寿王即位后，清楚地看到周边的环境，西北的北燕日益衰落，无力北进。北魏政权虽然强大，但毕竟受到南朝之掣肘。北方的夫余和靺鞨不足以与高句丽对抗。唯有南方的新罗、百济是高句丽的心腹大患。新罗、百济与高句丽的战争不断。百济自被好太王屡败之后，便视高句丽为不共戴天之敌，总想东山再起，消灭高句丽，以雪前耻。而曾经役属于高句丽的新罗在实力不断壮大以后，也想称霸一方，不甘心长期受高句丽的奴役。因而，纵使高句丽想保持南境的和平，新罗、百济也不会答应。而高句丽自从好太王开疆拓土后，野心勃勃，也有统一朝鲜半岛的需要，新罗、百济则是其绊脚石。故此长寿王把发展的战略重点放在南方，并为此而考虑到迁都平壤。如果迁都于此，即有利于对付新罗、百济，同时又相对远离了中原王朝，减轻了来自中原王朝的威胁，高句丽将会获得相对稳定的生存环境。一旦形势有变化，或攻或守，皆可自主选择。

公元 427 年，长寿王将都城由国内城迁往平壤城。

迁都平壤后，长寿王采取了一系列加强平壤建设的措施：修筑军事防御性的山城和庙宇、宫殿，向平壤地区移民，吸纳有用之才，鼓励生产。此外，高句丽加强了对辽东地区的经营，不仅与平壤的建设相呼应，还为向南方的扩张奠定了坚实的基础。

（二）外交方面：西事中原

长寿王迁都平壤的目的是更好实施南进计划。为了实现这一目标，长寿王必须稳固后方，处理好与中原各朝的关系。为此，长寿王采取西事中原的政策。

即位不久（413），长寿王派遣长史高翼奉表朝晋，进献赭白马，以表示友好的诚意。东晋安帝册封长寿王为高句丽王，乐浪公。

其后，鲜卑拓跋部称雄中原北部。于是，长寿王又向北魏示好。公元 435 年六月，长寿王遣使朝贡，并请国讳。北魏太武帝拓跋焘"嘉其诚款，诏下帝系名讳于其国，遣员外散骑侍郎李敖拜琏（即长寿王）为都督辽海诸军事、征东将军、领护东夷中郎将、辽东郡开国公、高句丽王"。由此明确了双方的隶属关系。

　　同年秋，长寿王派使臣入魏朝谢。此时，长寿王接到北燕尚书阳伊的求援。北燕屡次遭到北魏的攻伐，危机四伏，希望得到高句丽的援助。长寿王正想趁北燕生死存亡之机，笼络冯弘，收容其部下，借此扩充实力。为此，长寿王立刻同意北燕的请求。公元436年，北魏派兵攻打北燕的白狼城，攻克。长寿王派将军葛卢、孟光率数万之众，随阳伊来龙城救援燕主冯弘。高句丽兵趁机大掠其城，用北燕最好的战袍、兵械武装自己。燕主冯弘率众东迁，大火焚烧宫室，数日不息。东迁队伍浩荡，绵延80余里。妇女披甲居中，阳伊等率精兵外围，葛卢、孟光率骑兵断后。北魏太武帝听说此事，令长寿王送燕王入魏。长寿王奉表称"当与冯弘俱奉王化"。太武帝见长寿王拒送燕王，气愤中欲发陇右骑兵来击高句丽，被大臣劝止。

　　长寿王见好就收，437年，又及时遣使入魏朝贡，以取得北魏的谅解。长寿王将燕主冯弘安置到辽东，并派使臣慰劳。然而，冯弘不甘心屈于长寿王的统治，徙到北丰，政刑赏罚，一如其国。长寿王以其侮慢为由，命人夺其侍人，取其太子当人质。冯弘怨恨，私下派人去宋，请求避难。公元438年，宋太祖派使者王白驹来辽东迎接冯弘。长寿王不肯轻易放冯弘去宋。恰好此时，北魏太武帝也来要人。长寿王顺水推舟，决定杀死冯弘，这样对北魏和南宋都有交代，可使北魏和南宋无法降罪于已，同时长寿王也达到了当初援助北燕以增强自身实力的目的，可谓一举三得。于是，长寿王派将领孙漱、高仇等率兵至北丰杀死冯弘及其子孙十多人。南宋使者王白驹对此深感不满，便率领七千余人，征讨孙漱、高仇。生擒孙漱、杀死高仇。长寿王以王白驹等专杀，遣使将其送回南宋，宋太祖以远国不欲违其意，下白驹等狱，已而原之。

　　冯弘事件后，长寿王为了缓和与北魏的关系，对北魏的供奉甚勤。据《三国史记》载，长寿王在位期间派使臣到北魏朝贡达43次。"恭顺谨慎，恪守藩臣之礼"，且"岁致黄金二百斤，白银四百斤"。北魏政权对高句丽也很友善，不仅赏赐有加，对其使臣颇为尊重。"魏置使邸，齐使第一，高丽次之。"①

　　当然，长寿王对北魏采取朝贡称臣的政策更多带有一种策略性：一方面承认中原王朝的宗主地位，每年按时遣使朝贡，接受朝廷册

---

　　① 《南齐书》卷58《东南夷·高句丽传》。

封，听从诏命。在北魏政权看来，高句丽是以其臣子的身份代为管理和经营辽东；另一方面当事关王国利益时，不服从中原的命令，采取消极抵抗的态度。公元 466 年，北魏文明太后以献文帝六宫未备，欲同高句丽和亲，命长寿王荐送其女入宫，长寿王等害怕和亲后，招致北魏使团不断前来，探知高句丽形势秘密，危及自身安全，故而谎称"女已出嫁，求以弟女应旨"，希望就此作罢。不料文明太后竟同意了"以弟女应旨"。这时，长寿王只好敷衍塞责，一再拖延。文明太后颇不满意，遣使斥责。后献文帝早逝，和亲之事乃止。北魏对长寿王所采取的种种消极对抗的态度，虽然大为不满，但其发展的重点是南向与刘宋政权对抗，打算一统中原，不愿轻易对高句丽用兵，以防备两面受敌，所以对高句丽采取安抚政策，意在稳定后方。

高句丽在保持与北魏政权臣属关系的同时，还同南朝政权交往。公元 463 年，南朝宋世祖嘉其诚意，特封长寿王为车骑大将军仪同三司。公元 480 年，长寿王遣使余奴等朝聘南齐与其修好。但被北魏察觉，故而将余奴于途中截获；并摆出宗主的架势，遣使斥责长寿王"越境外交，远通篡贼"，不守藩臣节义。长寿王立即做出回应，遣使道歉。高句丽同南朝政权的交往受到北魏政权的牵制，但长寿王阳奉阴违，第二年照例遣使南齐，贡献方物。先后向宋齐梁陈诸政权朝贡，结盟修好，与中原王朝的隶属关系，一直延续下来。

长寿王与南北朝都保持臣属朝贡的关系，意在实行南北制衡，高句丽借此机会壮大自己。

（三）武功方面：南侵新罗、百济

高句丽迁都平壤后，对中原政权称臣纳贡，稳定了辽东；在南方，高句丽集结军事力量，矛头直指新罗、百济。

高句丽迁都平壤，标志着半岛上三国争霸格局的形成。原来同高句丽修好的新罗，也感受到来自高句丽的威胁，开始向高句丽挑战。新罗实力不如高句丽，在好太王时与高句丽友好相处，依附于高句丽。长寿王即位后，公元 424 年，新罗派使臣前来朝聘，长寿王隆重接待了使臣，双方依然保持友好和睦的关系。长寿王迁都平壤后，新罗对高句丽严加防范。公元 440 年，新罗人袭杀高句丽边将，长寿王大怒，将举兵讨之，新罗王遣使谢罪，方才停兵。由此拉开了高句丽出兵新罗的序幕：公元 454 年，长寿王遣兵侵新罗北边。公元 468 年，长寿王用 1 万靺鞨兵攻占新罗国的悉直州城。公元 488 年，遣兵侵讨新罗北边，陷孤山城。长寿王几次大规模的军事出击，高句丽不断获胜，掳掠人口、珠宝财富，国库充实，疆域扩大，致使新罗招架不住。

而百济受高句丽的冲击更大。在广开土王统治时期，广开土王曾多次出兵百济，多以百济的失败而告终。长寿王迁都后，对百济进行了几次强有力的军事打击。百济盖卤王通过与高句丽的交战，深知高句丽的战斗能力，不敢掉以轻心，在都城以北布以重兵，积极加强防御。高句丽军队与百济几次交锋之后，知道百济已做了周密的防备，发动军事攻击在短时间内难以取胜。长寿王决定用计谋智取百济。先消耗百济国力，再大举进攻，定能取胜。便派僧人道琳伪装成获罪之人，侥幸逃脱，投奔到百济。道琳知道百济盖卤王擅长弈棋，便毛遂自荐，与盖卤王弈棋数局，表现出高超的棋艺，深得盖卤王的青睐并逐渐得到信任，对道琳言听计从。道琳见时机成熟，于是进言："百济如此强大，四邻莫敢进犯，应大兴宫室、城郭，极尽华丽、壮观，以显大王之威严。"盖卤王听后大喜，遂"尽发国人，蒸土筑城，即于其内作宫，楼阁台榭，无不壮丽。又取大石於郁里河，作椁以葬父骨，缘河树堰。自蛇城之东，至崇山之北，是以仓庾虚竭，人民穷困，邦之阢杌，甚於累卵。"[①] 百济盖卤王大兴土木，征调役夫，以致灾荒连年，怨声载道，国库空虚，实力锐减。道琳见时机成熟，偷偷潜回高句丽告王。长寿王大喜，于公元 475 年秋，亲帅三万大军来围百济王都汉城，以迅雷不及掩耳之势，一举攻下百济都城汉城，斩盖卤王扶余庆于城下，致使百济遭到毁灭性打击。占领汉城后，高句丽疆域又向半岛南部大大推进。

长寿王对百济的军事进攻，加速了百济的衰弱。虽然百济也曾回师北上，侵扰高句丽南境，但次数愈来愈少，往往被高句丽击退。

长寿王在潜心经略高句丽王国的同时，一方面致力于南下扩张，侵新罗、百济以扩展疆域；另一方面奉行西事中原的政策，每年按时遣使朝贡，直至生命终止。公元 491 年冬十二月，长寿王去世。一代英主用自己的一生谱写了高句丽的辉煌。

---

① 《三国史记》卷 25《百济本纪·盖卤王》。

三、对长寿王的评价

长寿王在高句丽王国发展历程中影响深远。对他的评价主要从以下几个方面入手：

首先，长寿王是一位远见卓识的政治家。长寿王即位后，进行了政治制度的改革。以兄系、使者系为主轴的官位体系的形成，意味着高句丽官位制已步入成熟阶段，也意味着高句丽王国秩序的强化和王权的增强。迁都平壤，其难度并不亚于对外扩张，需要得到五部贵族的认可和拥护。能够在最短的时间顺利迁都，说明了长寿王对国家强有力的统治和控制，同时也说明君主集权制的加强。在长寿王时代，高句丽走向强盛，国力大增，"民户叁倍于前魏。东西二千里，南北一千余里"。① 其时，元魏"置诸国使邸，齐使第一，高丽次之。"② 足见当时高句丽国力之强，不仅为海东之第一强国，而且为中原周边各族之冠。能够达到这样的成就，完全体现了一位政治家的远见卓识。

其次，长寿王是一位足智多谋的军事家。长寿王具有杰出的军事才能，战功卓越。他多次出兵攻打新罗，并不断获胜，致使新罗招架不住。长寿王对百济也进行了几次强有力的军事打击，致使百济损失惨重。长寿王发挥军事才能，对新罗、百济的战争中，不断保持胜利和扩大胜利，他能适时捕捉战机并迅速出击，其作战不拘成法，有如行云流水，羚羊挂角。尤其攻陷百济都城的战争，更可见长寿王的足智多谋，在强攻百济不下的情况下，长寿王决定用计谋智取百济，派道琳和尚使用反间计，轻而易举便破解了百济的强势，杀死了百济盖卤王，攻下其王都汉城，而且把自己的损失减到最低。由此可看出，长寿王是一位不折不扣的优秀军事家。

再次，长寿王是一位深谋远虑的外交家。长寿王执政期间，对高句丽面临的外部形势了然于胸：不容忽视的南朝刘宋政权，潜在威胁的北魏政权，与之争霸的新罗、百济。在这种复杂的局势中，长寿王深谋远虑，制定了西事中原，南侵新罗、百济的外交策略。即对南北朝各政权采取臣属、朝贡、积极修好的政策，使其能够利用南北对峙的局面为自身的生存和发展增强保障。冯弘就是很好的

---

① 《魏书》卷100《高句丽传》。
② 《南齐书》卷58《东南夷·高句丽传》。

例证，长寿王援助冯弘的目的是吸纳北燕的势力，以此来壮大自己的实力。然而，北魏太武帝，刘宋之太祖皇帝都派使者来索要冯弘。长寿王不想开罪北魏和南宋，遂决定杀死冯弘，这样一来，高句丽既达到了据北燕实力为己有之目的，同时对北魏和南宋也都有了交代，真可谓一举三得。而且长寿王在臣属北魏政权的同时，还同南朝政权交往。当长寿王同南齐修好被北魏察觉，遭到北魏斥责时，长寿王阳奉阴违，表面上遣使道歉，态度恳切，实际上照例遣使南齐。长寿王其用意就是利用南北朝的矛盾，使之相互牵制对方，以便为高句丽赢得更大的发展机遇。尤其当事关王国利益时，长寿王更是寸步不让，不服从中原的命令，采取消极抵抗的态度。前文所述的魏文明太后命长寿王送女入宫应亲一事，就完全体现了这一点。长寿王一再推诿，敷衍塞责。导致此事不了了之。长寿王这种高明的外交政策，保证了高句丽政权的稳定。而中央王朝对高句丽的册封，又使其在对周边民族和政权中拥有了政治上、心理上和战略上的优势。长寿王为高句丽带来了繁荣和昌盛，成为其后继者的模板，也赢得了中原王朝统治者的尊重并对其高度评价：如其死后魏孝文帝闻之，在东郊为其举行葬礼。另外，派谒者仆射李安上策赠车骑大将军、太傅、辽东郡开国公、高句丽王，谥号康。

大祚荣"东奔"队伍的构成及
领导集团之我见

孙　倩

（长春师范学院图书馆）

摘　要　公元696年"营州之乱"失败后，大祚荣见形势不好，为寻求出路，率领部众开始"东奔"。研究"东奔"的队伍构成及其领导集团的相关问题，正是我们解决渤海国民族问题的首要前提和基础。然而，对此学术界产生了一定的分歧，本文在总结前人研究成果的基础上，提出了大祚荣在"东奔"队伍中，靺鞨人构成了东奔队伍的主体部分，其中包括：粟末部、乌素固部落、伯咄部、安车骨部等等。除此之外，高句丽遗民、汉人、契丹、奚人以及九姓杂胡也是队伍中的重要成分。在靺鞨人中，粟末靺鞨部人数无疑又占了最大的比重，因此，在粟末靺鞨人大祚荣领导的"东奔"队伍中，是以粟末靺鞨为主导，构成了其领导集团中的主体。

关键词　渤海　高句丽　大祚荣　靺鞨

一

公元696年，契丹首领李尽忠为反对唐营州都督赵文翙对东北诸少数民族的剥削和压迫，在营州引发的一场叛乱，历史上称"营州之乱"。"营州之乱"是阶级矛盾、民族压迫产生的必然结果，因此，卷入这场战争中的民族，不仅仅只有当地数以万计的契丹一族，而居住在这一地区的其他民族如奚、霫、室韦人、汉人、高句丽遗民以及这一地区的靺鞨人也都参与到这场战争中，来捍卫自己的民族权益。叛乱虽然以失败告终，但大大削弱了唐朝在东北的统治，同时又为靺鞨人提供了创建民族政权的有利契机，揭开了本民族历史新的序幕。

在营州之乱前，营州一带的靺鞨人同契丹人的遭遇基本相似，因此当契丹人维护自己权益向唐朝发起进攻时，靺鞨人自然卷入了这场战争。当契丹人在叛乱中保持强势之时，靺鞨人自然不会考虑离开并发挥了应有的作用。但是，当契丹人大势已去、节节败退之际，靺鞨并没有把自己同契丹人的命运完全联结在一起，见形势不好，立刻与契丹人分道扬镳，于万岁通天二年（697年）六月之后离开营州，开始"东奔"，从而为自己寻求出路。

在此期间，唐廷为了安抚拉拢除契丹外参与叛乱的其他各族人士，如采取了"封乞四比羽为许国公，乞乞仲象为震国公，赦其罪"，① 等措施，但唐廷派河内王武懿宗、娄师德、狄仁杰等人"分道安抚河北"，其"所至残酷，民有为契丹所胁从复来归者……皆以为反，生剥取其胆"，又"奏河北百姓从贼者请尽诛之"，② 对于唐廷这些残酷的行为，靺鞨人不得不联想到自己，担心遭到朝廷的报复，因此对于武则天的赦免，乞四比羽及其属部拒"不受命"，③ "祚荣与靺鞨乞四比羽各领亡命东奔，保阻以自固"，④，从而，踏上了"东奔"的道路。

"东奔"时间大约为万岁通天二年（697）秋天，⑤ 当乞四比羽拒绝接受封爵之后，武后便"诏玉钤卫大将军李楷固、中郎将索仇击斩之。"当时乞乞仲象已死，"其子祚荣引残痍遁去，楷固穷蹑，度天门岭，祚荣因高丽、靺鞨兵拒楷固，楷固败还"。大祚荣兼并高句丽余种及比羽之众，在天门岭大败唐追兵李楷固。之后，大祚荣"恃荒远，乃建国，自号震国王"。⑥

---

① 《新唐书》卷219《渤海传》。
② 《资治通鉴》卷206《唐记二十二》神功元年（697年）七月庚午条。
③ 《新唐书》卷219《渤海传》。
④ 《旧唐书》卷199下《渤海靺鞨传》。
⑤ 关于"东奔"时间，学术界约有三种看法：一为668年或668年稍后不久说；二是万岁通天年，即696年说；三为"万岁通天中"以后说。本文采用魏国忠先生主张的第三种说法。
⑥ 《新唐书》卷219《渤海传》。

由此可见，正是"东奔"队伍构成了渤海建国集团的重要组成部分，同样，"东奔"队伍的领导集团也是渤海建国集团的领导核心，同样，它们也是考查渤海国主体民族以及民族构成的重要依据之一。唯其如此，弄清大祚荣的"东奔"队伍构成及领导集团问题是我们了解渤海国民族问题的首要前提和基础，但遗憾的是，由于史料不足，这一问题在学术界尚存争议，因此，本文在分析与总结前人研究的基础上，对这一问题提出拙见，以供大家参考与讨论。

二

关于此问题，学术界已经进行了充分的论证，现将有代表性的观点总结如下：

魏国忠、朱国忱等学者认为：在"东奔"队伍中，靺鞨人所占比例最大，主要包括，乞四比羽率领的靺鞨人，这部分主要是自北朝末年至唐初以来陆续"内附"或"内属"于营州一带的粟末靺鞨及其他靺鞨部落，其中主要包括突地稽所率粟末八部的大部分后裔，也包括粟末部落联盟中的其他部落如乌素固部以及其他靺鞨诸部如愁思岭部落等等。另外还包括乞乞仲象及大祚荣一家率领的"素附于高丽"的粟末靺鞨与白山靺鞨二部。除靺鞨人之外，在队伍中，高句丽遗民也占了约一成或一成半。另外，还有汉人、奚人、契丹以及九姓杂胡等人，这部分人数相对较少。关于"东奔"队伍的领导集团问题，魏先生指出，大祚荣一家及原乞四比羽领导的一些重要的靺鞨人，即粟末靺鞨人构成了"东奔"队伍中的核心，在队伍中起到了主导因素。[①] 持这一观点的还有张碧波。张碧波在《靺鞨族的分化、重组与渤海之建国——兼及两唐书"别种说"、"依附说"辨正》一文通过对两唐书关于靺鞨史料的整合研究与比较分析，得出粟末靺鞨族团在营州地区以及在李唐王朝中影响重大，其突出人物有突地稽、李谨行以及营州之乱中出现的乞乞仲象、乞四比羽以及大祚荣等等，而正是他们在营州之乱、东奔中发挥着极其重要的领导作用，接下来以粟末靺鞨为主体的民族大重组之后，建立了震

---

① 魏国忠、朱国忱、郝庆云：《渤海国史》，中国社会科学出版社，2006年。

国，后来又发展成为渤海国。①

郑永振先生认为：在渤海建国之前，参与渤海渤海建国的主要有三部分人，一是高丽别种或附高丽者的白山靺鞨集团，二是粟末靺鞨集团，三是高丽余烬、高丽之众或高丽逋残的高句丽遗民集团。指出，高丽别种或附高丽以及高丽余烬或高丽之众的统帅先是乞乞仲象，后为其子大祚荣，而靺鞨酋或靺鞨反人的统帅是乞四比羽，后合并于大祚荣旗下。②

蒋戎认为，东奔集团最初的主力是以乞四比羽为首的隋唐时内属营州靺鞨人后裔，即所领的是北朝末年到唐初以来陆续内附于营州一带的粟末靺鞨以及其他靺鞨部落。而不是以乞乞仲象、大祚荣父子为首的高句丽灭亡后内迁营州的靺鞨人。③

杨军先生认为，粟末靺鞨的主体部分即突地稽所部未参与大祚荣的东迁建国。大舍利乞乞仲象与乞四比羽率众东奔之初，其部队人数是非常有限的，即只有粟末部、伯咄部及安车骨部，并没有高句丽人。因此，他们东奔之初并未与唐军交战。当乞四比羽与李楷固交战时失利，被其"击斩"之后，大祚荣"引残痍遁去"，越过天门岭继续东迁，直到他们逃回靺鞨故地得到当地靺鞨人的支持后，才"树壁自固"，与李楷固交战获胜。另外，大祚荣在天门岭以东又招集到拂涅、白山部靺鞨人以及高句丽人，最后建立了震国。显而易见，渤海国的建国集团主要以靺鞨为主，即主要包括原伯咄、安车骨、拂涅、白山四部分靺鞨人，粟末靺鞨与高句丽人的所占比例皆不大。因此，指出通常所说的渤海国是由粟末靺鞨建立的观点是不正确的。④

此外，还有一些韩国、日本等国外学者，他们出于某种政治目的，作出了大祚荣为"高丽别种"，即"高丽余种"说的不正确的论断，关于此，国内学者已通过现有的论据作出了有力的反驳。由于这并非本文重点，将不再赘述。

---

① 张碧波：《靺鞨族的分化、重组与渤海之建国——兼及两唐书"别种说"、"依附说"辨正》，《东北史地》，2007 年第 6 期。

② 郑永振：《论渤海国的种族构成与主体民族》，《北方文物》，2009 年第 3 期。

③ 蒋戎：《靺鞨参与营州事迹的原因及其东奔》，《社会科学战线》，2010 年第 10 期。

④ 杨军：《渤海国民族构成与分布研究》，吉林人民出版社，2007 年。

三

总结上述观点，主要分歧在于：

1. 大祚荣"东奔"队伍的构成中，是否有突地稽所部，即粟末靺鞨的所占比重。

2. 大祚荣"东奔"队伍中，是否有高句丽人。

3. 大祚荣"东奔"队伍的领导集团中是否以粟末靺鞨为主体。

笔者认为，要想弄清问题，还是应该从史料入手，了解史料背景，理清隋唐时期，徙居营州一带的靺鞨人的情况，从而推断出营州之乱前这一地区的靺鞨人的数量，以及卷入这场叛乱及跟随大祚荣"东奔"的靺鞨人的情况。

在营州一带的靺鞨人中，第一部分是自北朝末年而来的大量的靺鞨人。据《北齐书·高保宁传》载："武平末，为营州刺史，镇黄龙（今辽宁省朝阳市），夷夏重其威信。周师将至邺，幽州行台潘子晃征黄龙兵，保宁率骁锐并契丹、靺羯万馀骑将赴救。至北平，知子晃已发蓟，又闻邺都不守，便归营。周帝遣使招慰，不受敕书。范阳王绍义在突厥中，上表劝进，范阳署保宁为丞相。及卢昌期据范阳城起兵，保宁引绍义集夷夏兵数万骑来救之"。① 保宁据黄龙进行对抗，所依靠的力量中有大量的靺鞨人存在，虽然没有具体的数量，但据推断，到营州之乱前这部分靺鞨人已达到了一万人左右。

第二部分是隋唐之际，突地稽徙部来到营州。突地稽是靺鞨部之粟末靺鞨人，统领着粟末八部，隋末，因其在与高句丽交战失利，便内附于中央王朝，以求得其支持与援助。对此，《太平寰宇记》卷71转引的《隋北蕃风俗记》所载："初，开皇中，粟末靺鞨与高丽战，不胜。有厥稽部渠长突地稽者，率忽使来部、窟突始部、悦稽蒙部、越羽部、步护赖部、破奚部、步步括利部，凡八部，胜兵数千人，自扶余城西北举部落向关内附，处之柳城，乃燕郡之北"。② 隋炀帝在征讨高句丽时，"渠帅度地稽率其部来降。拜为右光禄大夫，居之柳城（今辽宁朝阳），与边人来往。悦中国风俗，请被冠带，帝嘉之，赐以锦绮而褒宠之。及辽东之役，突地稽率徒以从，

---

① 《北齐书》卷41《高宝宁传》。

② 《太平寰宇记》卷71。

每有战功，赏赐优厚"。① 突地稽及其属部被安置于营州一带，被拜为右光禄大夫。在隋与高句丽战争中，突地稽率靺鞨兵多次参战，并常立战功，因此，隋朝对这支内附的军事力量十分重视。

唐初，度地稽遣使朝唐，以归服新的中央王朝。史载："武德初，遣间使朝贡，以其部落置燕州，仍以突地稽为总管。刘黑闼之叛也，突地稽率所部赴定州，遣使诣太宗，请受节度，以战功封耆国公，又徙其部落于幽州之昌平城。会高开道引突厥来攻幽州，突地稽率兵邀击，大破之。贞观初，拜右卫将军，赐姓李氏。寻卒。"② "武德二年（619），其部酋长突地稽遣使朝贡，以其部置燕州。初，突地稽朝炀帝于江都，属（宇文）化及之乱，间行归柳城，至是通使，拜突地稽为总管。贞观初，高开道引突厥来攻幽州，突地稽力战有功，拜右卫将军。赐姓李氏，封耆国公。寻卒。"③ 由此可知，入唐后，度地稽仍为内徙的粟末靺鞨部首领，其属部已分散在营州一带和幽州附近。

突地稽之子李谨行任营州都督，"子谨行，武力绝人，麟德中，累迁营州都督、右领军大将军，为积石道经略大使。上元三年（676），大破吐蕃众数万于青海之上，降玺书劳，仍赐燕国公。永淳元年卒，赠幽州都督，陪葬乾陵。"④ "部落家僮数千人，以财力雄边，为夷人所惮"，⑤ 李谨行已成为拥有家僮数千的封建统帅了。

由此可知，其家族势力仍在营州一带，仅家僮就有数千人，足证其家族为辽西地区一等豪强。这部分南迁的粟末靺鞨人，拿突地稽本部厥稽部为例，其人数"千余家内属"，而它仅是粟末靺鞨八部之一，加上其余七部，总人数最少也有四五万之众，因此才成为李谨行统帅的在高句丽、新罗战争中的主要部队。

另一部分是公元668年高句丽灭亡后，曾被高句丽控制的靺鞨人被强迁到营州，其中有为数不少的白山人，据《旧唐书·靺鞨传》载："其白山部，素附于高丽，因收平壤之后，部众多入中国"⑥。

---

① 《隋书》卷81《东夷传·靺鞨》。
② 《旧唐书》卷199《北狄传·靺鞨》。
③ 《唐会要》卷98《靺鞨》。
④ 《唐会要》卷96《靺鞨》。
⑤ 《旧唐书》卷89《狄仁杰传》。
⑥ 《旧唐书》卷199《靺鞨传》。

有大祚荣所在的粟末靺鞨，《旧唐书·渤海靺鞨传》载："渤海靺鞨大祚荣者，本高丽别种也。高丽既灭，祚荣率家属徙居营州。"又据《新唐书·渤海传》："渤海，本粟末靺鞨附高丽者，姓大氏。"则大祚荣部为粟末靺鞨人，先附高句丽，唐灭高句丽以后，所部内迁营州。另外也有其他靺鞨部人，《旧唐书·地理志二》载："慎州，武德初置，隶营州，领涑沫靺鞨乌素固部落。"这支靺鞨人尽管也是涑沫（粟末）靺鞨，但不在突地稽所率内迁的八部之列。除此以外，这些被迁来的靺鞨人中，还包括伯咄、安车骨两部。他们原居住在扶余城州，高丽灭亡后，这两部族被唐朝统称为靺鞨人。乞四比羽所率部众中就包括了这部分靺鞨人，这从《新唐书·渤海传》载："有舍利乞乞仲象者，与靺鞨酋乞四比羽及高丽余种东走，度辽水……"[1] 中的记载，将乞四比羽称"靺鞨酋"中得到了证实。乞乞仲象则是另一部被迁来的粟末靺鞨人。这部分靺鞨人史料没有明确记载，但据估计，至营州之乱起时人数至少达到了千人之多。

因之，这些被迁来的靺鞨人，到营州之乱前夕，总人数至少达到了四、五万人以上，就其人数而言仅次于汉人，这在当地总人口中无疑占有相当大的比例。另外，通过对上述史料的分析，在这些靺鞨人中，粟末部又占有相当大的比例。

除此之外，在"东奔"队伍中，还存在着其他部族的成分。

《旧唐书》记载："渤海靺鞨大祚荣者，本高丽别种也。高丽既灭，祚荣率家属徙居营州。万岁通天年，契丹李尽忠反叛，祚荣与靺鞨乞四比羽各领亡命东奔，保阻以自固……祚荣合高丽靺鞨之众以拒楷固。"《新唐书》记载："渤海，本粟末靺鞨附高丽者，姓大氏。高丽灭，率众保挹娄之东牟山……高丽逋残稍归之……有舍利乞乞仲象者，与靺鞨酋乞四比羽及高丽余种东走……其子祚荣引残痍遁去……祚荣因高丽靺鞨兵拒楷固。"这些"合高丽靺鞨之众"、"高丽逋残稍归之"等等均可证明，在当时东奔队伍中，除了乞四比羽、大祚荣统率的靺鞨部队外，大有高丽遗民的存在，其人数没有详细的记载，但他们在天门岭东之战中发挥了重要的作用，可以证明他们的人数也是可观的，但却不是东奔队伍的主体部分。

另外，还有汉人、契丹、奚人以及九姓杂胡等人在东奔队伍中

---

[1] 《新唐书》卷219《渤海传》。

发挥着应有的作用。如当地的汉人饱受了战争的折磨，对于唐这些残酷的行为，当地的汉人、契丹人、奚人以及九姓杂胡不得不感到恐惶与不安，为自己选择出路，跟随大祚荣"东奔"未尝不是最佳的选择。另外，近年在黑龙江省的渤海墓葬中发现的蓝绿色眼睛的陶俑，也许就提供了九姓杂胡参加东奔最后成为渤海居民的凭证吧。①

综上所述，大祚荣在"东奔"队伍中，靺鞨人构成了东奔队伍的主体部分，其中包括：粟末部、乌素固部落、伯咄部、安车骨部等等。除此之外，高句丽遗民、汉人、契丹、奚人以及九姓杂胡也是队伍中的重要成分。在靺鞨人中，粟末靺鞨部人数无疑又占了最大的比重，因此，在粟末靺鞨人大祚荣领导的"东奔"队伍中，是以粟末靺鞨为主体，构成了其领导集团中的主导因素。正是通过这些人的努力，后来创立了渤海国，并成为渤海国内的主体居民。

---

① 魏国忠、朱国忱、郝庆云：《渤海国史》，中国社会科学出版社，2006 年。

▶ 辽（契丹）史专栏

DONGBEIYA

YANJIU
LUNCONG

辽朝科举考试生源述论

高福顺　赵　瑞

（吉林大学文学院历史系）

摘　要　辽朝科举考试生源的来源较为广泛，主要依靠中央官学、地方官学和私学三种途径进行培养。中央官学包括国子学和五京学，地方官学包括府学、州学和县学，私学主要有以家庭为背景的家学、以庠校为依托的私塾和以私人组织为核心的讲学。由于辽朝科举考试主要是针对汉、渤海族士人，直到辽后期才允许契丹等北方游牧民族士人参加科举考试，故在辽朝中前期，就学于官学和私学的汉族子弟是辽朝科举考试的主要生源。

关键词　科举　考试　官学　私学　生源

在以往的科举制度研究中，鲜有涉及科举考试生源的来源问题，即使涉及，讨论的重点也是"贡生"与"举生"之间的区别抑或是他们参加科举考试的途径等问题，至于培养"贡生"或"举生"的教育基地几乎无人问津。从认识论上讲，绝大多数研究者都将其视为教育研究的组成部分。众所周知，科举考试生源的教育基地是科举考试考生的培养"基地"，如果没有这个培养基地，科举考试的生源就无从谈起，因此培养科举考试考生的教育基地实际上也是科举制度研究的重要组成部分，应该给予充分重视。本文拟将辽朝科举考试生源的教育基地作为辽朝科举制度研究的对象之一加以论述，目的在于厘清辽朝科举考试生源的来源及其培养"基地"的实况，以期对辽朝科举文化的深入认识有所裨益。

一、辽朝中央官学输送的科举考试生源

辽朝中央官学主要是指设置于都城的国子学和设置于辽朝五京

的五京学，它们是辽朝统治域内的最高学府，不仅在传播中原儒家文化方面发挥了重要的作用，而且在辽朝科举考试的人才输送上也做出了重要的贡献。

（一）国子学与科举考试生源

辽朝国子学是辽朝科举考试生源的主要来源基地，隶属于辽朝国子监。《辽史》卷四十七《百官志三》"国子监"条下录有"国子学"就可以清楚这一事实。① 在辽朝国子学中，主要设置有"博士"、"助教"等学官。②

关于辽朝国子学的生源，《辽史》未作任何记录，故而可从唐、金国子学之生源来窥视之。③《旧唐书》云："（国子学）博士掌教文武官三品已上、国公子孙，二品已上曾孙为生者。生初入，置束帛一篚，酒一壶，修一案。每岁生有能通两经已上求出仕者，则上于监。堪秀才进士者，亦如之。"④《新唐书》曰："国子学，生三百人，以文武三品以上子孙若从二品以上曾孙及勋官二品、县公、京官四品带三品勋封之子为之"。"凡博士、助教，分经授诸生，未终经者无易业。凡生，限年十四以上，十九以下"。⑤ 国子学助教"掌佐博士分经教授"。⑥《金史》称：国子学博士"分掌教授生员、考艺业"。国子学助教"分掌教诲诸生"。⑦ "凡养士之地曰国子监，始置于天德三年，后定制，词赋、经义生百人，小学生百人，以宗室及外戚皇后大功以上亲、诸功臣及三品以上官兄弟子孙年十五以上者入学，不及十五者入小学。"⑧ 依据唐、金国子学生源制度可推知辽朝国子学生源制度如下：第一，博士主掌分经教授诸生、考艺业。第二，助教辅佐博士分经教诲诸生。第三，国子学的生源来源于辽朝地位显赫的家族，即契丹贵族子孙，抑或是在朝任职高官的汉族

① 《辽史》卷47《百官志三》，中华书局，1974年，788页。
② 《辽史》卷47《百官志三》，788页。
③ 众所周知，辽承唐制，下启金元。虽然在制度的制定与施行过程中会发生某些变化，但制度的主体框架似不会发生较大变化，这已从其他制度的研究中得到了证明，故从唐金之制度可略窥视辽朝之制度。
④ 《旧唐书》卷44《职官志三》，1891页。
⑤ 《新唐书》卷44《选举志上》，中华书局，1975年，1159～1160页。
⑥ 《新唐书》卷48《百官志三》，1266页。
⑦ 《金史》卷56《百官志二》，中华书局，1975年，1271页。
⑧ 《金史》卷51《选举志一》，1131页。

及其他民族的子孙。从唐、金所规定的生徒年龄限定看，在辽朝似也会有所规定，至于入学年龄的大小也许与唐、金之规定会有些许出入。

辽朝国子学设置时间较早，大概辽初就已设置。《辽史》载：耶律突吕不"幼聪敏嗜学。事太祖见器重。及制契丹大字，突吕不赞成为多。未几，为文班林牙，领国子博士、知制诰。"① 突吕不在辽初曾任国子博士，说明国子学当设在此时。关于辽朝国子学的存在时间，史无明载，但《辽史·百官志三》有"武白为上京国子博士"的记载。② 关于武白，《辽史·武白传》云："武白，不知何郡人。为宋国子博士，差知相州，至通利军，为我军所俘。诏授上京国子博士。改临潢县令，迁广德军节度副使。"③ 又《续资治通鉴长编》曰："癸酉，赠国子博士武白为光禄少卿。白受命知相州，道遇寇死焉。"④ 综合上述史料记载可知，武白生活于辽圣宗统和年间，原为宋朝国子博士，受命差知相州时，为辽所俘，至辽诏授上京国子博士。由此可推知，辽朝国子学自辽初设置以来至武白生活的圣宗朝一直存在。

此外，辽朝以中京为都后在中京设置了国子监。《辽史·道宗本纪一》记载：道宗清宁六年（1060 年）六月丙寅，"中京置国子监，命以时祭先圣先师。"⑤ 又《百官志四》"五京学职名总目"条记载："中京别有国子监，与朝官同。"⑥ 在正常情况下，设置国子监就应设置与国子监相对应的国子学，也就是说，中京应设有中京国子学。不过，在辽朝史料中根本检索不到关于中京国子学的记事，因而辽朝统治者在迁都中京后，是否在中京设置中京国子学，已渺不可考，只有待于将来新史料的发现，不过，从设中京国子监和道宗以后官学之发达程度推测，中京国子学似应存在。

（二）五京学与科举考试生源

---

① 《辽史》卷 75《耶律突吕不传》，1240 页。

② 《辽史》卷 47《百官志三》，788 页。

③ 《辽史》卷 82《武白传》，1294 页。

④ ［宋］李焘撰：《续资治通鉴长编》卷 59，宋真宗景德二年（1005）正月条，中华书局，1992 年，1313 页。

⑤ 《辽史》卷 21《道宗本纪一》，258 页。

⑥ 《辽史》卷 48《百官志四》，807 页。

　　五京学是辽朝分设于上京临潢府、中京大定府、南京析津府、东京辽阳府和西京大同府的"京学"，其地位和影响与国子学大体相当，也是辽朝科举考试生源的主要来源基地。从史料记载看，五京学并非同时设置，而是随五京的设置与完善逐渐形成的。《辽史·地理志一》云："太宗以皇都为上京，升幽州为南京，改南京为东京，圣宗城中京，兴宗升云州为西京，于是五京备焉。"① 可见，五京的建置从太宗时开始诏改，至兴宗朝才宣告完备，而隶属于五京之五京学也相应地随五京的形成以及辽朝官学教育的不断深入发展而最终完备起来。

　　上京学。辽太祖建国伊始就注重以文治国，上京作为皇都，官学教育获得长足进步，促进了中原儒家文化在北方游牧经济区的广泛传播，其显著的表现就是除在上京临潢府设置国子学外，还设立上京学。② 国子学与上京学，虽都设置于上京临潢府，但它们的属性有本质区别。《辽史·百官志四》就谈到："辽有五京。上京为皇都，凡朝官、京官皆有之；余四京随宜设官，为制不一。大抵西京多边防官，南京、中京多财赋官。五京并置者，列陈之；特置者，分列于后。"③ 从这条记事原则看，国子学、上京学，是出现在不同的百官条目之下，故可认定两者属不同性质的官学。实际上，国子学为辽朝中央直辖的官学，隶属于国子监之下，其官职属朝官系统，而上京学为上京临潢府所直辖的京府级官学，隶属于上京临潢府之下，其官职属京官系统，如《辽史·百官志四》"五京学职名总目"条在列置上京学、东京学、中京学、南京学、西京学之后曰："已上五京官"。④ 故此，作为国子学、上京学的学官博士、助教，其身份和地位是有区别的，在国子学任职的博士、助教被划入朝官系统体系，而在上京学任职的博士、助教则被划入京官系统体系。很显然，其生源的来源也是不同的。

　　上京学设置时间，由于《辽史》仅有"上京学"之名而无文，再加之其他史料也未及辽朝上京学之记事，因而上京学始建年代难

---

① 《辽史》卷37《地理志一》，438页。
② 《辽史》卷48《百官志四》，807页。
③ 《辽史》卷48《百官志四》，801页。
④ 《辽史》卷48《百官志四》，807页。

得其详。众所周知，辽朝官学教育制度受中原影响巨大，特别是幽云十六州在传播中原文化典章制度方面起到了窗口和示范作用。故参考辽朝南京所在的幽云十六州地区太学设置可对上京学设置时间试做解析。《辽史》载："南京学。亦曰南京太学，太宗置。"① 而幽云十六州地区归入辽朝在太宗天显十三年（938年）十一月，"晋复遣赵莹奉表来贺，以幽、蓟、瀛、莫、涿、檀、顺、妫、儒、新、武、云、应、朔、寰、蔚十六州并图籍来献。于是诏以皇都为上京，府曰临潢。升幽州为南京，南京为东京。"② 天显本为太祖耶律阿保机年号，太宗耶律德光即位未改元。天显十三年，即会同元年，辽朝才出现上京和南京之称谓，故上京学设置应在此之后。由于南京属于特殊地区，在南京设置太学应是对中原儒家文化和制度的承袭，而在上京也设上京学则是对南京制度的推衍，由此推之，上京学应与南京学的设置年代同时或稍后，但绝不会早于南京学的设置。

中京学。辽朝中京地处农业经济与牧业经济的交汇地带，深受毗邻的南京道深厚的儒家文化的影响，故官学教育相对比较发达，是中原先进的儒家文化向北方游牧地区传播的通道，因而中京地区的官学教育在辽朝官学教育中亦占有重要地位。辽朝在中京大定府除设置国子监外，还设置有中京学，这从《辽史·百官志》"五京学职名总目"条记录有"中京学"③ 之名就可确知。此外，《续文献通考》卷五十《学校考》"郡国乡党之学"条亦云："时五京、黄龙、兴中二府，及诸州县皆有学，其设官并同咸雍时。"④ 可见，清代史家早已指出中京大定府设有中京学。同上京学一样，《辽史·百官志》仅载"中京学"之名而无文，故而中京学始设年代难于查考。不过，统和二十五年（1007年），辽圣宗在奚王牙帐建立新都，号中京大定府。⑤ 如果联系辽圣宗对官学与科举的重视程度，统和年间城建中京时应一并设置中京学的可能性较大。辽道宗清宁六年

---

① 《辽史》卷48《百官志四》，807 页。

② 《辽史》卷4《太宗本纪下》，44～45 页。

③ 《辽史》卷48《百官志四》，807 页。

④ ［清］乾隆官修《续文献通考》卷 50《学校考》，浙江古籍出版社，2000 年，3241 页。

⑤ 《辽史》卷14《圣宗本纪五》，163 页。

（1060 年）六月"丙寅，中京置国子监，命以时祭先圣先师"。① 随着迁都中京和中京国子监的设置，中京学的地位和作用会更具凸显。

南京学。辽朝南京的官学教育基于深厚的文化积淀，有辽一代200 余年，该地区的官学教育与其他四京相比，相对比较发达，是带动整个辽朝官学教育向纵深发展的核心区域。辽朝取得燕云后，便在南京析津府设置南京学。《辽史》载："南京学。亦曰南京太学，太宗置。"② 可见，南京学或曰南京太学的设置是在太宗时期。南京学的设置，奠定了南京地区作为辽朝学术、文化中心的地位，为辽朝普及全国的文化教育起到了积极的示范作用，促进了中原先进的儒家文化在辽朝统治域内广泛传播。

在辽朝官学教育中，由于南京学的地位与作用十分突出，从而吸引了大批生徒前来就学读书，以至于圣宗时期，原有的官学教育条件已经无法满足南京学发展的实际需要，管理南京学的职官不得不上奏朝廷，请求扩建南京学，以满足学额日益增长的需要。圣宗是在儒学文化熏陶下成长起来的帝王，以推行"尊孔崇儒"的教育政策为己任，对南京学能够有这样的发展感到十分欣慰，特下诏赐地扩建南京学。史载：辽圣宗统和十三年（995 年）九月戊午，"以南京太学生员浸多，特赐水碾庄一区。"③ 可见，南京学在辽朝的影响巨大，生源不断增多，致使原有的南京学园区越来越不能满足南京学实际需要，不得不向辽圣宗上奏，请求朝廷为南京学赐予新的园区，来满足南京学发展的需要。

东京学。东京地区地处辽朝的东北边陲，虽然经过燕秦汉魏隋唐诸朝的开发，尤其是渤海政权的开发建设，具有较高的文化教育基础，但区域不平衡性十分显著，西部以农业经济为主地区的官学教育相对较好，而其他以渔猎经济为主地区的官学教育还十分落后，因而，东京学的设置对东京地区官学教育的发展起到了积极的推动作用。东京学始建年代如上京学、中京学一样，因《辽史》仅载有"东京学"，④ 尚不可知。不过，依据《辽史·百官志四》记载南京

---

① 《辽史》卷 21《道宗本纪一》，258 页。
② 《辽史》卷 48《百官志四》，807 页。
③ 《辽史》卷 13《圣宗本纪四》，147 页。
④ 《辽史》卷 48《百官志四》，807 页。

学的情况是否可做出这样的逻辑判断：辽太宗既然同时诏置上京、南京、东京，再加之太宗对儒家文化的崇尚和认同，以及"尊孔崇儒"教育政策在全国的施行，那么太宗在南京析津府设置南京学的同时，也应在上京临潢府、东京辽阳府设置上京学和东京学。若这一推论能够成立的话，东京学设置年代就应该在太宗朝，与南京学的设置为同时或稍后。

西京学。辽朝西京地处农业经济与牧业经济的交汇地带，深受中原地区儒家文化的影响，官学教育比较发达，是中原先进的儒家文化向北方游牧地区传播的通道，因而西京地区的官学教育在辽朝的文化教育中具有举足轻重的地位。辽朝在西京大同府设西京学，从《辽史》载有西京学与《续文献通考》之考证就可确知。至于西京学始设年代，从西京大同府始设年代来分析，始设时间应在兴宗重熙十三年（1045 年）以后。从《续文献通考》卷五十前引之文当是对道宗清宁元年十二月，"诏设学养士，颁五经传疏，置博士、助教各一员"[①] 之记载的注释来分析可知，西京学的始设年代应在道宗咸雍（1065～1074 年）之前。又《宣府镇志》云："契丹初兴，惟尚武艺，燕、赵间学校，俱仍唐旧，间罹兵燹，十存二三。取用文士，多由是奋。兴宗重熙五年，始御元和殿，以《日射三十六熊赋》、《幸燕诗》试进士于廷，著为令式。至道宗，乃诏设学养士，于是有西京学，有奉圣、归化、云、德、宏、蔚、妫、儒等州学，各建孔子庙，颁赐《五经》诸家传疏，令博士、助教教之，县属附焉。"[②] 可见，《宣府镇志》把西京学的始设年代定于"诏设学养士"之后。综上分析，把西京学始设时间定于道宗"诏设学养士"后与道宗咸雍之前的某一年是没有问题的。

关于辽朝五京学的生源，从五京学在辽朝的地位，以及南京学也称南京太学的情况看，五京学的生源主要应来源于在五京任职的京官系统的高级官僚子弟。从辽朝上承隋唐、下启金元看，辽朝五京学似乎与唐朝太学和金朝太学相当。《旧唐书》载："太学博士掌

---

① 《辽史》卷 21《道宗本纪一》，253 页。

② ［清］厉鹗撰：《辽史拾遗》卷 16《补选举志》，王云五主编：《丛书集成初编》，商务印书馆，1936 年，333 页。

教文武五品已上及郡县公子孙，从三品曾孙之为生者。教法并如国子。"①《新唐书》亦云：太学"掌教五品以上及郡县公子孙、从三品曾孙为生者，五分其经以为业，每经百人。"② 从金朝看，"大定六年始置太学，初养士百六十人，后定五品以上官兄弟子孙百五十人，曾得府荐及终场人二百五十人，凡四百人。"③ 依据唐、金太学生源制度可推知，辽朝五京学所招收的生源应来源于仅次于入国子学之地位贵族子孙，即任职于京官官职系统中的契丹高级官僚子孙，抑或是在京任职高级官僚的汉族及其他民族的子孙。在上京学、中京学，当然也包括无法进入国子学就学的其他中央朝官官职系统的官僚子孙。

二、辽朝地方官学输送的科举考试生源

除在上京、中京设国子学、在五京设五京学之外，辽朝在地方诸府、州、县还设有府学、州学、县学等地方官学，辽朝地方上的府州县学也是辽朝科举考试生源的主要来源基地。从《辽史·百官志四》之"观察使职名总目"、"团练使司职名总目"、"防御使司职名总目"、"州刺史职名总目"条列置有"州学"可知，辽朝在地方上的观察使州、团练使州、防御使州、刺史州等皆设置有州学。另外，清代学者厉鹗辑佚《辽史拾遗》时曾有如下按语："鄂案：此但据西京诸州言之，五京诸州俱有学也。"④ 此外，《续文献通考》卷五十《学校考》"郡国乡党之学"条也称："时五京、黄龙、兴中二府，及诸州县皆有学，其设官并同咸雍时。"⑤ 虽然清代学者所云"五京诸州俱有学"、"诸州县皆有学"，未免过于乐观，但从实际情况看，辽朝一般在文化比较发达地区的府、州、县设有府学、州学和县学是没有疑问的。

（一）上京州学与科举考试生源

上京州学是指上京道（府）下辖之诸州所设之官学。如前所述，

---

① 《旧唐书》卷 44《职官志三》，1891～1892 页。
② 《新唐书》卷 48《百官志三》，1266 页。
③ 《金史》卷 51《选举志一》，1131 页。
④ 《辽史拾遗》卷 16《补选举志》，333 页。
⑤ 《续文献通考》卷 50《学校考》，3241 页。

上京建置相对较早，始建于辽太祖神册三年（918年），定名皇都。太宗会同元年（938年）诏改上京，府曰临潢。上京道辖区面积也相对较大，大体包括今贝加尔湖以南，阿尔泰山以东，中蒙边界及内蒙古二连浩特、通辽以北，内蒙额尔古纳左旗、黑龙江齐齐哈尔、吉林白城以西地区。[①] 在这样的广阔地区，辽朝因地制宜地设置了州学。

关于上京道的州学，据《辽史·百官志四》统计，观察使州有永州、静州等2州学，刺史州有乌州、降圣州、维州、防州和招州等5州学。在上述设学诸州中，《辽史》只存州学名目，而无州学记事，因此，州学设置的具体情况，已无从查考。

表2—1   上京道州学古今地名对照表

	府、州	府州军性质	今之地望	设置时间	州学类别
1	乌州	静安军，刺史	吉林双辽县西	辽北大王拨剌置城，后官收之	刺史州州学
2	永州	永昌军，观察	内蒙翁牛特旗东境老哈河与西喇木伦河汇合处之西	太祖置县；景宗乾亨三年置州	观察使州州学
3	降圣州	开国军，下刺史	内蒙敖汉旗东北	太祖置县；穆宗置州	刺史州州学
4	静州♯	观察	内蒙科尔沁右翼前旗东北前公主陵城	天庆六年升	观察使州州学
5	维州♯	刺史	蒙古人民共和国布尔根省哈达桑古城	分居镇、防、维三州	刺史州州学
6	防州♯	刺史	蒙古人民共和国土拉河中游西岸	分居镇、防、维三州	刺史州州学
7	招州♯	绥远军，刺史	蒙古人民共和国北杭爱省乌格依湖北	开泰三年以女直户置	刺史州州学

说明：带有"♯"者为"边防城"。

---

① 《中国历代政区沿革》，河北教育出版社，1996年，237页。

史料来源：1. 复旦大学历史地理研究所、《中国历史地名辞典》编委会编撰《中国历史地名辞典》，江西教育出版社 1986 年版；2. 张修桂、赖青寿编著《〈辽史·地理志〉汇释》，安徽教育出版社 2001 年版。

根据《辽史·地理志一》载，辽朝在上京道设置的行政区划除了上京临潢府外，府州级的行政区划单位主要分为三种类型：

表 2—2　上京道州级行政区划分类图表

上京道
- 州
  - 节度使州
  - 观察使州——州学
  - 刺史州——州学
- 头下州
  - 节度使州
  - （普通）州
- 边防城
  - 节度使州
  - 观察使州——州学
  - 刺史州——州学

第一种类型是普通的州。这种类型的州又分为三种类型，即节度使州、观察使州和刺史州。其中，节度使州凡 8 州，即祖州、怀州、庆州、泰州、长春州、仪坤州、龙化州、饶州；观察使州凡 1 州，即永州；刺史州凡 3 州，即乌州、降圣州和龙化州下辖的未详州。在上述诸州中，节度使州无一州设置州学，州学数为零；观察使州仅 1 州，并设有州学，州学数占 100%；刺史州有两州设有州学，占 66.67%，这是考虑到"未详州"的情况，如果把"未详州"忽略不计，刺史州设学也是 100%。

第二种类型是头下州。《辽史·地理志一》谓："头下军州，皆诸王、外戚、大臣及诸部从征俘掠，或置生口，各团集建州县以居之。横帐诸王、国舅、公主许创立州城，自余不得建城郭。朝廷赐州县额。其节度使朝廷命之。刺史以下皆以本主部曲充焉。官位九品之下及井邑商贾之家，征税各归头下；唯酒税课纳上京盐铁司。"[①] 可见，头下州属于"私城"性质，朝廷只是赐州县额，派遣节度使监之，而较小者如刺史以下自置之。这种类型的州又分为两

---

① 《辽史》卷 37《地理志一》，448 页。

种类型，即节度使州与非节度使州（普通州）。其中，节度使州凡 4 州，即徽州、成州、懿州、渭州；非节度使州凡 12 州，即壕（应作"豪"）州、原州、福州、横州、凤州、遂州、丰州、顺州、闾州、松山州、豫州、宁州。在上述诸州中，无论是节度使州，还是（普通）州，皆未设有州学，州学数为零。

第三种类型是边防城。《辽史·地理志一》谓："辽国西北界防边城，因屯戍而立，务据形胜，不资丁赋。"[1] 可见，边防城的主要任务是屯戍边务。这种类型的州又分为四种类型，即节度使州、观察使州、刺史州和城。其中，节度使州凡 1 州，即镇州；观察使州凡 1 州，即静州；刺史州凡 3 州，即维州、防州、招州；城凡 4 城，即河董城、静边城、皮被河城、塔懒主城。在上述诸州中，节度使州未设有州学，州学数为零；观察使州仅 1 州，并设有州学，州学数占 100%；刺史州的三州，均设有州学，州学数占 100%；城均未设有州学。

综上，辽朝在上京道设置州一级的行政区划凡 37 州（城），[2] 其中，节度使州为 13 州；观察使州为 2 州；刺史州为 6 州；（普通）州的头下州为 12 州；城为 4 城。其中，设置州学者为 7 州，占州总数的 18.91%。可见，上京地区的地方官学（即州学）并不十分发达，这也从一个侧面说明上京地区的地方官学相对滞后。由此来看，上京州学参加科举考试的生源应该是相对比较少的，所占比例偏低。可考知的辽朝进士鲜有出自上京地区，这也从另一个侧面证明了这一点。

---

[1] 《辽史》卷 37《地理志一》，450 页。

[2] 冯永谦先生认为《辽史·地理志》对上京道之州有失载者，即春州（今内蒙古突泉县宝石乡宝城村）、懽州（今辽宁阜新县大巴乡半截塔村北部）、灵州（今内蒙古库伦旗扣河子镇黑城子村古城）、黑河州（今内蒙古巴林右旗白音乡前进村古城）、瞿州（确址待考）、义州（今内蒙古巴林左旗土木富乡蒙古营子材古城）、唐州（今地待考，可能在今内蒙古巴林左旗或巴林右旗的北部）、通化州（今内蒙古陈巴尔虎旗浩特套海古城）、镇北州（确址待考，在吉林西北部一带）、怀密州（确址待考，在今内蒙古科尔沁右翼中旗、扎鲁特旗一带）、莫州（今科尔沁左翼后旗镇乌勒顺艾勒乡苏庙古城）、奉州（约在今科右前旗、洮安县和阜新、彰武县一带）、禄州（应在今内蒙古库伦旗境内）、全州（约在今内蒙古巴林左旗境内）、威武州、崇德州、会蕃州、新州、大林州、紫河州、驼州（以上七州今地无法确指，当在今蒙古国的哈腊艾腊格、乔伦和宗莫及其附近一带）等 21 州。（《辽史地理志考补——上京地区、东京道失载之州军》，《社会科学战线》，1998 年第 4 期）

（二）中京府州学与科举考试生源

中京府州学是指中京道（府）下辖之诸府、州所设之官学。中京是辽宋"澶渊之盟"以后，圣宗利用奚王所献之地建筑中京城。统和二十三年（1005年）拟建，二十五年（1007年）正月诏建，统和二十六年（1008年）建成。中京的建置相对较晚，其辖区面积也相对较小，大体包括今长城以北的河北北部、辽宁西部及内蒙古赤峰以南地区。① 由于中京地处中原文化与游牧文化的交汇地带，地方官学较之上京地区发达，州学设置比率相对较高。

中京道的府州学，据《辽史·百官志四》统计，中京道（地区）的兴中府设有兴中府学，观察使州设有州学者凡3州，即高州、武安州和利州。刺史州设有州学者凡13州，即恩州、惠州、榆州、泽州、北安州、潭州、松山州、安德州、黔州、严州、隰州、迁州和润州。在上述设学诸州中，《辽史》只存州学名目而无文，故州学设置的具体情况，已无从查考。唯《辽史·耶律孟简传》记载耶律孟简出为高州观察使时，"修学校，招生徒"，② 据此可推知诸州的观察使或刺史对所掌之州的官学教育应是比较重视的。

表2—3　中京道府州学古今地名对照表

	府、州	府州军性质	今之地望	设置时间	州学类别
1	恩州	怀德军，下刺史	内蒙古赤峰市东南坤都河下游北岸	太宗建州；恩化县开泰中置	刺史州州学
2	惠州	惠和军，中刺史	辽宁建平县北建平镇北	太祖置州，圣宗置惠和县	刺史州州学
3	高州	观察	内蒙古赤峰市东北	圣宗伐高丽，以俘户置高州	观察使州州学
4	武安州	观察	内蒙古敖汉旗东白塔子村	太祖俘汉民置新州；辽统和八年改之。	观察使州州学

---

① 《中国历代政区沿革》，237页。
② 《辽史》卷104《耶律孟简传》，1457页。

5	利州	中观察	辽宁喀喇沁左翼蒙古自治县	统和四年置县，二十六置刺史州，开泰元年升	观察使州州学
6	榆州	高平军，下刺史	辽宁凌源县西	太宗时解里置州，开泰中没人。	刺史州州学
7	泽州	广济军，下刺史	河北平泉县南察罕城	太祖立寨，开泰中置泽州	刺史州州学
8	北安州	兴化军，上刺史	河北承德市西南滦河镇西南	圣宗以汉户置	刺史州州学
9	潭州	广润军，下刺史	辽宁喀喇沁左翼蒙古族自治县南分营子村	开泰中置州，开泰二年置县	刺史州州学
10	松山州	胜安军，下刺史	内蒙古赤峰市西南	开泰中置州；开泰二年置县	刺史州州学
11	兴中府		辽宁朝阳市	太祖建霸州城；重熙十年升府，更名。	兴中府学
12	安德州	化平军，下刺史	辽宁朝阳市东南柏山上	统和八年置县，后置州	刺史州州学
13	黔州	阜昌军，下刺史	辽宁北票县东南	初隶中京，后置府来属；太祖置县。	刺史州州学
14	严州	保肃军，下刺史	辽阳市东燕州城	圣宗于此建城	刺史州州学
15	隰州	平海军，下刺史	辽宁兴城县西南	圣宗括帐户迁信州，大雪不能进，建城。	刺史州州学
16	迁州	兴善军，下刺史	河北山海关	圣宗平大延琳，迁归州民于此置州	刺史州州学
17	润州	海阳军，下刺史	河北抚宁县东北海阳镇	圣宗平大延琳，迁宁州民居此置州	刺史州州学

史料来源：1. 复旦大学历史地理研究所、《中国历史地名辞典》编委会编撰《中国历史地名辞典》，江西教育出版社 1986 年版；2. 张修桂、赖青寿编著《〈辽史·地理志〉汇释》，安徽教育出版社 2001 年版；3. 谭其骧主编，张锡彤、王锺翰、贾敬颜、郭毅生、陈连开等著《〈中国历史地图集〉释文汇编》（东北卷），中央民族学院出版社 1988 年版。

根据《辽史》卷三十九《地理志三》记载，辽朝在中京道设置的行政区划除了中京临潢府外，府州级的行政区划单位主要分为两种类型：

表 2—4　中京道州级行政区划分类图表

兴中府是隶属于中京大定府之下的与地方州级行政区划单位相仿佛的地方行政区划单位，但兴中府的地位要比普通的州的地位要高。兴中府设置时间，《辽史·地理志三》"兴中府"条曰："本霸州彰武军，节度。……太祖平奚及俘燕民，将建城，命韩知方择其处。乃完葺柳城，号霸州彰武军，节度。统和中，制置建、霸、宜、锦、白川等五州。寻落制置，隶积庆宫。后属兴圣宫。重熙十年升兴中府。"① 又"兴中县"条曰："兴中县。本汉柳城县地。太祖掠汉民居此，建霸城县。重熙中置府，更名"。② 据此，兴中府建置时间是在辽兴宗重熙十年（1041 年）其府学设置时间大概也应该在置府之时。

中京道的州，主要有三种类型，即节度使州、观察使州和刺史州。其中，节度使州凡 6 州，即成州、宜州、锦州、川州、建州和来州；观察使州凡 3 州，即高州、武安州和利州；刺史州凡 13 州，即恩州、惠州、榆州、泽州、北安州、潭州、松山州、安德州、黔

① 《辽史》卷 39《地理志三》，486 页。
② 《辽史》卷 39《地理志三》，486 页。

州、严州、隰州、迁州和润州。在上述诸州中，节度使州无一州设置州学，州学数为零；观察使州 3 州，均设置州学，州学数占100%；刺史州 13 州，均设置州学，州学数占 100%。

综上，辽朝在中京道设置州一级的行政区划凡 23 府州，[1] 其中，府为 1 府；节度使州为 6 州；观察使州为 3 州；刺史州为 13 州。其中，设置府州学者为 17 州，占州总数的 73.91%。可见，中京地区的地方官学（即府州学）相对比较发达，官学设置较为普遍，这与中京地区是中原先进儒家文化向北方游牧地区传播的通道的地位相符。由于中京地区地方官学较为发达，与上京相比，参加科举考试的生源相对较多，在辽朝科举考试生源中所占比例也相对较大。从已知的出自中京地区的辽朝进士比上京地区为多也能得到证实。

（三）南京州学与科举考试生源

南京州学是指南京道（府）下辖诸州所设之官学。《辽史·地理志四》载："自唐而晋，高祖以辽有援立之劳，割幽州等十六州以献。太宗升为南京，又曰燕京。"[2] 又《辽史·太宗本纪下》载：天显十三年（938 年）十一月，"诏以皇都为上京，府曰临潢。升幽州为南京，南京为东京。"[3] 可见，南京始设于太宗天显十三年取得燕云十六州之后。南京治析津府（今北京市），下辖府一：析津；节度州一：平；刺史州八：顺、檀、涿、易、蓟、景、滦、营。辽朝南京辖区大体包括今河北长城以南，北京昌平、河北易县以东，天津及河北霸县、容城以北，东至渤海。[4]

---

① 冯永谦先生认为《辽史·地理志》对中京道之州有失载者，即南和（辽宁建昌县二道湾子乡西簸箕村后城子屯古城）、和（辽宁建昌县谷杖子乡安杖子村古城）、杭（今地待考）、沂（今地待考）、义（今地待考）、招延（今辽宁建昌和河北青龙 县一带）、穆（辽宁阜新市清河门区细河堡乡驻地细河堡村古城）、椋（今内蒙古宁城或其邻近地区）、兰（今辽宁凌源市境内）、灵（今大凌河流域一带）等 10 州。（《辽史地理志考补——中京道、南京道、西京道失载之州军》，《北方文物》，1998 年第 3 期）

② 《辽史》卷 40《地理志四》，493 页。

③ 《辽史》卷 4《太宗本纪下》，45 页。

④ 《中国历代政区沿革》，237 页。

南京道的州学，据《辽史·百官志四》统计，除节度使州平州外，[①] 其余 8 个刺史州均设有州学，即顺州、檀州、涿州、易州、蓟州、景州、滦州和营州。在上述诸州学中，涿州州学设置较早，据清光绪朝所修《畿辅通志》载："州学在州治西南，旧在城东。唐贞元五年卢龙节度使刘济创建。辽统和中移建今地。金大定二十五年，县令郭预重修。"[②] 再结合穆宗应历十年（960 年）所撰《三盆山崇圣院碑记》中有"涿州学廪膳生□卢进达书"[③] 记载，可知涿州州学设置时间，至迟应在穆宗应历十年（960 年）之前，辽圣宗统和年间曾移建于涿州西南。滦州州学据《畿辅通志》载："州学在州治西北，辽清宁五年始建，元至正四年州尹孙明重修。"同时，《畿辅通志》又引元朝郑好义《纪略》云："滦学创自清宁五年，迨至正甲申奉议孙公由宪司应台省来知是州，见殿庑荒颓，慨然有兴复志，遂忘旦暮，鸠工庀材，学正周士，亦复详为擘昼，不敢惮劳。故能相与以有成也，是焉可以不记？"[④] 据此，可知滦州州学应设于辽道宗清宁年间（1055—1064 年）。道宗寿隆末（1095—1101 年），萧文知易州时，"悉去旧弊，务农桑，崇礼教，民皆化之"，[⑤] 说明易州在道宗朝又曾进行过一次兴学缮校的活动。

表 2—5　南京道州学古今地名对照表

		府、州	州军性质	今之地望	设置时间	州学类别
1		顺州	归化军，中刺史	北京市顺义县	辽初军曰归宁，后更名。	刺史州州学
2		檀州	武威军，下刺史	北京市密云县	辽加今军号。	刺史州州学

---

① 在南京道的节度使州中，《辽史》卷 48《百官志四》"节度使职名总目"条记载有"幽州卢龙军节度使司"和"平州辽兴军节度使司"两个节度使州，而《辽史》卷 40《地理志四》仅记载"平州、辽兴军、上、节度"。可见，《地理志》与《百官志》记载差异很大，不知熟是。今以《地理志》为准。

② ［清］黄彭年等撰修：《畿辅通志》卷 114《经政二十一·学校一》，上海商务印书馆，1934 年，4504 页。

③ 向南：《辽代石刻文编》，河北教育出版社，1995 年，30 页。

④ 《畿辅通志》卷 115《经政二十二·学校二》，4541 页。

⑤ 《辽史》卷 105《能吏·萧文传》，1461 页。

3	涿州	永泰军，上刺史	河北涿县		刺史州州学
4	易州	高阳军，上刺史	河北易县	统和七年克攻之，升高阳军。	刺史州州学
5	蓟州	尚武军，上刺史	天津市蓟县		刺史州州学
6	景州	清安军，下刺史	河北东光县西北	本蓟州遵化县，重熙中置州。	刺史州州学
7	滦州	永安军，中刺史	河北滦县	太祖以俘户置；世宗置县。	刺史州州学
8	营州	邻海军，下刺史	河北昌黎县	太祖以居定州俘户置。	刺史州州学

史料来源：1. 复旦大学历史地理研究所、《中国历史地名辞典》编委会编撰《中国历史地名辞典》，江西教育出版社 1986 年版；2. 张修桂、赖青寿编著《〈辽史·地理志〉汇释》，安徽教育出版社 2001 年版。

根据上表，辽朝在南京地区设置州一级行政区划凡 9 州，除节度使州平州未设有州学，州学数为零外，8 个刺史州均设有州学，州学数占 88.89％，可见，南京地区的地方官学较为发达，几乎所有的州都设置了州学。这与南京地区是带动整个辽朝官学教育向纵深发展的核心区域的地位相符合。由于南京地区具有深厚的儒家文化底蕴，地方官学发达，参加科举考试的生源在五京中是最多的，在辽朝科举考试生源中占有绝对优势，因而获得进士出身的人数是其他四京难以望其项背的。

（四）东京府州学与科举考试生源

东京府州学是指东京道下辖之诸府、州所设之官学。如前所述，辽朝东京建置始于天显三年（928 年），时称南京。天显十三年（938 年），太宗取得燕云十六州后，诏改东京，"辖州、府、军、城八十七"，[①] 大体包括今外兴安岭以南，鞑靼海峡及日本海以西，大兴安岭、黑龙江齐齐哈尔、吉林四平、辽宁锦州以东，辽东半岛及朝鲜新义州、咸兴以北地区。[②] 东京道幅员广阔，所设州学的数量也较多。

---

① 《辽史》卷 38《地理志二》，457 页。
② 《中国历代政区沿革》，237 页。

东京道的府州学，据《辽史·百官志四》统计，府学凡5府，即黄龙府学、镇海府、率宾府、定理府、铁利府；观察使州州学凡4州，即益州、宁州、归州和宁江州；团练使州州学凡1州，即安州；防御使州州学凡3州，即广州、冀州和衍州；刺史州州学凡34州，即穆州、贺州、卢州、铁州、崇州、耀州、嫔州、辽西州、康州、宗州、海北州、岩州、集州、祺州、遂州、韩州、银州、安远州、威州、清州、雍州、湖州、渤州、郢州、铜州、涑州、吉州、麓州、荆州、胜州、顺化城、连州、肃州和乌州。

表2-6 东京道府州学古今地名对照表

	府、州	府州军性质	今之地望	设置时间	州学类别
1	穆州	保和军，刺史	今辽宁岫岩县东南洋河附近		刺史州州学
2	贺州	刺史	今地无考		刺史州州学
3	卢州	玄德军，刺史	辽宁盖县西南熊岳城		刺史州州学
4	铁州	建武军，刺史	今辽宁营口县东南汤池		刺史州州学
5	崇州	隆安军，刺史	今沈阳市东南		刺史州州学
6	耀州	刺史	今辽宁营口县西北岳州城		刺史州州学
7	嫔州	柔远军，刺史	今辽宁海城西北		刺史州州学
8	辽西州	阜成军，中刺史	今辽宁义县东南在凌河东岸	世宗置州；统和八年以诸宫提辖司人户置。	刺史州州学
9	康州	下刺史	今地无考	世宗迁渤海渤海率宾府人户置	刺史州州学
10	宗州	下刺史	今地无考	耶律隆运以所俘汉民置。圣宗立为州。	刺史州州学
11	海北州	广化军，中刺史	今辽宁义县南开州屯	世宗以所俘汉户置。	刺史州州学
12	岩州	白岩军，下刺史	今地无考		刺史州州学

13	集州	怀众军，下刺史	今辽宁沈阳市东南奉集堡		刺史州州学
14	广州	防御	今辽宁沈阳市西南大高华堡	太祖建铁利州，统和八年省，开泰七年以汉户置	防御使州州学
15	祺州	祐圣军，下刺史	今辽宁康平县东南	太祖建檀州，后更名。	刺史州州学
16	遂州	刺史	今辽宁彰武县西北	耶律颇德置，穆宗时没入。	刺史州州学
17	韩州	东平军，下刺史	今辽宁昌图县西北八面城东南	圣宗并三河、榆河二州置。	刺史州州学
18	银州	富国军，下刺史	今辽宁铁岭市	太祖以银冶更名。	刺史州州学
19	龙州，黄龙府		今吉林农安县	开泰九年，以宗、檀二州汉户一千复置。	黄龙府学
20	益州	观察	今吉林农安县北小城子古城		观察使州州学
21	安远州	怀义军，刺史	今地无考		刺史州州学
22	威州	武宁军，刺史	今吉林农安县西四十里之小城子		刺史州州学
23	清州	建宁军，刺史	今地无考		刺史州州学
24	雍州	刺史	今地无考		刺史州州学
25	湖州	兴利军，刺史	今地无考		刺史州州学
26	渤州	清化军，刺史	今地无考		刺史州州学
27	郢州	彰圣军，刺史	今地无考		刺史州州学
28	铜州	广利军，刺史	今辽宁海城后劲东南析木城		刺史州州学
29	涑州	刺史	今吉林省吉林市北乌拉街西土城子		刺史州州学

30	率宾府	刺史	今地无考		刺史州州学
31	定理府	刺史	今辽宁抚顺市北		刺史州州学
32	铁利府	刺史	今辽宁抚顺市北		刺史州州学
33	镇海府	防御	今辽宁岫岩县西南		防御使州州学
34	冀州	防御	今地无考	圣宗建，升永安军	防御使州州学
35	吉州	福昌军，刺史	今地无考		刺史州州学
36	麓州	下刺史	今地无考		刺史州州学
37	荆州	刺史	今地无考		刺史州州学
38	媵州	昌永军，刺史	今吉林公主岭市怀德镇东北		刺史州州学
39	顺化城	向义军，下刺史	今辽宁复县南	开泰三年以汉户置	刺史州州学
40	宁州	观察	今内蒙古扎鲁特旗西北民主村古城	统和二十九年以渤海降户置。	观察使州州学
41	衍州	安广军，防御	今辽宁辽阳市东南	以汉户置，初刺史，后升军。	防御使州州学
42	连州	德昌军，刺史	今地无考		刺史州州学
43	归州	观察	今辽宁盖县西南归胜城	统和二十九年以渤海降户置。	观察使州州学
44	肃州	信陵军，刺史	今辽宁昌图县，一说即今昌图县南一营盘子	重熙十年州民亡入女直，取之复置	刺史州州学
45	安州	刺史	今辽宁昌图县北四面城		团练使州州学
46	宁江州	混同军，观察	今吉林松原市东石头城子	清宁中置，初防御后升。	观察使州州学
47	乌州	?	?	?	刺史州州学

史料来源：1. 复旦大学历史地理研究所、《中国历史地名辞典》编委会编撰《中国历史地名辞典》，江西教育出版社1986年版；2. 张修桂、赖青寿编著《〈辽史·地理志〉汇释》，安徽教育出版社2001年版；3. 谭其骧主编，张锡

彤、王锺翰、贾敬颜、郭毅生、陈连开等著《〈中国历史地图集〉释文汇编》（东北卷），中央民族学院出版社 1988 年版；4. 张博泉、苏金源、董玉瑛著《东北历代疆域史》，吉林人民出版社 1981 年版；5. 李健才著《东北史地考略》，吉林文史出版社 1986 年版。

　　根据《辽史·地理志一》载，辽朝在东京道设置的行政区划除了东京辽阳府外，府州级的行政区划单位主要有府、州、城等三种类型：

表 2－7　东京道州级行政区划分类图表

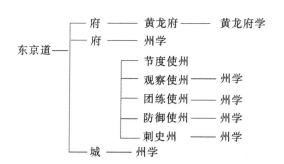

　　在此需要指出的是，把《辽史·百官志四》所列东京诸州，与《辽史·地理志二》（见上表所示）相较，《地理志》无胜州、乌州之记载。但据《辽史·百官志四》"校勘记"第十五条曰："又地理志胜州作滕州；无乌州，有安州。"可见，"校勘记"认为滕州与胜州为一州，只是记载出现歧异。查乌州，《辽史·兵卫志下》"五京乡丁·临潢府·乌州"条有"乌州爱民县丁二千"的记载。① 又《辽史·地理志一》"上京道·乌州"条也有"乌州，静安军，刺史。本乌丸之地，东胡之种也。辽北大王拨剌占为牧，建城，后官收。隶兴圣宫。有辽河、夜河、乌丸川、乌丸山。统县一：爱民县。拨剌王从军南征，俘汉民置于此。户一千"的记载。② 从这两条史料记载看，乌州当为上京道属州。但《辽史·营卫志上》"女古斡鲁朵"

---

① 《辽史》卷 36《兵卫志下》，419 页。
② 《辽史》卷 37《地理志一》，445 页。

条又载："州五：庆、隰、乌上京、乌东京、霸。"① 可见，乌州在辽朝有二：一在上京道辖区，一在东京道辖区。由此观之，《辽史·地理志二》失载了东京道之乌州，② 由是，乌州及其乌州州学在东京道辖区内的确存在。③

府学。府学是辽朝在东京道设置的地方官学，有黄龙府学、镇海府学、率宾府学、定理府学、铁利府学等。黄龙府学设置时间，从《辽史·地理志二》"龙州，黄龙府"条有"本渤海扶余府。太祖平渤海还，至此崩，有黄龙见，更名。保宁七年，军将燕颇叛，府废。开泰九年，迁城于东北，以宗州、檀州汉户一千复置"④ 的记载推断，黄龙府学的设置最早不会早于圣宗开泰年间。至于镇海府、率宾府、定理府、铁利府等四府学，《辽史·百官志四》将镇海府列置于"防御使司职名总目"下的"州学"类目中，而将率宾府、定理府、铁利府列置于"州刺史职名总目"下的"州学"类目中。⑤查《辽史·地理志二》"镇海府"条仅载"镇海府，防御。兵事隶南女直汤河司。统县一：平南县。""率宾府"条仅载"率宾府，刺史。故率宾国地。""定理府"条仅载"定理府，刺史。故挹娄国地。""铁利府"条仅载"铁利府，刺史。故铁利国地。"⑥ 而对比"龙州，黄龙府"条记载黄龙府"统州五，县三"的情况看，⑦ 镇海、率宾、定理、铁利四府虽然称"府"，但"府"的地位与职能似乎相对较低，与州大体相当，因而《辽史》在记述镇海府、率宾府、定理府、铁利府等设学情况时把其看成与州学等同，列置于相应的州学类目中。在东京道，除上述诸府外，尚有安定府、⑧ 长岭府等。安定、长岭二府是否设有府学，从《辽史·百官志四》明确记载镇海、率宾、定理、铁利四府设有府学的情况推断，似乎有辽一代未曾在安

---

① 《辽史》卷 31《营卫志上》，368 页。

② 冯永谦：《辽史地理志考补——上京道、东京道失载之州军》，《社会科学战线》，1998 年第 4 期。

③ 据《辽史》卷 48《百官志四》记载，乌州当属刺史州，其州学当为刺史州学无疑。

④ 《辽史》卷 38《地理志二》，470 页。

⑤ 《辽史》卷 48《百官志四》，819~820 页。

⑥ 《辽史》卷 38《地理志二》，472~473 页。

⑦ 《辽史》卷 38《地理志二》，470 页。

⑧ 《辽史》校勘记云："按《纪》天显元年三月作安边府"。按：安边府，渤海国置，辽朝袭之，治所当在安州，今俄罗斯滨海边区奥耳加一带。

定、长岭二府设置府学。

州学。在东京道，州的种类有 5 种，即节度使州、观察使州、团练使州、[1] 防御使州和刺史州。其中，节度使州凡 21 州，即开州、定州、辰州、兴州、海州、渌州、显州、乾州、贵德州、沈州、辽州、通州、双州、同州、咸州、信州、宾州、懿州、苏州、复州和祥州；观察使州凡 4 州，即益州、宁州、归州和宁江州；团练使州凡 1 州，即安州；防御使州凡 3 州，即广州、冀州和衍州；刺史州凡 35 州，即穆州、贺州、宣州、卢州、铁州、崇州、耀州、嫔州、嘉州、辽西州、康州、宗州、海北州、岩州、集州、祺州、遂州、韩州、银州、安远州、威州、清州、雍州、湖州、渤州、郢州、铜州、涞州、吉州、麓州、荆州、滕州、连州、肃州和安州；未知其属性的州凡 13 州，即盐州、汤州、桓州、丰州、正州、慕州、东州、尚州、荣州、率州、荷州、源州、渤海州和乌州；未详州凡 4 州。除此之外，属于军之属性，但又不知属于何种性质的军凡 3 军，即定州之保宁军、保州下辖之怀化军和河州之德化军。城凡 2 城，即来远城和顺化城。在上述诸州军城中，节度使州为 21 州，无一州设有州学，州学数为零；观察使州为 4 州，均设有州学，州学数占 100%；防御使州为 3 州，均设有州学，州学数占 100%；刺史州为 35 州，设有州学者为 34 州，唯宣州未载设有州学，州学数占 97.14%；未详州为 4 州，未载设有州学；军为 3 军，未设有州学；城为 2 城，设有州学者为 1 城，[2] 占总城数的 50%。

在东京道的州学中，能准确知道设置年代的唯有归州州学和宁州州学。《辽史·圣宗本纪六》载：开泰元年（1012 年）十二月甲申，"归州言其居民本新罗所迁，未习文字，请设学以教之，诏允所

---

① 关于团练使州，《辽史》卷 48《百官志四》"团练使司职名总目"条记载有"安州团练使"，而《辽史》卷 38《地理志二》记载："安州，刺史。兵事隶北女直兵马司。"可见，《地理志》未明确安州的性质，而《百官志》明确了安州的性质，这说明安州应该属于"团练使州"。

② 《辽史》卷 38《地理志二》记载："顺化城，向义军，下，刺史。开泰三年以汉户置。兵事隶东京统军司。"可见，顺化城属于刺史州性质的城。又载："来远城。本熟女直地。统和中伐高丽，以燕户骁猛，置两指挥。建城防戍。兵事属东京统军司。"可见，来远城属于军事重镇性质的城。

请。"① 又《续文献通考》载："辽圣宗开泰元年十二月，归州言其居民本新罗所迁，未习文字，请设学以教，许之。上年十二月，始置归、宁二州，至是遂设学。"② 可见，归州州学、宁州州学设学时间应在辽圣宗开泰元年。

综上，辽朝在东京道设置相当于州一级的行政区划凡80府州军城，③ 其中，府为7府；节度使州为21州；观察使州为4州；防御使州为3州；团练使州为1州；刺史州为35州；不详州为4州；军为3军；城为2城。其中，设置府州学者为47州，占州总数的58.75%。从总体上看，东京地区的地方官学并不十分发达，边疆区域的地方官学相对比较滞后。由于东京地区幅员辽阔，地方官学发达的程度参差不齐，官学较为发达的地区大都靠近于中京、上京的一带，参加科举考试的生源也基本上出自于这一地区。如果从地方官学设置的数量看，东京地区所占的比例是最大的，约为54.02%，比其他四京道的总和还多，但从可考知的辽朝进士籍贯看，东京地区的比例并不大。出现这种情况的原因大概有如下两种情况：第一，由于东京道地方官学设置绝对数量大，理应向辽朝礼部贡院所输送的"举生"在辽朝科举考试生源中所占比例相对也应该是很大的，进士擢第者人数也应该较多，可能是在辽朝科举史料中记载东京进士较少造成的。第二，由于东京地区远离中原地区，虽然在它靠近中原地区的西南部地域聚居着大量的汉族人，同时又有大量深受儒家文化影响的渤海族人也被迫迁徙到这里居住，但生活在这一地区的汉族、渤海族的儒家文化水平相对较低。尽管辽朝统治者设置了大量的地方官学对当地的汉族、渤海族子弟进行儒家文化教育，但能够达到辽朝礼部贡院科举考试水平的士人相对较少，从而导致进士擢第者数量也较少，在辽朝有限的进士史料中出现具有东京籍贯

---

① 《辽史》卷15《圣宗本纪六》，172页。

② 《续文献通考》卷50《学校考》，3241页。

③ 冯永谦先生认为《辽史·地理志》对东京道之州有失载者，即胜州［前已指出为"滕州"］、乌州、桂州（约在今辽宁辽阳附近）、教州（今辽宁辽阳以南，确址待考）、朝州（今辽宁辽阳以南，确址待考）、怀北州（今辽宁辽阳以南，确址待考）、慎州（今地待考）、古州（今地待考）、毫州（今地待考）、神虎军城（当在今辽宁丹东市或宽甸县境内，确址待考）等9州（城）。（《辽史地理志考补——上京地区、东京道失载之州军》，《社会科学战线》，1998年第4期）

者也少就是很自然的事情了。不管是哪一种情况，东京道出现的这种现象都是值得深入研究的。

（五）西京州学与科举考试生源

西京州学是指西京道下辖之诸州所设之官学。《辽史·地理志三》载："太宗以皇都为上京，升幽州为南京，改南京为东京，圣宗城中京，兴宗升云州为西京，于是五京备焉。"[1] 又《辽史·地理志五》载："晋高祖代唐，以契丹有援立功，割山前、代北地为赂，大同来属，因建西京。……初为大同军节度，重熙十三年升为西京，府曰大同。"[2] 据此，辽朝西京的设置较晚，为辽兴宗重熙十三年（1045 年）。西京道（今山西大同）下辖府一：大同；节度州六：丰、云内、奉圣、蔚、应、朔；刺史州八：弘、东胜、德、宁边、归化、可汗、儒、武；边防州一：金肃；军二：天德、清河。辽朝西京道辖区大体包括今内蒙古多伦、北京延庆、河北涞源以西，内蒙古二连浩特以南，山西灵丘、应县、宁武、五寨、内蒙古准格尔旗、东胜、包头以北，阴山以东地区。[3]

关于西京道的州学，据《辽史·百官志四》统计，刺史州州学凡 8 州，即弘州、德州、宁边州、归化州、可汗州、儒州、武州和东胜州。在上述诸州学中，与其他州学一样，《辽史》也只存州学名目，而无州学记事，故州学设置的具体情况不得而知。

表 2—8　西京道州学古今地名对照表

	府州	府州军性质	今之地望	设置时间	州学类别
1	弘州	博宁军，下刺史	统和置，河北阳原县	统和中置弘州，初军曰永宁。	刺史州州学
2	德州下	刺史	内蒙古凉城县东北岱海东北岸	开泰八年以汉户复置。	刺史州州学
3	宁边州	镇西军，下刺史	内蒙古准格尔旗东南黄河西	辽置。	刺史州州学

---

① 《辽史》卷 37《地理志三》，438 页。
② 《辽史》卷 41《地理志五》，506 页。
③ 《中国历代政区沿革》，237 页。

4	归化州	雄武军，上刺史	以武州改名，河北宣化县	晋割献于辽，改今名。	刺史 州州学
5	可汗州	清平军，下刺史	会同元年938年改妫州置，河北怀来县东南怀来	太祖因之。	刺史 州州学
6	儒州	缙阳军，中刺史	北京市延庆县	太宗改奉圣州，仍属。	刺史 州州学
7	武州	宣威军，下刺史	重熙九年1040，山西神池县	重熙九年复武州。	刺史 州州学
8	东胜州	武兴军，下刺史	内蒙古托克托县	晋割代北来献，复置。	刺史 州州学

史料来源：1. 复旦大学历史地理研究所、《中国历史地名辞典》编委会编撰《中国历史地名辞典》，江西教育出版社1986年版；2. 张修桂、赖青寿编著《〈辽史·地理志〉汇释》，安徽教育出版社2001年版。

在这里需要指出的是，《辽史·百官志四》"州刺史职名总目"条所列州学，与《宣府镇志》所载之州学相较，数量虽相同，但州名却有歧异，两者记载相同者仅有3州，即德、归化、儒等3州，其余5州则各异，但弘州与宏州、可汗州与妫州所指当为同一州。关于弘州，《辽史拾遗·地理志五》"弘州博宁军下刺史"条引《宣府镇志》作"宏州"，又引《中州集》作"弘州"，① 可见，《宣府镇志》所记"宏州"与《辽史》所记"弘州"实为一州之名。关于可汗州，《辽史·太祖本纪一》太祖神册元年（916年）十一月条载："攻蔚、新、武、妫、儒五州，斩首万四千七百余级。自代北至河曲踰阴山，尽有其地。遂改武州为归化州，妫州为可汗州，置西南面招讨司，选有功者领之。"② 而《廿二史考异》谓："《地志》可汗州下云五代时奚王去诸以数千帐欲（'欲'字误）妫州，自别为西奚，号可汗州，太祖因之，此与《太祖纪》似合，然太祖攻蔚、新、武、妫、儒五州，得而旋失，其改名可汗，亦当在石晋略地之后也。"③ 可见，妫州和可汗州实为一州之不同时期的称谓，因此《宣府镇志》

① 《辽史拾遗》卷15《地理志五》，302页。

② 《辽史》卷1《太祖本纪一》，11页。

③ ［清］钱大昕著，方诗铭、周殿杰点校：《廿二史考异》，上海古籍出版社，2004年，1133~1134页。

所记"妫州"，实为《辽史》所记之可汗州。据些，《辽史》和《宣府镇志》所记之 8 州学，有 5 州学是完全一致的，而余下 3 州学又是怎样的呢？从《辽史·地理志五》记载看，《宣府镇志》所记之奉圣、云、蔚等 3 州均为节度使州，而《辽史》所记之宁边、武、东胜等 3 州均为刺史州。从《辽史·百官志四》记载分析，在辽朝五京所置的节度州中无一例外地皆未记载有州学的设置，这说明节度州的职能更偏重于军事而弱化教育，而对于五京所置的刺史州而言，则一般都有官学设置，这说明刺史州更重视教育职能。据此推断，《宣府镇志》所记 3 州学的记载应为误记，而《辽史》所记 3 州学应是正确的。这样，西京设学之刺史州当为弘州、德州、宁边州、归化州、可汗州、儒州、武州和东胜州。

依据《辽史·地理志五》记载，辽朝在西京道设置的行政区划除了西京大同府外，州级性质的行政区划单位可分为三种类型：

表 2-9　西京道州级行政区划分类图表

$$
西京大同府
\begin{cases}
节度使州 \\
刺史州\text{——}州学 \\
军
\end{cases}
$$

在西京道，有节度使州凡 6 州，即丰州、云内州、奉圣州、蔚州、应州和朔州；有刺史州凡 8 州，即弘州、德州、宁边州、归化州、可汗州、儒州、武州和东胜州；军凡 1 军，即河清军。此外，未知属性的州凡 1 州，即金肃州。在上述诸州中，节度使州无一州设有州学；刺史州为 8 州，均设有州学，州学数占 100%；河清军和金肃州亦未设有州学。

综上，辽朝在西京道设置相当于州一级的行政区划凡 16 州（军），[①] 其中，节度使州 6 州；刺史州 8 州；未知属性的州 1 州；军 1 军。在这些州军中，设有州学者为 8 州，占州级单位总数的 50%。这说明西京道的地方官学（州学）尚欠发达，一些边远地区的官学

————————

① 冯永谦先生认为《辽史·地理志》对西京道之州有失载者，即昌州（今河北沽源县九连乡九连城村古城）、抚州（今河北张北县）、威塞州（今地待考，当靠近西夏的辽境一带）等 3 州。（冯永谦《辽史地理志考补——中京道、南京道、西京道失载之州军》，《北方文物》，1998 年第 3 期）

相对滞后。由于西京地区幅员辽阔，且多为北方游牧经济类型区，地方官学发达程度和东京一样也参差不齐，官学较为发达的地区大都靠近与南京或中原相接壤一带，参加科举考试的生源也基本上出自于这一地区，这从可考知的辽朝进士籍贯获得佐证。从可考知的西京进士比例看，西京地区在辽朝科举考试生源中所占比例似乎也不是很大。

此外，在辽朝的地方官学中，在府、州学之下还设有县学。由于文献阙略，辽朝县学设置情况尚不得详知，唯南京道的地方志书中查到了一些关于县学的记载，如道宗咸雍进士大公鼎在任良乡县令时，"省徭役，务农桑，建孔子庙学，部民服化。"① 道宗咸雍进士马人望在任新城县令时，建新城县学，"县学在县治西北，辽县令马人望重建。"② 道宗寿隆元年（1095 年），萧萨巴建永清县学，"县学在县治东南，旧在县治西南，辽寿隆（谨按县志作元寿昌，今考正。）元年啜里军都押司萧萨八建（县志作萧萨人，误）。"③ 天祚皇帝乾统年间（1101～1110 年）建玉田县学，"县学在县治西，辽乾统中建。"④ 又《玉田县志》谓："儒学在县治西，创于辽乾统中，今大觉寺是其遗址。"⑤ 另外，据王鉴于乾统七年（1107 年）十一月所撰《三河县重修文宣王庙记》载，刘瑶任三河县令期间，不仅"佩服忠义，砥砺廉平，和而不流，宽而能断，动发百为，道存利物"，而且"常以虚怀待士。领袖生徒，纪纲文会，因集宣圣庙"，见孔庙"栋朽榱崩，久致凋弊"，"聚谋兹事，移位修建"，以"阐扬儒教，辅助国风"。⑥ 由此可知，刘瑶任三河县令期间，在三河县也曾掀起一次兴学缮校的活动。从南京道县学的设置情况来看，县学虽然是辽朝官学体系中最末一级，但设置应是相对比较普遍的，只是由于史料的阙如，尚无法确知而已。不过，有一点是明确的，即县学也是辽朝科举考试生源来源基地之一。

---

① 《辽史》卷 105《能吏·大公鼎传》，1460 页。

② 《畿辅通志》卷 114《经政二十一·学校一》，4519 页。

③ 《畿辅通志》卷 114《经政二十一·学校一》，4491 页。

④ 《畿辅通志》卷 117《经政二十四·学校四》，4636 页。

⑤ ［清］于敏中等编纂：《日下旧闻考》卷 144《京畿附编》，北京古籍出版社，2001 年，2305 页。

⑥ 陈述辑注：《全辽文》卷 10，中华书局，1982 年，293～295 页。

三、辽朝私学教育输送的科举考试生源

辽朝幼童经过蒙养阶段之后，除了部分生员升入到官学学校外，其余的生员便进入了以诵经习儒，研习经史大义为主的私学教育阶段，这是私学的高级阶段。在此阶段中，契丹族子弟与汉族子弟在教育上开始有了各自的目标。汉族子弟教育明显地与辽朝科举入仕紧密相连，而契丹族子弟教育则与辽朝世选制度结合到一起。因而，私学教育也是辽朝科举考试生源的主要来源之一。

辽朝私学教育为辽朝科举考试输送生源的方式较多，归纳起来，主要有以家庭为背景的家学教育方式、以庠校为依托的私塾教育方式和以私人组织为核心的讲学教育方式。

（一）家学教育与科举考试生源

以家庭为背景的家学教育是指以家庭或家族子女为对象聘请私家教授或者是家庭或家族长辈充当教授令家庭或家族子女接受经史教育和道德教育的一种教育形式，如南京人室昉在接受了蒙养教育阶段之后仍然留居家中研习经史，以至于"不出外户者二十年"，最终登进士第。① 王敦裕之子的经史教育也是源于家学，王敦裕有三子：长曰准，次曰矩，次名迎桂。"率皆干蛊推诚，趋庭习训。"所谓"趋庭习训"是指子承父教。可见，王准、王矩、王迎桂都是接受家学教育成长起来的。② 李翊"爰从稚齿，幸忝趋庭。才逾辩李之年，旋禀学诗之训。遂乃自强不息，温故知新。砺铅刃而不愧雕虫，望金科而将期中鹄。"③ 从王敦裕、李翊的事例可以看出，子承父教在辽朝的家学教育中十分普遍。

以家族祖、父、子为主体的进士世家中，采取家学教育形式的可能性也比较大，如河间人刘景，"资端厚，好学能文"，④ 曾被燕王赵延寿辟为幽都府文学，累官右拾遗、知制诰、翰林学士、礼部侍郎、尚书、宣政殿学士、南京副留守、户部使、武定军节度使、开远军节度使等官职。在其教授下，子刘慎行，官至北府宰相、监

---

① 《辽史》卷79《室昉传》，1271 页。

② 《王敦裕墓志》（大康二年），《辽代石刻文编》，379 页。

③ 《李翊为考姚建陀罗尼经幢记》（统和十八年），《辽代石刻文编》，104 页。

④ 《辽史》卷86《刘景传》，1322 页。

修国史，赐保节功臣。孙刘二玄、刘三嘏、刘四端、刘五常、刘六符，皆显于世。"玄终上京留守，常历三司使、武定军节度使。嘏、端、符皆第进士。嘏、端俱尚主，为驸马都尉。"① 白霫北原人郑恪，"生二十九年，以属文举进士，中第三甲。"其长子郑企望、次子郑企荣，"皆隶进士业"。② 再如梁援，"二十有六岁，乃登甲科。"其长子梁庆先"善属文，四预奏籍，特赐进士及第"。梁援兄梁拣，"登进士第，解褐授秘书省校书郎，早世"。兄长子梁庆诒，"举进士，三赴御帘，未第而卒"。梁援弟梁扑，"登进士科，官为长庆令"。扑三子梁恩化、四子梁兴府、五子梁八十七，"皆业进士"。③ 从刘景、郑恪、梁援家族皆以进士为业分析，他们的经史教育承袭了家族传承，故应是以家庭或家族子女为对象而完成的经史教育。

在家学教育中，邢简妻陈氏的教子习经最为典型，史载："陈氏甫笄，涉通经义，凡览诗赋，辄能诵，尤好吟咏，时以女秀才名之。年二十，归于简。……有六子，陈氏亲教以经。"④ 其教子习经处称"一经楼"，据《大同府志》记载："一经楼在应州城内，辽郎中邢简妻陈夫人教子读书处。"⑤ 由于陈氏教育的成功，其子邢抱朴、邢抱质"皆以儒术显，抱质亦官至侍中"。⑥

综上所述，家学教育是辽朝科举考试生源的主要来源之一，从某种意义上讲，家学教育的主要目的就是为了参加辽朝的科举考试，以荣耀家族，释褐仕宦。

（二）私塾教育与科举考试生源

私塾教育是指在私人开设的以庠校为依托习修经史的教育形式。由于《辽史》阙漏，有关辽朝私塾教育未作任何记载，但从辽朝贵族的墓志中可找到些许蛛丝马迹，如《张绩墓志》记载：张绩"既长，视乐群之业，庠校推成。士衡有患多之才，令范擅构思之敏。于太平末岁，属而立，进士乙科登第。"⑦ 这说明张绩的经史教育是

① 《辽史》卷86《刘六符传》，1323页。
② 《郑恪墓志》（大安六年），《辽代石刻文编》，428～429页。
③ 《梁援墓志》（乾统元年），《辽代石刻文编》，520～522页。
④ 《辽史》卷107《列女·邢简妻陈氏传》，1471页。
⑤ 《辽史拾遗》卷21《邢简氏陈氏传》，406页。
⑥ 《辽史》卷80《邢抱朴传》，1279页。
⑦ 《张绩墓志》（清宁九年），《辽代石刻文编》，313页。

在"庠校"完成的。又张绩"子四人。长曰锡□，□登进士第……。次曰锡庆，次曰锡范。并以其问□□□□，价茂塾庠，两赴词闱，仁捷科等。次曰兴国。"① 可见，张绩之子张锡□、张锡庆、张锡范等人也是在"塾庠"完成经史教育的。从《张绩墓志》记载的史料分析，他们在私塾接受经史教育的目的仍然是参加辽朝的科举考试，这说明私塾教育也为辽朝科举考试输送了大量的科举考试生源。

（三）讲学教育与科举考试生源

在辽朝，除了上述的家学教育和私塾教育外，还存在一种以私人组织为核心的讲学教育。这种形式的讲学教育是指一般由私人开办，有影响的学者进行自由讲学，有大量图书典籍供求学者参阅，是求学者能够较长期地集中精力治学的教育基地，如龙首书院，以及医巫闾山、南山、太宁山等习读经史的基地。

龙首书院。龙首书院是辽朝史料中唯一记载的辽朝书院。《大同府志》云："龙首书院在应州西南，辽翰林学士邢抱朴建。"② 龙首书院之得名应来源于龙首山。《大同志》称："龙首山在应州城北山之南，跨云中，雁门山在应州城南山之北，与龙首山相望。"③ 龙首书院的所在地，可以从龙首书院与辽朝应州的相对地理位置来考之。关于应州的地望，《辽史·地理志五》指出："应州，彰国军，上，节度。唐武德中置金城县，后改应州。后唐明宗，州人也。天成元年升彰国军节度，兴唐军、寰州隶焉。辽因之。北龙首山，南雁门。兵事属西京都部署司。统县三。"④ 可见，辽朝应州沿革于唐朝的金城县，为唐武德中置。但清代史家李慎儒《辽史地理志考》认为："案唐末置金城县，后置应州，以县隶之。此以为改，误。欧阳忞《舆地广记》，应州，唐末置，领金城、浑源二县是也。故新、旧《唐书》、《元和郡县志》、《通典》皆无金城县。此《志》'武德中置'，恐是臆造。"同时，李氏认为：辽朝应州即"今山西大同府应

① 《董匡信及妻王氏墓志》（咸雍五年），《辽代石刻文编》，338 页。
② 《辽史拾遗》卷 20《邢抱朴传》，第 390 页。
③ 《辽史拾遗》卷 15《地理志五》"西京道"条，310 页。
④ 《辽史》卷 41《地理志五》，513 页。

州治。"① 查清代大同府之应州，当为今山西应县，② 可见，龙首书院建置于今山西应县西南。

医巫闾山。在辽朝，医巫闾山不仅是辽朝皇帝经常游猎的场所和皇帝、太子的陵寝所在，而且也是辽朝聚徒讲学，实施儒学经史教育的重要基地之一，位于今辽宁省西部的北镇县境内。据《辽史·地理志二》记载："显州，奉先军，上，节度。本渤海显德府地。……（医巫闾）山南去海一百三十里。大同元年，世宗亲护人皇王灵驾归自汴京。以人皇王爱医巫闾山水奇秀，因葬焉。山形掩抱六重，于其中作影殿，制度宏丽。州在山东南，迁东京三百余户以实之。""奉先县。本汉无虑县，即医巫闾，幽州镇山。世宗析辽东长乐县民以为陵户，隶长宁宫。"③ 可见，医巫闾山位于显州西北之地。对此，《许亢宗行程录》描述曰："第二十二程自刘家庄一百里至显州。自榆关以东行，南濒海而北限大山，尽皆粗恶不毛，至此山，忽峭拔摩空，苍翠万仞，全类江左，乃医巫闾山也。成周之时，幽州以医巫闾作镇，其远如此。契丹兀欲葬于此山，离州七里，别建乾州，以奉陵寝，今尽为金人毁掘。"④ 另外，顾祖禹《读史方舆纪要》也云："《周礼·职方》：幽州山曰医无闾，即此。亦谓之北镇。隋开皇十四年，诏以医无闾为北镇是也。"⑤ 根据上述记载可知，医巫闾山位于明朝广宁卫西、清朝之北镇，今辽朝省北镇县境。

医巫闾山早年是皇太子耶律倍读书的地方，《辽史·义宗倍传》记载：太子耶律倍"幼聪敏好学，外宽内挚。……倍初市书至万卷，藏于医巫闾绝顶之望海堂。"⑥ 又卷三十八《地理志二》也谈到："人皇王性好读书，不喜射猎，购书数万卷，置医巫闾山绝顶，筑堂曰望海。"⑦ 由于耶律倍在此刻苦读书，使得他取得了很显著成就，

① ［清］李慎儒撰：《辽史地理志考》，《二十五史补编》（第六册），中华书局，1957年，8135页。

② 《中国历史地名辞典》，江西教育出版社，1986年，421页。

③ 《辽史》卷38《地理志二》，463～464页。

④ 贾敬颜著：《〈许亢宗行程录〉疏证稿》，《五代宋金元人边疆行记十三种疏证稿》，中华书局，2004年，239页。

⑤ ［清］顾祖禹撰：《读史方舆纪要》卷37《山东八》，上海书店，1998年影印版，262页。

⑥ 《辽史》卷72《义宗倍传》，1209～1211页。

⑦ 《辽史》卷38《地理志二》，463页。

"通阴阳，知音律，精医药，砭藥之术。工辽、汉文章，尝译阴符经。善画本国人物，如射骑、猎雪骑、千鹿图，皆入宋秘府。"[1] 后来，医巫闾山作为辽朝重要的儒家文化教育基地，吸引了许多学者前来深造学习。如著帐郎君之后的耶律良，"生于乾州，读书医巫闾山"。[2]

太宁山。太宁山也是辽朝重要的讲学习经基地。道宗朝的王鼎曾就读于太宁山，《辽史·王鼎传》谈到：王鼎，涿州人，"幼好学，居太宁山数年，博通经史。"[3] 王鼎接受太宁山的经史教育后，成绩尤为突出，"清宁五年，擢进士第"，继而步入仕途。初调易州观察判官、涞水县令，累迁翰林学士。寿隆初，升观书殿学士。在治政上充分显示了他的才华和能力，《辽史》称赞曰："当代典章多出其手。上书言治道十事，帝以鼎达政体，事多咨访"。[4] 太宁山数年的博通经史无疑对王鼎以后的仕途奠定了基础，由此也反映出太宁山作为讲学习经基地所起的重要作用。

关于太宁山的地望，《辽史·地理志四》云："易州，高阳军，上，刺史。汉为易、故安二县地。隋置易州，隋末为上谷郡。唐武德四年复易州。天宝元年仍上谷郡。乾元元年又改易州。五代隶定州节度使。会同九年孙方简以其地来附。应历九年为周世宗所取，后属宋。统和七年攻克之，升高阳军。有易水、涞水、狼山、太宁山、白马山。"[5] 很显然，太宁山在辽朝易州境内。又《易州志》："大〔太〕宁山在州西五十里，中有大〔太〕宁寺。"[6] 此外，从《易州太宁山净觉寺碑铭》（大安二年）出土于河北易县西 50 里太宁山净觉寺内，[7] 也可知太宁山之地望。综上，太宁山位于今河北易县西 50 里处。

南山。南山是辽朝又一重要的讲学教育基地。前文提及的耶律良，于医巫闾山肄业后，又入南山求学。《辽史·耶律良传》记载：

① 《辽史》卷 72《义宗倍传》，1211 页。
② 《辽史》卷 96《耶律良传》，1398 页。
③ 《辽史》卷 104《文学下·王鼎传》，1453 页。
④ 《辽史》卷 104《文学下·王鼎传》，1453 页。
⑤ 《辽史》卷 40《地理志四》，498 页。
⑥ 《辽史拾遗》卷 14《地理志四》"南京道"条，290 页。
⑦ 《易州太宁山净觉寺碑铭》，向南《辽代石刻文编》，403 页。

耶律良"学既博,将入南山肄业,友人止之曰:'尔无仆御,驱驰千里,纵闻见过人,年亦垂暮。今若即仕,已有余地。'良曰:'穷通,命也,非尔所知。'不听,留数年而归。"① 由于耶律良具有刻苦好学、穷通经史、永不满足的精神,使之终成有辽一代的名臣儒士。兴宗重熙中入仕时虽为寝殿小底、燕赵国王近侍,但很快在道宗清宁中,以其作《捕鱼赋》的才华,宠遇日隆,迁升知制诰、兼知部署司事,累迁敦睦宫使,兼权知皇太后宫诸局事,汉人行宫都部署。咸雍初,同知南院枢密使事,为惕隐,出知中京留守事。由于耶律良在仕途中的突出功绩,卒后被辽朝皇帝追封"辽西郡王"、谥为"忠成"二字。萧韩家奴也是通过南山的教育而成为辽朝名臣儒士的。《辽史·萧韩家奴传》称:萧韩家奴,涅剌部人,中书令安抟之孙。"少好学,弱冠入南山读书,博览经史,通辽、汉文字。"后来,"(兴宗)帝与语,才之,命为诗友",时"诏作《四时逸乐赋》",进一步得到兴宗的赏识,② 以至于兴宗诏谕之曰:"文章之职,国之光华,非才不用。以卿(按:指萧韩家奴)文学,为时大儒,是用授卿以翰林之职。朕之起居,悉以实录。"并"诏与耶律庶成录遥辇可汗至重熙以来事迹"二十卷,诏"制为礼典"三卷,进于帝,成为名噪一时的文学之人。③ 由于萧韩家奴博通经史,精于辽、汉文字,善于治政,因而萧韩家奴在仕途上也得到了兴宗的重用。重熙初,同知三司使事。重熙四年,迁天成军节度使、彰愍宫使,又擢翰林都林牙、兼修国史。

从龙首书院、医巫闾山、太宁山、南山培养的各族士人看,这些特殊的教育基地也是辽朝科举考试生源的来源之一。

私学教育是辽朝科举考试生源的主要来源之一是毋庸置疑的,这也可从乡贡进士分布的情况获知。众所周知,乡贡进士不列于府州县地方官学,是通过私学教育而养成的,故对乡贡进士的分析,大体可窥视辽朝私学教育是辽朝科举考试生源的主要来源之一。可惜的是,《辽史》中只字亦未提乡贡进士,现仅知的辽朝33名乡贡进士皆出于墓志或者碑刻之中,其基本情况详见下表所示。

---

① 《辽史》卷96《耶律良传》,1398页。
② 《辽史》卷103《文学传上·萧韩家奴传》,1445页。
③ 《辽史》卷103《文学传上·萧韩家奴传》,1449~1450页。

表 2－10　辽朝乡贡进士地域分布表

＃	姓　名	籍　贯	撰就的墓志或碑刻	撰文时间	出土地点
1	王　寔		《石龟山遵化寺碑》	重熙十一年（1042）	河北涞水县西北
2	马　梅	燕京析津县	《为先内翰侍郎太夫人特建经幢记》《马直温妻张馆墓志》	天庆元年（1111）天庆三年（1113）	不详北京大兴县
3	郑　熙		《重修范阳白带山云居寺碑》	应历十五年（965）	北京房山区
4	商　隐		《韩橁墓志》	重熙六年（1037）	辽宁朝阳县内
5	杜　文		《石函记》	重熙十四年（1045）	内蒙宁城县
6	刘师民	燕南良乡县	《涿州超化寺诵法华经沙　门法慈修建实录》	清宁二年（1056）	北京房山西北
7	王　诠		《涿州白带山云居寺东峰续镌成四大部经记》	清宁四年（1058）	北京房山西南
8	李　敩		《耶律宗政墓志》《耶律宗允墓志》	清宁八年（1062）咸雍元年（1065）	辽宁北镇县辽宁北镇县
9	刘子庸	安次县	《萧福延造经记》	清宁九年（1063）	
10	张君儒	滦州	《尊胜陀罗尼幢序》	大安六年（1080）	
11	张　问		《尚暐墓志》	寿隆五年（1099）	内蒙宁城县
12	韩温教		《金山演教院千人邑记》	乾统三年（1103）	河北涞水北
13	刘　企		《造经题记》	大安元年（1085）	
14	张　角	析津府	《窦景庸女赐紫比丘尼造经记》		
15	李　枢		《赵公议为亡考造陀罗尼幢记》	乾统十年（1110）	北京房山西南
16	李忠益	大定归化县	《惠州李祜墓幢记》	天庆三年（1113）	

17	张希颜	涿州固安	《辽史拾遗》卷14《地理志四》		
18	段温恭	涿州范阳	《特建葬舍利幢记》《特建纪伽蓝功德幢记》	咸雍八年（1072）咸雍十年（1074）	
19	郭秦		《萧福延造经记》	清宁九年（1063）	
20	张俨	燕京	《张琪墓志》《马直温妻张馆墓志》	太平四年（1024）天庆三年（1113）	北京大兴
21	张某	燕京	《张琪墓志》	太平四年（1024）	北京大兴
22	郑懿文		《沈州卓望山无垢净光塔石棺记》	重熙十四年（1045）	辽宁沈阳城南
23	郑恂		《沈州卓望山无垢净光塔石棺记》	重熙十四年（1045）	辽宁沈阳城南
24	赵及		《显州北赵太保寨白山院舍利塔石函记》	清宁四年（1058）	辽宁阜新县富荣镇
25	李克忠	燕京昌平县	《阳台山清水院藏经记》	咸雍四年（1068）	北京
26	君儒		《井亭院圆寂道场藏掩感应舍利记》	大康六年（1080）	北京房山
27	宋雄		《韩瑞墓志》	大安八年（1092）	辽宁朝阳市
28	刘诏		《义冢幢记》："乡贡进士刘诏书"。	寿隆五年（1099）	北京昌平
29	高据	西京朔州	《高泽墓志》	乾统十年（1110）	山西朔县
30	张锡庆		《张绩墓志》	清宁九年（1063）	不详
31	张锡范		《张绩墓志》	清宁九年（1063）	不详
32	王庆延	滦州	《永庆寺碑》	咸雍十年（1074）	
33	李文治	滦州	《永庆寺碑》	咸雍十年（1074）	
34	赵临		《萧兴言墓志》	大安三年（1087）	

| 35 | 刘安贞 | 《蔡志顺墓志》 | 乾统八年（1108） | |

注：资料主要来源于《全辽文》、《辽代石刻文编》、《内蒙古辽代石刻文研究》、《畿辅通志》、《辽代进士题名录》等文献。

乡贡进士能够被邀请撰写墓志或碑刻，是缘于乡贡进士在辽朝社会中得到广大民众的普遍认可，具有较高的社会地位。反过来说，正是辽朝广大民众对乡贡进士的认可，因而乡贡进士在撰写墓志或碑刻时刻意在自己的名字前署上"乡贡进士"，以彰显自己的身份、地位。从上表墓志或碑刻出土地点看，乡贡进士遍布辽朝的五京道，说明通过私学教育而养成的科举考试生源来源于辽朝域内的各个地区。从仅有的乡贡进士籍贯看，除上京道外，其他四京道皆有发现，发现者以南京道居多。如果按照上表中乡贡进士所反映出的特点分析，通过私学教育而养成的科举考试生源来源于辽朝南京地区的最多，其次是东京地区、中京地区、西京地区，再其次是上京地区。这从另一个侧面说明，辽朝南京地区的私学教育最为发达，为辽朝科举考试输送的科举考试生源最多。

另外，从及第进士的籍贯看，也能说明辽朝私学教育是辽朝科举考试生源的主要来源之一。如东京道长春州的吴昊擢道宗咸雍十年进士，[1] 而《辽史·地理志一》记载："长春州，韶阳军，下，节度。本鸭子河春猎之地。兴宗重熙八年置。隶延庆宫，兵事隶东北统军司。"[2] 可见，辽朝在长春州未设置官学（州学）。中京道建州王敦裕擢兴宗重熙二十四年进士，[3] 建州永霸县张孝杰擢兴宗重熙二十四年进士，[4] 而《辽史·地理志三》记载："建州，保宁军，上，节度。唐武德中，置昌乐县。太祖完葺故垒，置州。汉乾祐元年，故石晋太后诣世宗，求于汉城侧耕垦自赡。许于建州南四十里给地五十顷，营构房屋，创立宗庙。州在灵河之南，屡遭水害，圣

---

① 《显武将军吴君阡表》，《元好问全集》卷29《碑铭表志碣》，山西人民出版社，1990年，674页。

② 《辽史》卷37《地理志一》，445页。

③ 《王敦裕墓志》，《辽代石刻文编》，379页。

④ 《辽史》卷110《张孝杰传》，1486页。

宗迁于河北唐崇州故城。初名武宁军，隶永兴宫，后属敦睦宫。"①
可见，辽朝在建州未设置官学（州学）。西京丰州的边贯道为"辽日
状元"，② 而《辽史·地理志五》记载："丰州，天德军，节度使。
……太祖神册五年攻下，更名应天军，复为州。"③ 可见，辽朝在丰
州未设置官学（州学）。东京道辽州辽滨县的贾师训擢道宗咸雍二年
进士，④ 东京道显州奉先县的马人望擢道宗咸雍中进士，⑤ 而《辽史
·地理志二》记载："辽州，始平军，下，节度。……太祖伐渤海，
先破东平府，迁民实之。故东平府都督伊、蒙、陀、黑、北五州，
共领县十八，皆废。太祖改为州，军曰东平，太宗更为始平军。"
"显州，奉先军，上，节度。本渤海显德府地。世宗置，以奉显陵。
……州在（医巫闾）山东南，迁东京三百余户以实之。"⑥ 可见，辽
朝在辽州、显州亦均未设置官学（州学）。在没有设置地方官学的州
县有进士及第者，也可说明私学的存在，同时也说明私学是辽朝科
举考试生源的重要培养基地。

众所周知，在中国古代，无论是官学教育还是私学教育，其主
要目的就是为科举考试储备人才，即所谓教育为养士，科举为选士。
当然，辽朝也不例外。不过，辽朝也有其特殊性。纵观辽朝的科举
考试，主要是针对汉族、渤海族士人的，直到辽朝后期才允许契丹
等北方游牧民族士人参加科举考试。这样，在辽朝的中前期，在中
央官学（国子学、五京学）和地方府州县学中就学的契丹等北方游
牧民族的子弟是不能参加科举考试的，但这并不影响中央官学和地
方官学为科举考试输送大批生源的事实，因为在中央官学和地方官
学的生源中有大量的汉族子弟，他们是辽朝科举考试的主要生源。

在这里还需要说明的是，辽朝对科举考试的生源也进行限制，
禁止某些行业之家族士人参加辽朝的科举考试。如辽兴宗重熙十九
年（1050年）六月，"诏医卜、屠贩、奴隶及倍父母或犯事逃亡者，

---

① 《辽史》卷39《地理志三》，488～489页。
② ［元］元好问撰：《中州集》卷8《边元勋传》，《四部丛刊初编》，上海商务印书馆
缩印董氏影元本，124页。
③ 《辽史》卷41《地理志五》，508页。
④ 《贾师训墓志》，《全辽文》卷9，252页。
⑤ 《辽史》卷105《马人望传》，1462页。
⑥ 《辽史》卷38《地理志二》，467、463页。

不得举进士。"① 天祚帝乾统五年（1105 年）冬十一月戊戌，"禁商贾之家应进士举。"② 从上述记载来看，重熙年间开始限制医者、占卜者，还有屠夫、商贩、奴隶、不孝敬父母之人、犯罪之人参加科举考试活动。到天祚帝乾统五年，又将从事商贾之家族排除在举进士之外，这恰好是中原儒家"轻商思想"在辽朝的具体表现。此外，辽朝还限制契丹人举进士。如耶律蒲鲁，"幼聪悟好学，甫七岁，能诵契丹大字。习汉文，未十年，博通经籍。重熙中，举进士第。主文以国制无契丹试进士之条，闻于上，以庶箴擅令子就科目，鞭之二百。"③ 从这一记载可以看出，辽朝是限制契丹士人参加科举考试的。但随着辽朝儒化程度的不断加深，这种限制逐渐被打破，到辽朝后期，契丹族士人可以不受限制地参加科举考试了。

---

① 《辽史》卷 20《兴宗本纪三》，241 页。
② 《辽史》卷 27《天祚帝本纪一》，322 页。
③ 《辽史》卷 89《耶律蒲鲁传》，1351 页。

辽代黄龙府得名详考

姜维东　姜雅迪

（长春师范学院东北亚研究所　历史学院）

　　摘　要　本文总结了以往黄龙府得名的研究，并在此基础上深入探讨，否定了以往黄龙府得名中的沙尘暴、闪电等自然现象说；建塔压龙脉、射龙等封建迷信说；因开原黄龙岗得名的附会说；及龙州迁徙诸说，结合辽太祖造神运动的历史记载，确认了辽太祖树立自己为契丹黄帝的种种造作，从而解决了黄龙府得名的问题。

　　关键词　辽代　黄龙府　黄龙　传说

　　黄龙府的得名，也是学术界讨论的重点。吉林省农安县曾名列全国十大产粮县之首，当时有"天下第一县"的美称。农安在历史曾有过辉煌一幕，这在东北地区是颇为少见的。它有一大串今人已经陌生乃至茫然不识的旧名，像扶余府、黄龙府、龙州、济州、龙安、龙湾等等。农安在历史上最著名的一个旧名，就是黄龙府。关于黄龙府的得名，一直存在争议，本文就想解决这一争端。

一、黄龙府得名研究综述

　　黄龙府的得名，学者各执一词，主要有如下几种观点法：

　　（一）传统观点。这是《辽史》记载辽太祖的黄龙下降传说，这种说法在学术界得到了比较普遍的认可。这种传统观点主要记录于《辽史·太祖纪》和《辽史·地理志》中，说当时辽太祖耶律阿保机去世时"紫黑气蔽天"、"黄龙缭绕"，辽遂改扶余府为黄龙府。陈相伟在其《黄龙府的历史地位和作用》[①] 一文中即引用上述两种史料，

---

　　① 陈相伟，黄龙府的历史地位和作用 [J]，长春文物，1988 年第 3 辑。

最后指出这即是黄龙府名称由来的全过程。都兴智《辽金史研究》①第三章《辽金历史地理研究》也赞同上述说法。姜维东《耶律阿保机托神改制与黄龙府名称的由来》② 从史源学角度探讨了辽太祖时期的诸种传说，得出黄龙府的名称是辽御用文人以辽太祖比拟黄帝，又与当地河流土名相结合而得名。总的来说，辽改扶余府为黄龙府确实是与辽太祖在此地去世有关，但在是否有"黄龙缭绕"这一点上则存在分歧。

（二）因内迁渤海龙州居民而得名。这种说法见诸《吉林通志》，认为"黄龙府本渤海扶余府，与通州为渤海扶余城者，似属一处。但通州所属有扶余等县，乃扶余府旧县。黄龙府所属之富利、长平，乃渤海龙州旧县。以史文测之，盖太祖既破龙州，迁其民于扶余府东北境，亦设龙州，如南朝侨郡，故通州先名龙州，又改扶余府为黄龙府，属龙州。故黄龙府冠以龙州。及迁黄龙府于东北，乃初设龙州之地，故府所属反系龙州旧县，而通州自保宁置于扶余府旧城，故所属皆扶余旧县也。"③《吉林通志》的结论是建立在臆测基础上，首先是混淆了黄龙府与通州建置的因果关系。其次是根据《辽史》在纪事上的混乱，猜测黄龙府龙州辖县皆自上京龙州迁来。其实《辽史》没有明确记载渤海龙州的属县，也没有说扶余府改名是因迁置了龙州居民的缘故。其后，金毓黻《渤海国志长编》继承其说，将《辽史》所载黄龙府属县都说成是渤海龙州的属县。

（三）认为是建塔压龙脉而得名。"建塔压龙脉"这种传说始见于民国时所修《农安县志》中。俗传唐朝李靖在今天农安县万金塔一带筑塔以压当地"龙脉"，"工初兴筑高三丈余，谓龙脉已走至今农安县西门外，故万金塔工停，而农安城西门外，塔成矣"。④ 都亚辉《黄龙府的兴衰演变》⑤ 也肯定这种说法，认为建塔压龙脉即古城得名黄龙府的原因。但学界的共识认为，这种说法主要出于附会，可不置论。

① 都兴智，辽金史研究 [J]，人民出版社，2004 年 12 月。
② 姜维东，耶律阿保机托神改制与黄龙府名称的由来 [J]，长春师院学报（社会科学版），1994 年 4 期。
③ 《吉林通志》卷 11《沿革志二》，吉林文史出版社 1986 年，192 页。
④ 民国《农安县志·古迹》"古塔"条。
⑤ 都亚辉，黄龙府的兴衰演变 [J]，东北师范大学硕士论文，2008 年。

（四）认为是以辽太祖射龙而得名。以洪皓《松漠纪闻》、叶隆礼《契丹国志》等书为代表，认为辽太祖在灭渤海之前射黄龙于其地，即将其地建为黄龙府。赵永春在《辽金时期的黄龙府》① 一文中对这种说法进行了比较研究，将《松漠纪闻》关于耶律阿保机射龙之说与《契丹国志》、《纪异录》、《续夷坚志》的相关纪事内容进行对比，认为这种观点虽早于《辽史》，但并不可信。

（五）主张黄龙府在辽宁开原的学者们则提出黄龙府得名于开原县附近的黄龙岗。据一些学者说，黄龙岗的存在早在金代王寂的《辽东行部志》中就有了，是开原北部紫霞山的别名。清康熙十七年所修《开原县志》中"建置沿革"条云："汉属夫余国，晋、隋因之。唐时渤海大氏取夫余地改为扶余府。辽时属龙州黄龙府。辽太祖征渤海还，至此，黄龙见，故名。"然考察其依据，则一半出于附会，一半出于民间传说。《开原县志》有这样一段记载："昔人以黄龙名开原者，盖开原老城北三里有山，一带纤眠绵远，委蛇起伏，东连巨巅，西抵辽河，俨如卧龙之状。""此小山皆由黄土形成，故名'黄龙冈'"。清代省级通志，皆参照各县上报的县志，故其说后为《嘉庆重修一统志》"盛京"部分所采纳，遂广为流传。迨至清末，此说方为人所怀疑，细绎史实，方知其误。

二、学者们对黄龙府得名的种种解释及依据

黄龙府是如何得名的？对此，史书上有明确记载。《辽史·太祖本纪》记载：

> 天显元年七月甲戌，次夫余府，上不豫。是夕，大星陨于幄前。辛巳，平旦，于城上见黄龙缭绕，可长一里，光耀夺目，入于行宫。有紫黑气蔽天，逾日乃散。是日，上崩，年五十五……太祖所崩行宫在扶余城西南两河之间，后建升天殿于此，而以扶余为黄龙府云。②

交待一下这段史书的背景：当时辽太祖耶律阿保机攻打渤海国，

---

① 赵永春，辽金时期的黄龙府 [J]，北方文物，2001 年 1 期。
② 《辽史》卷 2《太祖纪下》。

先攻下渤海的边防重镇扶余府（即农安），随后攻占渤海首都（今黑龙江宁安）。阿保机凯旋班师的途中，也路过扶余府，并在扶余府城外的行宫中去世。耶律阿保机去世的当天早上，人们曾见到黄龙出现在扶余城头，消失在耶律阿保机的行宫。所以，辽太祖去世后，辽朝将扶余府改名黄龙府。这就是黄龙府的名字的由来。

后来，金朝灭亡北宋，将俘虏的大批北宋人安置在黄龙府，史称"靖康之变"。传说中，被俘的宋徽宗、宋钦宗也是被安置在黄龙府，所以有了抗金名将岳飞的一句话："直捣黄龙府，与诸君痛饮耳！"毛泽东主席 1958 年在接见农安县委书记徐青时曾称赞其年少有为："古老的黄龙府，年轻的父母官。"正是这两句话，通过《岳飞传》及近代媒体让黄龙府给世人留下了深刻印象。

话说回来。尽管史书为黄龙府的得名给出了明确答案，近代采风所得的黄龙府传说也多有"龙"、"龙脉"有关，但对我们这个时代的人而言，"天降黄龙"显然超越我们所知道的科学常识。也就是说，自然界根本不会存在翱翔九天的龙，更不要说"可长一里，光耀夺目"了。那么，黄龙府真正得名的原因是什么呢？

1. 自然现象诸说（闪电说与沙尘暴说）

有位学者曾提出，所谓"黄龙下降"，实际上就是暴风雨中的闪电。这种解释很近情。但《辽史·太祖纪》中尽管提到了紫黑气蔽天，但只字没有提及下雨。而且紫黑气是在黄龙入行宫后出现的，这与自然现象不尽符合，仍不是最佳答案。

还有位学者曾提出自己的观点，认为辽人所见辽太祖去世时的黄龙乃是沙尘暴。沙尘暴，东北人不陌生。但这位学者的解释，只能说是臆说。因为有几点说不通。（一）尽管这里只能解释《辽史》中的"紫黑气蔽天，逾日始散"的内容，而不能解释"可长一里，光耀夺目"的内容。（二）从我们所知道的渤海时期、辽初期的东北气候而言，与现在差异不大。按现在的常识，沙尘暴一般都发生在春季草木未生之前，而辽太祖去世时是七月，农历刚入秋，正是草木茂盛的时期，除非极端天象，否则不太可能出现沙尘暴。（三）当时辽太祖行宫在扶余城西南，而东北地区七月多为南风，不可能是东北风。根据现在的知识，东北地区的沙尘暴绝大多数都是西北风从内蒙古方向刮来的。

2. 建塔压龙脉说

"建塔压龙脉"这种传说始见于民国时所修《农安县志》中。俗传唐朝李靖在今天农安县万金塔一带筑塔以压当地"龙脉"：

> 万金塔，无塔也。无塔胡以塔名。俗传唐李靖所建，以该镇西有土龙脉，筑塔以压之。工初兴，筑高三丈余，谓龙脉已走至今农安县西门外，故万金塔工停，而农安城西门外，塔成矣。至今剩一土堆，高三丈八尺，周围二丈五尺，后因之成镇，故曰万金塔。[①]

这种民间传说连记录者也不敢信从，故说：

> 按塔古称浮屠，即佛陀之异译。至龙脉之说，专制时代或亦有之，未闻以塔压也。惟父老相传已久，而该塔除此又别无可考，兹准纪文达公如是我闻例志之。[②]

唐朝的势力始终未达到今吉林农安一线，更遑论李靖在唐太宗亲征高丽不久即病逝，而高句丽之平在唐高宗总章元年（668 年），何来李靖筑塔之说。而据《农安文物志》所载，万金塔土堆实为辽塔颓废后形成，则在万金塔地宫发现壁画及佛教用品，说明万金塔是辽代的佛塔。而农安辽塔也是僧人的灰身塔，而非风水的厌胜物。这种传说明显是近代民间传说，与同时涌现的以岳飞、薛仁贵、罗通为主的地名传说相类。有人[③]承认这种说法，认为建塔压龙脉即古城得名黄龙府的原因。但学界的共识认为，这种说法主要出于民间传说的附会，可不置论。

3. 得名于黄龙岗之说。

主张黄龙府在辽宁开原的学者们则提出黄龙府得名于开原县附近的黄龙岗。清康熙十七年所修《开原县志》中"建置沿革"的"县治"、"祥异"条云：

---

① 民国《农安县志·古迹》"古塔·万金塔"条，49 页。
② 民国《农安县志·古迹》"古塔·万金塔"条，49 页。
③ 都亚辉，黄龙府的兴衰演变 [J]，东北师范大学硕士论文，2008 年。

汉属夫余国，晋、隋因之。唐时渤海大氏取夫余地，改为扶余府。辽时属龙州黄龙府。辽太祖征渤海还，至此，黄龙见，故名。①

七月甲戌，大星陨，黄龙见。太祖次扶余府。是日，大星陨于幄前。辛巳平旦，子城上见黄龙缭绕，长一里许，光耀夺目，入于行宫。有紫黑气蔽天，逾日乃散，后因以扶余府为黄龙府。②

然考察其依据，虽以《辽史》"黄龙坠"为名，而已记录"黄龙府出于黄龙冈"这样的民间传说。《开原县志》有这样一段记载：

县北三里，有山一带，千眠绵远，委蛇起伏。东连巨巅，西抵辽河，俨如卧龙之状。昔人以黄龙名开原者即此。今冈上插篱为边，以限内外，为新边也。③

同一书，居然出现了自相矛盾的纪事内容，这在方志中是比较奇怪的。更奇怪的是，在《开原县志》的其他部分，纂修者又否定了这个民间传说，认为黄龙冈是因"黄龙府"而得名：

黄龙冈，城北三里。按《辽史》上京北带潢水，南控黄龙。辽太祖征渤海，还次扶余府，有黄龙见，遂改黄龙府。冈或以此得名也。④

"此小山皆由黄土形成，故名'黄龙冈'"。清代省级通志，皆参照各县上报的县志，故其说后为《嘉庆重修一统志》"盛京"部分所采纳，遂广为流传。迄至清末，此说方为人所怀疑，细绎史实，方知其误。既然开原与辽代黄龙府了无瓜葛，则黄龙府得名于黄龙岗

---

① 刘起凡等《开原县志》卷上，辽海丛书本，第四册，2463 页。
② 刘起凡等《开原县志》卷上，辽海丛书本，第四册，2463 页。
③ 刘起凡等《开原县志》卷上"景物·龙冈北枕"条，辽海丛书本，第四册，2464 页。
④ 刘起凡等《开原县志》卷上"山川"条，辽海丛书本，第四册，2465 页。

之说也就无从立足了。

4. 辽太祖射龙说

认为是以辽太祖射龙而得名。以许亢宗《行程录》、洪皓《松漠纪闻续》、叶隆礼《契丹国志》等书为代表，认为辽太祖在灭渤海之前射黄龙于其地，即将其地建为黄龙府。

这种观点是否正确，我们应该考察一下原始史料。许亢宗《宣和乙巳奉使行程录》记载：

> 第三十二程自蒲里八十里至黄龙府。契丹阿保机初攻渤海，射黄龙于此地，即建为府。①

《松漠纪闻续》记载：

> 阿保机居西楼，宿毡帐中。晨起见黑龙长十余丈，蜿蜒其上。引弓射之，即腾空矫天而逝，坠于黄龙府之西，相去已千五百里。才长数尺，其骸尚在金国内库，悟室长子源尝见之。尾鬣支体皆全，双角已为人所截，与予所藏董羽画出水龙绝相似，盖其背上鬣不作鱼鬣也。②

《契丹国志》记载：

> 先是，渤海国王大諲撰本与奚、契丹为唇齿国。太祖初兴，并吞八部，继而用师，并吞奚国。大諲撰深惮之，阴与新罗诸国结援，太祖知之，集议未决。后因游猎，弥旬不止，有黄龙在其毡屋上，连发二矢，殪之，龙坠其前。后太子德光于其地建州，黄龙府即其地也。太祖曰："吾欲伐渤海国，众计未定而龙见吾前，吾能杀之，是灭渤海之胜兆也。"遂平其国，掳其主。③

---

① 贾敬颜，五代宋金元人边疆行记十三种疏证稿 [M]，中华书局 2004 年，248 页。
② 洪适，松漠纪闻 [M]，吉林文史出版社"长白丛书初集"本，1986 年，36 页。《夷坚志甲》卷 1 "阿保机射龙"条与此略同，同出一源。
③ 《契丹国志》卷 1《太祖大圣皇帝》。

在以上三种原始史料中，关于辽太祖射龙的记载前后矛盾之处很多。比如说在何地射龙问题，《行程录》和《契丹国志》都说在黄龙府，而《松漠纪闻续》则说射龙的地点在西楼，龙坠的地方在黄龙府。在何时射龙问题，《松漠纪闻续》没有明确时间，《行程录》说是初攻渤海时，《契丹国志》说是在未攻渤海前。龙的颜色方面，《行程录》、《契丹国志》都说是黄龙，而《松漠纪闻续》则说是黑龙。从语意上看，《行程录》称黄龙府为耶律阿保机所建，而《辽史》、《契丹国志》则称是耶律德光所建。结合《辽史》与《梦溪笔谈》记载，可知辽太祖实有射龙之举，但其地在黑山之的夜来山。《梦溪笔谈》记载：

> 昔人文草用北狄事，多言黑山。黑山在大幕之北，今谓之姚家族，有城在其西南，谓之庆州。余奉使，尝帐宿其下。山长数十里，土石皆紫黑，似今之磁石。有水出其下，所谓黑水也。胡人言黑水原下委高，水曾逆流。余临视之，无此理，亦常流耳。山在水之东。大底北方水多黑色，故有卢龙郡。北人谓水为龙，卢龙即黑水也。黑水之西有连山，谓之夜来山，极高峻。契丹坟墓皆在山之东南麓，近西有远祖射龙庙，在山之上，有龙舌藏于庙中，其形如剑。[①]

沈括亲身证明了射龙庙与龙舌的存在，加上洪适作为悟室的幕客得知完颜源亲眼目睹过辽太祖所射龙之事，都说明辽太祖可能确实射过龙。但以我们今天的科学常识而言，辽代的天空不会有翼龙存在，其他的"龙"也没有得到考古上的认可。更重要的是，元人所修《辽史》中没有采纳辽太祖射龙传说作为黄龙府得名的依据，是因为将辽太祖射龙事的时间确定在神册五年，与扶余府沾不上边儿。据《辽史·太祖本纪》记载：

> 神册五年五月庚辰，有龙见于拽剌山阳水上，上射获

---

① 《梦溪笔谈》卷 24《杂志一》。

之，藏其骨内府。①

考虑到《辽史》参考过元好问搜集的史料，则《辽史》此条纪事内容可能出自元好问的《续夷坚志》。《续夷坚志》记载：

> 辽祖神册五年三月，黑龙见拽剌山阳水上，辽祖驰往，三日乃得至，而龙尚不去，辽祖射之而毙，龙一角，尾长而足短，身长五尺，舌长二寸有半。命藏之内府，贞祐南渡尚在。②

《梦溪笔谈》中的"夜来山"显系《辽史》和《续夷坚志》中的"拽剌山"的同名异译。也就是说，辽太祖所射的龙为黑龙（与《松漠纪闻》之说适相符合），射龙的时间是神册五年（具体月份上略有歧异，《辽史》作五月，《续夷坚志》作三月，但"五"与"三"在古籍中易发生混淆，二者既同出一源，考虑《辽史》将之编入五月条，且北方三月河水冰冻的事实，则五月射龙较为可靠。），射龙的地点在庆州以西的拽剌山（夜来山），射龙后，龙舌保存在山顶的射龙庙中，龙骨保存于内府，辽亡后转入金内府。龙骨所保存的场所，可能就是祖州太祖庙中的"黑龙殿"。据《辽史·地理志》记载：

> 殿曰二明，奉安祖考御容；曰二仪，以白金铸太祖像；曰黑龙，曰清秘，各有太祖微时兵仗器物及服御皮毛之类，存之以示后嗣，使勿忘本。③

黑龙殿所藏皆为辽太祖用过的兵器诸物，则所射黑龙藏骨于此也可理解，盖表彰太祖勇武，甚至可能殿名也因此"黑龙"而得名。可见，辽太祖射龙实有其事，不过是某种黑色的庞大的鳞介类水族动物。正是基于这种认识，《辽史》在黄龙府得名的缘由根本没有考虑过辽太祖射龙之事。射龙之事也与黄龙府得名没有关系。

---

① 《辽史》卷2《太祖纪下》神册五年条。
② 《续夷坚志》。
③ 《辽史》卷2《地理志》祖州条。

5. 龙州迁徙说

这种观点认为，黄龙府的得名是因为契丹向渤海扶余府迁移了大量渤海龙州的居民而得名。这种说法见诸《吉林通志》：

> 黄龙府本渤海扶余府，与通州为渤海扶余城者，似属一处。但通州所属有扶余等县，乃扶余府旧县。黄龙府所属之富利、长平，乃渤海龙州旧县。以史文测之，盖太祖既破龙州，迁其民于扶余府东北境，亦设龙州，如南朝侨郡，故通州先名龙州，又改扶余府为黄龙府，属龙州。故黄龙府冠以龙州。及迁黄龙府于东北，乃初设龙州之地，故府所属反系龙州旧县，而通州自保宁置于扶余府旧城，故所属皆扶余旧县也。①

《吉林通志》的结论是建立在臆测基础上，首先是混淆了黄龙府与通州建置的因果关系。其次是根据《辽史》在"黄龙府建置"纪事上的混乱，只依据渤海有"龙州"及辽代黄龙府下设"龙州"的巧合，便猜测黄龙府龙州辖县皆自上京龙州迁来。其实《辽史》没有明确记载渤海龙州的属县，也没有说扶余府改名是因迁置了渤海龙州居民的缘故。其后，金毓黻《渤海国志长编》继承其说，将《辽史》所载黄龙府属县都说成是渤海龙州的属县，可谓误上加误，谬种流传。

6. 黄水河之说

辽太祖升天时行宫附近有两条河流，而在当时北方地区习惯称水为龙，行宫附近的河流都是黄水河，即有"黄龙"的通称。

北宋时有一位大学问家叫沈括，他曾出使到契丹。在其著作《梦溪笔谈》有一则纪事说：

> 大底北方水多黑色，故有卢龙郡。北人谓水为龙，卢龙即黑水也。②

宋代周辉《北辕录》亦云：

---

① 《吉林通志》卷11《沿革志二》，吉林文史出版社1986年，192页。
② 《梦溪笔谈》卷24《杂志一》。

芦沟河，即卢龙也。燕人呼水为龙，呼黑为卢，亦之黑水。河色黑而浊，其急如箭。[1]

他所说的"卢龙郡"，就是今天河北省的卢龙县。卢龙县置于隋朝，为卢龙郡治所。至于卢龙郡的设置则可上溯到三国曹魏时。在汉代，卢水源头有卢龙塞，由此可知，卢龙塞、卢龙郡俱得名于卢水，可见北方称水为龙由来已久。黑龙江省即得名于黑龙江。农安县下面有一个合隆镇，最初就叫合龙。合龙是修筑堤坝时完成合口工程的术语，也见于《梦溪笔谈》："凡塞河决，垂合，中间一埽，谓之合龙门"。后来"合龙门"省称为"合龙"。

龙起源于原始社会。最早原型是鳄鱼，其后接受了其他部落神祇的形象，遂失去了本来面目。此点已由学者考证出来，兹不多叙。龙与水关系密切，尤其是佛教输入后，遂有了统领水域、掌管兴云布雨的龙神。正因为龙与水有这样密切关系，所以就产生了称水为龙的土语。考古工作者通过考察内蒙古自治区翁牛特旗三星他拉村出土的玉龙，认为龙起源于原始社会。[2]《人民日报》也曾报道了辽西发现八千年前龙图腾的考古新闻，[3] 这都说明我国古代北方地区对龙的认知不远于中原地区，称水为龙的习语产生的时代也许更早。

北方称水为龙的习语既可确定，那么，我们且看辽太祖行宫附近的两条河是否可称为黄龙。此二河系今农安境内的伊通河与新开河，以二河所在地地质情况而言，二河正处在由中新统黄土状沉淀物组成的台地平原上，均为黄水河。按当时人通称即为黄龙。

那么，黄龙府的得名真是因为黄水河的原因吗？答案是未必。黄龙府的得名有黄水河的因素，但黄水河并非黄龙府得名的主要原因。我们注意到，扶余府改名是也辽太祖去世密切相关，而不是只因为黄水河。

三、辽太祖造神运动与黄龙府得名的真正原因

---

[1] 中华书局"丛书集成补编本"。
[2] 孙守道、郭大顺《论辽河流域的原始文明与龙的起源》，《文物》1984年6期。
[3] 1996年6月14日《人民日报》。

人所共知，龙是子虚乌有的动物，星体陨落是自然现象，《辽史》以星陨、龙坠附会耶律阿保机之死，无非是为了神化辽太祖。至于用黄龙下坠来影射辽太祖的去世，极可能与辽太祖的造神运动有关。辽太祖一生自命为契丹的"黄帝"，而黄帝去世的征兆就是黄龙下坠。黄龙府的得名，也植根于此。

唐末，军阀连年争战，许多中原汉人逃亡塞外，带去了先进的文化和技术，为契丹崛起创造了条件，契丹当时尚处在部落联盟阶段，活动在西拉木伦河和老哈河一带，分为八部，各有酋长，又共推一人为王统领八部。王由八部推选，三年一换。遥辇氏后期，出身于迭刺部贵族家庭的耶律阿保机因财富势强，被八部推举为部落联盟的首领。阿保机收容了大批汉民，并采纳汉族知识分子的建议，打破了部落联盟的世选制度，击败了保守势力，于公元916年称帝，建年号，立太子，典章制度多效仿中原王朝。

阿保机改制称帝遭到保守势力的强烈反对。为恢复和保持部落世选旧制，七部大人连兵胁迫阿保机退位，阿保机设计铲除了七部大人，统一了契丹八部。其后，阿保机诸弟又三次阴谋政变，虽然政变最终被阿保机用武力镇压下去，但已给契丹社会造成了极大的破坏。物价涌贵，牲畜疫死，昔日"富有万马"的契丹，民间竟皆徒步而行，损失之惨重前所未有。为了稳定统治地位，阿保机除了按中原王朝的政治制度建立朝廷，制定典章外，还把中原王朝"王权神授"的理论照搬过来，杂采中原远祖近帝神异之说于一身，将自己造成天生圣人，企图在思想上征服部民。阿保机这样做了，也成功了。

黄帝是华夏的始祖，阿保机欲自塑圣人，黄帝自然是他是为心折而引以为范的典型。

《史记》一开头就这样吹嘘黄帝：

> 黄帝者，少典之子。姓公孙，名曰轩辕。生而神灵，弱而能言，幼而徇齐，长而敦敏，成而聪明。[1]

我们再看看《辽史》所记载辽太祖出生的种种奇迹：

---

[1] 《史记》卷1《五帝本纪》。

初，母梦日堕怀中，有娠。及生，室有神光异香，体
如三岁儿，即能匍匐。祖母简献皇后异之，鞠为己子，常
匿于别幕，涂其面，不令他人见。三月能行，晬而能言，
知未然事。自谓左右若有神人翼卫。虽龆龀，言必及世务。
时伯父当国，疑辄咨焉。既长，身长九尺，丰上锐下，目
光射人，关弓三百斤。①

两相对比，可见黄帝的诸般神异在《辽太祖本纪》一一具备，
相当于用当时的白话文将《史记》的话原样扒下来。这说明《辽史》
的编撰者有意把辽太祖比作黄帝。当然，这个辽太祖降生神话还有
其他成分，如梦日入怀而生帝王是中原王朝宣扬王权神授的故伎，
汉武帝刘彻、三国时吴主孙权降生前都有此佳兆。

《辽史》编撰者的用心完全反映了阿保机附会神龙的本意。这与
经史所载黄帝与龙有密切的联系，有直接的关系。《史记·天官书》
记载：

> 廷藩西有隋星五，日少微、士、大夫、权、轩辕。轩
> 辕，黄龙体。②

《淮南子·天文训》记载：

> 中央，土也，其帝黄帝，其佐后土，执绳而制四方。
> 其神为镇星，其兽黄龙，其音宫，其日戊己。③

黄帝名轩辕，天上就有黄龙状的轩辕星。值得注意的是，阿保
机生前就有人将它比作龙。《辽史·耶律曷鲁传》中载有曷鲁劝阿保
机称帝的一段说辞：

---

① 《辽史》卷1《太祖纪上》。
② 《史记》卷27《天官书》。
③ 《淮南子》卷3《天文训》。

闻于越（阿保机其时任于越）之生也，神光属天，异香盈幄，梦受神诲，龙锡金佩。天道无私，必应有德。我国削弱，龃龉于邻部日久，以故生圣人以兴起之。可汗知天意，故有是命。且遥辇九营棋布，非无可立者，小大臣民属心于越，天也。昔者于越伯父释鲁尝曰："吾犹蛇，儿犹龙也。"天时人事，几不可失。①

这一纪事内容得到了辽代墓志的印证。《耶律智先墓志》记载：

远祖于越蜀国王，讳述烈实鲁，我太祖大圣天皇帝之伯父也。时太祖尚幼，异而重之。尝谓人曰："吾辈蛇尔，吾侄其龙乎？"乃诲宗属与其子弟善当翊护。后太祖登九五位，追悼旌饰，追封楚国王，以报其忠爱先识之德也。②

这是最早称阿保机为龙的史书记载。在《辽史》中记载了辽太祖与龙结缘之事，兹罗列于下。

（a）在潢河南建龙化州城。
（b）所居宫殿命名为龙眉宫。
（c）射龙于拽剌山阳水上。
（d）弃世时见黄龙缭绕。③
（e）有龙锡金佩的传奇。④
（f）死后谥为大明大圣升天皇帝，也蕴涵了乘龙升天的内容。⑤

《辽史》的编修者可谓精通中原史籍并深体辽太祖宣传"王权神授"的用心，因而耶律阿保机不但生前酷肖黄帝，死时也一如黄帝。

---

① 《辽史》卷73《耶律曷鲁传》。
② 《辽代石刻文续编》，222页。又《耶律仁先墓志》亦言："远祖曰仲父述剌实鲁于越，即第二横帐，太祖皇帝之龙父也。"也蕴含这一传说。智先、仁先为亲兄弟，其远祖"实鲁"，亦见于《耶律庆嗣墓志》，即《辽史·耶律曷鲁传》、《辽史·皇子表》中的"释鲁"。
③ 以上均见《辽史·太祖纪》。
④ 见《辽史·曷鲁传》，如结合《国语解》看，可知此传奇是移植到耶律阿保机身上的。
⑤ 《辽代石刻文续编》第8页所收《耶律羽之墓志》。

《春秋合诚图》描绘了黄帝将死的征兆：

> 黄帝将亡，则黄龙坠。①

　　这个星占的解释大概不会受到帝王们的普遍欢迎，因此，皇甫谧《帝王世纪》就编造出黄龙来迎的故事：

> 黄帝采首山铜，铸鼎荆山下，有龙垂胡髯而下迎黄帝，群臣欲从，持髯，髯拔，遂坠。②

　　这两个说法后来都有帝王采用。从前引《辽史·太祖本纪》来看，辽太祖去世的征兆同时用了星坠、龙降的事，更适合《春秋合诚图》的情况。而东北的一个地方少数民族政权高句丽，其始祖朱蒙就有乘黄龙升天的传说。《高句丽好太王碑》就有这样的纪事内容：

> （朱蒙）不乐世位，因遣黄龙来下迎王，王于忽本东冈履龙首升天。③

　　这显然采用了《帝王世纪》的内容。

　　阿保机诞生的种种神异，死前又大星陨落、黄龙下坠，都与黄帝事暗合，这些不可能都出自修史者的意旨，而是阿保机生前自命为契丹始祖、极力宣扬"王权神授"的反映。正像中原每每把君主描绘成"尧眉舜目，禹背汤肩"一样，阿保机生前就弄了种种神话，集中原远祖近帝神异于一身，神化自己，大搞个人崇拜。例如，三皇（天皇、地皇、人皇）是传说中远古部落的酋长，也是华夏的始祖，公元916年阿保机正式称帝时，年号居然是"神册"。群臣上尊号，居然尊他为大圣大明天皇帝，尊皇后为应天大明地皇后，阿保机灭亡渤海后又封太子为人皇王。显然，年号、尊号都出于阿保机

---

① 《开元占经》引。
② 《太平御览》卷929《鳞介部一》引。
③ 碑文采自《好太王碑新考》281～282页。

本人的意旨。再如《辽史·后妃传》引耶律俨所修实录，称皇后部族祖先为乙室泼里氏，辽太祖仰慕汉高祖刘邦，故自称刘氏，以乙室泼里比相国萧何，遂赐后族为萧氏。这种说法虽不为陈大任所取，却说明耶律俨深受辽太祖"王权神授"宣传的影响。

我们认为，阿保机自命为契丹族的黄帝是黄龙府得名的主要原因。次要因素是当时辽国御用文人因太祖行宫附近的黄水河联想到辽太祖一直与华夏始祖黄帝相比拟，遂编造出黄龙下坠、陨星落幄两桩绝不可能发生的异事，并顺理成章地改夫余府为黄龙府。至于黄龙府一名能流传至今，成为农安县的代称，则得力于抗金名将岳飞的壮语："直捣黄龙，与诸君痛饮耳"。

辽代女真都孛堇新论

孙　昊

（长春师范学院满族文化研究所）

摘　要　按出虎完颜部乌古乃利用辽经略东北女真之际，吸纳南北各地部族孛堇投附，始获都孛堇之号。都孛堇依靠个人效忠与依附孛堇建立主从关系，其支配方式带有明显的个人性质，无法作为固定职位传递他人。都孛堇代表的社会组织属于地域性集团。都孛堇对依附部众的唯一强制力是军事威慑，流动性军力的威慑随着地域的扩展而逐步减弱。据此，可将女真地域集团划为都孛堇能够有效威慑的核心区，以及因距离过远而无法牢固控制的辐射区。乌古乃之子劾里钵在对外战争中，改变了都孛堇原有的支配方式，在边陲区派驻军力长期驻守，开始出现代表都孛堇权威，凌驾于当地部族之上的军事首领，发展出领土控制的新方式。

关键词　辽代女真　都孛堇　个人性质　地域集团　领土控制

学界多认为"都孛堇"在女真建国前属于部落联盟长的称号，但对"都孛堇"所代表的组织结构语焉不详。本文拟结合历史社会学方法，以按出虎水（今黑龙江省阿什河）完颜部的都孛堇事迹为中心，对其相关问题进行再探讨，以期理清辽代女真政治组织基本状况。

一

按出虎水完颜部乌古乃始获都孛堇的称号。乌古乃跟随辽人平定五国蒲聂部叛乱，擒获拔乙门。"辽主召见于寝殿，燕赐加等，以为生女直部族节度使。辽人呼节度使为太师，金人称'都太师'者自此始。"① 查辽人称女真部族节度使为太师，并无"都太师"之号。② 女真对外亦称"太师"，并不称"都太师"。③ "其部长曰孛堇，统数部者曰忽鲁。"④ "'都'乃'忽鲁'之汉译，本义近乎汉语都统，与契丹语的'quru'为同源词。"⑤《金史·石显传》称"众推景祖（乌古乃）为诸部长"⑥，"诸"字与"忽鲁"、"都"意义相同，都是统属诸部的含义。"都太师"当为"诸部长"、"众部长"，其女真语原型应为"忽鲁孛堇"或者"都孛堇"。

"蒲聂"即《辽史》中的"蒲奴里"，⑦ 辽讨伐蒲奴里酋陶得里的时间是辽兴宗重熙十七年（1048），⑧ 则擒获拔乙门之事当在此时，乌古乃被辽授予"生女直部族节度使"亦应在该年。《金史·世纪》在记述辽授官后，称"得铁既多，因之以修弓矢，备器械，兵势稍振，前后愿附者众。斡泯水蒲察部、泰神忒保水完颜部、统门水温迪痕部、神隐水完颜部，皆相继来附"⑨。类似情况有斡勒部盉乃"旧事景祖"⑩，这里用"来附"、"事"标识一种隶属关系。劾里钵事迹中有旧将主保，⑪ "胜昆、主保皆术虎部人"⑫，"旧将"之号，亦可证乌古乃时术虎部各孛堇已经附于完颜部。这些部、族来附当在辽朝授生女真部族节度使之后不久，即在辽重熙中后期，"金

---

① 《金史》卷1《世纪》，中华书局，1975年，5页。

② 《辽史》卷27《天祚皇帝本纪》："初，以杨割为生女直部族节度使，其俗呼为太师"（《辽史》，北京：中华书局，1974年，318页）

③ 《高丽史》卷12《肃宗世家二》肃宗八年十二月丙申条，"东女真太师盈歌遣古洒、率夫、阿老等来献方物"（《高丽史》，东京：国书刊行会，1908年，第73页）；同书卷13《睿宗世家二》睿宗四年六月庚子条，"裹弗等奏曰：'昔我太师盈歌……今太师乌雅束……'"（同书第189页）

④ 《金史》卷55《百官志》，1215～1216页。

⑤ 爱新觉罗·乌拉熙春：《孛堇勾德实与空宁曷鲁》、《爱新觉罗乌拉熙春女真契丹学研究》，松香堂书店2009年、第206页。

⑥ 《金史》卷67《石显传》，1573页。

⑦ 三田村泰助：「金の景祖について」、『東方学』、（通号54）、1977年、第4頁。

⑧ 《辽史》卷20《兴宗本纪》，239页

⑨ 《金史》卷1《世纪》，6页。

⑩ 《金史》卷68《欢都传》，1591页。

⑪ 《金史》卷1《世纪》，8页。

⑫ 《金史》卷65《始祖以下诸子传》，1538页。

之为国，自此益大"①。乌古乃也因号"都孛堇"（众部长），才有"称'都太师'者自此始"之语。

《金史·冶诃传》："冶诃，系出景祖，居神隐水完颜部，为其部勃堇。与同部人把里勃堇，斡泯水蒲察部胡都化勃堇、厮都勃堇，泰神忒保水完颜部安团勃堇，统门水温迪痕部活里盖勃堇俱来归。"② 四部孛堇来归的时间正值辽朝经略居于今吉林延边海兰河至朝鲜半岛咸兴平原之间的蒲卢毛朵部。③ 辽重熙十三年（1044），"遣东京留守耶律侯哂、知黄龙府事耶律欧里斯，将兵攻蒲卢毛朵部"④，在平定该地区后，于此地设蒲卢毛朵部大王府，十七年（1048），蒲卢毛朵部大王蒲辇以造舟人来献。⑤ 辽朝于今长白山、图们江用兵经略，并设大王府，这一过程势必导致当地女真部族的动荡与迁徙。泰神忒保水完颜部、统门水温迪痕部居地分别位于今延边的海兰河、图们江，⑥ 为辽经略的中心地带。金代有完颜阿里不孙，为曷懒路泰申必剌猛安人，⑦ 泰神忒保水完颜部一直有部众居于原地，而安团孛堇则率部众投附乌古乃，其部孛堇的北投应是当时图们江流域部族动荡、分化的一个缩影。

《金史·世纪》："景祖稍役属诸部，自白山、耶悔、统门、耶懒、土骨论之属，以至五国之长，皆听命。"⑧ 白山、耶悔（今延边珲春河与布尔哈通河一带）⑨、统门、耶懒（今俄国游击队河）、土骨论（今绥芬河上游）⑩ 正是蒲卢毛朵部、泰神忒保水完颜部、统门水温迪痕部的居住地域。乌古乃当时属于北部鹰路上依附于辽的女真酋长，其见于记载的主要事迹都是受辽命参与镇压抗辽部族的

---

① 《金史》卷68《冶诃传》，1595页。

② 《金史》卷68《冶诃传》，1595页。

③ 参见谭其骧主编，张锡彤等编：《中国历史地图集释文汇编》（东北卷），中央民族学院出版社，1988年，160页。

④ 《辽史》卷19《兴宗本纪》，230页。

⑤ 《辽史》卷19《兴宗本纪》，230页。

⑥ 《辽史》卷20《兴宗本纪》，238～239页。

⑦ 《金史》卷103《完颜阿里不孙传》，2280页。

⑧ 《金史》卷1《世纪》，4页。

⑨ 张博泉：《金史论稿》卷一，长春：吉林文史出版社，1986年，72页。

⑩ 三田村泰助：「金の景祖について」、「東方学」、（通号54）、1977年，第6頁。

战争，如征讨孩懒水乌林荅部，①两次对五国部战争，这就决定了乌古乃没有与辽中央政权争夺上述诸地域支配权的可能。只能认为某某"之属"与泰神忒保水完颜部类似，是指投附按出虎水完颜部的孛堇及其部众，"之属"前面的地名是依附乌古乃诸部人员的地望。其透露的信息是乌古乃利用当时动荡的局势，从南、北两个方向吸纳众多部族依附，形成以按出虎水完颜部为中心的集团。

依附乌古乃的各部孛堇与按出虎完颜并不一定存在亲缘关系。如神隐水完颜部孛堇冶诃为"景祖时来附"，又称"系出景祖"，张博泉认为"冶诃在投奔按出虎水完颜部后可能被肃宗颇剌淑收为养子，其子骨赧与宗翰为同辈人。所以，冶诃又可以称为系出景祖。"②可以认为，冶诃在投奔乌古乃时，与按出虎完颜部不存在亲缘纽带，他们之间更是一种以地域临近为基础的从属关系。都孛堇所代表的组织应属于地域性集团，本文称乌古乃代表的集团为按出虎集团，其内部的政治结构应从两方面考虑，一是都孛堇对其从属诸部孛堇支配的性质，其二是都孛堇的权威扩展与地域结构之关系。

二

都孛堇对诸部孛堇的支配是女真地域集团内的核心问题，是该集团能够长期维系的基础。《金史·世纪》："景祖为人宽恕，能容物，平生不见喜愠。推财与人，分食解衣，无所吝惜。人或忤之，亦不念"，又举例称"有畔去者，遣人谕诱之。畔者曰：'汝主，活罗也'……故彼以此讪之，亦不以介意。其后讪者力屈来降，厚赐遣还。"可知，都孛堇能够吸纳部众，重要的条件是道德出众。可知，都孛堇能够吸纳部众，重要的条件是道德出众，这属于个人行能的具体内容，可当时个人行能是女真都孛堇能够吸纳部众的正当性理由，都孛堇与下属孛堇的支配关系也以此为纽带而建立。

这种关系是通过诸部孛堇对都孛堇的效忠实现的。金初仍然有这样的遗俗，马政初使金国，见到金人于元日对阿骨打的效忠礼："次者抠衣亲上食物，以名马、弓矢、剑槊为献，且曰：'臣下有邪谄奸佞不忠不孝者，愿皇帝代上天以此剑此弓诛杀之'"。阿骨打云：

---

① 参见孙昊：《孩懒水乌林荅部史事考》，《白城师范学院学报》，2010 年第 4 期。
② 参见张博泉：《读＜金史·骨赧传＞》，《北方文物》1996 年第 4 期，55 页。

"我家自上祖相传，止有如此风俗，不会奢侈"。① 效忠者为表示效忠，以名马为献，以弓矢剑槊启誓。在乌古乃之子劾里钵对桓赧、散达之战中，按出虎完颜部处于劣势，遣人议和。桓赧、散达曰："以尔盈歌之大赤马、辞不失之紫骝马与我，我则和。"② 桓赧、散达在取胜后必然要求劾里钵所部向其屈服，《金史》较隐晦地叙述了这一史实。

该效忠形式并不代表都孛堇对从属诸部的部众有直接的管理权。辽人欲使景祖乌古乃系籍受印，乌古乃诡使部人扬言"主公若受印系籍，部人必杀之"。③ 乌古乃虽臣服于辽，其部人按照习惯法可不必服从辽之命令，接受其管理。而"诡使部人扬言"，反映的是部众对其都孛堇的服从程度。无论这种记载是否为史实，能够体现出辽代女真部族政治的普遍状况是没有问题的。从属孛堇有义务提供人力、物力跟随都孛堇出战。"金之初年，诸部之民无它徭役……有警则下令部内，及遣使诣诸孛堇征兵，凡步骑之仗糗皆取备焉。"④ 这种征发方式完全建基于都孛堇与诸部孛堇的个人关系之上，一旦都孛堇势力衰弱，或者死亡，从属孛堇可以脱离而迁徙他处，重者刀剑相向。并无稳定的政治制度维系都孛堇的权威性。

"（劾里钵）袭位之初，内外溃叛，缔交为寇。"⑤ 苏素海甸之战时，"肃宗下马，名呼世祖，复自呼其名而言曰：'若天助我当为众部长，则今日之事神祇监之'"⑥。"众部长"之名号因乌古乃的去世而取消了，世祖劾里钵仍要通过对他部的征服而确立"众部长"的身份。都孛堇只是带有个人性质的称号，没有演化为稳定的、可以继承的职位之号。若称都孛堇，就需要拥有对他部拥有相当的军事威慑，促使其他孛堇"力屈来降"。

军事威慑是都孛堇对诸部孛堇能够使用的唯一强制力，其所依靠的组织形式就是自身族人部众。单纯的军事威慑受到多种因素的

① （宋）徐梦莘：《三朝北盟会编》卷4，政宣上帙四引《茅斋自叙》，上海古籍出版社，2008年，31页。
② 《金史》卷1《世纪》，8页。
③ 《金史》卷1《世纪》，5页。
④ 《金史》卷44《兵志》，992页。
⑤ 《金史》卷1《世纪》，10页。
⑥ 《金史》卷1《世纪》，11～12页。

制约，具有很大的局限性。首先，军事威慑的效能受到其流动性的限制。在桓赧、散达之战中，"桓赧军复来，蒲察部沙祇勃堇、胡补荅勃堇使阿喜间道来告……世祖复命曰：'事至此，不及谋矣。以众从之，自救可也，惟以旗帜自别耳'。"[1] 桓赧军队兵锋所到之处，多有部族表示臣服，但从蒲察部的事例来看，这种臣服只是其表面现象，一旦其兵锋退却，臣服各部马上会重新归于独立甚至敌对。迈克尔·曼在谈到古代的军事权力时认为，（古代社会）一支军队获得成功是通过集中他的兵力，它所能顾及到的是其侧后区域，在其行进途中无法逃走的人可能会在形式上归顺。[2] 可知，某些"力屈来降"者只是摄于都孛堇的强力，一旦都孛堇的军事威慑减弱或者消失，就会随意脱离都孛堇的支配。女真军队流动性强，无法对某地形成持久的控制，其深层原因还在于当时军事组织的后勤保障问题。

乌春进攻按出虎集团，"道斜寸岭，涉活论、来流水，舍于术虎部阿里矮村滓布乃勃堇家"，[3] 乌春集团的中心阿跋斯水即今天敦化境内的牡丹江上源，他率兵进攻按出虎水（今阿什河），需要翻越张广才岭，过拉林河（当时称徕流水）上游之地。沿途行军过程中，存在多个类似术虎部阿里矮村的部族允许其补给，方能顺利到达按出虎水附近。同时，沿途也多有敌对者，或不合作者，这些拉林河上游抵制乌春的部族皆被金史臣当作功臣来记载。如雅挞澜水完颜部，[4]"世祖初年，跋黑为变，乌春盛强，使人召阿库德、白达。阿库德曰：'吾不知其他，死生与太师共之。'太师，谓世祖也。白达大喜曰：'我心正如此耳。乌春兵来，坚壁自守，勿与战可也。'"[5]

---

① 《金史》卷 67《桓赧、散达传》，1576 页。

② 本处引述的观点是综合迈克尔·曼的关于古代帝国军事强制合作的相关论述而得，作者提出此问题的目的是为说明军事征服的范围往往要大于政治统治的范围，军事征服者会采取多种策略对占领区进行巩固，这里仅引述其前提部分的观点，至于其后面的结论是否适用于女真社会历史的解释，需要另外探讨，本文不予展开。相关论述参见 Michael Mann, *The Sources of Social Power: A History of Power from the Beginning to A. D. 1760*, Cambridge University Press, 1986, pp. 137—146.

③ 《金史》卷 67《乌春传》，1578 页。

④ 雅挞澜水地近拉林河（张博泉：《金史论稿》卷一，62 页），又乌春所部兵出其间，则其地应在拉林河上游一带。

⑤ 《金史》卷 65《始祖以下诸子传》，1539 页。

琶里郭水术甲部,①"达纪、胡苏居琶里郭水,乌春兵出其间,不为变,终拒而不从"。② 这些字堇居地位于乌春行军的交通线上,对乌春所部构成相当的干扰。正如宋人所载,"其道路则无旅店,行者悉主于民家,主人初则距之,拒之不去方具饮食而纳之。苟拒而去之,则余家无复纳者"③,这里较为生动描述了女真长途行动时,需要沿途部族进行后勤支持的情况。假定没有持续后勤补给的情况下,军事行动离自身根据地越远,其对占领地部族的控制越松弛。

综上,女真都字堇所代表的地域集团的凝聚,主要依靠都字堇与诸部字堇的私人效忠关系。这种效忠关系实现的基础是都字堇个人的领导能力与军事才能及其所在部、族的军事威慑力,但这些因素都具有极大的局限性,无法支持都字堇代表地域集团维持长期稳定。

三

因客观条件的限制,都字堇的军事威慑力在其居地周边最为有效,离居地中心越远,都字堇的影响逐渐削弱,从属部族的离心力越强。据此,都字堇的地域集团在地理上可以分为核心区和辐射区,核心地区是都字堇居地及其周边能够稳定控制的地区,辐射区是都字堇军事威慑所及但因后勤补给等诸多限制无法稳定维系之区域,辐射区应是当时都字堇的地域集团所能达到的最大地理范围。

按出虎集团的辐射区在对外战争时较易体现出来。乌春进攻按出虎完颜部,"道斜寸岭,涉活论、来流水,舍于术虎部阿里矮村滓布乃勃堇家"。之后不久,乌春再次度岭进攻,"世祖驻军屋辟村以待之。进至苏素海甸"④。乌春是从今天敦化境内的牡丹江河源向西

---

① 清人屠寄认为拔卢古亦可称琶里郭水,或独拔古,即呼兰厅的佛特库河(今天黑龙江巴彦与木兰交界的黄泥河)。(屠寄:《黑龙江舆图说》,辽沈书社 1985 年影印辽海丛书本,1053 页),关于黄泥河之名,《宣统呼兰府志》卷一《地理略·河川》:"黄泥河,《水道提纲》作佛忒库河。"(《中国地方志集成·黑龙江府县志辑》第一册,凤凰出版社 2006 年影印,13 页)《金史论稿》、《黑龙江民族史纲》等书从之,张博泉后于《完颜娄室史事考实》一文中,修订观点,认为琶里郭水在拉林河上游不远之处。参见张博泉:《完颜娄室史事考实》,《女真新论》,吉林文史出版社,1993 年,234 页。

② 《金史》卷六十五《始祖以下诸子传》,1539 页。

③ (宋)徐梦莘:《三朝北盟会编》卷 3,政宣上帙三,18 页。

④ 《金史》卷 67《乌春传》,1578~1579 页。

北的阿什河流域进军，其间的交通路线为：阿跋斯水温都部（牡丹江上源镜泊湖至敦化北部段）—斜寸岭（今黑龙江五常凤凰山）—活论水（今五常霍伦河）—徕流水—苏素海甸—屋辟村—阿之古村。苏素海甸，在今黑龙江省哈尔滨境内大青山以东，尚志市中部的平原地带，[①] 屋辟村应在今大青山南麓一带的战略要点上，乌春第一次进攻最远所至当离此地不远，术虎部阿里矮村也应在此地，即今阿什河与蚂蜒河的分水岭附近。术虎部各孛堇为乌古乃"旧将"，蚂蜒河流域的部分部族应从属于按出虎集团，术虎部阿里矮村的滓布乃却为乌春提供支援，可知按出虎完颜部对该流域部族的控制不是很稳定。

流域内的一个关键地点为苏素海甸，按出虎完颜部因斡勒部盃乃与阿跋斯水乌春在此地展开交战。斡勒部盃乃，"自景祖时与其兄弟俱居安出虎水之北"[②]，后因与劾里钵交恶，"徙居吐窟村，与乌春、窝谋罕结约"[③]，"盃乃诱乌春兵度岭，世祖与遇于苏素海甸"[④]。吐窟村必为按出虎完颜部控制薄弱地带，其地应距苏素海甸不远。

另外，乌春从今天五常拉林河河源凤凰山处翻越张广才岭，穿越霍伦河北上，沿途多有部族反抗乌春所部，可知该地区部族有归属于按出虎完颜部者，但区内霍伦河以北的牤牛河的部族却并不从属于按出虎完颜部。牤牛河时称暮棱水，活剌浑水纥石烈部腊醅、麻产兄弟结约乌春集团，在暮棱水与劾里钵对抗，劾里钵取得暮棱水之战的胜利，清除了该地敌对势力。派斜钵抚定暮棱水之部族，"复使阿离合懑察暮棱水人情"[⑤]。此事发生于劾里钵末期，但可证乌古乃至劾里钵初期按出虎完颜部对此地的认知程度远不及其他地区。

综观之，自今蚂蜒河流域南至拉林河上游地区，属于大青山和张广才岭之间的河谷平原，该地带的部族对按出虎集团态度不一，

---

① 苏素海甸因苏素海水得名，又有苏素海春。其地在黑龙江尚志市马延乡东南、苇河、亮河一带（谭其骧主编，张锡彤等编：《中国历史地图集释文汇编》（东北卷），184页），尚志市马延乡以东的平原地带地处阿什河源大青山的东麓，向西则为阿什河流域。

② 《金史》卷68《欢都传》，1592页。

③ 《金史》卷67《乌春传》，1579页。

④ 《金史》卷1《世纪》，11页。

⑤ 《金史》卷67《腊醅、麻产传》，1582页。

亦降亦叛。同时在张广才岭东侧存在敌对势力阿跋斯水乌春集团，这一狭长地带亦属于双方争夺的地区，但仅靠派遣流动性的军队无法对当地部族实现完全支配。这样的地带即属于按出虎集团的辐射区。

劾里钵在击败乌春集团后，采取了"城苏素海甸以据之"的方式试图解决都孛堇在边缘区支配的缺陷。城寨是女真人军事防御设施，劾里钵将这种城寨建在新征服的战略要地，其间必然是从按出虎水向该地进行军事移民，欲进行长期驻守。这与阿骨打收国二年遣银术可屯宁江州，[①] 以及天辅二年遣娄室镇守黄龙府时的情况较为相似。《金史·娄室传》："太祖取黄龙府，娄室请曰：'黄龙一都会，且僻远，苟有变，则邻郡相扇而起。请以所部屯守。'太祖然之，仍合诸路谋克，命娄室为万户，守黄龙府。"[②] 对辐射的战略要地采取军事移民进行屯守，并直接派遣核心区的人员作为当地军事首领。劾里钵时期虽然没有像阿骨打那样，拥有可达万户的军事移民和行政机器，但应同样派遣军事首领率众对辐射区长期驻守。

这种情况亦见于劾里钵后来对暮棱水的经略。劾里钵派斜钵抚定暮棱水之部族，又遣阿离合懑察募兵与斜钵汇合。暮棱水诸部中有尚未服从者，亦有归附按出虎完颜部者。阿离合懑能够招募当地作战人员，表明斜钵、阿离合懑之军保持了按出虎完颜部的威慑力，对当地部族产生出一种支配关系。但当地蒲察部故石、跋石仍然与劾里钵对抗，《金史·乌春传》："斜钵不能训齐其人，蒲察部故石、跋石等诱三百余人入城，尽陷之。世祖治鹰道还，斜列来告。世祖使欢都为都统，破乌春、窝谋罕于斜堆，故石、跋石皆就擒。"[③]《金史·欢都传》："欢都为都统，往治斜钵失军之状，尽解斜钵所将军、大破乌春、窝谋罕于斜堆，擒故石、拔石。"[④] 作为派驻之军事首领，斜钵并没有达到对暮棱水的有效控制，作为都孛堇的劾里钵遣欢都作为都统进行经略。从"大破乌春、窝谋罕于斜堆"来看，欢都绝不仅仅是"尽解斜钵所将军"，而是率核心区主力来平定暮棱水

① "收国二年，分鸭挞、阿懒所迁谋克二千户，以银术可为谋克，屯宁江州"（《金史》卷72《银术可传》，1658 页）
② 《金史》卷73《娄室传》，1650 页。
③ 《金史》卷67《乌春传》，1579 页。
④ 《金史》卷68《欢都传》，1593 页。

斜堆附近的反抗。

可以认为，劾里钵时期直接派遣凌驾于本地部族之上的军事首领常驻辐射区，其支配权并非因个人行能获得，而是依靠核心区都孛堇的强势权威的支持，作为都孛堇支配力的延伸而长期存在。其意义在于改变了乌古乃时期都孛堇对从属诸部的控制方式，开始通过构筑长期据点来巩固其辐射区，能够将流动的军事威慑力变为对周边部族长期的威慑与控制。这种控制方式可称之为领土控制，即指对某一地域实行的长期占领，并对区域内人员与资源按照一定原则进行组织与支配。① 支配主体与客体之关系并非因继嗣集团的血缘纽带，而是以军事暴力组织为中介，以地域为基本载体进行的。恩格斯对国家界定的三个要素是按地域组织国民、有公共权力的存在，以及对于税收的征发。② 其中第一点"按地域组织国民"的现实基础就是对一定领土的占有，按出虎完颜部派驻军事人员对辐射区实施军事屯驻，正是对一定地域内的人员实现支配关系，初步具备了"按地域组织国民"的主体资格。但这并不等于劾里钵时期的按出虎集团已经形成公共权力的组织体系。特里格对领土国家的界定与恩格斯对国家的理解较为相似："通过设立分工明确且层层分布的官僚机构，并以征税为其职能和供给来源，在全国范围内实施中央集权式管理。"③ 领土控制并不具备由上而下的科层制官僚群体，以及相应的集权制管理的制度。按出虎完颜部没有对从属诸部族进行重新组织的能力，仅是出现了都孛堇的代理人（军事首领）对诸部族实行控制，并没有拆散各部孛堇与其部众的联系，将孛堇转化为由中央任命的官僚。

---

① 关于"领土控制"的界定是从马克斯·韦伯关于政治共同体的相关论述引申得出，参见 Max Weber, Economy and Society: *An Outline of Interpretive Sociology*, edited by Guenther Roth & Claus Wittich, University of California Press, 1968, pp. 901—902.

② ［德］恩格斯：《家庭、私有制和国家的起源》，人民出版社，1999 年，177 页。

③ Bruce G. Trigger, *Understanding Early Civilizations: A Comparative Study*, Cambridge University Press, 2003, pp. 207—208.

吉林省省级人文社科重点研究基地重大招标项目

▶ 东北史研究

DONGBEIYA
YANJIU
LUNCONG

《吉林通志》珲春佐领相关记载补正①

薛　刚

（长春师范学院历史学院）

摘　要　《吉林通志》所载珲春驻防佐领人名、时间均较详细，但相关内容尚存在些许纰漏，包括下五旗设置时间的错误、镶黄旗佐领的错误，也有佐领漏载的问题等。该书虽始修于光绪十七年，然珲春佐领相关内容却止载于光绪十二年，此后至宣统末年佐领未载，故依其后修撰的《珲春县志》、《珲春乡土志》而加以补正，以求还原珲春驻防佐领原貌。

关键词　吉林通志　珲春驻防　佐领

《吉林通志》为光绪十七年郭布罗·长顺将军奏请编修的晚清吉林首部官修全省通志，是中国东北地区的一部上乘的志书。该书对于研究吉林史地，乃至当今纂修省志，均是十分难得的、珍贵的历史资料。但该书相关记载尚有不足，错载、漏载现象不同程度存在。以珲春驻防佐领为例，即可明鉴。本文依据档案、实录等资料，针对如上问题对《吉林通志》所载珲春驻防佐领相关内容进行补正。另因该书记载珲春佐领止于光绪十二年，本文又据其后所修《珲春县志》、《珲春乡土志》适当作以补充，以期为学界提供较为完整和准确的珲春驻防佐领历史记录。

① 本文系吉林省教育厅社会科学研究资助项目（项目编号：2011173）。本文所据《吉林通志》版本为网络图片版，原版线状，未经标点，共49册。

一、史籍纠谬

1. 珲春下五旗佐领设置时间纠谬

《吉林通志》卷五十原载："同治元年，增设佐领三人，防御委佐领二人，骁骑校五人。"[1] 此处记载错误。根据有三：第一，《吉林通志》卷六十六载："同治九年增镶白、正红、镶红三旗为公中（佐领），其正蓝、镶蓝二旗以防御兼委"，[2] 卷五十之记载与之相矛盾；第二，《吉林通志》卷六十六珲春佐领表从同治九年始，方有下五旗佐领的记载；第三，《清穆宗实录》、光绪朝《大清会典事例》等原始资料及政书记载为同治八年末。[3] 以上几则证据充分证明《吉林通志》卷五十记载珲春同治元年增设下五旗佐领是错误的。至于卷六十六佐领表从同治九年开始有下五旗佐领记载，根据《实录》与《会典事例》所载同治八年末提请增设下五旗，同治九年记载是行得通的。《吉林通志》卷五十所载之误，影响其后珲春史志的修纂。参考《吉林通志》修撰的《珲春县志》、《珲春乡土志》均引此材料，相沿未改。这样也影响了学界研究。学界有几篇文章对此看法大致相当，笔者对其存疑。以《清代珲春八旗驻防初探》一文为例，该文援引《珲春县志》的记载，并作出判断："光绪朝《大清会典事例》中记载，同治元年，珲春驻防地区'增设佐领三人，防御委佐领二人，骁骑校五人，披甲一百五十七人'"。页下注为《珲春县志》。据此该文认为珲春驻防由原来三旗变成六旗。其后又述："九年议准，珲春地方酌添旗佐分置八旗"。前后文存在矛盾。援引此材料而作出的结论值得商榷。

2. 咸丰元年正黄旗佐领德玉纠谬

《吉林通志》卷六十六佐领表原载：德玉，咸丰元年任正黄旗世管佐领，光绪十七年故。此处误。根据《珲春副都统衙门档案选编》载："德玉，由驻防处补防，系珲春镶黄旗满洲库雅喇人。年三十九岁，原系闲散。咸丰元年九月初三日，凌志（笔者注：珲春镶黄旗

---

[1] 《吉林通志》册 20，卷五十，武备志·驻防上，页三十二 a。

[2] 《吉林通志》册 27，卷六十六，职官九·国朝表六，页四 a。

[3] 光绪朝《大清会典事例》卷 544，第 38 页；《清穆宗实录》，卷 273，同治八年十二月月庚申，788 页。

佐领）出缺，由闲散承袭佐领。"① 另从《吉林通志》职官表载："道光二十四年正黄旗佐领嘎尔刚阿，任公中，咸丰九年出缺。"而咸丰九年由松恒接任。由此观之，《吉林通志》卷六十六佐领表正黄旗佐领德玉之记载错误，应为镶黄旗佐领。

二、驻防佐领表补正②

1. 巴图凌阿，《吉林通志》未载，根据《珲春副都统衙门档案选编》补足。档案载：正白旗世管佐领巴图凌阿，由驻防处承袭，系珲春正白旗满洲库雅喇，年二十七岁，原系闲散，于同治十三年三月二十九日台斐英阿告休出缺，由闲散承袭佐领。③ 光绪十七年病故出缺，题咨由其族叔金奎代署。④

2. 双成，《吉林通志》未载出缺时间。根据《珲春乡土志》载，光绪二十年出缺。⑤ 可证其后由春山接任，而无他人。

3. 保成，《吉林通志》未载。据《珲春副都统衙门档案选编》载，光绪八年地方大小官员清册：永德佐领下富勒浑，由驻防处补防，系珲春正红旗保成佐领下人，佛满洲。⑥ 由此可以看出，光绪八年以前珲春正红旗佐领为保成，而光绪二年正红旗佐领阿察贡，三年出缺，由此可推知保成任职于光绪八年之前，光绪三年之后，于此暂定光绪三年。

4. 瑞林，《吉林通志》未载，据《珲春副都统衙门档案选编》补足。《吉林通志》卷六十六珲春佐领表载：永德光绪十七年升五常堡协领。其后谁接任未载。据光绪十八年十月十七日一份奏折内称："珲春镶红旗佐领瑞林，拟请以协领尽先即补，先换顶戴。"⑦ 可知此时瑞林已接补，至于十七年抑或十八年，尚未有具体材料证明，于此暂定十七年。

---

① 《珲春副都统衙门档案选编》上册，长白丛书本，1991 年（下同），第 32 页。
② 《吉林通志》未载，《珲春县志》、《珲春乡土志》亦未载。
③ 《珲春副都统衙门档案选编》上册，第 35 页。
④ 《珲春副都统衙门档案选编》中册，第 29 页。
⑤ 依据《珲春乡土志》补充，南满铁道株式会社，伪康德二年。
⑥ 《珲春副都统衙门档案选编》上册，第 41 页。
⑦ 《珲春副都统衙门档案选编》中册，第 95 页。

三、珲春上三旗与下五旗佐领表

珲春驻防上三旗佐领一览表

（康熙五十三年——同治九年）

	镶黄旗	正黄旗	正白旗
	巴克喜那	达巴库	莽柱
康熙五十三年	由嘎山达编入任世管，乾隆十七年出缺。	由嘎山达编入任世管，雍正二年出缺。	由嘎山达编入任世管。 依西喜达 任世管，乾隆十一年出缺。
雍正二年		道奇沙 任世管，乾隆元年出缺。	
乾隆元年		扫奇沙 任世管，十年出缺。	
乾隆十年		德勒苏 任世管，十五年革，暂为公中。	
乾隆十一年			雅比那 任世管，二十四年出缺。
乾隆十六年		讷勒布 任公中，由防御拣放，二十四年出缺。	
乾隆十七年	阿松阿 任世管，二十四年出缺。		
乾隆二十四年	德胜额 任世管，三十八年出缺。	赓音布 任公中，三十年出缺。	特兴额 任世管，三十九年出缺。
乾隆三十年		卖松阿 任公中，三十八年出缺。	

乾隆三十八年	托莫洪武 任世管，嘉庆八年改名托莫通阿。	章古山 任公中，四十一年出缺。	
乾隆三十九年			特英额 任世管，嘉庆二十年出缺。
乾隆四十一年		初巴习 任公中，四十五年出缺。	
乾隆四十五年		索莫珲 任公中，四十九年出缺。	
乾隆四十九年		倭特山 任公中，嘉庆八年出缺。	
嘉庆八年	莫尔赓额 任世管，二十四年出缺。	扎瑚岱 任公中，十一年出缺。	
嘉庆十一年		额尔德山 任公中，十五年出缺。	
嘉庆十五年		凌官保 任公中，道光二年出缺。	
嘉庆二十年			额腾阿 任世管，道光元年出缺。
嘉庆二十四年	凌志 任世管，咸丰元年出缺。		
道光元年			台斐英阿 任世管，同治十二年出缺。
道光二年		克兴额 任公中，三年出缺。	

道光三年		兴保 任公中，十三年出缺。	
道光 十三年		乌永阿 任公中，十五年出缺。	
道光 十五年		常禄 任公中，十六年出缺。	
道光 十六年		德昌 任公中，十七年出缺。	
道光 十七年		明升 任公中，十八年出缺。	
道光 十八年		乌崇阿 任公中，调。 乌尔清额 任公中，二十四年出缺。	
道光 二十四年		嘎尔刚阿 任公中，咸丰九年出缺。	
咸丰元年	德玉 任世管，光绪十七年故。		
咸丰元年	德玉 任世管，光绪十七年故。		
咸丰九年		松恒 任公中，十一年出缺。	
咸丰 十一年		泰敏图 任公中，调。 温崇阿 任公中，光绪十年出缺。	

同治十三年			巴图凌阿 任世管,光绪十七年出缺。
光绪十年		双成 任公中,光绪二十年出缺。	
光绪十八年	庆云 任世管,二十六年出缺。		
光绪二十年		春山 任公中,民国八年出缺。	
光绪二十二年			满城 署世管,二十九年出缺。
光绪二十六年	博林 署世管,民国六年出缺。		
光绪二十九年			富升 署世管,民国五年出缺。

光绪十八年以下,根据《珲春县志》补充。

珲春驻防下五旗
(同治九年——光绪十二年)

	镶白旗	正红旗	镶红旗	正蓝旗	镶蓝旗
同治九年	富全 增公中,任,光绪三年出缺。	文福 增公中,任,光绪二年出缺。	庆德 增公中,任,十一年出缺。	四德 增公中,以防御拣委,光绪二年出缺。	玉庆 增公中,以防御拣委,光绪九年出缺。
同治十一年			穆克登额 任公中,光绪六年出缺。		

		阿察贲		托伦托呼	
光绪二年		任公中，三年出缺。		以防御拣委公中，七年出缺。	
光绪三年	全有 任公中，十六年出缺。	保成 任公中。			
光绪六年			双胜 任公中，八年出缺。		
光绪七年				恒勋 以防御委任公中，十一年出缺。	
光绪八年		永德 任公中，十七年升五常堡协领。			
光绪九年					贵山 以防御拣委公中，十二年改实。
光绪十一年				荣升 以防御委任公中，十二年改实。	
光绪十二年				春升 由宁古塔调任公中。	桂山 由委佐领补公中。
光绪十七年			瑞林		

光绪十八年		富勒嘉阿 任公中，二十五年出缺。			
光绪二十年			英福 任公中，民国八年出缺。		
光绪二十一年	喜昌 任公中，民国八年出缺。				
光绪二十三年				钟寿 任公中，民国三年出缺。	
光绪二十四年					希尔明阿 任公中，民国八年出缺。
光绪二十五年		富常阿 任公中，二十八年出缺。			
光绪二十八年		常贵 任公中，民国八年出缺。			

光绪十八年以下，根据《珲春县志》补充。

《宽城随笔》在研究二十世纪初日本殖民势力向我国东北边疆地区史料渗透方面的价值

吴明罡

（长春师范学院历史学院）

摘　要　《宽城随笔》作为清末民初时期比较典型的一部笔记体文学作品，它的史料价值往往在近代边疆史研究工作中被忽视。判定该著作的史料价值时我们应当从两方面入手：其一为近代笔记体文学的本身的特性入手，去伪存真，为历史事件的可靠性搜罗资料；其二为紧密掌握文章本身内容，与其他资料比对以达到互补的史料作用。以此两点为依据，笔者就《宽城随笔》中感兴趣的关于上世纪初日本殖民势力向我国东北边疆地区渗透方面的几点史料与同仁做一些探讨。

关键词　《宽城随笔》　史料价值　日本殖民　长春

笔记作为一种常见的文学体裁，是指作者对时下事物的见闻，或对古今典籍阅读的心得等等随笔撰写的著述。笔记体著作主要特点是形式随意、内容广博，写作方式不拘一格。[①] 基于笔记内容的形式自由、随意，不受写作体裁与格式的限制，所以，笔记体著作可以有许多的称谓，如：杂记、杂笔、杂识、杂议、札记、笔谈、丛话、记闻、见闻录等等。而本文所探讨的对象《宽城随笔》，以"随笔"做题目，也恰恰体现了笔记文学的这种不拘一格的特性。而我们在探讨将笔记文学作为史料应用于历史研究工作时，我们应当

---

① 陶敏、刘再华，《"笔记小说"与笔记研究》，《文学遗产》，2003 年第 2 期。

尽一切努力充分发挥其特有的文献价值，以求通过笔记类史料充分还原作者对当时社会面貌的客观认识，从而达到"去伪存真"的目的。

笔记自身特有的创作方式决定了作者本身思路上的信马由缰。除了客观的对当时社会面貌的记录外，还往往加入了许多主观的评价。甚者乃至按照自己的主观意愿去杜撰事件、歪曲事实。这就要求我们对笔记作者的创作背景，时代特征，以及其他各方面条件有一个详细的了解。此外，从笔记这一概念本身来说，小说与笔记就没有一个明确的界限。并且，随着二十世纪"笔记小说"这一文学概念的提出更把笔记与小说概念上的混淆固定化了、合法化了。[①]而历史研究中的笔记类史料，应当注意区分小说的想象与虚构，和笔记史料中的"言传"。既要遵循笔记本身的真实性，又要追求笔记所载史料的真实性。笔记多涉及真实的人物、事件、时代、地域，所以对笔记文本的特点与笔记史料的应用当与大量的其他史料相对照，而不是仅仅针对一部史料来研究。只有充分认识到笔记史料的特性，我们才能在研究工作中将笔记的文献价值充分发挥。

《宽城随笔》成书于 1917 年（民国六年，岁次丁巳），较为详细的记录了作者吴樵于吉长铁路局供职期间（主要在长春）的所见所闻（予于癸丑孟秋旅食宽城，供职吉长铁路局）[②]。作者写作时间跨度为 1913 年—1917 年四年，虽已民国，但写作体例等均沿袭着旧式笔记体文学的写作方式，即清代笔记模式。所以应按照清末笔记体文学展开研究。清代各种笔记都在前代著作的基础上得到进一步完善，见闻类笔记的内容更为充实而多样化，考据类的笔记在数量质量上均超过前代，因而清代被称为是笔记集大成的时代。《宽城随笔》也因其所蕴含有关社会生产、社会经济、政事及吏治、人物传记、物质、文化生活与社会风气等等资料而成为该段历史研究者所资参考的重要史料。

二十世纪初，辛亥革命爆发，清王朝瓦解，这客观上导致了国家的动荡，中央对东北边疆地区无法有效地行使行政权力，造成了东北边疆地区权利的真空。从日本帝国主义方面考虑，当时正值第

[①] 陶敏、刘再华，《"笔记小说"与笔记研究》，《文学遗产》，2003 年第 2 期。

[②] 吴樵：《宽城随笔》，线装书，锡成公司代印，1917 年，下同。

一次世纪大战期间，俄国无暇东顾，加之沙俄政府在日俄战争的惨败，所以在与日本争夺东北地区权益时处于下风，日本对东北地区侵略加剧。日本对东北地区的侵略有很重要的一方面是由日本殖民势力的渗透而体现出来的。通过对《宽城随笔》的阅读，我们可以从侧面了解到当时日本殖民势力对长春（旧称宽城）的经济侵略，对铁路运输的控制，对社会风气的影响等等。

当时东北地区的金融呈现着一片混乱，以长春为最甚。在市面上流通的货币极为混乱①，其中"官帖"为政府（吉省永衡官银号代理）发行，前期信誉较高，取得了繁荣市场、稳定货币的作用。但后期政府腐败，滥发无度，遂至官帖充溢市面，价值一落千丈，无从挽救。另外，官吏及银号营私舞弊，使长春金融业一片乌烟瘴气。这些状况亦催生了投机倒把，买空卖空的种种弊端。而居住在头道沟租界的日本居民更借租界之便，大肆开设银号、钱铺低买高卖，使长春本就混乱的金融业雪上加霜。②

《宽城随笔》对在日本胁迫之下，中日合修吉长铁路一事也有涉及。如：吉长铁路计长八十三英里，合华里二百四十有奇。当日俄战后，日人倡议建设吉林长春铁道。为扩张国力计，当地人士咸思抵制以保存主权，因有筹办之计划。当时系属商办主其事者，为前清吉林候补道宋春鳌。此光绪三十二年间事也。嗣因当事人不谙路务，办理失宜，经邮传部收归国有。其时，适中国政府向日本收买新民府至奉天之铁路，属之京奉。日本要求他项利益，吾国政府遂允与日合办吉长铁路。光绪三十三年，与日订立合同，开办费定五百万元，中日各半。日本方面资金由南满铁道公司余利项下拨发，计日币二百十五万元；中国资金除商款抵作股分外，其政府所出资

① 《宽城随笔》记载：通用钱币有大小银圆、官帖、铜圆、羌帖即俄币、老头票即日币、正金钞票等种种。商界通用主币为官帖，而小洋次之。官帖有一吊、二吊、三吊、五吊、十吊、五十吊、一百吊数种，系吉林永衡官银号发行。

② 《宽城随笔》记载：商人之买空卖空者，当地称之曰"捣把业"，此者颇多日人。盖商民为此每遇官中禁令，即无法可施，黠者往往窜匿头道沟（即日侨居留地），托庇外人宇下，以遂其营利之私图。久之，日人习知此中真相，亦遂纷起角逐。于是，头道沟遂成为捣把之发源地。每入北门内一带，银号钱铺视银价之涨落，任意抑扬，旅客初至长春，兑换货币，无有不受其欺者。此种行为无殊盗贼，而商民视为唯一之牟利生涯，衢间鳞次栉比，悉属此类小钱铺，比诸他项营业，尤为发达。

金大半取京奉路余利拨给。故路局办事员，日人多来自南满铁道，华人多来自京奉铁路。①

吴槱对当时日本殖民者在日租界开设妓院，并贩卖人口，倒卖鸦片，而中国政府根本无法对其进行制裁的现象深恶痛绝。作者在《宽城随笔》中写道：长春妓院中人，非迁自津奉，即来从邗江，可为南北二派。南北班对峙于商埠平康里一带。当时"南班"有"飞云阁"、"龙云阁"两处，"北班"有"素兰"、"连声"等数家。日界头道沟，其始本无妓馆。日人鉴于域内商业不振，亦扩充女闾为招徕游客计。自东西"群仙"、"四玉"等班次第开设，平康里一带妓寮遂大受影响，门前冷落车马稀，甚至相率休业，而头道沟妓院生涯反比商埠发达。推原其故，日界妓院茶资较廉，客有阿芙蓉癖者尽可一榻横陈，吞云吐雾，烟价又比内地特廉，故黑籍中人趋之若鹜，且此种妓院专收受掠卖女郎，津沪拐匪实为若辈鹰犬，姿首佳者入院时千金立致，少次亦可得五六百番。小家碧玉，坠落女性，一入青楼，永沦苦海。即有亲属相知，指名向官厅控告，而地居租界，引渡维艰。以此，龟鸨更明目张胆，肆行虐待。作者将其斥为"灯红酒绿，纸醉金迷之地"。②

另外，吴槱对在此方面流行的坊间趣闻亦有所收录。如吴槱对日俄战争之后，日本军队在长春市东南郊石碑岭地区地下发掘出疑似辽金古物的金马一具，并掠夺回本国亦颇感兴趣。《宽城随笔》记载："郊外东南有一隅峰峦起伏有小山数叠，而石碑岭稍著名。岭有石碑一座，其建设年代不可考，相传日人于甲辰战役后，在该地掘得金驹一具，异回本国，意是辽金遗物。"③

综上几点，我们可以看到，日本殖民势力对东北边疆地区经济方面的侵略。并且，由于日本殖民势力的渗透，直接影响到了东北边疆地区的社会生活。我们也可以根据该史料中的记载，客观地推测出当时知识分子阶层对日本殖民渗透的态度与反应。④

《宽城随笔》成书于1917年，是作者吴槱对供职期间所见所闻

---

① 吴槱：《宽城随笔》，线装书，锡成公司代印，1917年。
② 吴槱：《宽城随笔》，线装书，锡成公司代印，1917年。
③ 吴槱：《宽城随笔》，线装书，锡成公司代印，1917年。
④ 《宽城随笔》记载：乃强邻虎视眈眈，日谋侵夺，我不能设法抵御为兴垦蕃殖之图，大好河山，供人蚕食，不亦悲哉！

乃至社会生活的一个记录。二十世纪最初的二十年，中国正处于一个混乱的年代。在此期间，清王朝灭亡，军阀割据。而东北地区又正是日俄势力展开拉锯争夺的焦点，关内的混乱恰恰导致了东北地区权利的真空，日本殖民势力对东北地区的渗透也越发强烈。同时，这又是一个变革的年代，旧王朝的瓦解，新的政治模式逐渐孕育。综合以上两点，《宽城随笔》恰恰是这个时代的剪影。我们应以该时代背景下的长春地区的史料为主要研究对象，从经济、文化、社会生活等多方面来还原当时的真实的社会面貌，并将思路扩展至吉林、奉天、黑龙江乃至整个东北边疆地区，来探讨日本殖民势力对东北地区的渗透。因此，《宽城随笔》在此方面的史料价值是不容否定的。

吉林省省级人文社科重点研究基地重大招标项目

▶ 研究综述

DONGBEIYA
YANJIU
LUNCONG

国内高句丽社会性质研究综述

何海波
（长春师范学院图书馆）

摘　要　关于高句丽国家的社会性质，学术界一直存在争议，经过多年的争论，逐渐形成了五种代表性观点，即奴隶社会说、半奴隶半封建社会说、前期奴隶社会后期封建社会说、封建社会说，以及由奴隶制到奴隶制与封建制并存再到封建社会说。本文拟就关于高句丽社会性质的主要看法及研究状况做一概述。

关键词　国内　高句丽　社会性质　研究综述

高句丽国家的社会性质是高句丽历史研究中的一个重要问题，也是学术界争议较大的一个问题。经过多年的争论，学者们逐渐形成了五种代表性观点，即奴隶社会说、半奴隶半封建社会说、前期奴隶社会后期封建社会说、封建社会说，以及由奴隶制到奴隶制与封建制并存再到封建社会说。同时在每一种观点中，学者们的看法也不尽一致。下面就将学者们关于高句丽社会性质的主要看法及研究状况做一概述，不妥之处，敬请方家赐教。

一、奴隶制社会说

这种见解最初见于五十年代一些高等院校自编的世界古代史教材。1962 年，周一良、吴于廑主编的高等院校通用教材《世界通史》也认为高句丽是奴隶制国家。[①] 之后，七十年代出版的几部高等院校世界古代及中世纪史教材，均因袭此说。进入八十年代，有学者

---

① 周一良、吴于廑主编：《世界通史》（上古部分），人民出版社，1962 年，398～400 页。

开始发表专门文章论述这种观点。1981 年，赵秉新发表了《略论高句丽的社会性质》一文，系统地论述了高句丽奴隶制产生与发展的情况，集中代表了"奴隶社会说"这一观点。

赵在文章中认为，"高句丽也和其他民族一样，沿着正常的社会发展规律，在原始社会解体以后进入奴隶制社会"，[①] 并从奴隶制发展的一般情况、关于"下户"的问题、土地制度和阶级关系、统治制度和生活习俗等四个方面论证高句丽奴隶制社会的产生与发展。他认为，高句丽人是在畜牧、狩猎和捕渔生产占重要地位和开始出现农业这样的生产力发展水平的基础上，由于原始公社制的解体，形成了奴隶制社会。后来，随着高句丽国家不断向外扩张，特别是占据了乐浪郡、带方郡、辽东郡等先进地区以后，农业迅速发展，成为主要的生产部门，同时手工业和商业也发展起来，奴隶制也随之发展起来。奴隶的主要来源是战俘，另外，还存在着罪奴、债奴、买卖奴隶和人殉。大部分奴隶用于农业、畜牧业和手工业生产上，一部分用于家内劳动。但是，高句丽的奴隶制经济还没有达到充分发达的地步，因此，无力改变被征服地区的生产秩序，只能把被征服地区的人们固定在原来的土地上进行生产，向他们征收贡赋，征调徭役。高句丽的"下户"就是住在遥远的被征服地区邑落的成员。他们被剥夺了生产资料，人身被占有，虽然有家室、财产，但奴隶主可以任意加以剥夺，因此他们是奴隶。他们是社会的主要生产者，是基本的被剥削阶级。高句丽的土地制度是奴隶制国家的国有制。其中一部分土地是王室直接经营的庄园，由奴隶耕种，并有监督奴隶劳动的监工。也存在着由国王按照战功和其他功绩赏赐给奴隶主贵族的食邑。另外，从高句丽的国家制度、宗教和生活习俗的原始性，及其法律制度的残酷性和奴隶制性质，也可以看出高句丽社会的奴隶制性质。

二、半奴隶半封建社会说

这种观点的代表者是孙玉良，他在《高句丽社会性质浅析》一文中系统地论述了这种观点。他认为，"虽然高句丽社会的发展取决

---

① 赵秉新：《略论高句丽的社会性质》，《朝鲜史通讯》，1981 年第 3 期。

于自身的条件，但是，外部影响也是推动高句丽社会发展的重要因素。在漫长的历史发展过程中，高句丽政权始终处于中原政权的制约和统辖之下。中原地区先进文化的积极影响，对高句丽社会发展起到了巨大的催化作用。因此，当高句丽奴隶制国家建立不久，便出现了封建生产关系的萌芽。但是，在以后的数百年间，高句丽的统治者把主要精力都耗费在对外穷兵黩武上，多次四面兴师，征战不休。极大地束缚和破坏了生产力的进一步发展，使奴隶制和封建制的生产关系，长期并存，并行发展，迟迟未能最终摆脱奴隶制的统治，封建制始终未能最后建立，或者说，处于半奴隶半封建社会状态。"① 关于高句丽社会奴隶制与封建制是怎么并行发展的，他认为，公元前37年，朱蒙建立政权，标志着高句丽人的社会发展进入国家统治时期，奴隶制取得绝对的支配地位。在此后长达七百余年间，奴隶制一直统治着高句丽。高句丽奴隶的来源，起初只有罪奴和债奴，但这两种奴隶毕竟是有限的，因此，奴隶主贵族为了满足自己占有奴隶的欲望，不断对外发动战争，掠夺人口，使之成为奴隶。高句丽中期以后，随着生产力的提高和生产关系的变革，其社会性质也发生了新的变化。广开土王和长寿王两代，终于实现了对带方、辽东等地的占领。加上以前所占领的乐浪等地方，这些地区久在中原及中国北方封建政权管辖之下，封建的生产力和生产关系具有一定的基础，对整个高句丽生产力的发展和生产关系的变革，都产生了重要影响，高句丽社会的封建制因素因此也有了较为明显的增长。南北朝时期，高句丽奴隶主阶级，除了无偿占有奴隶劳动所得外，还通过国家对土地的所有，实行耕者交租，织者纳税的办法，把奴隶制统治和封建剥削统一起来。

三、前期奴隶制社会、后期封建制社会说

早在1977年中国朝鲜史研究会成立，并举行了首届学术年会时，学者们在讨论中就提出了这种观点，但是直到八十年代，学者们才展开对这一观点的论述，但是，学者们对奴隶制社会与封建制社会的分期也存在着分歧。

---

① 孙玉良：《高句丽社会性质浅析》，《博物馆研究》，1984年第1期。

张博泉认为，高句丽国家六世纪中叶以前是奴隶制社会，以后是封建制社会。1985年，他在《东北地方史稿》中论述秦汉时期的东北时，阐述了高句丽的社会形态，"高句丽的统治者，把被征服的地区置于自己的统治之下，并靠着剥削村落共同体和分配掠夺来的财物而发展起来的。为了对村落共同体进行剥削和压迫，与之相适应建立了强有力的奴隶主专制的政体，这种政体又是与村落共同体的存在相互联系着的。""高句丽社会主要是由奴隶主和奴隶两个基本阶级构成的，奴隶主称'大家'，奴隶被称为'下户'。"① 后来，他在论述南北朝时期的东北时，继续阐述了此时高句丽所发生的变化，"南北朝时期的高句丽，由于原郡县地区封建经济、政治、文化的强烈影响，其社会性质发生了巨大变革，即由奴隶制过渡到封建制。""高句丽由奴隶制变革成为封建制是经过一段历史过程的。高句丽在占据乐浪郡特别是辽东郡封建经济较为发达的地区后，由于先进的封建经济、政治和文化强烈影响，高句丽社会内部逐渐地发生了新的变化。这种变化首先是由于占据乐浪、辽东地区促进了高句丽社会内部生产力的增长引起的。……在社会生产力和技术增长的情况下，高句丽社会在各方面也发生了某些变化，这种变化是从小兽林王逐渐开始的。到六世纪中叶高句丽平原王时，高句丽社会自身及其与中原关系发生的变革有划时代意义。"② 并从官制、土地占有和剥削关系，以及社会意识等方面的变化论述高句丽社会所发生的变革。

1997年，张博泉在《高句丽社会性质研究》中更加明确地提出这种观点，"高句丽社会从其发展的整个过程来看，从朱蒙到占据汉以来的乐浪郡以前为奴隶制前期，从占据乐浪郡到进而占据辽东、玄菟两郡，直至六世纪中叶前，为奴隶制的后期，亦即在奴隶制社会中，由于逐渐接受中原经济与文化的强烈影响，在高句丽社会中封建关系已出现并发展，逐步地进入代替旧的奴隶制的时期。六世纪中叶以后高句丽社会中虽还保存奴隶制残余形态，但从各方面看，已基本上是封建社会。"③

---

① 张博泉：《东北地方史稿》，吉林大学出版社，1985年，80、81页。
② 张博泉：《东北地方史稿》，吉林大学出版社，1985年，137页。
③ 张博泉：《高句丽社会性质研究》，《黑龙江社会科学》，1997年第4期。

刘子敏则认为，高句丽历史可分为两期，其分界当以长寿王迁都为准，前期为奴隶制社会，后期为封建制社会。[1] 他在《高句丽历史研究》中认为，从宏观的角度看，高句丽前期社会并不具备封建社会的特点。由于高句丽人居于大山深谷中，农业很不发达，手工业和商业的发展自然会受到很大的限制。高句丽人为了生存和发展，常常发动掠夺性的战争，这在客观上对高句丽的发展极为不利。另外，从高句丽的上层建筑和意识形态来看，高句丽的前期也不具备封建社会的特点。其政治制度中尚且残存着某些浓厚的原始形态，中央集权制尚未发展到应有的阶段，封建的生产关系还只是处于一种萌芽状态。史书中所言"下户"远担米粮鱼盐供给"大家"的情况，非但不能说明这些"大家"是封建主，恰恰相反，说明这些"大家"应是奴隶主，"下户"应是奴隶。[2] 从好太王执政后期至婴阳王时期，高句丽人终于走出了大山深谷，占领了中原在东北所设四郡的土地，社会发展也来了个飞跃，从奴隶社会发展到封建社会。[3] 高句丽后期实行的郡县制和租税制，冶铁手工业的发展，以及文化礼俗的变化，都反映出高句丽社会性质的转变。

四、封建社会说

主张高句丽是封建社会的学者中，对于高句丽封建社会的形成持两种不同的见解。第一种看法认为，高句丽人是从原始社会瓦解直接过渡到了封建社会。持这种看法的有徐德源、赵展、沈克秋和耿铁华。徐德源在《试论高句丽国家的社会性质》中根据历史文献和碑铭资料探的记载，认为"高句丽国家占人口大多数的'民'或'百姓'是基本的直接生产者。他们以户为单位耕种一小块国家所有的土地，占有耕畜、工具，有自己家庭的私有经济，遭受国家租税和徭役等剥削，是主要的被剥削、被压迫阶级。这种土地国有制下的国家农民份地制是占统治地位的生产关系。与此同时，还存在着土地国有制下的贵族官吏的食邑和土地私有制，但不占主要地位。国家农民由于生产规模小，担负沉重的租税徭役，又往往受到贵族

---

[1]　刘子敏：《高句丽历史研究》，延边大学出版社，1996年，75页。

[2]　刘子敏：《高句丽历史研究》，延边大学出版社，1996年，81页。

[3]　刘子敏：《高句丽历史研究》，延边大学出版社，1996年，242页。

的兼并、欺压，生活穷困，有些人以佣作形式为富有者耕田役使，在经济上成为私人依附农民，但为数不多。上述生产关系具有大土地所有制与个体生产相结合这一封建主义的基本特征。高句丽国家虽然也存在奴隶制，但奴隶只占人口中的少数，奴隶劳动使用不广，在社会生产中不占主要地位。高句丽国家的生产力水平处在较低的发展阶段，分工和交换不发达，自然经济占统治地位，商品生产和货币经济很少。因此，高句丽国家的社会性质是属于早期封建社会。"①

赵展在《试论高句丽的社会制度》中，在分析史料和考古文物的基础上，认为"高句丽是由原始社会末期部落联盟的发展阶段，在中原和朝鲜半岛两方面的封建经济的强烈影响下，直接过渡到封建社会。虽然高句丽社会确实有奴隶存在，但它不是社会的主要生产者，而农奴却是这个社会生产的主要劳动力，以此来判断高句丽的社会性质，是比较有说服力的。"② 并从中原和朝鲜半岛封建经济的影响、生产力发展水平、高句丽政权的统治形式，以及"大家"和"下户"的性质等几个方面来说明高句丽社会的封建性。

沈克秋在《试论高句丽的社会性质》中以马克思主义历史唯物论为指导，通过对历史文献资料的深入分析，认为高句丽建国初期从经济形态上看占统治地位的还是古典式小农经济。经济基础决定上层建筑，在这样的经济基础上，高句丽在建国初期还停留在奴隶制社会的门槛，没有踏进奴隶制社会的大门。具体说来，这个社会还处在父系氏族公社后期，即奴隶制社会前夜，是以部落联盟为实质内容的国家雏形。这样的社会也存在着奴隶，因为古代世界阶级分化的第一个形式就是自由民和奴隶，但这些奴隶在高句丽小农经济的汪洋大海中还构不成社会生产力的主导力量。而且当时的社会经济也无法消化大量的奴婢，奴隶在国家的政治经济生活中根本派不上用场，因此说这样的社会是无法构成奴隶制社会的。因此，他的结论是：高句丽国家在没有完成奴隶制社会历史任务的情况下，

---

① 徐德源：《试论高句丽国家的社会性质》，《朝鲜史通讯》，1980 年第 2 期。

② 赵展：《试论高句丽的社会制度》，《中央民族大学学报（社会科学版）》，1999 年第 4 期。

直接进入到封建社会，也就是说它没有经历真正的奴隶制社会。①

耿铁华在《高句丽社会性质与阶级结构论稿》中认为，"就高句丽民族和国家而言，一直生活在周秦、汉唐的统治区域内，并非独立的经济形态和国家形态，特别是公元前108年汉武帝灭卫氏朝鲜，设四郡管辖东北及朝鲜半岛北方地区以来，高句丽人一直生活在汉玄菟郡高句丽县境内。……可以这样认为，自公元前108年，高句丽人已经结束了原始时代的生活，直接进入了封建社会。""公元前37年，邹牟率部众进入高句丽人聚居地区，经汉玄菟郡及中央王朝同意，建立高句丽国，成为玄菟郡统辖下的地方封国。从这时起，汉中央王朝的封建统治方式、政策、法令，通过玄菟郡传到高句丽王都，再传达到高句丽各部地方。……在这一政治、经济、文化的大环境下，高句丽这一地方政权不可能有独立的社会政治、经济和文化生活。只能以汉代的社会政治、统治方式、生产方式来维护地方封国的统治。虽然在其生活习俗、内部事务管理、各部交往等方面保留着自己民族的一些特色，其社会性质只能是封建制。"②

第二种看法认为，高句丽国家是在古朝鲜奴隶制社会瓦解的基础上建立的封建社会。持这种看法的有安清奎和姜孟山。前者在《论高句丽、百济、新罗三国的社会性质》中从研究三国的生产力发展状况入手，分别论述了三国的土地所有制、阶级关系、官私奴婢、社会产品的分配方式等问题，从而阐明关于三国社会性质的看法：在这一时期的生产活动中，农业占主导地位，兼营牧业、狩猎、捕鱼等。当时，铁器和牛耕，以及水利灌溉事业都有了很大发展。从土地所有制方面来看，国王、贵族、勋戚、功臣占有全国的绝大部分土地，而广大的"下户"、"民户"等劳动者只有少量土地，甚至没有土地。因此"下户"和"民户"只好向领主租佃土地，交纳繁重的地租，农奴的生活处于极端贫困的状态。由这种土地所有制和产品分配方式而产生阶级关系，必然是封建领主和农奴的关系。至于这个时期存在的官私奴婢，占总人口的比重不大，已不是当时社会生产的主要承担者，它是在封建农奴制下存在的奴隶制残余。因

---

① 沈克秋：《试论高句丽的社会性质》，《中国朝鲜族历史研究论丛1》，延边历史研究所编，1987年5月。

② 耿铁华：《中国高句丽史》，吉林人民出版社，2002年，367～368、369～370页。

此，三国的社会性质应是封建社会初期的农奴制社会。①

后者在《论高句丽国家的社会性质》中认为，高句丽人长期生活在古朝鲜奴隶制国家的领域内，因此不会停留在原始社会阶段。朝鲜慈江道渭源古坟出土的铁器遗物证明，分布在这一带的高句丽人在公元前三至二世纪已经使用铁制生产工具，已经具备了建立奴隶制生产关系的条件，以这种生产关系为基础，高句丽人早在建国前就已经建立了奴隶制生产关系。而在慈江道发现的公元前一世纪的铁场遗址和古坟中的铁器遗物，则标志着高句丽社会生产力的新发展，其结果必然是旧的奴隶制生产关系的瓦解和出现新的封建的生产关系。古朝鲜国家的瓦解，也就是包括高句丽人社会在内的奴隶制度的瓦解。另外，根据文献记载，作者认为，高句丽国家生产资料的基础是封建土地所有制，而不是奴隶占有制。从高句丽建国初期开始，国王就不是用奴隶而是以土地作为赏赐物，即以"食邑"、"赐田"的形式，把土地分给功臣和贵族。从公元二世纪末开始的土地兼并过程，是封建土地所有制形成的必然结果和进一步发展；劳动人民中占绝大多数的"下户"，不仅不是奴隶，而且其社会地位要比奴隶高。他们有家室，占有一定的家产，以户为单位租佃"大家"的土地进行生产，并从自己的收成中拿出大部分实物缴纳田租，还向国家负担赋税和徭役。这种剥削形式是封建剥削；高句丽国家存在罪奴、债奴和战俘奴隶，说明高句丽确实有奴隶制。但是，奴隶只占人口中的少数，不是主要的生产者，奴隶制生产关系不是占统治地位的生产关系，而是旧制度的残余；高句丽统治者进行对外战争的主要目的，不是掠夺奴隶，而是掠夺土地，并取得更多的租赋。②

五、逐渐发展说（高句丽社会先是奴隶制，接着是奴隶制与封建制并存的一国两制，最后进入封建制）

这种看法是薛虹等主编的《中国东北通史》提出来的。他们认为，"高句丽的社会性质，在其建国到灭亡的七百多年中，由于社会

---

① 安清奎：《论高句丽、百济、新罗三国的社会性质》，《学术研究丛刊》，1980年第2期。

② 姜孟山：《论高句丽国家的社会性质》，《朝鲜史通讯》，1981年第3期。

内部和外部多种因素的作用与影响，其社会性质不是一成不变的。既不是自始至终都是奴隶制，也不是从来就是封建制，而是先为早期奴隶制，继之为奴隶制，接着是奴隶制与封建制并存的一国两制，最后进入封建制。""关于高句丽社会性质的衍变，大体是从始祖邹牟王至山上王时期，是早期奴隶制；从东川王至故国壤王时期，为较完整的奴隶制；从广开土王至长寿王时期，为一国两制或奴隶制向封建制过渡阶段；从文咨王到高句丽灭亡为封建制。"同时，他们认为，高句丽在广开土王以后，出现奴隶制与封建制并存的主要原因是，"从广开土王以来，不断的开疆扩土，特别是先后占有辽东、玄菟、乐浪诸郡县以后，这些地区历经燕秦、两汉以来的开拓经营，都是东北地区封建经济、文化最发达的地方。高句丽占据这个地区后，无法推行奴隶制，只有面对现实，承认辽东地区内，既有奴隶制，又有封建制，一国两制是历史发展的必然趋势。"①

以上学者们关于高句丽社会性质的研究，基本上都是从生产力发展水平，以及在此基础上产生的生产关系、阶级结构与国家统治方式等几个方面加以论述，所使用的文献资料也基本相似，但是却出现很大分歧。出现分歧的原因，第一是由于对材料的理解不同，因而在诸如下户的性质等问题上出现分歧，第二是由于强调的重点不同，主张高句丽是奴隶制社会的学者主要强调的是高句丽自身社会的发展变化，而主张高句丽社会出现封建制因素的学者无疑都注意到了外部因素的强烈影响，第三，也是最主要的，则是由于缺乏关于高句丽生产力发展水平、生产关系和阶级结构的文献学以及考古学上的资料。所以，只能期望有更多的这方面的材料问世，从而对高句丽的社会性质做出更明确的判断。

---

① 薛虹等主编：《中国东北通史》，吉林文史出版社，1991年，158～159页。

大院君问题研究综述

金洪培　　金锦子

（延边大学社会科学处、延边大学人文学院历史系）

摘　要　兴宣大院君是朝鲜王朝26代王高宗的生父，是朝鲜近代初期的政治家。大院君在朝鲜王朝内忧外患之际执掌权柄，推行了一系列旨在巩固封建王朝统治的改革措施。韩国学界非常重视对大院君的研究，中国和朝鲜相继出现了一些研究成果。本文围绕关于大院君本人的评价等几个问题，对有关大院君的研究情况进行了整理。

关键词　大院君　研究情况　整理

大院君（1820年—1898年2月），名昰应、字时伯、号石坡，谥号献懿，是朝鲜王朝26代王高宗的生父。高宗以旁支入承正统，其生父便封为大院君，封爵兴宣君，故称兴宣大院君，是朝鲜近代初期的政治家。他的一生充满神秘色彩，三起三落、异域囚徒等传奇经历，使人们对这位大院君更添几分瞩目。19世纪后半期是朝鲜历史上的多事之秋，每当政局动荡时，大院君就会应运而出，因此对于他的评价众议纷纭，褒贬不一。

兴宣大院君在韩国史学界是备受重视的一个研究课题，在中国和朝鲜也出现了相关的研究成果。中国史学界对大院君的评价，可借鉴宋成有在《关于大院君改革再评价的几点宏观思考》中整理的我国学者的观点。① 我国学者对他持有两种观点。处于主流地位的传统观点认为，大院君坚持锁国攘夷，不符合时代潮流和历史发展要求，而卫正斥邪思想作为锁国攘夷这一理念的源头，使朝鲜王朝

---

① 宋成有：《关于大院君改革再评价的几点宏观思考》，《韩国学研究论丛》，辽宁民族出版社，2000年，245～247页。

痛失自主开放门户的良机。与此相反，另一种观点认为大院君的锁国攘夷是为了克服民族危机而采取的果断措施，是符合人民意愿的反侵略爱国行动。

韩国学界对大院君的评价大体上也可分为两种。一种观点认为大院君执政时期是重新整顿传统社会秩序，从而加强封建王权的时期，所以在这一时期实施的政策无疑是阻碍了通往近代社会的发展，持否定态度。[①] 另一种观点认为在大院君执政时期，可从抵抗外势侵略、保护国家主权的努力中看出近代民族国家的性质，正因为在此期间对传统社会的弊端进行果断的改革，从而为近代转型做了铺垫，促进了向往近代社会的进程，予以肯定。[②]

朝鲜史学界对大院君的评价可参考朝鲜社会科学院历史研究所编写的《近代朝鲜历史》。他们认为，正当近代世界向资本主义急速发展之时，大院君为挽回即将崩溃的封建制度，闭关自守而实施的诸多封建'改革'与对外政策都是落后于时代发展的陈旧而保守的政策，最终还是无法维护朝鲜的民族自主权，然而作为一个没有经历过资产阶级改革或革命的封建国家来说，大院君的封建'改革'与对外政策在一定程度上抵制了外来资本主义侵略，维护了国家的独立。大院君对内政策的本质是要挽回正在分崩离析的封建统治，从而强化王权；对外则实施锁国政策，从而防止民族危机。但这一政策从根本上无法解决处于崩溃边缘的封建制度的基本矛盾，也无法解决日益严重的民族危机。

比较三国学界对大院君的研究情况，韩国学者的研究比较系统而全面，中国和朝鲜学者则大多只是在通史性的著述中有所涉及，相关的研究论文也寥寥无几。下面根据笔者所掌握的资料情况，围

---

① 金义焕：《新兴宣大院君略传》，《史学研究》，1987年；金炳佑：《大院君执政时期政治势力的性格》，《启明史学》2，启明大学，1991年；柳目铉：《大院君改革政策的研究》，韩国行政史学会，1994年；安外顺：《大院君执政时社会政治背景》，《温智论丛》，1995年；尹振宪：《大院君锁国政策的研究》，《东亚论丛》第33辑，东亚大学，1996年。

② 成大庆：《大院君执政的诸原因》，《人文科学》10，成均馆大学人文科学研究所，1981年；金润坤：《论兴宣大院君锁国主义政策》，《韩国行政史学志》，1999年；李瑄根：《大院君的时代》，世宗大王纪念事业会，2000年；申福龙：《大院君与改革政治》，《再看韩国史》，绿辉，2002年。

绕以下几个问题对有关大院君的研究情况进行了整理。

一、关于大院君本人的评价问题

历史是在进步与落后、改革与保守的共存和相互斗争中变化发展的。在朝鲜历史上大院君是颇有争议的人物。大院君是南延君忠正公李球第四子，而南延君是朝鲜仁祖第三子麟坪大君的六世孙，被过继给庄献世子第四子恩信君李禛为后。早年在安东金氏昏暗的势道政治下，很不得志，与并称为千河张安的千喜然、河靖一、张淳奎、安弼周等破落户为伍。后来做过一些小官，封兴宣君。1863年，朝鲜哲宗去世后，李昰应之嫡次子李熙被选入宫中继承王位，是为高宗。高宗即位时年仅十二岁，不能亲理政务，由李昰应赞襄政务，号兴宣大院君。

大院君是在朝鲜近代化的进程中，推行封建制改革的政治家。有的学者认为他是"为实现王政复古而致力于扫除所有障碍的纯粹的保守主义者、维护儒教社会秩序的儒教（学）主义者、天真的理想主义者和盲目的无条件的反对外来势力的国粹主义者"①；有的学者认为他是"实用主义的保守政治家"②；有的学者认为他是"倾向近代行独裁政治的'西欧式改革家'"③；还有的学者认为他是"试图探索一条'朝鲜式'发展道路的'原民族主义的改革家'"。④

我国学者宋祯焕认为"大院君和闵妃长期的内讧是当时国内政治危机的土壤，而这种危机带来了祸国殃民的严重后果。"⑤；王玉洁认为"大院君在危机四伏中受命为'无冕之王'，果断进行……改革，对于恢复失坠许久的李氏王朝的权威起到一定作用。历史无法假设，如果把时光倒回几个世纪，大院君定会成为中世纪的杰出政治改革家"。⑥ 无论怎样评价他，不容置疑的一点是，大院君确是非

---

① 柳国铉：《关于大院君改革政策的研究》，《韩国行政史学志》，第 3 号。

② 李光麟：《韩国史讲座》，Ⅴ近代篇，一潮阁。

③ 学者李瑄根和曹直亮持此观点，对大院君予以肯定。

④ 王玉洁：《大院君三次摄政再探讨》，《韩国学研究论丛》（第 8 辑），复旦大学韩国研究中心。

⑤ 宋祯焕：《大院君与闵妃》，《学术研究丛刊》，1981 年第 3 期。

⑥ 王玉洁：《大院君三次摄政再探讨》，《韩国学论丛》第 8 辑，复旦大学韩国学研究中心编，2001 年。

凡的人物。

二、关于大院君政权的性质问题

对于大院君政权的性质，诸家也是众说纷纭。目前为止我国学界尚未出现专门论述该问题的研究成果，在一些论文中有所涉及，一般认为大院君政权与此前并无本质区别，从根本上说是一种权力的转移。

韩国学界对此问题论述的较多，最具代表的有：成大庆认为是"取代安东金氏外戚势道政治转而以宗亲璿派为权力基础而形成更具有军事暴力性质的势道政治"[1]；李瑄根认为"这是驱逐外戚势力、清算门阀政治的具有近代性质的独裁政权"[2]；延甲洙则认为"大院君政权可以看作是势道政治的延续，但又与以往的势道政治有所不同，实行的是更加公开化的统治"[3]；洪淳钰认为"大院君的个人独裁政权是与安东金氏、丰壤赵氏外戚势道数人联合执政不同的类型"，同时他还指出大院君把在朝鲜根深蒂固的尊华攘夷思想用在了外政上，即更侧重于现实问题的攘夷，而在内政上又与坚持传统尊华攘夷思想的儒生们产生了矛盾（围绕着书院和万东庙的撤废），从而也表现出了大院君在行政思想上的矛盾性，即表现在对内对外政策上的尊华攘夷思想的分裂[4]；姜万吉认为"大院君政权，是在安东金氏势道政权末期，面临全国性'民乱'和外部势力挑战的情况下，粉墨登场的又一个势道政权。该政权对'三政紊乱'断然实行的一些纠正措施，如废除书院，实行'户布法'，等等，都是为了对付农民阶层以'民乱'形式所实行的不可避免的政策。因此，可以说这是'民乱'的战利品。"[5]

三、关于大院君改革的评价问题

大院君政权及其主导下的改革是有关大院君研究中的热点问题，

---

[1] 成大庆：《大院君初期执政期的权力构造》，《大东文化研究》（第15辑）。
[2] 李瑄根：《韩国史》（最近世篇），震檀学会，乙酉文化社，1961年。
[3] 延甲洙：《大院君执政的性质和权力构造的变化》，《韩国史论》27，1992年6月。
[4] 洪淳钰：《兴宣大院君政权考察》，《韩国政治学会报》3，1969年。
[5] 姜万吉：《韩国近代史》，东方出版社，1993年。

255

各国学者们从不同的角度分析了大院君的改革，有的从宏观上进行评价；有的从微观的个别政策上，例如军事政策、人才政策等着手进行评价，因此评价各不相同。总而言之，从宏观上看绝大多数学者持两点论，既有所肯定，又有所否定。大院君没有看清世界的发展趋势，试图通过强化君主专制来克服封建制度的体制危机，因而犯下了时代性的错误，故予以否定；但大院君对内摒除两班贵族的专横，对外抗击欧美列强的侵略，维护了国家的主权，因而予以高度的评价。

中国大部分学者和朝鲜的有关著述均持两点论。例如，曹中屏认为：大院君"既深悉王室朝廷的内幕和政界的动向，又洞察民情，深知势道政治对国家和社会所造成的破坏的严重性"，是个清醒于内忧的政治家；认为大院君掌握政治实权，从而"朝鲜历史开始进入重要的转折时期"，既肯定其积极意义，也指出"大院君诸般内政改革的出发点和追求的主要政治目标是恢复与加强专制主义王权和行将崩溃的封建制度"，"应看到大院君政府没有也不可能以此为转机推进内政的根本改革，以引导国家跟上时代的步伐，而是继续强化腐朽的封建体制，抱残守缺，拒绝与已连为一体的世界建立联系"[1]；周一良等学者认为：大院君改革"削弱各封建集团，制止统治阶级内部倾轧"，是为了"加强中央政权，巩固封建统治"[2]；姜孟山等学者认为，大院君改革"带有一定的特色，……对调整封建制度、巩固国防力量、抵御外国侵略起了一定的作用，有些措施在客观上促进了封建等级制度的瓦解"，但他的改革目的在于"巩固朝鲜王朝"，"他的政策不能反映朝鲜发展资本主义的要求，只是在封建制度的圈子里转来转去，只能是一种封建性质的改革。"[3]

朝鲜方面的学者也认为，大院君改革是"打着'弊政刷新'的口号进行的封建改革"，"大院君所实施的政策的基本方向是消除封建制度的腐败性，挽救国家的危机，维持李朝封建统治制度。……

---

① 曹中屏：《朝鲜近代史》，东方出版社，1993年，转引自《韩国学研究论丛》第一辑，辽宁人民出版社。

② 周一良，《世界通史》近代部分（上册），人民出版社，1972年，转引自《韩国学研究论丛》第一辑，辽宁人民出版社。

③ 朴真奭、姜孟山：《朝鲜简史》，延边大学出版社，1986年；金光洙、金龟春：《朝鲜通史》，延边大学出版社。

按照当时近代化的时代要求，大院君实行的所有政策都是极其落后和保守的，只不过是为了渡过危机并试图挽救封建制度而采取的一时之举而已"；"大院君实行的封建性改革虽然具有阶级和历史的局限性，但是在试图整顿混乱的封建制度和挽救民族危机这一点上，在当时具有值得肯定的一面。"①

从微观、局部即从具体的政策措施来看，诸家对大院君的改革褒贬不一。概括起来有两种观点：

第一，基本肯定论。持这一立场的李瑄根、洪淳钰等韩国学者认为大院君是一位有实践能力的改革家，他为对付外来危机，整顿国内腐败，采取了大胆的改革措施；或者强调大院君的启用人才政策值得赞扬，即不问四色党派、朝野贵贱，在机会均等的原则下，量才录用；或者认为大院君政权的主要成员来自长期受排斥且怀才不遇的南人党、北人党，并受到平民阶层和城市非特权商人阶层的有力支持，政权的基础比较广泛②；中国学者宋有成认为在欧美列强对东北亚国家发起第二次冲击的大国际背景下，大院君的改革"着眼于革除国内旧弊，强化王权，整顿军制，加强国防"，"为 19 世纪 80 年代开化派的改革提供了可供参考的思路"，"在肯定洋务运动和幕末改革对中日两国近代化先导作用的同时，对同时期大院君改革也做出类似的历史定位，恐怕并非夸大其历史作用。"③

第二，基本否定论。持这一立场的学者认为大院君是个顽固守旧的暴君，其政权不过是全州李氏宗亲势力对安东金氏势道政治的取代；批判大院君未能将农民在"壬戌民乱"时期喷发出来的能量导入新社会的建设中去，反而重新编组并强化封建王朝统治体制，对农民严加控制；指出大院君改革措施缺乏创新性，如查封书院的举措只是英祖（1725—1776）、哲宗（1850—1863）时期政策的延续而已，实行户布法并将征税的范围扩大到两班，也只是为了安抚农

---

① 《朝鲜全史》13，科学百科辞典出版社，1980 年。

② 李瑄根：《韩国史》（最近世篇），震檀学会，乙酉文化社，1961 年；洪淳钰：《兴宣大院君政权考察》，《韩国政治学会报》3，1969 年。

③ 宋有成：《关于大院君改革再评价的几点宏观思考》，《韩国学研究丛书》（第一辑），青岛大学韩国学研究丛书，辽宁人民出版社，2000 年。

民，是压制农民起义的政策手段而已。[①]

总而言之，大院君推行的政策旨在巩固封建王朝。他不懂世界历史的发展趋势，昧于时务，因此，他的政策不能反映朝鲜发展资本主义的要求，只能是一种封建性质的改革。但不管其动机目的如何，他的改革对调整封建制度，巩固国防力量，抵御外国侵略起了一定的作用。

四、关于大院君的锁国攘夷政策的评价问题

对于大院君的锁国攘夷政策评价也呈相反的见解。一种见解认为，锁国攘夷是逆时代潮流而行的保守反动的政策，其代表论者是柳国铉。他认为大院君的锁国攘夷政策并非是在洞悉世界、朝鲜的基础上所拟定的长期的、根本的政策，而是基于无知、迫于社会不合理舆论的被动而消极的对应，只不过是迫于形势的偶发之策的延续。尤其是大院君将艰难击退洋人，暂时克服洋患视为独善其身的方法，从而更加顽固地坚持闭关自守，鄙视把外界的人和文物都认定为野蛮的敌人和有害的东西，是大院君对外认识和政策的一大错觉和局限。柳氏指出，如果大院君能够以纵观世界与历史的慧眼，合理地实施对外政策，则不至于在此后的一个世纪朝鲜民族经历那么多耻辱和痛苦。[②]

另一种见解则认为，锁国攘夷是大院君面临民族危机所采取的果断的政策。其代表者是延甲洙、金润坤。延甲洙在《大院君与西洋》中，进一步论述大院君与法国传教士秘密接触的事件；通过朝鲜地方官与俄罗斯开始进行非公式接触的事件；为了清算与美国的非友好关系（当时已发生"辛未洋扰"，朝美关系处于紧张状态）而拟定的政策等等。对锁国论提出了质疑，并主张不可简单地认定大院君为"锁国主义者"；[③] 金润坤从恢复王权、确立民族主体性、排斥外部势力等三个方面对大院君的所国攘夷政策给予了正面评价。[④]

---

① 成大庆：《大院君政权的政策》，《大东文化研究》（第18辑），成均馆大学大东文化研究所，1984年。

② 柳国铉：《大院君改革政策的研究》，韩国行政史学会，1994年。

③ 延甲洙：《大院君与西洋》，《历史批评》，2000年，105～146页。

④ 金润坤：《兴宣大院君的锁国主义政策论》，《韩国行政史学志》第7号。

延边大学世界史专业朴姿映在其硕士学位论文中指出："锁国攘夷政策与其说是大院君的主观意志，不如说是当时朝鲜的主、客观诸多条件和原因所决定的"①，她通过对大院君与欧美列强的外交关系的考察，提出了大院君实施锁国攘夷政策的客观必然性。

五、关于大院君与东学党的关系问题

1894 年，朝鲜农民反对本国封建统治和日本侵略的革命战争，史称"甲午农民战争"，亦称东学党起义。这是朝鲜近代史上的重要历史事件。韩国学者对这一时期大院君与东学党之间的关系也进行了研究。李相佰主要对东学党与大院君、全琫准第二次北上及其与大院君的关系进行了考察。他认为全琫准率军北上的目的是驱逐日军，清除开化党等亲日本势力，打倒腐败的门阀政府，改革国政；而大院君则是试图利用东学党的大众势力驱逐当时入侵的日本势力，恢复自己已经衰微的政治势力。因此，大院君积极与东学党联络，向他们提供京城内日本人的动向，并极力劝诱东学党北上，以达到借东学党之手打倒日本势力和开化党的目的②；培相燮则对东学教徒所进行"教祖伸冤运动"与大院君之间的关系进行了考察，指出东学教徒提出的"斥倭洋"口号以及部分东学教徒的举兵企图等都与大院君有着一定的关系；认为从"教祖伸冤运动"开始，大院君为了达到自己的政治野心而企图利用东学教徒，全琫准也为了利用失势的大院君达到自己的目的，在东学农民起义前就与大院君有所接触；全琫准等部分东学教徒与大院君之间达成了某种秘密协定，目的是为"协同军队，扫荡政府奸党，大力改革朝廷"而发动兵变，此后东学党与大院君仍然通过各种渠道保持了联系。③

六、关于大院君执政时期统治基础与权力构造的研究

大院君是由于次子李熙继承王位才得以在朝鲜势道政治横行的

---

① 朴姿映：《朝鲜大院君时期的对外关系研究》，延边大学 2001 级世界史专业硕士学位论文。

② 李相佰：《东学党与大院君》，《历史学报》第十七、十八辑。

③ 培相燮：《东学教徒与大院君的举兵企图》，《韩国史学报》（第 12 号），2002 年 3 月。

时代在政治上崭露头脚的，可以说此前他是没有什么政治根基的。但是，他却在极短的时间内确立了自己的统治地位，那么，他的统治基础在哪里？根据笔者掌握的资料情况看，我国尚未出现专门论述此问题的文章，王玉洁在其文中指出："大院君在清除垄断政坛的势道政治之弊时，不仅做得不够彻底，而且仍着重于分权及独占等老套的政治伎俩，……它是势道势力的权力再分配、新转移，即势道家门由安东金氏转为大院君一族，……具有不可缔除的寄生性。"①

韩国的部分学者涉猎了此问题，延甲洙认为，大院君政权的统治基础和政权构造并不是一成不变的，在初期政权比较脆弱时，大院君得到了丰壤赵氏的支持，此外还得到了"以金炳学、金炳国兄弟为中心的安东金氏势力的支援"以及一些权贵势力的协助。这样，"初期的大院君政权只不过是把哲宗后期以来由金左根把持的政权转移给大院君并对基本政治集团进行的再编而已。"以后大院君逐渐强化了自己的统治，主要表现在重用"武将"、起用"傔人"（随从佐吏；随身的差役），并以他们作为自己在政治上、军事上的统治基础，从而削弱了势道和权贵势力的影响②；成大庆认为大院君在构建自己的政权时，在中央废止备边司、恢复议政府的实权以期打击势道势力，同时把包括安东金氏在内的"朝鲜王朝后期与政治支配层有关联的名门氏族全部网罗重新组成了中央官僚"，从而在中央形成了以大院君为中心的新官僚体系；大院君还重用傔人、中人阶级以及地方胥吏等私人组织力量，把他们安插到中央各官署和各地方的重要城邑，从而形成了二重构造的统治体系，也使大院君掌握了强有力的中央集权的统治体制；另外，大院君还大举起用势道政治时期被压制的宗亲力量，并以宗亲璿派构成其军事力量的核心③；安外顺通过分析大院君与两班儒林和农民的关系，认为大院君执政时期两班儒林中的在野儒林和官僚儒林对大院君政权分别持反对和支持态度，而"在兴宣大院君执政期以农民为代表的民众是不可能成为大院君的支持势力的"。因此，大院君支持势力的阶级基础是

---

① 王玉洁：《大院君三次摄政再探讨》，《韩国学论丛》第 8 辑，复旦大学韩国学研究中心编，314 页。

② 延甲洙：《大院君执政的性质与权力构造的变化》，《韩国史论》27，1992 年。

③ 成大庆：《大院君初期执政期的权力构造》，《大东文化研究》（第 15 辑）。

"王族和全州李氏宗亲兼两班地主阶级",同时,在大院君政权中还"任用了王族、特殊官僚、武将、中人层的胥吏、褓负商、乾达、艺能人等",这些人作为大院君的私人组织,在王宫、中央六曹各司以及地方官衙中任职,成为构成和维持大院君政权的支持势力,而且,"这种私人组织性质的支持势力证明了大院君的权力是独裁权力"①;金炳佑通过对大院君执政期担任议政府的三议政和六曹判书的官僚的变动情况进行了缜密的考察,认为"大院君执政期的政治势力不是依据同一个政治理念和同一个社会基础形成的。根据学派、党色以及所实行的政策的利害关系的不同,大体上可分为大院君派(以洪淳穆、金世均等为代表)、安金老论保守派(以金炳国、金炳学等为代表)、以南·北人及朴珪寿为中心的力图改革的新政治势力",而且"这些政治势力根据他们所追求的政治目的而与大院君时而联合或时而分裂。"②

七、关于大院君被囚事件

朝鲜开港后,国内受到外来资本主义列强的剥削,人民生活日趋恶化,引发了广大民众对外来侵略者的强烈不满和仇视心理。开化改革中军制改革引发旧式军队的不满,导致了1882年的"壬午兵变"。清朝派兵镇压了这一事件并把被认为是兵变幕后策划者的大院君带到天津拘禁起来,3年后的1885年才得以返回朝鲜。

关于大院君被囚事件我国学者研究的较少,涉及的主要文章有:宋祯焕的"大院君与闵妃";③ 王玉洁的"大院君三次摄政再探讨";④ 何瑜、田颖的"朝鲜大院君被囚事件考析";⑤ 张琏瑰的"高宗、闵妃和大院君的往事—从韩剧《明成皇后》说起"(社会文化闲览);金锦子的"试论壬午兵变后清朝对大院君的拘捕"⑥ 等。对于拘捕大院君的原因,"朝鲜大院君被囚事件考析"一文给出了比较综合说法:"清廷囚禁大院君的原因,首先,是防范日本。……其次,

---

① 安外顺:《大院君的社会基础与支持势力》,《东方学》(第6辑)。
② 金炳佑:《大院君执权期政治势力的性质》,《启明史学》(第2辑)。
③ 《学术研究丛刊》,1981年3期。
④ 《韩国学论丛》第8辑,复旦大学韩国学研究中心编。
⑤ 《清史研究》,2006年第2期。
⑥ 《延大史学论集》,延边大学出版社,2006年。

是大院君所为，与清廷的朝鲜政策相悖。……其三是清廷的军事实力"①；对于拘捕大院君的过程，国内数学者并无异议，认为清军诱捕大院君后解至天津，后转至保定府；对拘禁大院君的国际反响，该文指出"清军诱捕大院君后，日方更为不满。……但清廷此举却得到了西方国家的支持，特别是德、英、美等国，"②；对于拘捕大院君的影响，中国人民大学清史研究所何瑜教授认为"清廷囚禁朝鲜大院君事件，是明清以来传统宗藩关系中从未发生过的大事，它不仅标志着日本侵台后清廷对朝鲜'以夷制夷'政策的改变，而且亦突出了宗主国从不干涉属国内政、外交的传统方针。其后，清廷积极采取了一些列干涉朝鲜国政的举措，对中日两国在朝实力的对比以及中日甲午战争的爆发，均产生了重要的影响。"③

　　韩国学者对此问题论述的较多，代表性观点有：申基硕对这一时期清朝和朝鲜围绕着大院君的拘禁和释还问题所进行的交涉进行了考察，指出清朝方面尤其是李鸿章的态度之所以会从坚决主张予以拘禁到甲申政变后转变为力主其回国，其目的是"利用大院君的声望，牵制国王和戚族，防止朝鲜企图摆脱与清朝君臣关系的倾向"；而朝鲜方面则从开始的请求"释放"大院君回国，到后来转变为极力要求清朝不要释放大院君回国，而且"以大院君回国为契机，王妃和戚族表现出了露骨的反抗态度，对李督（李鸿章）和袁道（袁世凯）也极为反感，愤慨于清国的干涉，转而企望西洋国家的保护，'韩露秘密协定事件'就是具体的表现"④；权锡奉通过大量详实的史料，针对清朝在壬午兵变后对大院君所进行的处置予以了考察。指出兵变发生以后大院君是被清朝"诱致"天津的，而且清朝方面认定"此次之变，发于乱军而成于昰应"，但由于大院君"处人父子之间，诚恐杀之不当，囚之不可，纵令回国则后患滋大"，所以应"设法拘禁安置"，从而确定了对大院君的拘禁计划。同时，他指出，朝鲜方面在大院君被带到天津后，虽然派出了赵宁夏等人向清朝"乞恩释回"，但其真实意图却并非如此，他们对于清朝方面对大

　　① 何瑜、田颖：《朝鲜大院君被囚事件考析》，《清史研究》，2006年第2期。
　　② 何瑜、田颖：《朝鲜大院君被囚事件考析》，《清史研究》，2006年第2期。
　　③ 何瑜、田颖：《朝鲜大院君被囚事件考析》，《清史研究》，2006年第2期。
　　④ 申基硕：《大院君的拘执和释回——清国对韩干涉的一幕》，《韩末外交史研究》，一潮阁，1967年。

院君的拘禁计划非但没有提出任何异议，反而请求清朝朝廷在他们提交"乞恩释回"的请咨文之前先下达安置大院君于保定府的谕旨[1]；金正起则指出朝鲜开港以后所形成的反对外来势力的构造中并存着反西洋、反日、反清意识，"大院君被囚禁这一国际暴行是把民众心中的反大国意识以及反清意识从地方范围转化为全国规模的决定性动力"，而且这种反清意识一直持续发展并在甲申政变和甲午农民战争中有所体现。[2]

八、其他

目前，关于大院君的研究除以上诸问题外，韩国部分学者还对大院君改革措施中的人事政策、军事制度，以及社仓制进行了论述。

1. 关于大院君对军事制度的整备方面。金世恩认为，军事制度的变化意味着执权势力的变化，大院君执政期军事制度的整备过程就反映出了这种变化。他以训练都监、龙虎营、备边司、三军府为中心对大院君执政时期的军事制度整备情况进行了考察，同时阐明了中央军营中大将一职的交替和军令机关人员的变化以及他们与大院君的关系，指出"大院君执政期对军事制度的整备是为了排挤势道政治时期掌握军权的外戚门阀势力，在削弱他们的权力基础的同时，登用武班出身的军人，恢复由于势道政治而削弱的军事力量，强化抵御外来势力的国防力量。随着军事制度的整备，也为大院君执政提供了武力基础，而参与其中的人员则成为了大院君的支持势力。"[3] 林在讚对大院君在 1866 年丙寅洋扰前后所实行的军事政策进行了考察。他在指出大院君采取了强化议政府、废止备边司、设立三军府等措施的同时，揭示了隐藏在这些措施后的更深层的动因，即"大院君置其政权从初期开始就以武装势力为支持基础于不顾，在机构上采取了恢复以文官为最高长官的议政府，反而废止了与武官密切相连的备边司的相互矛盾措施，……（因为）只有把负责武备的备边司代之以文臣负责的议政府，才能找到设置承担武备的三军府的理由，……而且，大院君通过由自己的势力来掌握三军府的

---

① 权锡奉：《大院君被囚及其还国》，《东方学志》。

② 金正起：《大院君的被捕与反清意识的形成（1882～1894）》，《韩国史论》19。

③ 金世恩：《大院君执政期军事制度的整备》，《韩国史论》23，1990 年 8 期。

权力，从而扩大了以往由于备边司的控制而难以控制的权力基础。"而且在丙寅洋扰以后，针对外来势力的侵入，大院君确立了对国都圈的防御战略，即所谓的"二线防御"，其中一线是以江华岛为中心的京畿地区的海岸防御，二线是建立训练都监、强化京军并使之正规化，以位于首都附近地区的山城为中心的据点防御。在这二线防御体系中最为核心的战略又是对江华岛海岸的防御。①

2. 关于朴珪寿②与大院君政权的关系，金明昊通过集中考察高宗初期朴珪寿的活动，指出在高宗初期的政局中，由于朴珪寿杰出的文采和才能而受到赵大妃和大院君的特别提携，不仅"对高宗的思想形成起了很大的影响"，而且他作为丰壤赵氏一派的高层官僚，协助了重建景福宫和撤除万东庙等大院君主持的活动，最终"荣转"为平安监司。"朴珪寿作为大院君政权的一位官僚，在大体上虽然支持大院君的政策，但在具体的事情上也表明了消极或反对的意向"，因而不能认为朴珪寿与大院君是密切合作的关系。由此，可以认为朴珪寿在初期的大院君政权中既不是"非常重要的人物"，也不是"完全无足轻重的人物"③；金炳佑则认为"在大院君政治势力中与大院君政权的诸政策有关的重要人物是朴珪寿"，"大院君内政改革中的书院撤废、惩治土豪政策是在与朴珪寿参与大院君政权的紧密关联中进行的。但围绕着重建景福宫、对天主教的态度、对外来危机的对应方式等问题，朴珪寿与固守华夷名分论的大院君以及政府内部的保守派产生了分歧而被排挤出了权力中枢。"④

3. 宋祯焕考察了大院君与闵妃之间权势之争，指出"在李氏朝鲜内忧外患之时，大院君与闵妃的权力之争给了外国势力干预以可乘之机。同时，他们为了自己权势，又心甘情愿地投靠外国势力，他们为了己派的利益，不惜牺牲国家的利益，结果导致国家变为殖

---

① 林在瓚：《丙寅洋扰前后的大院君军事政策》，《庆北史学》（第24辑）。

② 朴珪寿（1807~1876），字瓛卿，号瓛斋。朴趾源的孙子。1848年增广文科丙科及第，1860年作为热河副使出使清朝，1862年晋州民乱时为安抚使，1864年历任兵曹参判、工曹判书等职，1866年"舍门号事件"时发动士兵火攻，1873年任右议政，1875年"云扬号事件"后力主与日本签订《江华岛条约》。谥号文翼，配享高宗庙庭，著有《瓛斋集》等。

③ 金明昊：《大院君政权与朴珪寿》，《震檀学报》91。

④ 金炳佑：《大院君执权期政治势力的性质》，《启明史学》（第2辑）。

民地，人民沦为亡国奴的严重后果。"①

4. 成大庆和朴星来则分别对大院君执政时期的科举运营情况和科学技术发展情况进行了考察。②

5. 有关大院君研究的书评，有李完宰对延甲洙所著的《大院君执政期富国强兵政策研究》一书进行的评述。他首先肯定了该书把大院君政权的政策与抵抗西洋势力的入侵相联系，认为对大院君执政期所实行政策和大院君政权的性质以及对外政策的理解取得了相当大的成果，使这一领域的研究上了一个新阶段。与此同时也提出了与著者不同的见解。首先，他认为把大院君实行的富国强兵政策看成是进入韩国史新时代即近代的标志是不妥当的；其次，他指出不能把高宗亲政后的政策看成是对大院君执政时期所实行政策的继承，认为当时在朝鲜面临内外危机的情况下，迫于形势压力的高宗也只能采取富国强兵的政策；最后，他认为大院君的对外政策是以"斥和"而非"斥邪"为基础的。③

九、存在的问题

大院君是朝鲜向近代社会转型过程中出现的带有传奇色彩的人物，他视历来延续而至的封建统治为金科玉律，同时又锐意改革，以维持朝鲜社会继续向前发展，表现出既保守又进步的两面性。深刻考察大院君本人及其施政，一直是学界的热点课题。

迄今为止国内关于大院君的研究成果较少，主要集中在大院君执政期的改革及对内外政策、与闵妃的关系、被囚事件等，还需更为深入和广泛的研究，可以说对于大院君的研究还有进一步探讨的余地。正如宋成有指出"大院君的国际观、内忧与外患的互动、其改革与开化派改革的相互联系、中国的两次鸦片战争对朝鲜朝野的影响、洋务运动与大院君改革的关联、欧美列强对东北亚三国政策的异同、外压冲击下韩国传统政治文化的嬗变等。……从19世纪中

---

① 宋祯焕：《大院君与闵妃》，《学术研究丛刊》，1981年第3期。

② 成大庆：《大院君政权的科举运营—以文科为中心》，《大东文化研究》（第19辑）；朴星来，大院君时代的科学技术。

③ 李完宰：《〈大院君执政期富国强兵政策研究〉评述》，汉城大学出版，2001年3月。

期的国际大背景中考察大院君改革并给予切合实际的评价，仍然是今后有待探讨的问题。"①

而韩国学界对大院君问题的关注度远高于我国，其研究成果涉及大院君执政时期的各个领域。但许多成果都是从国史或一国史的窄小视野去考察大院君，没有把握他的全貌。正如前文中所述，部分韩国学者从大院君执政时期的具体的某项改革措施来评判其改革或其人，大有以点盖面之嫌，总感缺乏一种宏观的看待和思考问题的态度。

对大院君的研究，学界还存在着许多疑问，以后需要探讨的问题还很多，如对大院君的施政观、大院君对当时世界及东北亚局势的认识、大院君与李鸿章的关系，以及大院君作为一个政治家其终极价值问题等都有待于日后深入研究和探讨。

---

① 宋成有：《关于大院君改革再评价的几点宏观思考》，《韩国学研究丛书》（第一辑），青岛大学韩国学研究丛书，辽宁人民出版社，2000 年。

1985年以来中国对李退溪
及退溪学研究综述

李晓光

（长春师范学院东北亚研究所）

摘　要　李退溪和退溪学在朝鲜理学史上占有很重要的地位，也是中国儒家学术发展中的一个组成部分。本文以中国内地的研究成果为主对李退溪及退溪学的研究作一简要综合论述，以期使李退溪及退溪学研究更加发扬光大。

关键词　中朝关系　李退溪及退溪学　儒家学术

李滉（1501—1570），号退溪，以号著称。朝鲜李朝的朱子学之集大成者，被誉为"朝鲜之朱子"，在韩国思想史上占有很重要的地位。其思想学说被称为退溪学，主要是承袭了中国朱子学，同时，还推进和发展了朱子学。国际退溪学研究主要是指韩、中、日三国学术界从20世纪70年以来展开的李退溪哲学思想研究。韩国的退溪学研究兴起于1970年的退溪先生四百周年纪念会。1973年，韩国正式创办了《退溪学报》（季刊），并以退溪学研究院为依托，正式开始了退溪学的研究。1973年，日本学术界开始参与韩国的退溪学研究；1974年，中国台湾学术界也陆续开始了退溪学研究。由于历史原因，中国内地的学术界迟至1985年才开始对李退溪及其思想有所认识与研究。

虽然中国对李退溪及退溪学研究起步较晚，却后来居上，在20多年的时间里，取得了令人瞩目的研究成果。经过这些年的深入研究，使退溪学研究已经走向具体化，涉及到如哲学、文学、教育、政治等各个方面，其中哲学研究占有很大的比重。

一、哲学方面

关于退溪学的哲学范畴，学者有众多的解释：有关于心性论的、有关于持敬论的、有关于人生价值论的、有关于实践人生论的，下面分别看一下：

1. 心性论

这是退溪人生哲学思想体系的哲学基础，是决定退溪哲学思想的性质与意义的最为重要的人生哲学依据问题。

有些是对心性论的总的论述：

蒙培元《李退溪的心性哲学》①，文中通过对"心"这一退溪心性哲学的基本范畴之一的论述，指出"心"首先是行而上本体之心，即道德本心；通过对心有体用而以体用分性情的学说阐明，并对"心无体用"说进行了辩驳，指出了退溪把本体论和主体论结合起来，坚持了形而上学的心性合一论；通过对"本然之性"与"气质之性"，以及"四端"与"七情之说"的阐述，来说明退溪所说的性与情，心与性情的具体关系以及性是什么，情是如何表现性的。

还有赵宗正的《李退溪的心性论》②，辛冠洁的《论李退溪的心学思想》③ 等。

有些是对心性论中具体的"四端七情"的论述：

金熙德的《论朝鲜儒学史上的"四七论辩"》④，该文试图力戒全盘否定或全盘肯定之观点，将"四七论辩"置于朝鲜儒学史的全局中，溯其源流，探其意义，追其影响，陈述了一己之见。文中对"四七论辩"发生的深刻历史根源和理论根源、论辩三个回合的过程及内容、论辩的性质、在朝鲜儒学史上占有的特殊地位作了全面阐述，这有助于把握整个朝鲜儒学史的基本线索。

此外，还有鲁学海的《"四七论辩"与"经世致用"——朝鲜儒学与日本儒学小论》⑤，徐仪明的《朱子心性论对退溪四端七情说形成的影响》⑥，崔昌海、新元的《"四端理之发，七情气之发"一语

① 《韩国学丛书·韩国学论文集》第 1 辑，1992 年 12 月。
② 《文史哲》1990 年第 2 期。
③ 《浙江学刊》1986 年 1、2 期合刊。
④ 《朝鲜问题研究丛书 3》延边大学朝鲜问题研究所编，1985 年 10 月。
⑤ 《社会科学战线》1991 年 4 期。
⑥ 《河南师范大学学报（哲学社会科学版）》1998 年 5 月。

来源之考》①，肖君平的《再辩"四端七情"理气论》② 等。

有些是关于某一具体的心性论方面的论述：

蒙培元的《李退溪的情感哲学》③ 认为，李退溪的情感哲学是以心性论为基础的古代人本主义哲学，心性论是理学和儒学的核心。该文拟从退溪对朱学进行解释过程中作出自己发挥的最重要的一点——他认为人有两种性，因而有两种情，二者都是人性的表现，但又是不同的。两种性是"本然之性"和"气质之性"，两种情是"四端"、"七情"——出发，对李退溪的情感哲学作一论述，指出其哲学的重要特点。

还有张立文的《朱子与李退溪、栗谷的道心人心说之比较》④，高令印的《论李退溪的道德心性思想》⑤，崔昌海、新元的《心·道心·人心》⑥ 等。

2. 持敬人生论

退溪在对人性之恶的根源进行探求，也在"心统性情"的命题下探寻治恶的理论对策，而且进一步选择"敬"的范畴作为由理论对策走向现实人生对策的桥梁时，接受中国元代理学家吴草庐提出的"夫人之一身，心为之主；人之一心，敬为之主"的理论命题，阐发了敬的哲学，提出了持敬的现实人生方式。但是，他提出的持敬人生论，也使得他走向了脱离社会、走入自我精神象牙塔的理性人生之域。

关于退溪持敬人生论的研究成果有：

李甦平的《李退溪"敬"哲学和未来人格发展》⑦，该文通过对退溪代表著作《圣学十图》中每一图的分析，归纳出李退溪《圣学十图》中关于"敬"的思想，并提出了李退溪"敬"哲学的基本内容："敬"是心的存在方式、"敬"是仁的实现条件、"敬"是行的主客合一。这一哲学基本内容的逻辑推衍和深层递进，便是"天人合

---

① 《延边大学学报（社会科学版）》1999 年 4 期。
② 《东疆学刊》2005 年 10 月第 4 期。
③ 《浙江学刊（双月刊）》1992 年第 5 期。
④ 《浙江学刊（双月刊）》1991 年第 1 期。
⑤ 《齐鲁学刊》1993 年第 4 期。
⑥ 《东疆学刊》1999 年 4 期。
⑦ 《韩国学丛书·韩国学论文集》第 5 辑，1996 年 10 月。

一”（"立太极"与"立人极"合）、"知行合一"（"知敬"与"行敬"合）、"情景合一"（知为情、行为景）的三合一境界，也便是儒家赞美的"真"、"善"、"美"的完满的圣人人格。因此，李退溪的"敬"哲学与未来人格的发展是相沟通的。

此外，有金昌权、金仁权的《退溪〈圣学十图〉与主敬思想》①，金仁权的《论李滉对程朱"主敬"思想的扬弃》② 等论文。

3．人生价值论

在人生价值观上，李退溪表达了与传统儒家相同的"天人合一"的生命价值的现实追求，又选择了"重利轻义"、"义为利和"的义利观，并在一生的实践中充分践履了对圣贤人格的坚信与追求，以及对维持生命的物质之利的自然主义态度。

关于这一方面的研究成果有：

张立文的《朱熹与退溪价值观之比较》③ 认为，朱子和退溪对人的价值都持肯定的态度，都以义理性作为判断利的行为合理与否的标准，并都受儒家整体价值观的影响，把人融化在自然、家庭、国家之中，而且以人为中介，构成了自然、家庭、国家的一体化结构。退溪在继承朱子对于人的价值肯定的观点时，又从气与质两方面来探讨了人的价值以及价值的层次观点，气与质的统一，才构成了完整的人。在义利观上，退溪对朱子微旨精研，并提出了义利层次说和不离不杂的关系，这种"义利相和"是一种对立统一的关系，是对于义利的辩证关系的理论概括。同时，在本文中也提到了儒家"天人合一"的整体价值观在现实中碰到的难题，这需要不断克服，以提示整体价值观的积极作用。

还有李锦全的《李退溪的"天人合一"思想——兼论退溪对中国儒家思想的运用和发展》④，蒙培元的《李退溪的心灵哲学》⑤ 等。

4、实践人生论

李退溪的处世之道因其后半生的七进七退、坚辞不出而引起了当时朝野上下、甚至门人弟子的批评、疑惑与指责，这也使后世研

---

① 《临沂师范学院学报》2003 年第 2 期。
② 《延边大学学报（社会科学版）》2003 年第 4 期。
③ 《社会科学辑刊》1990 年第 3 期。
④ 《中州学刊》1986 年 1 期。
⑤ 《当代韩国》1998 年冬季号。

究者对其评价不尽相同。

关于这一方面的研究成果有：

谢宝森的《李退溪处世之道述评》①，李滉采取"不乐仕宦常退身，隐居山林求学问"的处世态度。该文拟就李滉处世的主要特点，形成这些特点的主观因素，作一粗略的探讨，从而归纳出李滉三十四岁以前、三十四岁至四十三岁、四十三岁至逝世等处世经历的三个阶段。文章里指出了"他在政争纷纭、动辄以一言之失治罪的复杂情况下，谨小慎微，也自有其谅解的一面。然而，他只顾自家明哲保身，而不管其他。对此，实在不能恭维，"这样的评价，是有褒有贬的。

还有谢宝森的《李退溪"以退为义"的处世哲学》② 等。

5. 关于哲学的其他方面

理动论（理气观）方面的成果：

张立文的《李退溪理动论探析》③，践行是联结心与理不可欠缺的环节，从而构成天道——人道——天人合一，或理气——心性——理心合一的结构系统。李退溪理（太极）自会动静，动静既不自外，其内在根据就是事物自身的分与合，分而为二与合而为一，对立统一是动静的内因；动静表现的形态，基本上是顿变与渐化，这便构成了李退溪理动论的整体思想。该文意在探讨天道——人道、理气——心性间的中介范畴。这些中介范畴可依不同的结构方式或组合方式，排列成性质不同的体系。这样便可揭示退溪哲学的深层含义。

还有葛荣晋的《李退溪的理气观》④，葛荣晋《李退溪理学体系的实学思想》⑤，新元的《退溪的"理帅气卒"观念》⑥，梁宗华的《朱熹与李退溪理气观异同及意义》⑦ 等。

退溪哲学的总的或某一具体方面的成果：

---

① 《浙江学刊》1986 年 1、2 期合刊。

② 《浙江学刊》1987 年 2 期。

③ 《晋阳学刊》1988 年第 1 期。

④ 《浙江学刊（双月刊）》1991 年第 1 期。

⑤ 《韩国学丛书·韩国学论文集》第 7 辑，新华出版社，1998 年。

⑥ 《学术月刊》1998 年 7 期。

⑦ 《孔子研究》1999 年第 4 期。

周月琴的《退溪哲学思想研究》一书，从退溪所处的独特的社会历史环境出发，探讨他在人生哲学上所做的思想探索的社会历史意义及其局限性，不夸张也不贬低，力图描绘出历史上真实的思想家的功过得失；从退溪人生哲学思想的形成与演变，评价他对朱熹性理哲学的发展与局限性，实事求是地评价他在韩国思想史上的地位。在历史与逻辑相结合的研究方法指导下，该书力求探索李退溪的哲学思想对现代韩国的存在意义与思想价值意义。

著作还有张立文《退溪哲学入门（朝鲜文）》[①]，张立文《退溪思想研究》[②]。

此外是论文，有崔龙水的《论退溪学中的辩证法思想》[③]，杨宪邦的《论退溪学的体用观》[④]，张立文的《李退溪认识范畴系统论》[⑤]，蒙培元的《朱学的演变和李退溪哲学》[⑥]，李锦全的《李退溪的人生哲学及其对建设现代精神文明的现实意义》[⑦]，步近智的《论李退溪的天人之学》[⑧]，张立文的《退溪哲学精神的现代价值》[⑨]，赵玉、陈炎《退溪思想中的内在矛盾》[⑩] 等。

二、文学方面

关于文学方面的成果，中国学者也像韩国学者那样，多是将退溪作品与陶渊明、朱熹进行比较，且这方面的成果不多，仅有胡双宝的书评《诗的理学诠释——〈朱熹与李退溪诗比较研究〉》[⑪]，徐志啸的《从退溪诗看李退溪与陶渊明》[⑫] 以及李秀雄的《朱熹与李

---

① 汉城：骊江出版社，1990 年。
② 北京：东方出版社，1997 年。
③ 《韩国学论文集》第 2 辑，1994 年 5 月。
④ 《社会科学战线》，1987 年 4 期。
⑤ 《浙江学刊》1986 年 1、2 期合刊。
⑥ 《浙江学刊》1986 年 1、2 期合刊。
⑦ 《浙江学刊（双月刊）》1991 年第 1 期。
⑧ 《韩国学丛书·韩国学论文集》第 1 辑，1992 年 12 月。
⑨ 《当代韩国》2000 年 3 期。
⑩ 《孔子研究》2004 年第 4 期。
⑪ 《韩国学丛书·韩国学论文集》第 2 辑，1994 年 5 月。
⑫ 《韩国研究论丛·第六辑》1999 年 10 月。

退溪诗比较研究》① 一书。

三、教育方面

关于这一方面的研究成果有:

张立文的《退溪教育思想与未来教育》② 认为,李滉的教育思想与其哲学思想互相渗透、联结。哲学思想是其从事教育活动的指导,教育实践活动是其哲学思想的具体体现。该文通过以下三个方面的论述来阐明退溪的教育思想及其深远影响,首先,退溪创办了以"明人伦"为教育目的的陶山书院,积极从事教育活动,改进教育,讲学授徒,竭其心力,培养了一批学者人才。再者,退溪依据朝鲜的实际状况,在教育方面做了一些具体的规定,特别是对教育课本的选择,安排教本的次第,对各教本所达到的要求规定等方面有其创造性的发挥。最后,指出了退溪在长期书院教学实践活动中,形成的一套行之有效的教导方法,即因材施教、循序渐进、注重启发、朋友式的议论、释疑解难和教育做人等方法,这些可贵的教学方法,对现代教育仍有其意义和价值,可以继承发扬,并赋予新的内涵和意蕴,使其在现代教育中发挥其作用。

此外,还有潘富恩的《论李退溪的教育观》③,李保林的《李退溪的教学方法》④ 等。

四、政治方面

关于这一方面的研究成果有:

谢宝森的《李退溪的治国安邦策略论》⑤ 认为,退溪治世主张的根本所在是阐扬光大朱子学,推行王道政治,倡导"内圣外王"之道。该文拟以此为中心,仅就退溪社会政治学说中的明道论、中道论及民本论三个方面,试作论列探讨。经邦治国首要的是明确治世之道,退溪的"明道以求治"的思想,就是以朱子学三纲五常的

---

① 北京大学出版社,1991 年。
② 《孔子研究》1996 年 2 期。
③ 《上海师范大学学报(哲学社会科学版)》1986 年第 3 期。
④ 《开封大学学报》1997 年第 1 期。
⑤ 《浙江学刊(双月刊)》1988 年第 1 期。

道德规范来维持社会、治理国家的。退溪视儒家的"中庸之道"为治世的基本准则。他从希望建立公平正直的王道社会的真诚愿望出发，主张中道，反对偏私，反对荒淫无度，反对过度的压迫，反对朋比为奸，反对无休止的残杀，这对于昏君奸吏无疑也是一种责备和约束。退溪从忠君报国的立场出发，为朝鲜王朝的"中兴"和长治久安出谋献策，其政治主张带有保守倾向。然而，他憧憬王道政治的理想，主张圣君仁政，反对昏君暴政；主张重教化，先富后教，反对脱离民生的空洞说教；说教农桑为王政之大本，关心黎民衣食反对穷奢极多取用无度；主张爱惜民力，体恤民间疾苦，斥责置百姓生死于不顾的冷漠之情。这些主张具有强烈的现实性，而且体现了退溪真挚的爱民保民之情，具有鲜明的人民性。

还有谢宝森的《李退溪的应变之道》①，谢宝森的《李退溪的用人之道》②，谢桂娟、王海鹰的《朱熹与李退溪仁政说之比较》③，黄德昌的《试论退溪"居官"之道》④ 等。

五、其他

把总观退溪及退溪学和其他一些研究成果大致分在此类中：

退溪及退溪学总论

著作有高令印的《李退溪与东方文化》⑤，该书从东方文化的发展角度，较全面地论述了李退溪在东方文化体系中的圣贤地位和退溪学的基本思想内容，阐明退溪学是16世纪后东方文化的表征，李退溪的为学和为人是东方成就人生意义和人格价值的典范，体现了东方人理性和理想相结合的人生观。

贾顺先主编译的《退溪全书今注今译》⑥，从文章编排的顺序上对原书做了调整，使李退溪这位"东方百世之师"的生平及其重要思想，一开始便提纲挈领地出现在读者的面前；全书统一用现代汉语全文翻译、标点、注释出来，使之易于阅读和传播；全书注译结

---

① 《浙江学刊（双月刊）》1991年第1期。
② 《浙江学刊（双月刊）》1989年第2期。
③ 《东疆学刊》2004年第3期。
④ 韩国《退溪学论丛》第3辑，1997年6月。
⑤ 厦门大学出版社，2002年10月。
⑥ 四川大学出版社，因全书共8册，出版的时间为1992年5月到1995年底。

合，但"注"与"译"的侧重点各有不同，通过"译"，揭示退溪学的博大精神内容；全书共 8 册，第 1 册之前有"前言"作概括性的介绍，其他 7 册都写有"简介"，以揭示这册书中的主要问题和人物。对这些书籍的翻译，为其他学者研究退溪及退溪学提供了基础材料。

此外，李滉著，张立文主编《退溪书节要》① 一书。

论文有步近智的《退溪学与孔孟儒学》②，通过政治哲学、道德伦理哲学、教育学来阐述"退溪学"中蕴含的孔孟儒学思想的精髓，认为李滉结合本国的国情，给予孔孟儒学的积极继承和发展，同时还提倡孔子和思孟学派（子思和孟子）的"中庸"之道。

还有徐远和的《李退溪与朱子书节要》③，徐洪兴的《"退溪学"之形成及其特色》④，赵宗正的《试论退溪学的特点》⑤，徐洪兴的《退溪学简论》⑥，李钟虎的《以星湖学派为中心的韩国实学思想与退溪学》⑦，周月琴的《李退溪与阳明心学（附南润秀评论）》⑧ 等。

2. 退溪对儒家学说的发展

李保林、丁素的《李退溪对〈孟子〉基本思想的继承和发展》⑨，该文将孟子的"民贵君轻"、"舍生取义"、"人性本善"等几个方面的思想在李退溪的《孟子释义》（它是退溪在阅读和向学生讲解《孟子》一书时，对原书的篇章、生词、生句所作的摘要注释。）中体现的有关观点进行了分析。可以看出李退溪对孟子思想的研究，及由此进行的深入研究。

有贾顺先的《李退溪对儒家经学的继承及其影响》⑩，步近智的《略论李退溪对朱子学的发展》⑪ 等。

---

① 中国人民大学出版社，1989 年 9 月。
② 《孔子研究》1995 年 2 期。
③ 《浙江学刊》1986 年 1、2 期合刊。
④ 《复旦学报（社会科学版）》1996 年第 1 期。
⑤ 《文史哲》1985 年 6 期。
⑥ 《韩国学丛书·韩国学论文集》第 4，1995 年 10 月。
⑦ 《东岳论丛》，1998 年 6 期。
⑧ 《中韩人文精神》，沈善洪主编，1998 年 11 月。
⑨ 《中州学刊》1996 年第 6 期。
⑩ 《四川大学学报（哲学社会科学版）》1996 年第 2 期。
⑪ 《韩国学丛书·韩国学论文集》第 7 辑，新华出版社，1998 年。

　　此外，还有关于退溪易学研究的成果如：黄德昌的《退溪易学的〈河图〉〈洛书〉观》①，吕绍纲的《退溪易学初论》②，吕绍纲的《再论退溪易学》③ 等。关于"礼"研究的如：张立文的《礼仪与民族化——论退溪以后礼的民族化进程》。④

　　以上就是二十多年来中国对李退溪及退溪学研究成果的一个简要回顾，取得的成就是相当大的，尤其是在哲学这方面，几乎涵盖了退溪哲学的每个方面，但在某些方面还是存在着一定的缺陷。相信在今后的李退溪及退溪学的研究中会不断地完善这些问题，使其向更全面、具体深入的方向发展。

---

① 《宗教学研究》1997 年第 3 期。
② 《周易研究》1998 年第 4 期。
③ 《周易研究》2003 年第 1 期。
④ 《学术研究》2005 年第 6 期。

20世纪80年代以来契丹族族源
研究综述

苏　丹

（吉林大学文学院历史系）

摘　要　契丹族源是研究契丹史的基本问题。我国学界对契丹族源问题的研究由来已久，争讼纷纭，分歧较大，主要有鲜卑说、鲜卑别部说、鲜卑宇文部说、匈奴说、鲜卑与匈奴混合说、乌桓说和炎黄之后说等七种。出现争讼的主要原因在于史料记载的分歧与学者对史料解读的差异所致。

关键字　契丹　族源　分歧

契丹族是我国北方土著的游牧民族之一，出现于 4 世纪中叶，至 14 世纪中叶以后不见于史，退出了历史舞台。契丹族分布于辽西的潢河（今西拉木伦河）和土河（今老哈河）一带，早期过着渔猎、畜牧的氏族部落生活，经过北魏、隋唐时期的发展，至唐末（907年）建立辽朝，并与北宋形成南北对峙的局面，至 1125 年为女真灭亡，雄立中国北方 200 余年，为中华多民族统一国家的形成与发展做出了重要贡献。本文拟就 20 世纪 80 年代以来契丹族源研究的进展作一综述，期望对契丹史的深入研究有所裨益。

契丹族源研究肇始于上世纪初。1930 年，方壮猷发表《契丹民族考》（上、下），[①] 可视为我国学者对契丹族源研究的发端。方氏在该文中对契丹族源史料的疏证及对日本学者白鸟库吉的相关研究成果的梳理引起了学界对契丹族源的关注。紧接着，冯家昇连续发

---

① 《女师大学术季刊》，第 1 卷第 2、3 期。

表《太阳契丹考释》①与《契丹名号考释》②，可谓是对方文的回应。自此以后，陆续有学者如盛襄子等撰文就契丹族源问题发表看法，但总体说来，研究成果并不十分显著。上世纪 80 年代以降，有关契丹族源问题的讨论出现了高潮，许多学者参与其中，或撰文著书提出自己主张，或在著述中赞同某种观点。归纳起来，主要有鲜卑说、鲜卑别部说、鲜卑宇文部说、匈奴说、鲜卑与匈奴混合说、乌桓说和炎黄之后说等七种。

关于鲜卑说，自学界提出以来，便逐渐成为学界的主流观点。最具有代表性的是盛襄子《契丹源流说略》，③盛氏在文中指出："契丹本是鲜卑中一个最小的部落，晋时为慕容氏（亦鲜卑族）所破，迁于松漠之间，为热河中一小部"。张正明撰《契丹史略》④时也支持契丹起源于鲜卑说。80 年代以来学界很多学者均持这种观点，如杨树森、穆鸿利主编《辽宋夏金元史》⑤认为："契丹族是我国北方古老的民族之一，属东胡族系，源出鲜卑"。干志耿、孙秀仁《黑龙江古代民族史纲》⑥在谈及契丹族源时亦认为，契丹为东部鲜卑的成员，与库莫奚和宇文两部落一起游牧，东晋建元二年（公元 344年）时从鲜卑族中分离出来，自号为"契丹"。林幹《东胡史》⑦和《中国北方民族通史》⑧亦明确指出："契丹来源于东胡族系，是鲜卑族的一支。"李治亭在其主编《东北通史》⑨中亦赞同契丹源自鲜卑，并用 1992 年 7 月内蒙古赤峰阿鲁科尔沁旗罕庙苏木出土的耶律羽之墓上的铭文以及人类学和考古学等资料来佐证契丹族源于东胡系鲜卑族。王文光撰《中国民族发展史》⑩时从史料出发，分析契丹族源问题，认为《魏书》中记载库莫奚为鲜卑的一部分，《魏书·契丹传》又记载契丹与库莫奚同类，契丹当然亦为鲜卑的一部分。

① 《史学年报》，第 1 卷第 3 期，1931 年。
② 《燕京学报》第 13 期，1933 年。
③ 《新亚细亚》，1936 年第 3 期。
④ 中华书局 1979 年版，第 1 页。
⑤ 辽宁教育出版社 1986 年版，第 5 页。
⑥ 黑龙江人民出版社 1987 年版，第 310 页。
⑦ 内蒙古人民出版社 1989 年版，第 167 页。
⑧ 鹭江出版社 2003 年版，第 205 页。
⑨ 中州古籍出版社 2003 年版，第 219 页。
⑩ 民族出版社 2005 年版，第 312 页。

此外，学界还从考古学和体质人类学角度分析契丹族源源自何处，如朱泓在《内蒙古宁城山嘴子辽墓契丹族颅骨的人类学特征》①一文中，通过对宁城山嘴子辽墓出土的 9 例男性颅骨和 3 例女性颅骨的研究，认为："在古代对比组中，本文标本与扎赉诺尔汉代 A、B 两组、完工组和南杨家营子组比较接近，后几组的族属可能系鲜卑族（宿白，1977）。本文研究结果或许暗示出鲜卑人和契丹人在主要的种族成分上可能是相近或者相同的"。王大方在《古契丹的人种》②一文中，运用考古学和人类学方法对契丹遗骸和鲜卑遗骨进行比较，加之对 1992 年赤峰阿旗出土的耶律羽之墓志中铭文的研究，王氏认为"契丹与鲜卑关系密切，契丹族源来自鲜卑无疑"。

在主张鲜卑说的基础上，许多学者对契丹族源的研究更加深入，从而又产生了鲜卑"别部"说和鲜卑宇文部说。就鲜卑"别部"说而言，即实《契丹国号解》③一文认为契丹来源于段部。段部和宇文部常常与慕容部相互攻伐，段部和宇文部屡战屡败，失败后逃往慕容部势力所不及的地方。即实依据《北史·宇文莫槐传》、《北史·段就六眷传》、《晋书·石季龙载记》以及《北史·奚传》所载"奚，本曰库莫奚，其先东部宇文之别种也。初，为慕容晃所破，遗落者窜匿松漠间……"和《北史·契丹传》所载"契丹国在库莫奚东，与库莫奚同种异类，并为慕容晃所破，俱窜于松漠之间"的记事，认为宇文部与段部"并破"和"俱窜"，库莫奚是宇文氏后人，"契丹自是段部后人无疑"。此外，即实又从语言学角度考察，认为语音中段部的"段"和契丹的"丹"完全吻合，据此判断契丹来源于段部。对于这种观点，邱秋荣撰文《＜契丹国号解＞质疑》④提出不同的看法，邱氏指出《契丹国号解》认为契丹源于段部没有史实依据，是错误的结论。文章分析《魏书·段就六眷传》、《晋书·段匹磾传》等史料，从历史事实角度否定了即实在《契丹国号解》中提出的段部为鲜卑中部说、段部北迁说、辽水之辽为鲜卑语的观点，并订正了契丹之名见于《晋书》、《魏书》的时间及段龛死的时

---

① 《人类学学报》，1991 年第 11 期。
② 《中国文物报》，2001 年第 2 期。
③ 《社会科学辑刊》，1983 年第 1 期。
④ 《中央民族学院学报》，1983 年第 8 期。

间，从以上四个角度否定契丹源于段部说，并强调语言比较法必须
与文献资料相结合，否则就会得出错误的结论。稽训杰在《关于契
丹族名称、部落组织和源流的若干问题》① 一文中开篇就指出："契
丹原是鲜卑族的一个'别支'"。稽文通过对《三国志》、《尔雅注》、
《册府元龟》等史料及语言学的相关知识分析，指出契丹在东汉末、
三国、西晋时被称为"单于"，后又依次改为"审吉"、"弥加"、"木
津"。孙进己《东北民族源流》② 一书，从史料、语言、发饰、风俗
习惯以及社会发展状况等多角度，在否定契丹起源于匈奴说、鲜卑
和匈奴融合的产物说，以及契丹是鲜卑比能部的后代说的基础上，
提出自己的观点："契丹可以归之为鲜卑系，其先人有可能属于东胡
鲜卑二十余邑中的某一邑"。此后，孙氏与孙泓合著《契丹民族
史》③ 时，再次重申了这种观点。

关于契丹起源于鲜卑宇文说，最早提出者是冯家昇。冯氏在
《契丹名号考释》一文中明确提出："库莫奚为东部宇文之别种，而
契丹适在其东，是契丹之先为宇文氏无疑"。这种观点在学界产生了
较大影响，自20世纪80年代以来，很多学者均支持并发展了这种
观点。如杨树森《辽史简编》④ 明确指出："契丹族是我国古代北方
古老的民族之一，属东胡族系，源出鲜卑，是鲜卑宇文部的别支。"
舒焚在《辽史稿》⑤ 一书中，通过对《辽史》、《新唐书》及《周书》
等史料的辨析，认为鲜卑被慕容晃打败后一分为三，宇文归率领一
部分宇文部的人远遁，未被俘获的宇文部残余形成契丹和库莫奚两
个部落躲藏在不远处荒僻的地方。此后，舒氏又撰文《契丹始祖奇
首可汗》⑥ 仍主张这种观点。台湾学者赵振绩在其著作《契丹族系
源流考》⑦ 中论述鲜卑与契丹族系的关系时，主张"鲜卑主要族系：
慕容氏、托跋氏、宇文氏。慕容氏系之蒙古，托跋氏与贺兰部关系

---

① 《中国史研究》，1985 年第 2 期。
② 黑龙江人民出版社 1989 年版，53～60 页。
③ 广西师范大学出版社 2010 年版，第 62～63 页。
④ 辽宁人民出版社 1984 年版，第 1 页。
⑤ 湖北人民出版社，1984 年版，第 4 页。
⑥ 《辽金契丹女真史研究》，1986 年第 1 期。
⑦ 文史哲出版社 1992 年版，第 77 页。

密切，宇文氏为契丹之先系"。李桂芝《契丹（民族志）》① 一文中，根据契丹族起源的神话—青牛白马传说，推断契丹是经过迁徙并且融合了其他部族成分才形成的。李氏主张契丹是鲜卑宇文部的后裔，部分匈奴人曾融入到宇文部中，鲜卑宇文部被慕容部击败后，其残部分为契丹和奚两部分。此后，李氏在《辽金简史》② 一书中，又重申了契丹为东胡系统东部鲜卑宇文部之裔的主张。王钟翰主编的《中国民族史（增订本）》③ 主张契丹起源于东胡或鲜卑宇文部，"因为鲜卑出自东胡，《后汉书》等有明确记载；契丹来源于鲜卑或鲜卑宇文部，出自当时人和稍后唐人之笔；契丹为'匈奴之种'，则是数百年后宋人的说法"。此后，王钟翰在《中国民族史概要》④ 中重申了这种观点。张宏等在《浅谈契丹族的起源》⑤ 中亦支持王钟翰的观点。黄凤岐撰著的《契丹史研究》⑥ 一书中，亦主张契丹起源于宇文鲜卑。黄氏根据《三国志》、《周书》、《辽史》等正史所载有关契丹起源的史料，认为契丹为宇文残部发展而来。支持这种学术观点的学者在学界为数众多，如冯继钦《有关奚族族源的两个问题》⑦和《契丹、库莫奚分立的时间问题》⑧、任爱君《契丹与库莫奚的先世及其关系略述》⑨、于宝林《契丹古代史论稿》⑩、翁独健《中国民族关系史纲要》⑪、程妮娜《东北史》⑫ 等，限于篇幅，兹不一一赘述。

契丹来源于匈奴说在学界的认同率较低，甚至许多学者不赞同这种看法。关于此说，自方状猷《契丹民族考》在"征之历代史籍，关于契丹民族种属问题之意见"时胪列出"匈奴说"后，学界对其

① 《中国古代民族志》中华书局1993年版，第41页。
② 福建人民出版社2001年版，第2页。
③ 中国社会科学出版社1994年版，第446页。
④ 山西教育出版社2004年版，第50页。
⑤ 《黑龙江史志》，2009年第12期。
⑥ 内蒙古科学技术出版社1999年版，第27～28页。
⑦ 《求是学刊》，1984年第3期。
⑧ 《辽金契丹女真史研究》，1986年第1期。
⑨ 《昭乌达蒙族师专学报》，1989年第7期。
⑩ 黄山书社1998年版，第29～35页。
⑪ 中国社会科学出版社2005年版，第377页。
⑫ 吉林大学出版社2001年版，第22页。

多持否定态度，如冯继钦在《有关奚族族源的两个问题》[①] 一文中，认为契丹族源自于鲜卑宇文部，而不是匈奴。鲜卑族中确有一部分自号鲜卑的匈奴人，匈奴种的宇文部与鲜卑长期融合已经形成了一个共同体，"持匈奴说者没有看到匈奴种宇文部已与鲜卑融合这一质的变化的事实"。孙进己在《东北民族源流》[②] 一书中，根据《魏书》、《旧唐书》、《辽史》中关于奚和契丹起源的记载，辨析奚和契丹都不是宇文部的直接后裔，更不是匈奴的直接后裔，又将契丹与匈奴在葬俗和发式等方面做比较，结果无一相同，明确指出契丹并不起源于匈奴。王钟翰主编《中国民族史》（第 446 页）在论及契丹是否为匈奴种时，认为宇文部确实有不少匈奴余种，后汉和帝永元年间，匈奴被汉将击破后，鲜卑进入匈奴故地，十余万未逃走的匈奴人加入鲜卑人中，他们自号鲜卑，在与鲜卑人长期的融合中，差别日益减少，"当然不能把又经历了数百年后的契丹人看作是'匈奴之种'，何况民族不是血缘集团，它在形成过程中虽有一个主源，但仍是多源多流的"。陈佳华、蔡家艺、莫俊卿、杨保隆《宋辽金时期民族史》[③] 亦明确指出："另一种认为契丹源于匈奴。《旧五代史》载：'契丹者，匈奴之种也。'《册府元龟》、《宋会要·蕃夷》、《九国志》及《文昌杂录》等同意此说。近人通过对各种历史文献的考评，以及对契丹民族居地和风俗的考察，普遍认为契丹族属东胡族系，源出鲜卑，是宇文别部的一支，从而否定了契丹源于匈奴的学说。"

虽然匈奴说在学界鲜有赞同者，但鲜卑与匈奴混合说却得到了某些学者的认可。景爱《契丹的起源与族属》[④] 较有代表性，该文从探讨契丹族出现的时间入手，认为契丹与库莫奚都源自于宇文氏，同时，景氏还通过史料记载来辨析匈奴和鲜卑相互间的发展过程，认为匈奴人曾先后两次加入鲜卑人中，宇文氏应该包括有鲜卑和匈奴两个民族的成分，"断然说宇文氏只能与鲜卑或匈奴一族有关系，显然是不妥的。"鲜卑、匈奴应该是契丹人的共同祖先。陈述撰著的《契丹政治史稿》[⑤] 一书也持这种观点，陈氏先从史料入手比较有关

---

① 《求是学刊》，1984 年第 3 期。
② 《东北民族源流》第 54～55 页。
③ 四川民族出版社 1996 年版，第 2 页。
④ 《史学集刊》，1984 年第 7 期。
⑤ 人民出版社 1986 年版，第 28～36 页。

契丹族源记载后，又从地域以及各族发展迁徙演变等视角辨析契丹族源，得出的结论是，后汉和帝永元时期，十余万的匈奴人融入鲜卑中，"导致鲜卑强盛，然在此地区内，并未特别标举匈奴；鲜卑人中，亦未著何等差别。看来匈奴，鲜卑似无何不同，最低没有什么大不同。"因此认为契丹属于东胡，这个东胡又是极度接近匈奴人的。接着，陈氏又依据文献和考古资料所载，从契丹人的语言、发饰、衣饰和政治经济制度等诸方面确认契丹属于蒙古语系。冯季昌、白广瑞《契丹族源新考》①主张契丹是古匈奴与古东胡人几经融合演变而逐步形成的。汉初，匈奴灭东胡，被俘的东胡人与匈奴人相互融合而形成契丹族源史上的第一次民族融合。东汉政府击破北匈奴后，北匈奴西迁，日渐强盛的鲜卑人占据匈奴故地，与十余万的匈奴余部相融合，形成契丹族源史上的再次民族融合。其后，鲜卑化的匈奴人葛乌菟率领鲜卑人或自号鲜卑的匈奴人发展成为鲜卑宇文，至莫那时被慕容皝所破，契丹从宇文部落分离出来，故认为"单纯地认为契丹族起源于东胡、匈奴或鲜卑，都各有所据，但均为以偏概全"。朱泓在《契丹族的人种类型及其相关问题》②一文中，从考古学及体质人类学的角度对豪欠营子、山嘴子契丹族墓地出土的遗骸进行深入分析，指出："宇文鲜卑中必然带有浓厚的匈奴种系色彩，而作为'别种'、'别部'的契丹人，尽管未必是宇文鲜卑的直接后裔，但如果说他们有可能从宇文鲜卑那里获得一些匈奴人的血统，这恐怕是很难避免的事情"。

　　契丹源于乌桓说是 20 世纪 80 年代以来学界提出的新观点。1992 年 8 月，学界在阜新召开中国首届契丹族史国际学术研究会，陈可畏提交《契丹的族源、早期的社会形态与文化》③论文时首倡这种观点，认为契丹起源于东部鲜卑宇文之别部，而非宇文部，也就更不可能是匈奴族了，《周书》说契丹同族库莫奚为"鲜卑之别种"，则契丹也并非起源于鲜卑族。"契丹和奚既不属于匈奴，也不属于鲜卑，而是东胡种；东胡种，除了鲜卑，就是乌桓。契丹既不是鲜卑，当然也只能是乌桓的后裔"。此说得到黑龙江省社会科学院

① 《辽金史论集》第七辑，中州古籍出版社 1996 年版。
② 《内蒙古大学学报》，1991 年第 5 期。
③ 《辽金史论集》第七辑，中州古籍出版社 1996 年版。

魏国忠支持："陈关于契丹族源于乌桓说是值得推崇的。以《三国志》与《后汉说》中的《鲜卑传》与《乌桓传》作比较，可查出契丹早期习俗与乌桓有关"。① 此后，田广林撰文《契丹源于杂胡，其主体族源为乌桓说》② 亦主张契丹的主体族源为乌桓余部。田氏在肯定《魏书》所载契丹起源于鲜卑和 90 年代出土的《耶律羽之墓志》所载契丹祖先来源于鲜卑宇文部的基础上，从史料记载中的鲜卑宇文部的活动范围、风俗习惯和社会信仰等诸方面进一步论证鲜卑宇文部并不是源于鲜卑而是源于乌桓。同时，田广林在《契丹国家产生的上限及其早期发展形态》③ 一文中也持这种观点。

除上述围绕北方游牧民族源流来探讨契丹族源外，傅朗云、杨旸、何光岳等学者亦主张契丹为炎黄之后说。傅朗云、杨旸在《东北民族史略》④ 一书中认为："据《辽史》世表记载，炎帝后裔葛乌菟，为匈奴可汗冒顿所破，退保鲜卑山，是为鲜卑族，慕容鲜卑征服老鲜卑，分为部落，'曰宇文，曰库莫奚，曰契丹。契丹之名，昉见于此'。辽代皇帝自称炎黄子孙，也有他们的道理"。何光岳撰文《契丹的来源和迁徙》⑤，从语言学等角度分析契丹的来源，认为契丹的"契"字"应为契国即契之封地，契国用刀刻象形文字于木简上而得名，后成为部落而发展为诸侯国，以后建立了商朝"，同时又以《辽史·世系》中称："耶律俨称辽为轩辕后"，主张耶律氏早已知契丹源于古契国，也就是商祖契的封国，而契是黄帝的后裔，那自然契丹是皇帝轩辕氏之后。黄震云在《契丹的由来和辽代的建元（上）》⑥ 中认为契丹是黄帝的后裔。黄氏认为契丹族源神话—青牛白马传说中的青牛与白马是该族的图腾，又根据《山海经·海内经》、《大戴礼·帝系》、《史记·夏本纪》等史料记载得出结论："契丹人是鲧的后裔，当然也就是黄帝的后裔。黄帝的部族以白马为尚，为神形，由来已久"。

学界对契丹族源的认识出现上述不同看法的主要原因是有关契

---

① 黄凤岐：《契丹史研究》，内蒙古科学技术出版社 1999 年版，第 26 页。

② 《昭乌达蒙族师专学报》，1999 年第 10 期。

③ 《内蒙古社会科学》，1999 年第 3 期。

④ 吉林人民出版社 1983 年版，第 76 页。

⑤ 《长沙电力学院学报》，2004 年第 2 期。

⑥ 《辽宁工程技术大学学报》，2003 年第 1 期。

丹族源史料记载相对匮乏，又多有歧异所致。关于契丹族源，主要史料如下：

（1）《魏书·契丹传》："契丹国，在库莫奚东，异种同类，俱窜于松漠之间。登国中，国军大破之，遂逃进，与库莫奚分背。"又《魏书·库莫奚传》："库莫奚国之先，东部宇文之别种也，初为慕容元真所破，遗落逃窜，匿松漠之间。"①

（2）《旧五代史·契丹传》："契丹者，古匈奴之种也。代居辽泽之中，潢水南岸，南距榆关一千一百里，榆关南距幽州七百里，本鲜卑之旧地也。"②

（3）《辽史·世表》："盖炎帝之裔曰葛乌菟者，世雄朔陲，后为冒顿可汗所袭，保鲜卑山以居，号鲜卑氏。既而慕容燕破之，析其部曰宇文，曰库莫奚，曰契丹。"③

（4）《辽史·太祖本纪下》："辽之先，出自炎帝，世为审吉国，其可知者盖自奇首云。奇首生都庵山，徙潢河之滨。"④

北齐魏收所撰的《魏书》是目前已知最早记载契丹族源的史料，据其《契丹传》所载，契丹是库莫奚的"异种同类"，而《库莫奚传》则曰："库莫奚国之先，东部宇文之别种也"，这说明契丹和库莫奚都与鲜卑宇文部有一定关系。宋代乐史撰《太平寰宇记》时，沿袭了《魏书》之说。宋初薛居正等撰《旧五代史》主张契丹为匈奴的余种。王钦若等奉宋真宗之命撰修的《册府元龟》、清代徐松根据《永乐大典》中收录的宋代官修《宋会要》加以辑录而成的《宋会要辑稿》，亦均沿袭此说。《辽史·世表》亦载契丹起源于鲜卑，宇文部、库莫奚和契丹是三个并列的部族。《辽史·太祖本纪》记载契丹之先祖奇首可汗源自于炎帝。从上述古籍记载不难归纳出契丹族源有四种说法：鲜卑宇文部说、匈奴说、鲜卑说、炎黄之后说。由于契丹族源史料记载匮乏，加之含混不清，学界对契丹族源史料的理解出现不同看法就不难理解，如"别种"之词，陈可畏与冯季昌、白广瑞的理解就有所不同，陈可畏《契丹的族源、早期的社会

---

① 中华书局 1974 年版，第 2222～2223 页。
② 中华书局 1976 年版，第 1827 页。
③ 中华书局 1974 年版，第 949 页。
④ 中华书局 1974 年版，第 24 页。

形态与文化》一文认为库莫奚是东部宇文的"别种"，契丹与库莫奚又属于"异种同类"，因此契丹应该也是宇文"别种"而不是源自于宇文部，而冯季昌、白广瑞《契丹族源新考》一文则认为《魏书》所载为契丹源于东部鲜卑宇文氏。可见，由于学者对"别种"一词有不同的理解，所得出的结论便有所不同。这就需要学者综合运用考古学、人类学、民俗学和语言学等研究方法从多角度综合考察契丹族源问题，只有这样才能得出符合历史实际的结论。

契丹民族族源问题应是研究契丹民族史最基础、最关键的问题，搞清楚契丹族族源问题能够帮助我们全面、客观地了解契丹民族，有助于深入地理解契丹辽朝相关的政治、经济、军事制度及民族风俗习惯的形成，更有助于我们对中华民族多元一体格局的形成与发展问题的深入认识。因此，我们应该努力在前辈学者研究成果的基础上，继续对契丹族族源问题展开深入探讨，以求定论。

大图们江区域合作研究现状述论①

金龙云

（长春师范学院历史学院
复旦大学国际关系与公共事务学院）

摘　要　大图们江区域合作作为研究的热点，一直受到学界的广泛关注。本文通过对国内外大图们江区域合作的研究综述，一方面试图理出大图们江区域合作研究的重要特点和趋势，以供研究者参考；另一方面，以大图们江区域合作为研究对象，着重阐释大图们江区域合作研究的主要领域，并指出其不足之处。

关键词　大图们江　区域合作　国际因素　战略利益

随着经济全球化和区域经济集团化的迅猛发展，世界各大区域都组建了各种区域合作组织，而目前只有东北亚地区尚未建立一体化的组织。为了获得经济合作的益处，东北亚各国政府发起了以各主要城市为节点的较松散的合作模式即大图们江区域合作开发。大图们江区域的地理范围为：中国东北的吉林省、辽宁省、黑龙江省以及内蒙古自治区；朝鲜的罗先经济贸易区；俄罗斯的滨海边疆区、哈巴罗夫斯克和萨哈林州；蒙古国东部的东方省、肯特省、苏赫巴托尔省；韩国东部沿海城市。

大图们江区域地理位置独特，是东北亚合作的扩展源。大图们江区域合作定位是对内可以辐射各地区腹地，对外可以推进东北亚国家间的经贸合作，通过松散型的合作模式使得内地与周边互动，提高经济合作的紧密度。近年来，大图们江区域合作开发的政策环境发生了较大的变化，大图们江周边各国政府对参与合作的地区大

---

①　基金资助：吉林省哲学社会科学规划重点项目（2010A13）。

都采取务实性的开发政策。俄罗斯实施东部开发战略；中国提出振兴东北老工业基地战略并于 2009 年 8 月正式批复实施长吉图开发开放先导区国家战略；朝鲜对内经济调整，扩大对外开放程度；韩国重视东北亚经济合作，蒙古实施有效举措，日本地方政府亦积极参与，这为大图们江区域合作开发步入新时期提供了难得的历史性机遇。

　　大图们江区域合作开发历经多个发展阶段，前期进展缓慢，近期发展迅猛。国内外学者一般从经济和法律的视角对大图们江区域合作开发进行研究，与之相关的学术专著所见不多，所发表的学术论文和学位论文更多地局限于大型项目或基础设施进展的叙述上。从国际政治学的视角对大图们江区域合作进行理论和学理上的阐述则甚为少见。本人通过对相关文献的阅读分析，尝试对国内外研究现状做一综述，以求为自己研究提供清晰的思路以及为后来者研究提供便利。

一、国内学术界的研究现状

　　国内学界对大图们江区域合作的相关问题进行了分析阐述，研究较为深入，成果丰硕，成绩斐然。学者们一般从法律、经济的视角出发，就大区域的合作的模式、领域、滞后原因及未来愿景作了阐释分析。而从国际政治学的视角进行研究的，则非常少见。

　　从国际法和国内法视角进行研究的主要有吉林大学陈金涛等学者的 4 篇文章，相关阐述如下：其一，陈金涛、曹军婧的《促进大图们江区域经济合作的国际法思考》一文从国际法的视角提出了促进大图们江区域经济合作的法律对策，分析了采取该法律对策的必要性和可行性，试图将合作机制组织化、规范化、法制化，实现该区域经济合作健康、有序、快速的发展。[①] 其二，陈金涛、张传锋的论文《大图们江区域各国法律的冲突与协调》认为，大图们江地区各国国情差别较大，法律传统与法律背景不一。通过对大图们江地区各国法律及其背后的文化解析，认清各国的法律冲突，进而运用国际私法的理论，寻找解决冲突的途径，是促进大图们江区域合

---

① 陈金涛、曹军婧：《促进大图们江区域经济合作的国际法思考》，《吉林财税高等专科学校学报》，2007 年第 2 期。

作的现实选择。① 其三,陈金涛、刘亚军等学者的《促进大图们江区域合作的国内法对策》一文通过分析我国大图们江区域合作的现有政策与法律体系,剖析其不足,揭示现有政策法律存在的问题,并针对以上问题,提出从国家政策、地方政策和法律观念三方面来完善现有大图们江区域合作政策法律体系。② 其四,吉林大学陈金涛、胡晓静等学者的论文《大图们江区域合作的法律研究》从建构更加明确合理的法律制度的视角论述了大图们江区域合作所具有的重要意义。并指出,鉴于大图们江区域合作中存在的一些法律障碍或困境,需采取适当的法律对策解决这些问题。③

从经济学视角作分析阐述的数量较多,比较有代表性的如下:吉林省政府调查研究室张作荣的《图们江地区国际融资战略构想》一文介绍了图们江地区国际合作开发的宏观背景,就其当代国际资本流动新态势和该地区进行国际融资所面临的机遇作了横向分析,拟定了该地区进行国际融资的战略目标和基本模式,并就对正确实施图们江地区融资战略提出了若干对策性建议。④

吉林省社会科学院大图们江区域合作开发战略研究课题组的《大图们江区域合作开发战略的思考》一文认为大图们江区域合作开发应该比原开发规划的区域更广、层次更高、领域更宽、动作更大,开发核心应以图们江下游地区为主,开发重点应通道和物流并举,以物流建设为主;开发主体应是政府投资与招商引资并重,以吸引国际资本和民间资本为主,并坚持市场化运作原则。⑤ 东北师范大学李秀敏的《图们江地区空间结构的演进及其调控对策研究》认为应采取点轴开发模式,以"大、小三角"的顶点城市为增长极,构建图们江地区"T 字型"空间构架即沿江空间开发轴带和沿海空间

① 陈金涛、张传锋:《大图们江区域各国法律的冲突与协调》,《行政与法》,2007年第 4 期。
② 陈金涛、刘亚军等:《促进大图们江区域合作的国内法对策》,《吉林工商学院学报》,2009 年第 2 期。
③ 陈金涛、胡晓静等:《大图们江区域合作的法律研究》,《经济研究导刊》,2009年第 20 期。
④ 张作荣:《图们江地区国际融资战略构想》,《延边大学学报(社会科学版)》,1995 年第 2 期。
⑤ 吉林省社会科学院大图们江区域合作开发战略研究课题组:《大图们江区域合作开发战略的思考》,《社会科学战线》,2006 年第 3 期。

开发轴带，促使点——轴——面在地域上的融合。就是中国和俄罗斯要实行"路港关一体化"，对朝鲜要实现"路港区一体化"、打通中蒙大通道。①

吉林大学朱显平的《东北亚区域能源合作研究》认为，能源是大图们江区域最有潜力的合作领域。通过跨国能源合作体系的建立，首先可以满足我国能源需求，其次可以共同决定油气价格，规避一定的市场风险，最后有利于改变以地区政府为主体的局面，提高合作的层次。② 吉林省东北亚研究中心吴可亮的《图们江开发计划的重要突破口——中蒙大通道建设述评》一文阐述了建设中蒙大通道所具有的重要战略意义，认为通过此种方式，既可以加快东北老工业基地开放步伐，保障东北老工业基地可持续发展，也有利于加快东北地区与东北亚经济一体化，有助于蒙古经济与中国和世界有机融合。③

延边大学奇海兰的硕士学位论文《大图们江区域合作与延边地区对外开放研究》从区域经济合作及对外开放理论入手，分析现状为切入点，从对外开放的实际操作角度出发，侧重于结合延边地区对外开放以及大图们江开发实际情况，提出了独到的建议和观点。④ 吉林大学刘畅在《关于加快推进大图们江区域合作开发开放的探讨》一文中论述了 2006 年以来，图们江区域国际合作形势出现的新变化，面对多年来难得的良好机遇，建议有关部门应调整工作思路，创新工作方法，力争在一些重大合作项目和关键问题上取得新的突破和进展。⑤ 东北师范大学岳岩的硕士学位论文《大图们江区域各国合作开发政策比较研究》摒弃了以往的大图们江合作进程介绍和简单的滞后因素分析。在以政府为主导的合作模式中，以各国参与

---

① 李秀敏：《图们江地区空间结构的演进及其调控对策研究》，《地理科学》，2006 年第 1 期。

② 朱显平：《东北亚区域能源合作研究》，《吉林大学社会科学学报》，2006 年第 2 期。

③ 吴可亮：《图们江开发计划的重要突破口——中蒙大通道建设述评》，《经济视角（下）》，2007 年第 2 期。

④ 奇海兰的硕士学位论文：《大图们江区域合作与延边地区对外开放研究》，2007 年 5 月。

⑤ 刘畅：《关于加快推进大图们江区域合作开发开放的探讨 》，《经济纵横》，2007 年第 22 期。

大图们江区域开发的政策为切入点，对其合作的制度框架进行系统与深入地横向与纵向比较研究。①

吉林大学张杰的博士学位论文《次区域经济合作研究——以大图们江次区域经济合作为中心》分析和阐述了区域经济合作理论范畴，界定了次区域经济合作的内涵以及区域经济一体化理论延展架构。试图通过大图们江次区域经济合作实践，进一步探究次区域经济合作的一般性问题。② 长春工业大学刘晓辉、沈中旭的《图们江区域合作开发的融资渠道的现状分析及其对策》认为，图们江区域国际合作开发不仅取得了阶段性成果，同时也取得了一系列新进展。但是与 UNDP 在 1991 年设定的目标相比，还有一定的距离，其融资渠道问题作为图们江开发进程的制约因素之一亟待解决。③ 吉林省社会科学院陈玉梅、赵光远的《新时期大图们江地区开发与东北亚经济技术合作研究》一文探讨了新时期大图们江地区加快合作开发的必然性、长期性和复杂性，分析了长吉图先导区建设与大图们江地区合作开发的关系，提出了大图们江地区合作开发模式、思路及对策建议。④ 吉林省社会科学院董立延的《日本参与大图们江经济技术合作现状与趋势》认为，有必要正确认识图们江地区国际合作与发展所面临的挑战，积极构筑中日经济共生合作理念，拓宽中日两国区域经济技术合作的空间范围，从而不断提升图们江地区投资与开发水平，使这一地区的国际合作迈向一个新台阶。⑤

从经济视角进行分析的中央和地方的报刊文章有刘亮明、张静宇的《各方加强大图们江区域开发和东北亚合作》（人民日报 2005－09－03）；裴玥的《五国瞄准大图们江行动计划》（国际商报 2005－09－05）；徐庭娅的《东北亚区域合作有望上新台阶》（中国经济

---

① 岳岩的硕士学位论文：《大图们江区域各国合作开发政策比较研究》，2008 年 5 月。

② 张杰的博士学位论文：《次区域经济合作研究——以大图们江次区域经济合作为中心》，2009 年 6 月。

③ 刘晓辉、沈中旭：《图们江区域合作开发的融资渠道的现状分析及其对策》，《中外企业家》，2009 年第 14 期。

④ 陈玉梅、赵光远：《新时期大图们江地区开发与东北亚经济技术合作研究》，《社会科学战线》，2010 年第 5 期。

⑤ 董立延：《日本参与大图们江经济技术合作现状与趋势》，《社会科学战线》，2010 年第 5 期。

导报 2006－08－03)；罗文胜的《亚开行介入大图们江 东北亚发展破局》(21 世纪经济报道 2010－05－17) 等等。①

从国际政治学视角分析的非常之少，目前可检索到的有延边自治州党校金光日的《图们江地区国际合作开发的国际环境分析》、②山西大同大学胡亚西、祖立超的《俄罗斯在图们江区域合作中的地位与政策》。③

二、国外学术界的研究现状

国外学界对大图们江区域合作亦进行了研究，但成果不多，影响不大。在国外学者中以韩国、日本在此研究领域的学者为众。韩国学者孙炳海较早提出了以地方为主的区域开发模式。他认为东北亚应采取以地方合作为主的合作方式，因为东北亚政治经济关系的复杂性和矛盾性的特点，阻碍了技能型经济联盟的形成，把局部地区合并为一个市场的方式更合理，提出应连接据点城市间的自由贸易区，建立"线型自由贸易区"的模式。这是一种以关税同盟论为中心的传统型经济合并方式。韩国学者吴勇锡提出"波浪式"合作模式，主张在目前的形势下，只能在个别条件成熟的局部地区率先建立经济合作区，然后逐渐扩大其合作范围。从方法上强调先从较

---

① 李梅影：《民企将赴图们江"唱戏"》，《国际金融报》，2005－09－05；徐庭娅：《五国签署大图们江行动计划》，《中国经济导报》，2005－09－06；巴达尔湖：《我区纳入大图们江合作区域》，《内蒙古日报（汉）》2005－09－07；公培佳、包松娅：《民资将成大图们江区域重要的潜在投资者》，《人民政协报》，2005－09－09；刘玫君：《瞄准大图们江区域合作商机吉林外向型经济实现新突破》，《国际商报》，2005－10－15；战德全：《共商大图们江区域开发合作良策》，《延边日报》，2006－03－29；张力军：《建立能源储备体系》，《吉林日报》，2006－09－04；方方、张小琳：《一条大江汇聚合作美景》，《中国经济导报》，2006－09－09；董乐平、李敏：《把图们放在大图们江战略中谋求大发展》，《延边日报》，2008－07－04；董乐平、牛泽：《创新交流合作载体 促进大图们江地区繁荣》，《延边日报》，2008－08－29；董乐平、冯树伟：《加强大图们江区域开发和东北亚合作》，《延边日报》，2009－09－02；赵利：《大图们江区域加强旅游开发合作》，《中国旅游报》，2009－09－07；吴兆飞：《联合国开发署呼吁东北亚各国参与大图们江区域合作》，《图们江报》，2010－07－28；毕玮琳：《加强区域交流 商讨跨境贸易》，《吉林日报》，2010－09－02。

② 金光日：《图们江地区国际合作开发的国际环境分析》，2007 年第 2 期。

③ 胡亚西、祖立超：《俄罗斯在图们江区域合作中的地位与政策 》，《国际资料信息》，2008 年第 9 期。

为容易的项目开始，再发展多领域的经济合作，合作主体从民间团体发展成国家间，合作范围从双边发展成多边贸易的构想。① 韩国学者宋熙年在《东北亚地区经济合作构图和前景》一文中认为，图们江地区地处重要战略地位，在东北亚地区的经济交流中，应建立最重要的物流据点及据点间相互连接的有效网络物流模式。② 日本学者也进行过积极的探讨，齐藤优提议，在图们江环日本海地区，构筑地理上接近地区的运输、通讯等交流体系，让具有增长点地区的经济发展能在短期内向外辐射，不断扩大经济合作的效果，这种理论称作"发展回廊理论"。小川雄平主张，东北亚地区的经济合作不仅要扩大国家层次上的经济交流，而且还要从民间角度积极促进地方间的经济交流。

可以看出，日韩两国学者当时对于大图们江区域合作还是有自身设想的，但是后来日韩两国，特别是日本却始终以观察者的身份参与大图们江区域经济合作。究其原因，国内学者普遍认为：东北亚各国对日本资金技术的单方面依赖，加上日本所获得的利益较少，导致日本对大图们江区域合作不感兴趣。近来，韩国学者李承律在《共生时代——东北亚区域发展新路线图》一文中指出，通过与日本一些学者直接交流，发现日本不深入参与图们江区域经济合作开发，是担心"朝鲜族经济圈"或"朝鲜族共同体"的形成。③

环日本海经济研究所吉田进、筑波昌之的《新形势下日中蒙交通体系建设研究》阐释了在新的国际形势面前，为了进一步促进东北亚各国的经济交流与合作，增强图们江地区运输走廊的活力，中蒙铁路的建设成为一个需要解决的现实问题。当今世界范围内的金融危机使该项目的实施受到一定程度的影响，但面对未来逐步扎实地推进是非常重要的。④

---

① ［韩］全洪镇：《论环东海（日本海）地区的经济合作与发展》，吉林大学经济学院，2006 年 9 月。

② 宋熙年：《东北亚地区经济合作构图和前景》，图书出版社，1998 年，313～358 页。

③ 李承律：《共生时代——东北亚区域发展新路线图》，世界知识出版社，2005 年，217～221 页。

④ 吉田进、筑波昌之：《新形势下日中蒙交通体系建设研究》，《东北亚论坛》，2009 年第 3 期。

三、今后的研究重点和方向

在大图们江区域合作中，有 7 大利益攸关方，它们分别为中国、俄罗斯、朝鲜、韩国、蒙古、日本、美国。其中，中俄朝韩蒙日六国为大图们江区域周边国家，为直接利益方。美国从自然地理上讲是远离大图们江区域的美洲国家，并不属于东北亚，但由于东北亚是美国全球战略中亚太战略的核心，势必竭力维护其在该地区的战略利益。而大图们江区域属于东北亚的组成部分，因此美国在该大区域也就存在着重大战略利益，为间接利益方。为此，以大图们江区域合作中的国际因素应为以后的研究重点，从政治、经济、军事、外交、文化、科技等诸多方面，分析该大区域中的中国、俄罗斯、朝鲜、韩国、蒙古五国在合作开发方面所扮演的角色、所发挥的作用、所产生的影响及其缘由，并阐释在该大区域具有重大战略利益的利益攸关方美国和日本对大图们江区域合作所持的立场和态度，并着重述析其原因。大图们江区域合作的国际因素研究极具学术价值和强烈的现实意义，有利于进一步探析中、美、俄、日等主要大国在该大区域的战略追求，为学界在这一问题上的研究添砖加瓦，同时，对于中国在大图们江区域合作中占据更加有利的地位，谋求更大的地缘政治和经济利益，获取更大的话语权提供智力上的支持。

吉林省省级人文社科重点研究基地重大招标项目

▶ 研究生专栏

DONGBEIYA
YANJIU
LUNCONG

高句丽族源问题研究综述

武宏丽
（长春师范学院专门史研究生）

摘　要　高句丽族源研究是高句丽历史研究中的重要课题，也是中外史学界十分关注的热门话题。到目前为止，国内对于高句丽族源问题共有秽貊说、夫余说、高夷说、炎帝族系说、商人说、高夷——貊部说、多元说。国外方面的研究，朝鲜学者普遍认为高句丽起源于"古朝鲜"，韩国多数学者认为高句丽族主体起源于濊貊系列中的貊人。

关键词　高句丽族源　国内　国外

高句丽族源研究是高句丽历史研究中的重要课题，也是中外史学界十分关注的热门话题。国内外学者都对此问题进行了研究。

20世纪40年代，东北史家金毓黻首次提出高句丽族源是东北秽貊族系。"秽貊即貊人之复称。貊亦作貉，居东北方。然则后来之夫余、高句丽，殆皆属此种乎。"这里把"貊"视为秽貊的单称，并把夫余、高句丽统归于"秽貊"族系。① 20世纪80年代以来，国内外学者对高句丽族源进行深入研究，但是到目前为止，对高句丽族源的研究并未取得一致性认识，现共有八种观点。

一、秽貊说

许多学者认同金毓黻的观点，如张博泉、李殿福、佟冬、武玉环、王绵厚、孙玉良等学者。张博泉认为："高句丽原是出自貊

---

① 王绵厚："《高句丽起源的国内外代表性观点解析——再论高句丽族源主体为辽东"二江"和"二河"上游"貊"部说》，《社会科学辑刊》，2006，（1）：152.

的"。① 姜孟山指出："高句丽族是貊族的一支，是从貊族中分离出来的"。② 傅朗云指出："史书记载，高句丽族属于貊"。③ 陈连庆指出："高句丽出于貉族"。④ 许宪范指出："高句丽是濊貊语系民族之一"，"貊族的另一支则迁徙到辽山南北之地，构成了古高句丽，——自以高为姓，形成为高氏之句丽种。这才是高句丽族的历史渊源"。⑤ 薛虹指出："高句丽属于濊貊后裔，高句丽是濊貊族系的一个支系"。⑥ 李殿福指出："高句丽民族的族源作为主体来说，应该是生活在浑江中游和鸭绿江中游一带的貊人。尽管高句丽王国统治阶级的代表人物邹牟（亦作朱蒙）来自北夫余，是北夫余王族成员，以后各代王都是他的子子孙孙，但就其民族成分之比来看，毕竟是极少数人"，"而生活在鸭绿江中游和浑江中游一带的貊人，也就是与夫余人'言语法则'多同的'消奴部、绝奴部、顺奴部、灌奴部、桂娄部'等五个部落联盟的土著人们，是构成高句丽民族的大多数，是它的主体"。⑦ 李宗勋指出："高句丽族来源于古代貊族"，"自远古以来，秽貊就是一个种族，但秽和貊又都作为秽貊种族的分支，是两个不同的民族"，"高句丽既属于貊族，同时也属于秽貊种族"。⑧ 佟冬提出："高句丽与扶余有血缘关系，同是濊貊族的后裔"。⑨ 武玉环提出："高句丽应属东北夷中貊族的一个支系。"⑩ 王绵厚、孙玉良也坚持这一观点。

该说是一个传统的观点，早期的日本东洋史研究者即如是观，因而在国内外都有广泛的支持者。但是到目前为止秽貊族系，秽、

① 张博泉：《东北古史研究中的几个问题》，《东北史研究》，1983，(1).

② 姜孟山：《试论高句丽族的源流及其早期国家》，《朝鲜史研究》，1983，(5).

③ 傅朗云：《东北民族史略》，吉林人民出版社，1983年，42页。

④ 陈连庆：《西汉与新莽时期的少数民族士兵》，《史学集刊》，1984，(2).

⑤ 许宪范：《"高句丽"名称由来及其民族形成》，《延边大学学报》（社会科学版），1985，(2).

⑥ 薛虹等主编：《中国东北通史》，吉林文史出版社，1991年，144页。

⑦ 张碧波，董国尧主编：《中国古代北方民族文化史》（民族文化卷），黑龙江人民出版社，1993年，481页。

⑧ 李宗勋：《高句丽族源流略考》，《中朝韩日关系史研究论丛(1)》，延边大学出版社，1995年。

⑨ 佟冬主编：《中国东北史》（第一卷）.吉林文史出版社，1998年，589页。

⑩ 武玉环：《渤海与高句丽族属及归属问题探析》，《史学集刊》2004，(2).

貊、秽貊之间存在的差异，仍有疑义。

韩国学者也接受这种观点，但在阐释方面别有新意。"韩国学界普遍认为，韩民族的主体最初起源于东夷族群的濊貊系列""高句丽族主体起源于濊貊系列中的貊人，后来又与北方夫余族与南方的韩族相融合。"①

韩国学者虽然承认"高句丽族主体起源于濊貊系列中的貊人"，但是认为高句丽是貊人在结合夫余族与韩族后产生的新民族，这种论调是为其民族利益服务的。

二、夫余说

丁谦首先提出高句丽的族源是夫余，他指出："古高句丽本夫余同种，亦夫余国之分部，观朱蒙建业后，号其国高句丽，并号国曰高句丽，并号其城曰夫余，以示不忘所出。"② 傅斯年、李德山等学者也认同此观点。金岳通过引用16种史书的记载来阐述"高句丽出自夫余"。③ 王健群提出："高句丽人来自夫余，夫余是肃慎系统的通古斯族，即后来的女真族。高句丽人也应该是肃慎人的后代，与女真人同一族属"。④李德山指出："高句丽族源出自夫余"，"换言之，高句丽民族与夫余民族同源"。⑤ 宁梦辰认为，高句骊兴起于西汉后期，其族源于扶余，同属秽貊系统。⑥

该说主要是根据传统史料中"高句丽"、"濊貊"二词的密切联系的角度提出结论的。

三、高夷说

一方面，有的学者认为高句丽是由高夷演变而来的。孙进己提

---

① 李宗勋：《韩国的高句丽研究及其史观——以高句丽归属问题为中心》，《史学集刊》，2004，（4），91页。

② 孙进己：《高句丽的起源及前高句丽文化的研究》，《东北历史与文化》，2002，（2），162页。

③ 金岳：《东北貊族源流研究》，《辽海文物学刊》，1994，（2）.

④ 王建群：《高句丽族属探源》，《学习与探索》，1987，（6）.

⑤ 李德山：《高句丽族称及其族属考辨》，《社会科学战线》，1992，（1）.

⑥ 李淑英：《高句丽民族起源研究述要》，《通化师范学院学报》，2006，（3），61页。

出："今人多据此以为高夷即高句丽之先人。按高句丽之名始见于汉。但此高夷似居住此一带已久，因此高夷有可能是高句丽先人之名见于史籍"。[1]刘子敏提出："高夷是高句丽族的先人，几乎已成为中外学界的通说或定说，笔者对此也不予质疑"。[2]

另一方面，有的学者则认为高夷就是高句丽。金毓黻提出："鄙意魏略所称之橐离，音近句丽，当即古之高夷，亦即后汉书之高句骊。"[3] 表示认同。张博泉提出："汉武帝时以'高句骊为县，使属玄菟，赐鼓吹伎人。'此高句丽即高夷，也就是应邵所谓'故句骊胡'，在汉武帝以前就有了，分布在今东辽河南北"。[4] 傅朗云提出："（高句丽）是东北夷的一支，所以又简称高夷"。[5] 姜孟山提出："高夷即高句丽族早已存在，肯定从汉代以前开始存在"。耿铁华提出："高句丽族起源于我国东北，是东北古老民族之一。他们自称为槁离，周初就同中原发生过某种联系，被称为高夷"。[6]

该说是指高句丽的族源是高夷，但是有的学者认为高夷就是高句丽。

四、炎帝族系说

这种观点主要是李德山提出来的。他首先从音韵学角度考察高句丽的族源，认为"高"与"句"是重音连绵字，"高"即是"句"，"句"也就是"高"，两字既可连署，又可单称，并不影响词义；"高"、"句"本自"介"字转出，"丽"为"莱"转；因此，高丽本字为介莱，介即我国上古之介族，姜姓，炎帝裔；莱亦即我国上古强族莱夷，也是姜姓，炎帝裔。所以，高丽一名为复合族称，高句丽民族的主体即由同姓、同一族系的介、莱两族组成，族属为炎帝族系，民族的起源地本在我国东部的山东地区。其次，他认为，"从历史地理学上看，中国的古地名与古族名有互为因果的关系"。所以，又利用地名来考察高句丽民族的起源及其迁徙。再次，他指出，"中外史

---

① 孙进己等主编：《东北历史地理》（第一卷）．黑龙江人民出版社，1989 年 196 页。

② 刘子敏：《高句丽历史研究》，延边大学出版社，1996 年，13 页。

③ 金毓黻：《东北通史》（上），社会科学战线杂志社翻印，76，78．

④ 张博泉等：《东北历代疆域史》，吉林人民出版社，1981 年，30 页。

⑤ 傅朗云：《东北民族史略》，吉林人民出版社，1983 年，42 页。

⑥ 耿铁华：《高句丽起源和建国问题探索》，《求是学刊》，1986，（1）．

学界及民族学界传统的观点多认为高句丽的族源出自夫余；换言之，高句丽民族与夫余族同源。"所以，又从夫余的族源来寻找高句丽的族源。通过从音韵学角度的考察，他认为夫余的主体民族是同属炎帝族系的番、徐两族所组成。所以，夫余民族出自炎帝族系，与其同源的高句丽民族亦出自炎帝族系。另外，他还指出，"高句丽民族、高句丽王国周边各个民族或部落都是炎帝族系，皆由山东等地迁居而来。高句丽既与其比肩而居，其在族源上绝不可能自行独立于他们之外。""高句丽所使用的是将一年分作十个月的历法，这种历法实际上是炎帝族系固有的立法。"综上所述，他认为古高句丽民族的族属为炎帝族系已成不易之论。[①]

该说有以下几点需要思考：首先，诸多正史中"四夷传"和大多数国内外论著，将高句丽列为"东夷"（或东北夷）秽貊族系。该说从根本上否定这一族系，需要更加充分、确凿的文献与考古证明。其次，该说是主要从个别史料中的族称文字，音韵学角度上解析、推证，具有局限性。最后，以高句丽民族、高句丽王国周边各个民族或部落都是炎帝族系，而得出高句丽族源也是炎帝，是不恰当的。

五、商人说

"商人说"的代表人物是耿铁华。他提出：族源与族属是两个不同的概念，不应混淆；主张"研究高句丽民族的起源，应该从文化渊源和与之相关的考古资料、民俗材料等综合考察、比较研究入手"，并通过对高句丽文化和商文化的比较提出了高句丽族出自商人的观点，"诸多文化因素表明，高句丽族应该出自商人"，"高句丽人很可能是商人建国前后，或入主中原之时，向东北迁徙的一支，依据这一推断，则高句丽源出自商人，属五帝系统，龙之传人"。[②] 提出："高句丽作为商人的后裔，一直保持着商人的风俗习惯和政治、经济生活特色"，"高句丽源自殷商氏族，属五帝系统"。[③] 还指出："越来越多的文献资料和考古学资料证明，高句丽起源于殷商之族"。"第一，从历史学角度看，高句丽人与殷商人有着同样的传说、同样

① 何海波：《国内高句丽族源研究综述》，长春师范学院，2008，(4)：38，39.
② 范犁：《高句丽族属探源》驳议，《高句丽研究文集》，延边大学出版社，1999年
③ 耿铁华：《中国高句丽史》，吉林人民出版社，2002：46—48.

的先祖渊源";"第二,从文化传承看,高句丽人继承了殷商文化的诸多方面。""资料表明,高句丽民族应该是商殷入主中原以后留在东北的一支。西周初年召开的成周之会,高句丽人曾派代表参加,中原史家记为'高夷',孔晁注曰:'东北夷高句丽',这也为高句丽起源于殷商之族提供了时间上和空间上的证明"。[①]

该说有以下几点需要思考:其一,该说也从根本上否定传统观点,需要更加充分、确凿的文献与考古证明。其二,该说多从文化上追踪。但确认一个民族的主源,必须同时考虑其族系渊源、民族地理、和疆域分布的整合。特别应十分重视《好太王碑》、《冉牟墓志》等重要信史资料对高句丽族源的记载。其三,该说从传说中追述。中国四夷民族对追宗认同汉文化不断"趋同发展"的自我认识(包括自诩炎黄之裔)和各自实际族源的认定,是不同的。如"玄鸟"和"卵生"传说,几乎同出北方各民族。但据此不应无视中国北方民族诸如高句丽、女真的各自独立起源个性,而简单地等同"炎黄"。

六、高夷——貊部说

该说是在肯定高句丽属于中国东北"秽貊"系统古代民族的一支,并以"貊"系为主的基础上,把从"高夷"到"貊"部的发展、演变,看作是高句丽起源的一个连续历史过程,并肯定从"高夷"、"貊"到"句丽"、"高句丽",在族源、地域和考古学文化上,具有先后传承关系。此说的代表人物是王绵厚。他提出:以辽东为中心的以大石棚、积石墓和石棺墓(含青铜短剑)为代表的辽东"貊"族文化,是"高句丽文化的先基"。[②]

在《高句丽民族的起源及其考古学文化》他首先从文献中寻找高句丽的起源,"从中国先秦以来的典籍看,高句丽及文献中的先世'高夷',均属东北夷的一支。从人文地理上看,'高夷'所处的自然地理环境,正是古代中国东北'貊'族的活动中心。至高句丽建国的西汉后期,这里方成为在汉文化影响下,由南下的'秽'族,与土

---

① 耿铁华:《高句丽民族起源与民族融合》,《社会科学辑刊》,2006,(1).
② 王绵厚:《关于汉以前东北"貊"族考古学文化的考察》,《文物春秋》,1994,(1).

著之'貘'族文化相汇融而形成的新的民族共同体";其次又从考古学上作深入考察,指出高句丽先世文化,应是分布于鸭绿江与浑江,太子河上游与浑河中上游流域的以大石棚、积石墓,后期以石盖墓、石棺墓和青铜短剑为主要特征的貘族文化。①

在此基础上他在《高夷、濊貘与高句丽》一文中更明确地阐述这种观点,"'高夷'与'二江'(鸭绿江、浑江)流域之'貘'族,是高句丽建国前不同阶段同一族源的先后不同称谓","从商周之际的'高夷',到春秋、战国以后辽东'二江'之貘族,作为汉代高句丽族源的'主体',无论从文献学、历史地理学、民族文化学和考古学上看,都可以找到内在联系和发展轨迹"。②

在以上论述的基础上,他又在《高句丽起源的国内外代表性观点解析》一文中,在辨析关于高句丽起源的诸说的基础上继续阐明自己的这种观点,"'高夷'或高句丽始兴的辽东'二江'流域,其'前高句丽时期'的考古文化,与秽貘系高句丽早期文化的诸多要素(包括聚落、山城、墓葬、习俗)传承关系明显。这应当是支持高句丽起源于'二江'之'高夷'和'貘'族的有力证据",并指出高夷—貘部说与秽貘说、高夷说、商人说等相比,所表现出来的新的认识:第一,该说把高句丽民族的起源和形成,看作是一个具有内在联系和多元连续性的历史发展过程;第二,该说除了对传统的文献引证外,更重视以辽东"二江"(鸭绿江、浑江)和"二河"(太子河、苏子河)流域为中心的"前高句丽时期",以石构墓葬为核心的青铜时代考古发现的印证,并日益得到新的考古发现和考古学界同仁的认同;第三,该说摆脱了传统的"秽貘"起源说较空泛和模糊的时空概念,明确地把高句丽起源的核心地区,界定在鸭绿江右岸的辽东"二江"和"二河"上游。③

该说把高句丽民族的起源和形成,看作是一个具有内在联系和多元连续性的历史发展过程。"高夷"、"貘"到"句丽"、"高句丽",在族源、地域和考古学文化上,具有先后传承关系。这实质上也是

① 王绵厚:《高句丽民族的起源及其考古学文化》,《高句丽、渤海研究集成(1)》,哈尔滨出版社,1997.

② 王绵厚:《高夷、濊貘与高句丽》,《社会科学战线》,2002,(5).

③ 王绵厚:《高句丽起源的国内外代表性观点解析》,《社会科学辑刊》,2006,(1).

多元的一种体现。

七、多元说

孙进己、杨保隆、杨军、刘子敏等学者持有这一观点。孙进己
在《东北民族源流》中提出，任何一个民族都是多源多流，但在许
多族源中，必有一个主源；就高句丽人的族源而言，"既有当地的秽
貊各族，又有南徙的夫余人和东徙的汉人"；① 但高句丽族的主源，
应该是貊人，高句丽族是由卒本夫余、沸流、荇人、梁貊、盖马、
句荼等许多秽貊部落融合而成。② 之后，他又在《高句丽的起源及
前高句丽文化的研究》中提出，正确研究族源必须从人民总体考查
族源，并通过全面分析高句丽兴起前该地区各种文化遗存的族属，得
出结论：前高句丽文化是由貊文化、夷文化、汉文化三种文化组成。
因此，高句丽的族源应是貊人、夷人、汉人。③

杨保隆提出："高句骊族族源不是单一的，且有主源与非主源之
别"；"高句骊族的主源，是濊貊族解体后东迁的各支后裔：高夷、夫
余、沃沮、小水貊（梁貊）、濊貊等"；"夫余等各支古濊貊族人，虽
为形成高句骊族的主源，但由于迁居古代东北地区后各自独立活动，
走着不同的发展道路，因而使用高句骊称号和加入高句骊族的时间
以及在族体中的地位和加入人数多寡（指全部或一部分），并不相
同"；"高夷人首先使用高句骊称号"；"夫余是高句骊族又一主源，
并且是高句骊建国后高句骊族的主体部分"；"沃沮、濊、小水貊
（梁貊）这几支濊貊后裔是在高句骊国发展、壮大进程中加入高句骊
族的"。另外，"高句骊族在发展壮大过程中，还有大量非濊貊族系的
古代朝鲜遗民后裔、汉人、鲜卑人、肃慎人等加入高句骊族"。④

杨军在《从"别种"看高句丽族源》中提出："高句丽人的始祖
朱蒙所部自夫余国迁出独立发展之时，内部就包含夫余、秽、貊三
大民族，所迁入的卒本川一带又是夫余人、真番人、句丽蛮夷、汉
人与秽人杂居的地区，高句丽族就是朱蒙所部夫余人与上述诸族进

① 孙进己：《东北民族源流》，黑龙江人民出版社，1987：22、24.
② 孙进己：《东北民族源流》，黑龙江人民出版社，1987：22、24.
③ 孙进己：《高句丽的起源及前高句丽文化的研究》，《社会科学战线》，2002，(2).
④ 杨保隆：《高句骊族族源与高句骊人流向》，《民族研究》，1998，(4).

行民族融合的产物。从族源上讲，高句丽族是多元的，夫余不过是其多元中的一元"。① 他在《高句丽族属溯源》中更明确地提出："高句丽族的族源主要分两支，一支是东北土著民族集团，一支是从夫余国南迁的民族集团"；"高句丽族中迁自夫余国的部分以夫余族为主体，高句丽的统治集团即出自夫余人"，"但也杂有相当部分夫余国内的其他民族，如秽人、貊人等"；"虽然南下的夫余人构成高句丽国的统治集团，但高句丽族源的主导方面却是当地土著居民集团。在朱蒙所部从东夫余南下之前，居住在后世高句丽族居住地的主要有秽人、貊人、句骊人、真番人，还有来自中原的汉人"。②

刘子敏在《高句丽族源研究》中提出："高句丽的族源是多元的，而不是单一的。其最早的源头应是青铜时代的高夷，而高夷既不是秽族，也不是貊族。当然，作为以秽人为主源的夫余人以及貊人也是高句丽早期的重要族源。至于汉族，自高句丽开始形成时就是其来源之一，在高句丽长期发展过程中，越来越多的汉人融入到了高句丽族之中。汉族是融入到高句丽中人数最多的民族。此外，融入高句丽的还有沃沮、肃慎（挹娄）、鲜卑、契丹、百济、新罗等族。"③

该说实际上是把秽貊说、夫余说、高夷说、商源（汉系）说等，一并笼统地都说成是高句丽的"主体"。这就是同时承认了高句丽的起源与貊人、高夷、汉人、夫余等诸文化有关。却忽视了探索高句丽起源的关键，不是一般地人所共知地分析"高句丽民族及其文化"形成过程的族系文化因素或"多元性"，而应是从民族、地域、文化及其现存考古遗迹中，找出其民族起源的"主体"或"主源"。否则所谓"多源"论的说法，看上去似乎兼顾了"多元一体"而并存，却失去了探讨某一族源的"主体性"和确认高句丽族源与夫余族源、秽貊族源等相区别的个性意义和历史特殊性。也容易混淆高句丽建国前其民族起源的考古学文化的"主体性"（不是唯一性）和其建国后，早期"五部"文化中包含的多民族文化兼容和互渗的"多元性"。④

---

① 杨军：《从"别种"看高句丽族源》，东疆学刊，2002，（1）.
② 杨军：《高句丽族属溯源》，社会科学战线，2002，（2）.
③ 刘子敏：《高句丽族源研究》，社会科学战线，2002，（5）.
④ 王绵厚：《高句丽起源的国内外代表性观点解析》，《社会科学辑刊》，2006，（1）：154，155.

八、古朝鲜说

近年朝鲜学者普遍认为高句丽起源于"古朝鲜"。其中以朝鲜科学院历史研究所著《朝鲜通史》为代表，该书在论及高句丽国的建立时说"高句丽族是貊族的一个支系，于公元前二世纪以前在朝鲜的山区（今天太子河上游地区）形成为一个独立势力。高句丽的生产力和文化，由于承自古朝鲜而具有较高的水平""这种看法，从中国东北和东北亚古代史发展实际看，除了随意扩大'古朝鲜'范围至辽东太子河以外，从高句丽的起源看，完全是一种本末倒置。"①

从史实看，这种观点是完全违背历史事实的。

---

① 王绵厚：《高句丽起源的国内外代表性观点解析——再论高句丽族源主体为辽东"二江"和"二河"上游"貊"部说》，《社会科学辑刊》，2006，（1）：154.

试论高句丽的王系问题

沈冀闽

（长春师范学院专门史研究生）

摘 要 《三国史记》是朝鲜第一部官修正史，其所记载的《高句丽本纪》是三国时期高句丽历史的重要文献。然而，《三国史记》关于高句丽王系的记载，无疑是有很大问题的。从文献学的角度，根据中国正史高句丽传的记载，可以修正一些《三国史记》的错误。今人研究的冲突，主要集中在高句丽第六王宫至第十王位宫这一时期，对于一些王的存在以及互相之间的关系，诸家见解纷纭，莫衷一是。文中罗列了相关学者的观点，并相互比对，然后与中国历代正史印证，初步得出了一个独立的观点。虽然仍无法完全确定高句丽的王系，但希望至少可以起到一些抛砖引玉的作用。

关键词 《三国史记》 文献 高句丽 世系

在高句丽七百多年的历史中，关于王系的问题至今争论不休。一来，高句丽存在的年代距今久远，留存下来的史料、史迹不多，有价值的就更少了；二来，学者们经常利用的《三国史记》存在很大的问题。《三国史记》中拼凑、虚构、臆造的痕迹比比皆是；《三国史记》大约在高句丽灭亡500年后才着手修撰，成书太晚，真实性很难以得到保证，而同时又参考了中国历代正史中与高句丽有关史料，使之具有很大的迷惑性；中国历代正史的"高句丽传"和"高丽传"中，对于高句丽的记载是不完整的，彼此之间还存在一定的矛盾。然而，这些史料对我们而言，仍是第一手资料。因此，研究高句丽的王系问题，依然不得不从文献学的角度，以《三国史记》为基础，通过参考中国历代正史以及今人的研究论证，辨伪存真，去芜存菁。

一、《三国史记》记载的高句丽王系及其存在的矛盾

　　《三国史记》是金富轼奉高丽仁宗之命纂修的一部汉文史书，成书于公元 1145 年（高丽仁宗十三年，南宋高宗绍兴十五年），是朝鲜的第一部纪传体正史。该书依照我国传统的正史编纂体例，由本纪、年表、志、列传四部分构成。其中，有《高句丽本纪》十卷，人物传若干篇，以纪传体的方式记载了高句丽二十八代王的生平事迹。下面将其记载的王族世系，列表如下：

序号	王号	名字（别称下附）	即位年（公元）	中原王朝年号	在位年数	与上代王关系
1	东明圣王	朱蒙	前 37 年	汉元帝建昭二年	18	开国之主
2	琉璃明王	类利	前 19 年	汉元帝鸿嘉二年	36	长子
3	大武神王	无恤	18 年	王莽新天凤五年	26	第三子
4	闵中王	解色朱	44 年	汉光武帝建武二十年	4	弟弟
5	慕本王	解忧	48 年	汉光武帝建武二十四年	5	大武神王次子
6	太祖大王	宫	53 年	汉光武帝建武二十九年	93	琉璃王子再思之子
7	次大王	遂成	146 年	汉质帝本初元年	19	同母弟
8	新大王	伯固	165 年	汉桓帝延熹八年	14	太祖大王季弟
9	故国川王	男武	179 年	汉灵帝光和二年	18	次子
10	山上王	延优	197 年	汉献帝建安二年	30	弟弟
11	东川王	忧位居	227 年	魏明帝太和元年	21	儿子
12	中川王	然弗	248 年	魏齐王正始九年	22	儿子
13	西川王	药卢	270 年	晋武帝泰始六年	22	次子
14	烽上王	相夫	292 年	晋惠帝元康二年	8	儿子
15	美川王	乙弗	300 年	晋惠帝元康元年	31	西川王之子古邹加咄固之子

16	故国原王	斯由	331年	晋成帝咸和六年	40	儿子
17	小兽林王	丘夫	371年	晋简文帝咸安元年	13	儿子
18	故国壤王	伊连	384年	晋简文帝太元九年	8	弟弟
19	广开土王	谈德	391年	晋简文帝太元十六年	22	儿子
20	长寿王	巨连	413年	晋安帝义熙八年	78	元子
21	文咨王	罗云	491年	齐武帝永明九年	28	孙子
22	安臧王	兴安	519年	梁武帝天监十八年	12	长子
23	安原王	宝延	531年	梁武帝中大通三年	14	弟弟
24	阳原王	平成	545年	梁武帝大同十一年	14	长子
25	平原王	阳成	559年	陈武帝永定三年	31	长子
26	婴阳王	元	590年	隋文帝开皇十年	28	长子
27	荣留王	建武	618年	唐高祖武德元年	24	异母弟
28	宝臧王	臧	642年	唐太宗贞观十六年	27	荣留王弟大阳王之子

附：《高句丽本纪》中记载的二十八个王，几乎都有别名。表格中，人名都以《三国史记》中的第一个名字为准，现附所在《三国史记》中出现的所有王的别名。东明圣王朱蒙，一云邹，一云象解；琉璃明王类利，或云儒留；慕本王解忧，或云解爱娄；新大王伯固，一做伯句；故国川王男武，或云伊夷谟；山上王延优，一名位宫；东川王优位居，少名郊彘；西川王药庐，一云若友；烽上王相夫，或云歃矢娄；美川王乙弗，或云优弗；故国原王斯由，或云钊；故国壤王伊连，或云于只支；长寿王巨连，一作琏；平原王阳成，隋唐书作汤；婴阳王元，一云大元；荣留王建武，一云成；宝臧王臧，或云宝臧。

当然，《三国史记》的价值，不能掩盖其自身所存在的负面因素。《三国史记·高句丽本纪》对一些高句丽王室人物的记载，存在诸多曲笔回护之处，同时，为了达到某些目的，作者对一些史料进行人为的修改和删订，制造了一些悬疑和假象，企图混淆视听。这些错误的存在，无疑对后来者认识高句丽历史造成了障碍，严重误导了一部分研究者的工作，致使人们在继续研究高句丽历史的时候，花费了大量时间用于考证和勘误。因此，我认为，研究高句丽的王系问题，还是应当以中国正史的记载为主，以《三国史记》中的史料为补充。这样，才能还原一个相对真实的高句丽帝王世系。

二、中国正史中的高句丽王系记载及今人考证

中国二十四部正史以《史记》、《汉书》、《后汉书》为先，但因《史记》、《汉书》无高句丽部分的记载，而《后汉书》作者范晔为南朝人，生活时代在《三国志》作者陈寿之后，《后汉书》成书也在《三国志》之后，而且从史源学的角度考虑，其高句丽传的价值也远逊于《三国志》。因此，从文献学上讨论高句丽的王系问题，理应从《三国志》谈起。

《三国志·魏书·高句丽传》记载，"汉光武帝八年，高句丽王遣使朝贡，始见称王。""至殇、安间，句丽王宫数寇辽东，更属玄菟。""宫死，子伯固立。""伯固死，有二子，长子拔奇，小子伊夷模。拔奇不肖，国人便共立伊夷模为王。""伊夷模无子，淫灌奴部，生子名位宫。伊夷模死，立以为王，今句丽王宫是也。其曾祖名宫，……故名之为位宫。"其中，关于宫与伯固的记载，《梁书·高句丽传》、《北史·高丽传》与《三国志》是一样的。

对于这一部分，《后汉书·东夷传》的记载与之有很大不同。《后汉书》言："宫乃遣嗣子遂成将二千余人逆光等。""是岁宫死，子遂成立。""遂成死，子伯固立。"

这里面的记载，存疑处颇多，历来众说纷纭。首先，《三国志》中的"汉光武八年……始见称王"，依据《后汉书》"建武八年，高句骊遣使朝贡，光武复其王号"的记载，此处"始见称王"不应该理解成高句丽王系的开始，而是"王莽初，……更名高句骊王为下句骊侯"之后，恢复高句丽王位的时间。其次，依《三国志》记载，从宫到伯固的世系当为：宫——子伯固，这与《三国史记》中宫——弟遂成——季弟伯固的王系记载出入很大。据《后汉书》所载"是岁宫死，子遂成立"以及《资治通鉴·汉纪·孝安中》"延光元年……秋七月，高句丽王遂成还汉生口"的叙述，表明《后汉书》中关于遂成的记载应当是正确的。因此，《三国志》中，宫与伯固之间的王系缺少遂成的记载，当为疏误。同时，《三国史记》记载宫、

遂成、伯固三人为兄弟的说法，经顾铭学在《〈魏志·高句丽传〉考释》中考证，当以《后汉书》为准，即宫与遂成为父子、遂成与伯固为父子（此处先以顾铭学举例，其他今人的观点下文陈述，下同。）其三，《三国志》中伯固——伊夷谟——位宫的记载，经张博泉和顾铭学的考证，遗漏了故国川王男武，应以《三国史记》为准。又，顾铭学《〈魏志·高句丽传〉考释》写道："《三国史记·故国川王本纪》载：男武，或云伊夷谟，山上王延优，又名位宫的说法，与《三国志》将山上王延优名为伊夷谟，将伊夷谟之子，即东川王忧位居，名为位宫相矛盾。"顾铭学认为此处《三国史记》记载有误。正确的名号世系应为：新大王伯固——故国川王男武——山上王延优（伊夷谟）——东川王忧位居。

自太祖大王宫到山上王延优这几代王之间的世系，不仅在正史中很难盖棺定论，就是今人的研究，亦是百家争鸣。除了上文提到的顾铭学的《〈魏志·高句丽传〉考释》之外，刘永志所著之《〈三国史记－高句丽本纪〉校评》中提到，他考核《三国志》和《后汉书》关于高句丽的记载，"故国川王和山上王本为一代王，在位长达五十一年。"金富轼把一代王分成两代，在记述伊夷谟与拔奇争夺王位的事件中，始终不敢引用《三国志》和《后汉书》，企图制造一种中国史书不可靠的错觉。

杨通方同意了这一观点，他通过对好太王碑、《三国志》与《三国史记》进行的比较后认为，高句丽王系中，当不存在山上王延优其人。他在《高句丽不存在山上王延优其人——论朝鲜〈三国史记〉有关高句丽君主世系问题》的论文中提出了这样的观点：首先，好太王碑记载"十七世孙国冈上广开土境平安好太王"，而据《三国史记·高句丽本纪》的记载，广开土王是第十九世王，这就比好太王的记载多了两世王。以此为前提，参考亦是在集安出土的"毌丘俭纪功碑"、比对《三国志》和《三国史记》，首先得出位宫是东川王忧位居的另一个名字，而非山上王延优的别名。其次，《三国志》记载"伯固死，有二子，长子拔奇，小子伊夷谟"，且《三国史记·高句丽本纪》中新大王卷中并无第三子延优的记载，只是到了山上王卷时，突然说山上王延优为"故国川王之弟"，未免失其严谨，使人怀疑。随后考据了伊夷谟长兄拔奇诣公孙康降的时间，得出故国川王伊夷谟与山上王延优二人即故国川王伊夷谟一人的结论。

　　对于山上王实与故国川王为一人的观点，朴真奭提出了不同意见。他的论文《关于高句丽存在山上王与否的问题——与杨通方同志商榷》中指出，首先，好太王碑提出的"十七世孙"，不按行辈算，按王位世系算，但它应从高句丽第三世，即大朱留王开始算。罗振玉的《好太王陵碑跋》、王建群《好太王碑研究》、朴时亨的《广开土王陵碑》中，都同意了这个观点。其次，《三国志·魏志·高句丽传》的记载并不完善，不能作为标准。《三国史记》中大王伯固总共有五个儿子，记载要比《三国志》详细、具体，不仅有人，而且有每个人的活动事实，对每个人的血缘也有明确区别。因此，对伯固儿子为五人的记载，《三国史记》很可能不是凭空捏造。且《三国史记·高句丽本纪》新大王条中并未明说伯固只有两个儿子，杨通方硬把这条记载与《三国志》的有关记载联系起来，强调新大王只有儿子，恐怕不妥。再次，比较了《魏志》与《三国史记》有关伊夷谟的活动记载，得出伊夷谟的实际活动更像山上王而非故国川王。其四，不少中外古书都有记载山上王和他的活动事实。如：清丁谦对《梁书·高句丽传》的注释、朝鲜古书《三国史节要》、《东国通鉴》以及《三国遗事》。

　　上述这些人的观点，只是高句丽王系研究问题的冰山一角，朴灿奎对于新大王和故国川王，亦有他的见解。在《高句丽之新大王和故国川王考》中，他根据《三国志》、《后汉书》和《三国史记》的相关记载，得出伯固是次大王遂成的弟弟；高句丽确实存在故国川王，伊夷谟不是故国川王男武，而是山上王延优。第一，据《三国史记》记载，伯固赐次遂成的儿子邹安"让国君"的封号，并拜刺杀遂成的答夫为相，并在答夫死后，"王自临恸，罢朝七日"，这并不像一个儿子对杀父仇人所为。因此，伯固当于遂成是兄弟。《三国志》记载伯固与宫为父子关系大略是对的，只是中间少了次大王遂成。第二，故国川王是存在的，联系好太王碑记载的高句丽王系，已知史界已有多人论证出好太王是从大朱留王算起的第十七世国王，如果按照《三国志》记载，把次大王遂成和故国川王男武排除，则仅为至大朱留王始的第十五世国王，与好太王碑和《后汉书》的记载不符。《三国志》漏载故国川王男武，就把男武的在位时间算在了已死的伯固身上，所以才有伯固派人助公孙度讨富山贼之言。第三，同意伊夷谟不是故国川王男武而是山上王延优的见解，但不能依此断定不存在故国川王男武。此外，朴灿奎在《高句丽太祖王宫考》中还提出高句丽王系延续不断，当为一姓王的观点。文中指出，太祖王之前的高句丽诸王的姓氏，《三国史记》确实载为解氏。如琉璃王的王子有解明，大武神王亦称之为大解朱留王，闵中王解色朱，慕本王讳解尤等。《三国遗事》则在王历中明确指出琉璃王、大虎神王、闵中王、慕本王均是"姓解氏"，而对后王则没有记载姓氏。但是据此就认为高句丽分别存在解氏王和高氏王是值得商榷的。高氏，是朱蒙建国后开始使用的姓氏，其原姓为解氏。那么，朱蒙之子琉璃王及其后人姓解氏也就不足为奇了。而琉璃王之子再思及其后裔，自然也应该是解氏，只不过使用朱蒙时期所改的高氏为姓罢了。目前，尚未能论证朱蒙与琉璃王、琉璃王与再思不是父子关系。此外高句丽广开土王陵碑、高慈墓志等金石文史料，均言高句丽王氏为朱蒙所创，直至高句丽灭亡为止，一直一脉相承，并未出现王室的更替。因此，解氏王和高氏王的交替，并不意味着王室的交替，仅是对朱蒙及其后裔的不同时期的不同称谓。

对于朴灿奎的认为伯固与遂成为兄弟的见解，刘子敏在《高句丽新大王伯固考》中提出了不同意见。他认为，伯固应当是次大王遂成之子、太祖王宫之孙。首先，宫7岁即位，时再思年事已高，太后垂帘。至宫100岁时让位于同母弟遂成，遂成年76岁，年老的再思过二十多年还能使太后再生贵子，这是很难想象的。因此，宫和遂成不可能是兄弟关系。对于遂成和伯固的关系，《三国史记·高句丽本纪》记载伯固"仪表英特，性仁恕"，这使他有可能宽恕杀掉自己恶父的答夫。其次，经考订，遂成应该是在公元121年宫死时即位，而不是公元146年，因此，遂成与伯固年龄相差应该是43岁。由此，可知二人已不可能是兄弟关系。《后汉书》的记载应当是正确的。《三国志》记载的"宫死，子伯固立"，据上述情况来看，显然也是错误的，问题出于漏记了高句丽第七代王遂成。

《三国志》和《后汉书》之后，正史的高句丽传以《魏书·高句丽传》的成就为高。关于高句丽的王系，《魏书》有如下记载："初，朱蒙在扶余时，妻怀孕，朱蒙逃后生一子，字始闾谐，及长……名之曰闾达，……朱蒙死，闾达代立。闾达死，子如栗代立。如栗死，子莫来代立，……莫来子孙相传，至裔孙宫，……宫曾孙位宫亦生而能视，……其玄孙乙弗利，利子钊。""世祖时，钊曾孙琏始遣使安东奉表贡方物，并请国讳。""太和十五年，琏死，年百余岁。高祖……遣大鸿胪拜琏孙云……高句丽王，""神龟中，云死，……又拜其世子安为……高句丽王。""安死，子延立。""延死，子成立。"始祖朱蒙以下的世系为朱蒙——闾达——如栗——莫来。而《北史·高丽传》却称始闾谐与母亡归朱蒙之后，"名为闾达，委之国事"，却并未立闾达为王，而是"朱蒙死，子如栗立。"《周书·高丽传》大约是参考《北史》，"朱蒙长而有才略，夫余人恶而逐之，土于纥升骨城，自号高句丽，仍以高为氏。其孙莫来渐盛。"中华书局点校本《北史》的校勘记认为，《北史》此处当脱七字，即："朱蒙死，[闾达代立，闾达死]子如栗立。如栗死，子莫来立"。否则，既然朱蒙已经将国事交给闾达，闾达在朱蒙死后却没有继位必然解释不通。如栗是高句丽第三任王，号大武神王。十二家正史《高句丽传》中，涉及大武神王的事件只有一条，载于《三国志》、《后汉书》等书，均未提其名号。"如栗"之名，最早见于《魏书·高句丽传》，《三国史记·大武神王本纪》称其名为无恤。

《魏书》、《北史》以及《隋书》都记载长寿王琏是故国原王钊的曾孙，《北史》在钊与琏中间加入"安"，却未说明与二者的关系。《梁书·高句丽传》记载："垂死，子宝立，以句丽王安为平州牧……至孙高琏"，以琏为安之孙，则安当为钊之子。《梁书》、《南史》皆称琏之后是琏之子云即位，但这与《魏书》记载云是琏之孙矛盾。按《魏书》记载，琏以下的世系为琏——琏之孙云——云之子安——安之子延——延之子成。这些记载与《三国史记》是一致的，除了延与安的关系。《周书·高句丽传》记载，"安死，子延立。"《梁书·东夷·高句丽传》亦记载："七年，安卒，子延立。"《南史·夷貊·高句丽传》记载同梁书。《册府元龟·外臣部·封册一》："（普通）七年三月，高句丽王安庶子延立，遣使贡献，诏以延袭爵。"由是可知，《三国史记》此处的记载有错。

关于阳原王成之后四世王的记载，皆可见于中国正史。《周书·高丽传》"琏五世孙成，大统十二年，遣使献其方物。成死，平汤立。"《隋书·高丽传》"汤得书惶恐，将奉表陈谢，会病卒。子元嗣立。"《旧唐书·东夷·高丽传》"苏文乃悉召部兵……杀建武，立建武弟大阳子藏为王。"《新唐书·东夷传》记载："隋末，其王高元死，异母弟建武嗣。""有盖苏文者，……驰入宫杀建武，……更立建武弟之子藏为王，自为莫离支，专国。”“十二月，帝坐含章殿，引见勋等，数俘于廷。……是岁郊祭，以高丽平，谢成于天。”这些王的记载，与《三国史记》相同，略过不表。

上面通过对中国正史和今人研究的一些探讨，结合《三国史记·高句丽本纪》所载诸王本纪，可知现在主要争论的中心主要集中在宫至位宫这几代王的身份及关系之上。由于年代久远，史料疏漏，中国正史本身关于这一段历史的记载矛盾重重，更不论自身失其严谨的《三国史记》。关于宫至位宫的世系，中国正史中存在记载的主要有《三国志》、《后汉书》、《魏书》、《梁书》、《北史》。

《三国志》记载，宫至位宫的世系为：宫——子伯固——子伊夷模——子位宫，太祖大王宫与位宫的关系是曾祖与曾孙。《后汉书》所记的世系为：宫——子遂成——子伯固。《魏书》记载宫——……——曾孙位宫。《梁书》和《北史》这一部分的内容引自《三国志》，这里便不加陈列。可见，中国正史中关于宫至位宫的世系，主要可以参考的就是《三国志》、《后汉书》以及《魏书》。然而这三者的记载却又互相矛盾。

《三国志》和《后汉书》皆有宫诈降的记载，不同的是，后者中有“宫乃遣子遂成将二千余人逆光等”的详细说明，前者只有：“宫诈降请和”一句。《三国史记》此处言：“王（太祖大王宫）乃遣弟遂成，领兵二千余人，逆焕、光等”，参考《后汉书》、《册府元龟》、《资治通鉴》等史书后续关于遂成生平活动的记载，大抵可以认定《三国志》应该是漏记了次大王遂成。而根据《三国史记》本身所言“再思以年老让子”、“逊位让母弟遂成，时，宫年一百岁。”、“（遂成）受太祖大王推让即位，时年七十六”，可知宫与遂成的关系不可能是兄弟。《三国史记》此处的记载有误。

至于新大王伯固，《三国志》和《后汉书》皆有降而复叛，叛而复降的记载。但具体时间记载皆不明确。因此，这里只讨论伯固与遂成的关系。《三国史记》记载伯固为宫之季弟。前文已证实宫与遂成实非兄弟关系，那么，遂成与伯固的关系有没有可能是兄弟呢？参考《三国史记》，遂成和伯固的年龄相差为 19 岁，在时间上是符合的。若如刘子敏《新大王伯固考》中认定，宫于 121 年死，即遂成于是年即位，而即位时，遂成的年龄为 76 岁，至伯固 77 岁即位时遂成已年 120 岁，二者年差 43 岁，不可能为兄弟。这一说法中，遂成的即位时间采用了《后汉书》的记载，而遂成即位时的年龄，用的却是《三国史记》的说法，这种证明方法，无疑是很值得商榷的。我认为二者关系是兄弟，主要的原因如下：

一、中外各个时期的王权，都有兄死弟继的例子，而中国正史中，从未有见高句丽兄死传弟的记载，这是很值得怀疑的。

二、《三国史记》中记载，"（伯固）拜答夫为国相，加爵为沛者"，而答夫却是"因民不忍，弑王（次大王遂成）"的凶手。试问，在深受汉文化影响的高句丽，伯固如何能将自己的杀父仇人置于"国相"高位？

三、《魏书》记载，"宫曾孙位宫亦生而能视，人以似其曾祖宫，故名为位宫"，如果遂成与伯固实为父子，那么宫至位宫的世系则为：宫——子遂成——子伯固——子伊夷谟——子位宫，如何解释宫与位宫之玄祖与玄孙的关系？

综上，我认为遂成和伯固应当是兄弟。

三、高句丽王系问题初探

在这里，我也提出一个自己认为的高句丽王族世系，续貂之余，若能引玉，便是大幸。

关于前四代王，我以为《魏书》的记载是比较完备的，朱蒙——闾达——如栗——莫来大约就是高句丽最早的四代王。其后，由于第五位王未见于中国正史，姑且《三国史记》的记载为准，即慕本王解忧。慕本王侍卫杜鲁弑解忧后，国人迎立宫为王。宫之后几代王，经上文考证为遂成——伯固——伊夷谟——位宫，随后中国正史又失载三代王，便以《三国史记》补足，即中川王然弗，西川王药庐，烽上王相夫。相夫之后，《魏志》记载位宫玄孙乙弗利，利死子钊即位，钊死子安立，安与长寿王琏之间一王亦未见于中国正史，正好是好太王碑记载的第十七世王好太王谈德，谈德子长寿王琏，按《魏书》记载，琏以下的世系为琏——琏之孙云——云之子安——安之子延——延之子成。这些记载与《三国史记》是一致的。之后，诸王皆见于中国正史，即成死，子平汤立；汤卒，子元嗣位；元死，元异母弟建武嗣；盖苏文杀建武，立建武弟藏；李勣征高丽，俘藏。高丽灭亡。

根据上述记载，可将高句丽的世系列表如下：（问号为中国正史失载，以《三国史记》暂补。）

朱蒙 —— 子闾达 —— 子如栗 —— 子莫来 —— ？解忧 —— 宫
(1)　　　　(2)　　　　(3)　　　　(4)　　　　(5)　　　　(6)

—— 子遂成 —— 弟伯固 —— 子伊夷谟 —— 子位宫 —— ？然弗 —— ？
　　(7)　　　　(8)　　　　　(9)　　　　　(10)　　　　(11)

药卢 —— 相夫 —— 乙弗利 —— 子钊 —— 子安 —— ？谈德 —— 子琏
(12)　　(13)　　　(14)　　　(15)　　(16)　　　(17)　　　(18)

—— 孙云 —— 子安 —— 子延 —— 子成 —— 子平汤 —— 子元
　　(19)　　　(20)　　　(21)　　　(22)　　　(23)　　　(24)

弟建武 —— 建武王弟之子藏
(25)　　　　(26)

参考文献

[1] 金富轼：《三国史记》，吉林文史出版社，2003年。

[2] 陈寿：《三国志·魏书·东夷·高句丽传》，中华书局，1959年。

[3] 范晔：《后汉书·东夷·高句骊传》，中华书局，1965年。

[4] 魏收：《魏书·高句丽传》，中华书局，1974年。

[5] 姜维东：《正史高句丽传校注》，吉林人民出版社，2006年。

[6] 杨通方：《高句丽不存在山上王延优其人》，《世界历史》，1981年第3期。

[7] 朴真奭：《关于高句丽存在山上王与否的问题》，《世界历史》，1989年第2期。

[8] 刘子敏：《新大王伯固考》，《延边大学学报》，1995年第3期。

[9] 朴灿奎：《高句丽太祖王宫考》，《东疆学刊》，2004年第4期。

[10] 朴灿奎：《高句丽之新大王和故国川王考》，《东疆学刊》，2001年第1期。

[11] 苗威：《〈三国史记〉的历史影响探析》，《北京理工大学学报》，2008年第7期。

试论1911—1912年《盛京时报》
对辛亥革命的舆论宣传

郭建鹏　毕元辉

（长春师范学院专门史研究生　长春师范学院历史学院）

摘　要　在辛亥革命期间，为配合日本政府对中国外交，作为日本侵华政策的喉舌的《盛京时报》除进行舆论宣传工作外，对这场革命的发生和发展也做了比较详细的报道，并进行了评论。本文在概述《盛京时报》对辛亥革命报道情况的基础上，揭示日本对华侵略政策的实质。

关键词　《盛京时报》　辛亥革命　舆论宣传

《盛京时报》，由日本人中岛真雄于1906年在沈阳创办，至1944年9月14日终刊，历时38年。该报对当时中国发生的重大事件均有所报道。在辛亥革命期间，为配合日本政府对中国外交，《盛京时报》除进行舆论宣传工作外，对这场革命也做了比较详细的报道，并进行了评论。本文在概述《盛京时报》对辛亥革命报道情况的基础上，揭示日本对华侵略政策的实质。

1911年10月10日（辛亥年八月十九日）武昌起义标志辛亥革命的爆发，这很快引起日本政府的注意。作为日本"经营满洲"舆论喉舌，《盛京时报》则欲趁此"千载一遇的大时机"实现日本政府扩大在中国东北的势力范围，最终独霸中国的目标。作为日本"经营满洲"舆论喉舌的《盛京时报》，又是如何报道、评论辛亥革命的呢？本文就武昌起义到袁世凯登上大总统宝座、中华民国政府成立这一时期《盛京时报》关于辛亥革命的报道为对象，通过对其报道主题的分析，从中窥见日本政府对辛亥革命的立场和主张在《盛京时报》舆论报道上的体现，进而揭示其为日本"政治工具"的作用。

辛亥年八月二十二日①（1911 年 10 月 13 日），《盛京时报》刊登上谕"八月二十日　奉旨瑞澂电奏　探知革党潜匿武昌，定期于十九日夜间起事，正饬防拿。"②这是《盛京时报》首次刊登武昌起义消息。八月二十三日，《盛京时报》在第一版论说栏里发表了《论武昌失守事》③一文，在第二版"中外要电"栏目里刊有："武昌未失守时戒严情形"、"武昌叛乱志详"、"武昌叛乱续报"、"孙文在沪消息"等要闻。由此，拉开了有关辛亥革命报道的序幕。关于《盛京时报》为何迟于 4 天才报道武昌起义的消息，笔者猜测原因有二：一是地理原因，因当时通讯不便，有可能起义讯息在四天后方传到东北；二是日本政府对突发的革命尚未形成统一对策，《盛京时报》未敢刊登相关消息。八月二十二日，日本召开内阁会议，商定应对辛亥革命方案；八月二十三日，海军省草成《对清国事变的方针》，并将军舰开往中国南海待命。至此，日本政府对辛亥革命的态度已明确。而《盛京时报》自创刊一直以东北地方新闻及清政府的政治动向为主，关于中国其他地方尤其是关内及南方发生的重大事件的报道大部分靠转引《大公报》、《申报》等大型报纸的报道，因政治立场不同，其报道的角度亦不同，所以《盛京时报》对辛亥革命的报道处于等待、观望的状态，一旦日本政府态度明确，它便立即展开带有政治意图的报道，并派记者到事发一线城市采访获取更多情报。《盛京时报》的这些举措在其栏目的设置上有其体现。如：自辛亥年九月十九日起，关于辛亥革命的报道《盛京时报》特设固定栏目"革命大乱汇报"，1912 年 2 月 27 日后，又将此栏目改为"共和肇国记"。

在辛亥革命发生期间，《盛京时报》对革命的进程、相关人物及活动、清政府的内部动向等进行集中的报道，作者以列表方式对报道主题进行了统计，见下表。

---

① 文中涉及日期使用《盛京时报》纪年法，即 1912 年 2 月 27 日之前使用农历月日纪法，此后使用公历纪法。

② 《盛京时报》（20－64）.

③ 《盛京时报》（20－270）.

1911－1912 年《盛京时报》对辛亥革命相关主题的报道文章数目表

主题	革命党（革军）	清政府（官军）	列强（日、俄、美、英、德等）	南北议和	预备立宪	袁世凯	孙中山	黎元洪	黄兴	武汉	其他
篇数	124	98	43	54	88	242	46	32	9	22	37

注：本表为作者查阅统计后所制

通过此表可知，在《盛京时报》关于辛亥革命的报道主题中出现频率最高的是"袁世凯"，位其次的是"革命党（革军）"，其三是"清政府（官军）"，作为辛亥革命的领导者孙中山排在第四。同样为辛亥革命期间的关键人物，关于孙中山的报道不及袁世凯的六分之一，说明后者占据了《盛京时报》的报道重心，将袁世凯位于首位，与袁世凯在清廷中的地位及南北议和中的权重有密切关系。同时，亦可窥见其对辛亥革命的舆论导向及宣传策略。

具体说来，《盛京时报》对辛亥革命的主题报道，主要体现在以下几个方面：

1. 关于武昌起义的报道。主要报道了武昌起义的相关细节，八月二十三日，关于武昌革命动态的报道有 6 篇；八月二十四日，有 5 篇；八月二十六日，有 15 篇；八月二十七日，有 16 篇，并开始设"武昌乱事汇志栏"，用专栏专事报道。而后，有关武昌起义的动态、发展、各省的反应等报道日益增多。

2. 关于革命党（革军）与清政府（官军）的报道。八月二十二日，《盛京时报》刊登上谕中称起义军为"革党"，此后开始报道革命党的消息，直到南京临时政府成立，大约有 80 多篇报道，除了关注报道革命党起义动向外，还报道了"革命军之宣言"、"革军保护外侨"等对外政策。到本年十月初一，在整个关于辛亥革命的报道中，有关革命党的报道大约占 2/3。自十月上旬后，则多侧重"官军"、"革军"双方报道。关于清政府（官军）的报道多侧重在军队的调动和将领的调换上，也有不少官军战备情况、军纪等方面的报道，《盛京时报》还特别登载了双方在武汉的布军地图"武汉形势略图"。①

---

① 《盛京时报》（20－300）.

3. 关于辛亥革命涉及的关键人物的报道。《盛京时报》主要侧重于袁世凯、唐绍仪与孙中山、黎元洪、黄兴等。尤其是袁世凯，自八月二十六日刊登"袁世凯南征之意尚在犹豫"①到其登上大总统宝座前，共有242篇报道。关于孙中山的报道，有"孙中山宣誓就职矣"、"孙中山誓词"、"孙大统领之宣誓"、"孙大总统赴任南京时之纪盛"等，对黎元洪和黄兴的报道，大部分是关于其政治活动的报道。

4. 关于列强应对辛亥革命策略的报道。武昌起义爆发后，各国都担心革命局势发展会影响其在华既得利益，为保护各自利益，纷纷采取了不同的对策。《盛京时报》及时报道了各国行动策略，如"列国严守中立之通告"、"驻汉各国领事布告中立文"、"欧洲之舆论"、"日舰之出发日期"、"美舰来华"。

5. 关于关于清政府"君主立宪"和革命党与清政府"南北议和"主题的报道。一直以来，日本支持清政府搞君主立宪。"君主立宪"可以说是《盛京时报》在辛亥革命期间蕴含政治因素最浓的报道主题，从1911年八月二十八日的论说《论尔乱之术》②隐晦的宣传君主立宪制的优点到南北议和时期则公开宣扬中国应实行君主立宪制，再到袁世凯登上总统宝座力挺君主立宪制的报道有88篇之多。如"各国赞成君主立宪"、"君主立宪占优势"、"君主立宪派之声势大张"等。关于"南北议和"主题的报道，因关涉到主宰中国命运的领导人问题，所以给予的报道亦不少。如"媾和条件"、"媾和议事录"、"议和第一次详志"。

6. 关于其他方面报道。主要指美化日本干涉中国内政的报道，如"子爵博尔洁吉特培钰再告同胞书"、"清国宪法评"、"日本浮田博士评论中国之时局"、"论时局之究竟"、"日本之舆论"等。

新闻的选择性是媒介权力的一个表征，也是媒介对公众产生影响的重要原因。这种选择在一定程度上决定新闻报刊传播什么信息，从而影响到公众的政治态度。《盛京时报》在新闻素材的选择性上带有鲜明的政治倾向，这种倾向来自日本对中国辛亥革命的政治态度。日本政府对辛亥革命的政策态度可以概括为：支持君主立宪制，反

---

① 《盛京时报》（20—284）.
② 《盛京时报》（20—299）.

对南北议和，以最终实现独霸中国的目的。日本对中国的政治决策，从《盛京时报》的舆论宣传导向上亦可窥出。

从《盛京时报》的报道主题的选择上，其多服务于日本对中国的政治侵略。如关于辛亥革命关键人物的报道倾向于袁世凯。清政府在无力镇压革命党的情况下启用袁世凯，并赋予重任。袁世凯的一切政治活动都将代表着清政府的"前程"问题，当日本政府看到清政府已经处于土崩瓦解状态，没有必要再扶植，应培养和寻找一个新的亲日派势力和"代言人"，其首选对象则是袁世凯。而袁世凯因甲午战争对日本并无好感，同时，在南北议和时期，袁世凯想借"共和"之机迫使清帝退位，进而以清帝退位为条件，向南京政府攫取大总统之位，因担心力挺君主立宪制的日本出兵干涉，破坏其长远计划，所以采取了依靠英国牵制日本的政治取向，日本对此大为不满。《盛京时报》一改清政府启用袁世凯时大肆宣传袁世凯的做法，而出现"狡猾"《袁内阁之狡猾手段》、① "袁贼"《洞见袁贼肺腑之外论》②、"曹瞒第二"《恐为曹瞒第二》③ 等讥讽诋毁之词的报道。1912 年 2 月 12 日，清宣统帝退位，次日，袁世凯通电全国赞成共和，孙中山辞去临时大总统之职。2 月 15 日，临时参议院选举袁世凯为临时大总统。日本转向扶植袁世凯，《盛京时报》的报道主题也发生了明显的变化。对南方事态的报道开始减少，随着袁世凯地位的稳固，《盛京时报》一改先前对袁的贬低报道，转为鼓吹袁世凯，试图营造一个唯有袁世凯才能拯救中国局势的氛围。2 月 27 日《盛京时报》改版后出刊，在第一版登出《共和国开幕之祝词》④ 二版用整个版面刊发《新举临时大总统袁的"命令"》。第二天，《盛京时报》将袁世凯的相片置于在日、月插图中间（中华民国临时大总统袁君）⑤，随后，又刊登了"南京孙逸仙致袁大总统电"、"南京参议院致袁全权电"、"武昌黎副总统致袁全权电"、"蒙古王阿穆尔灵圭等代表内蒙庆贺袁大总统函"、"奉天张作霖致袁大总统电"等关于政要致袁世凯的贺电以及袁世凯的"选举大总统纪事"。《盛京时

---

① 《盛京时报》(21—276).
② 《盛京时报》(21—282).
③ 《盛京时报》(21—282).
④ 《盛京时报》(22—1).
⑤ 《盛京时报》(22—2).

报》如此包装、美化袁世凯，足见其深刻的政治意图的。

辛亥革命爆发后，日本并未出兵干涉，这其中的原因主要是：英国等其他列强的牵制；日本自认为与革命党有着密切的关系。还有一个原因，那就是日本与革命党之间的暧昧关系，日本政府不承认革命党的合法性，但又与其保持联系，而日本民间人士及大财团对革命党的大力支持，并要求日本政府承认它建立的共和国，但前提是攫取"满蒙"、向南方扩张势力为代价。革命伊始，因孙中山担心日俄联手干涉其领导的革命活动，采取了利用欧洲列强牵制日本的策略，而后经日本民间人士的周旋，孙中山等革命党领导人转变了对日敌对思想，并希望得到日本大量的援助，但前提"革命党决不会出卖民族的主权，以换取外国的支持"为代价。日本看到从革命党人那里不能实现其目的，因此，又转过头来支持袁世凯，来对抗革命，寄希望于从袁世凯那里获得更多利益。《盛京时报》在对辛亥革命的整体报道上，充分体现了日本对革命党由支持到对抗的转变，尤其在有关孙中山的报道上，更为明显。何况孙中山倡导的共和制与日本主张的君主立宪制相悖，《盛京时报》对孙中山的报道远远低于

《盛京时报》在辛亥革命期间，唯有没有变化并力挺的报道主题是有关"君主立宪"的支持。当革命党打着建立"共和制"旗号掀起革命时，在日本引发了一场恐慌，他们担心中国一旦建立共和体制，在思想上、政治上日本现行的天皇制将受到影响和威胁，进而导致日本政体的动荡。日本政府为避免这种无言的政治影响，在中国极力推行中国宜建立君主立宪制的政治主张，并付诸行动，一方面向清政府施加压力，促其实行真正的立宪制，一方面试图借助舆论宣传，造成唯有君主立宪才能救中国的定论。《盛京时报》则首担其任。无论在时评栏还是在"革命大乱汇报"、继之的"共和肇国记"栏都有关于君主立宪制的宣传与报道，确实起到了舆论"喉舌"的作用。

总之，自武昌起义至袁世凯登上中华民国大总统宝座这段时期，《盛京时报》对辛亥革命的报道一直以日本对中国的政治决策为舆论导向，践行了其《发刊辞》"夫报馆，……使人人知当世之事，悉国民义务，以效力于国家，实能补学堂之不逮，相辅以鼓铸国民。"的办报方针。充分利用其在东北地区第一大报的先得优势，对东北人

民展开思想侵略的攻势，实现其麻痹、奴化东北人民为其政治侵略减少抵抗心理的目的。虽然在某种程度上《盛京时报》对革命党在辛亥革命中的作用和影响起到了积极的宣传作用，扩大了辛亥革命在东北地区的影响。

　　通过以上对《盛京时报》对辛亥革命的报道情况的阐述可以看出：日本政府既非支持中国革命，也非支持清政府，其最终目标是扩大在华利益，实现独霸中国的野心。正如近人戈公振言：《盛京时报》"借外交之后盾，为离间我国人之手段。夫报纸自攻击其政府与国民可也，彼报之攻击我政府与国民亦可也，今彼报代表其政府，以我国之文字与我国人之口吻，而攻击我政府与国民。"① 戈公语之犀利的道破了《盛京时报》在华宣传的实质，深刻地揭露了日本侵华的野心。

---

　　① 戈公振：《中国报学史》，北京：生活·读书·新知三联书店，1955．第 91—92 页．